# CULTURES AU FAUBOURG

*Les politiques culturelles internationales
et leur mise en œuvre.
Entre arts du spectacle, arts visuels et audiovisuels,
mémoire et patrimoines, des espaces à inventer.*

Du même auteur

• *Carta a un desconocido.*
Boletín Cultural y Bibliográfico n° 46.
Editions Biblioteca Luis Angel Arango, Bogota, 1998.
• *Cultures d'Europe, champ – contrechamp.*
Actes du réseau ENCATC
Editions Formation internationale culture, Paris 1999.
• *Méditerranée, entre Terres et Mer, des programmes de coopération culturelle.*
Culturlink Série n°2, Zagreb 1999.
• *Ne me donne pas de poisson, apprends-moi à pêcher.*
Zéro de conduite n° 40. Editions UFFEJ, Paris 2000.
• *Fragments d'un discours théâtral. Entre singulier et pluriel. De l'individualité créative à l'œuvre collective.*
Editions de L'Harmattan, Paris 2002.

# CULTURES AU FAUBOURG

*Les politiques culturelles internationales
et leur mise en œuvre.
Entre arts du spectacle, arts visuels et audiovisuels,
mémoire et patrimoines, des espaces à inventer.*

sous la direction de **Brigitte Rémer**

préface de **Jack Ralite**

**L'Harmattan**
5-7, rue de l'École-Polytechnique ; 75005 Paris
FRANCE

| **L'Harmattan Hongrie** | **Espace L'Harmattan Kinshasa** | **L'Harmattan Italia** | **L'Harmattan Burkina Faso** |
|---|---|---|---|
| Könyvesbolt | Fac..des Sc. Sociales, Pol. et | Via Degli Artisti, 15 | 1200 logements villa 96 |
| Kossuth L. u. 14-16 | Adm. ; BP243, KIN XI | 10124 Torino | 12B2260 |
| 1053 Budapest | Université de Kinshasa – RDC | ITALIE | Ouagadougou 12 |

www.librairieharmattan.com
diffusion.harmattan@wanadoo.fr
harmattan1@wanadoo.fr

© L'Harmattan, 2005
ISBN : 2-7475-9643-5
EAN : 9782747596435

*A la mémoire de
Giovanni Barandica Lopez
sauvagement assassiné à Cali,
sa ville natale et préférée,
le 20 décembre 2000*

*Ces Rencontres lui sont dédiées.*

« Il faut beaucoup de fierté
pour se savoir maître en affaires culturelles
et la France en est raisonnablement fière.
Il faut mettre plein de travail, plein de volonté,
plein d'argent pour la culture et la France
en a toujours mis avec conviction.
Il faut surtout une grande dose de courage
pour oser montrer à un groupe de professionnels étrangers,
pendant dix mois, la structure culturelle de son pays.»

**Giovanni Barandica Lopez**, *Colombie*
*Formation Internationale Culture 1996 / 1997*

## >Table des matières

| | |
|---|---|
| >Préface de Jack Ralite | 13 |
| >Note de Brigitte Rémer | 17 |

>Réunion plénière
  **Ouverture des Rencontres.** 25
>Table ronde
  ***Le monde en mouvement. Identités, altérité, réciprocités.*** 45
>Ateliers
  ***La vitalité des pratiques. Entre art et culture, un supplément d'âme ?*** 93
>Ateliers
  **Les nouveaux lieux culturels.** 135
>Ateliers
  ***Regard institutionnel et regard critique sur les arts du spectacle.*** 183
>Ateliers (synthèse)
  **Développement et politiques culturelles.**
  ***De la conception à la mise en œuvre. La dynamique des partenariats.*** 227
>Ateliers (synthèse)
  **Coopération internationale.**
  **Nouveaux enjeux, nouveaux défis.** 239
>Ateliers
  **Afrique.** 247
>Ateliers (synthèse)
  **Amérique Latine - Caraïbes.** 341
>Ateliers (synthèse)
  **Asie - Pacifique.** 353
>Ateliers (synthèse)
  **Europe orientale et centrale.** 365
>Un point de vue sur *Cultures au Faubourg*
  ***Quelques traces...*** de Monique Dairon-Vallières 375
>Réseau
  ***Ubiquité Culture(s)*** 383
>Remerciements 398

# L'apprentissage du propre
# et
# l'épreuve de l'étranger

Préface de **Jack Ralite**
Sénateur, animateur des Etats généraux de la culture

>*Cultures au faubourg* s'est déroulé du 3 au 7 décembre 2001 avec la préoccupation des coopérations culturelles entre le local et l'international, des espaces à inventer.

Brigitte Rémer qui en avait la responsabilité a pensé précieux d'en laisser une trace en publiant un compte-rendu qui pour n'être pas exhaustif n'en dit pas moins beaucoup sur ce carrefour vécu et habité par cent vingt professionnels de la culture venus du monde entier pour échanger leurs idées, leurs pratiques, l'élucidation de leurs obstacles et la mise en commun de leurs espérances. Ce fut presque une Babel des cultures dont chacune tint à montrer l'hospitalité qu'elle avait pour l'autre.

N'y aurait-il eu que cela, ce rendez-vous était indispensable.

Les espaces que nous connaissons sont encore trop peu appréhendés du point de vue de l'ensemble. Chacun, et on le comprend bien, considère d'abord son « local », mais cette fois-ci local et international se sont épaulés, un peu comme disait Torga : « le local c'est l'universel sans les murs ». En effet, c'est avec passion, avec fierté, mais aussi avec modestie que chacune, chacun des participants parla de son vécu « ordinaire » dont, tout l'a prouvé pendant les débats, on ne peut pas se passer.

Bien sûr, tous étaient francophones, mais tous avaient une identité, qui a été traitée à la manière d'Hölderlin quand il parlait des traductions et qu'il soulignait qu'elles mêlaient « l'apprentissage du propre » et « l'épreuve de l'étranger ». C'est une métaphore heureuse de l'idée qu'il faut en finir avec les différences indifférentes aux autres différences. Un résistant français, Marc Bloch, militait pour la même démarche : « quel pauvre cœur que celui qui ne serait pas autorisé à avoir plus d'une tendresse ». C'est cette idée, sous plusieurs formes avancée, qui domina la rencontre et lui donna son éclat. Dans cette publication vous trouverez une mêlée des cultures qui par-delà leurs tensions vibrantes, cherchent une harmonie, c'est-à-dire un vrai pluralisme, pas celui du statu quo, mais celui du mouvement, ce que d'aucuns appellent la « diversité culturelle ».

Ceci dit, c'était beaucoup plus riche que la « diversité culturelle », expression qui renvoie trop à la diversité commerciale, prônée par les grandes affaires des industries culturelles financiarisées et qu'un homme d'affaires français, égaré, porta au pinacle en se targuant d'enfoncer la notion d'« exception culturelle » dont le cœur est que le monde marchand ne peut pas être le régulateur impitoyable et sans rivages de ce qui touche à l'essentiel de la vie des hommes : la culture, les cultures, l'art, les arts. Il y a déjà longtemps qu'Octavio Paz nous avait averti : « le marché est efficace, soit, mais il n'a ni conscience, ni miséricorde ». Or nous sommes, nous voulons être des sociétés de conscience.

C'est sur ce fond d'idées, de concepts, de pratiques qu'a travaillé *Cultures au faubourg.*

La France, qui sans arrogance s'attachait à ces idées, vient, au moment où Brigitte Rémer édite le condensé des débats de ce séminaire international, d'en faire l'expérience. On sait que la première des télévisions publiques françaises a été privatisée en 1986 avec ce slogan trompeur du « mieux-disant culturel ». Presque vingt ans après, le patron de TF1 ne vient il pas d'oser déclarer : « Ce que nous vendons à Coca-Cola, c'est du temps de cerveau humain disponible » ? La rencontre internationale qui s'est déroulé en neuf équipements culturels parisiens* elle aussi s'est occupée de cerveaux mais en leur favorisant la possibilité d'échanger leurs intelligences, leurs pensées. Et s'il y a eu des tâtonnements, c'est parce qu'il est difficile de devenir des « brasseurs de l'Histoire ».
Qu'ils en soient remerciés.

**J. R.**

---

* La Bibliothèque François Mitterand, le Théâtre national de la Colline, le Musée du Louvre, le cinéma l'Entrepôt, la Cartoucherie de Vincennes, l'Hôtel de Sully, le Studio-Théâtre de la Comédie Française, la Maison Européenne de la Photographie, la Cinémathèque française.

*Les Rencontres
Cultures au Faubourg,
dix ans de la Formation Internationale Culture*
*3 au 7 décembre 2001*

>La formation des responsables et opérateurs culturels suppose une volonté politique et une certaine conception de la politique culturelle ; c'est ainsi que la France, proposant son expérience, s'inscrit, avec la *Formation Internationale Culture*, premier dispositif du genre créé en 1991, dans le cadre de la coopération culturelle internationale. Devenue, au fil des dix ans, pôle ressource et lieu d'expertise pour les professionnels étrangers, elle joue de son effet démultiplicateur.

Son programme en *Conception, décision et gestion culturelles*, cœur du dispositif, a de nombreux atouts : il contribue au rayonnement de la langue française et de la francophonie et tisse des liens avec les professionnels de la culture et de l'art en France, et sur tous les continents ; il met en relation les cultures et oblige au décloisonnement des attitudes, repose sur l'interaction, la synergie, l'altérité ; il élargit le champ de la réflexion par son interdisciplinarité et active le choc des concepts ; il réfléchit aux limites de l'intervention publique et entre dans le cadre de la formation de formateurs, les participants ayant à charge de transmettre à leur retour, leur expérience ; il se réalise dans une capitale cosmopolite où l'offre artistique et culturelle est multiple ; il travaille sur une matière d'exception, l'artistique et le culturel, qui, par son essence même, est un lieu de dialogue et de tensions entre arts, rêves et identités.

La *Formation Internationale Culture* met en jeu des participants de générations différentes, de pays différents dont l'histoire politique, économique, sociale et culturelle est parfois opposée, les modes de pensée et les problématiques de travail autres, les expériences professionnelles et les secteurs culturels et artistiques dans lesquels ils sont engagés, largement diversifiés. Leurs profils se déclinent de l'artistique à l'administratif, du haut fonctionnaire au porteur de projet, de l'opérateur culturel à l'artiste et au chercheur. Chaque session, entre réflexion et action, permet la construction d'un cadre de référence et l'acquisition de langages communs, la constitution d'un groupe. Chaque année est un voyage initiatique nouveau, une histoire qui se réinvente ; une année n'efface jamais l'autre.

Décembre 2001, les Rencontres *Cultures au Faubourg*, point de croisement à Paris de plus de cent dix professionnels label *Formation Internationale Culture*, manifestation tangible d'un réseau en exercice dans le monde nommé *Ubiquité-Culture(s)*, s'articulent autour de tables rondes, d'ateliers par disciplines et champs d'expertise, d'ateliers par régions géographiques.

« J'habite entre deux gares, au bord d'un canal, dans l'un des arrondissements les plus riches en théâtres, artisanats, gastronomie et plaisir de la vie » écrit Joseph Delteil en 1925.
C'est ce même 10 $^{ème}$ arrondissement où la *Formation Internationale Culture* a élu domicile depuis quelques mois, qui a inspiré le titre de ces Rencontres *Cultures au Faubourg,* et marque ses dix ans.
Le « s » de culture pour les professionnels de tous les continents qui, au fil des ans, ont entrechoqué les idées et échangé leurs savoir-faire.
L'idée de faubourg, pour la notion de lisière et celle de résistance, pour

l'espace du dehors, de l'autre côté des barrières qui fermaient Paris, contrairement à l'espace du dedans où habitaient ceux du Bourg.
Nous sommes les « faubourgs du monde », le dehors nous va bien. Ces Rencontres en seront l'écho.

**Brigitte Rémer**
*Paris, décembre 2001*

>**N.B**. :
• Nous avons choisi de restituer les minutes des Rencontres *Cultures au Faubourg* en direct, la parole est brute, telle qu'enregistrée.
• Les structures et fonctions indiquées sont telles qu'en décembre 2001, elles ont pour certaines changé et doivent être replacées dans le contexte.
• Si les Rencontres *Cultures au Faubourg* signaient l'arrêt de mort de la *Formation Internationale Culture*, elles furent en revanche l'acte fondateur du réseau *Ubiquité-Culture(s)*.

# Rencontres
*Cultures au Faubourg*

*Coopérations culturelles, entre local et international,*
*Des espaces à inventer.*

3 au 7 décembre 2001 • Paris

>Programme

>lundi 3 décembre 2001
**Deux tables rondes**

>Bibliothèque nationale de France
• ***Réunion plénière d'ouverture***
Tables rondes :
• ***Le monde en mouvement. Identités, altérité, réciprocités***
• ***La vitalité des pratiques. Entre art et culture,***
***un supplément d'âme ?***

>mardi 4 décembre 2001
**Des ateliers par discipline et champs d'expertise**

>Studio-Théâtre de la Comédie Française
• ***Le spectacle vivant, une matière en fusion. Interaction du sens***
***et des formes***
>Musée du Louvre
• ***Patrimoine, écritures, musées, arts plastiques. De la transmission***
***à la création***

>Olympic-Entrepôt
  • *Cinéma, audiovisuel. De l'expression à la production des langages de l'image*
>Théâtre national de la Colline
  • *Développement et politiques culturelles. De la conception à la mise en œuvre. La dynamique des partenariats.*
>Maison européenne de la photographie
  • *Coopération culturelle internationale. Nouveaux enjeux, nouveaux défis*

>mercredi 5 décembre 2001
 *Des ateliers par régions géographiques*

  >Studio-Théâtre de la Comédie Française
   *Afrique*
  >Théâtre national de la Colline
   *Amérique Latine Caraïbes*
  >Hôtel de Sully / Monum'
   *Asie Pacifique*
  >Olympic-Entrepôt
   *Espace Méditerranéen*
  >Maison Européenne de la Photographie
   *Europe centrale et orientale, Europe du Sud*


>jeudi 6 décembre 2001
 *Culture scientifique, éducation artistique*

  >Cité des Sciences et de l'Industrie
   *Culture scientifique et technique. Enjeux, alliances et réseaux*
  >Ministère de l'Education Nationale
   *Education et culture, vers des coopérations internationales*

>vendredi 7 décembre 2001
*Résolument réseaux*

>Cinémathèque française
***Ubiquité-Culture(s), la vie du réseau. Modes de fonctionnement, actions, projets***
**Compte-rendu des ateliers et débat**
>Cartoucherie de Vincennes, Théâtre de l'Epée de Bois
Table ronde :
***L'Afrique propose : deux nouveaux dispositifs de partenariats artistiques pour favoriser l'autonomie des créateurs du Sud.***
Spectacle :
***Le retour de Bougougnéré***, par l'Atelier de Bamako
et l'Etoile peinte, mise en scène de Georges Bigot.

>María Concepción Landa Garcia Tellez, *Mexique*
Oxana Melnytchuk, *Ukraine*
María Irene Urdaneta Castillo, *Venezuela.*

*Ouverture des Rencontres*
**Réunion plénière**
*Bibliothèque nationale de France*
**3 décembre 2001**

*Ouverture des Rencontres* / 3 décembre 2001

## *Participants*

### >Formation Internationale Culture

- **Blaise Etoa**, *Cameroun, promotion 2000 / 2001*
  Conseiller du Ministre de la Culture, à Yaoundé
- **Colette Perrodin**, *Haïti, promotion 2000 / 2001*
  Directrice de la Fondation Culture Création, à Port-au Prince
- **Maria Irene Urdaneta**, *Venezuela, promotion 1995 / 1996*
  Directrice de programme à l'Instituto nacional de Trabajadores culturales, à Caracas

### >Bibliothèque Nationale de France

- **Jean Marc Terrasse**
  Chef de service, Délégation à la diffusion culturelle

### >Ministère de la Culture et de la Communication

- **Michel Clément**
  Délégué au développement et à l'action territoriale
- **Michel Tosca**
  Directeur adjoint du département des affaires internationales

### >Ministère des Affaires des étrangères

- **Bernard Pelletan**
  Chef du bureau de la politique culturelle, Direction générale de la coopération internationale et du développement*

---

* Bernard Pelletan est décédé en 2003, nous lui rendons hommage.

*Ouverture des Rencontres* / 3 décembre 2001

« *Nous partageons,
d'un bout du monde à l'autre,
les mêmes préoccupations
et sommes animés
d'un même engagement.* »

**Blaise Etoa**, *Cameroun*

**Colette Perrodin**
*Haïti*

>Mesdames et messieurs bonjour, chers collègues, bonjour à tous. En tant que participante à la session actuelle de la Formation internationale culture pour son programme en conception, décision et gestion culturelles, je m'associe à tous ceux qui se trouvent sur ce podium pour vous souhaiter chaleureusement la bienvenue. Les Rencontres *Cultures au Faubourg*. célèbrent le dixième anniversaire de la Formation internationale culture et sont l'occasion d'un séminaire de réflexion sur les politiques culturelles qui prêtera, nous l'espérons, à de fructueux échanges.

Après l'accueil par les différentes institutions qui soutiennent l'activité depuis sa création, deux tables rondes seront proposées aujourd'hui, l'une sur le thème : *Le monde en mouvement, identités, altérité, réciprocités*, l'autre sur le thème : *La vitalité des pratiques. Entre art et culture, un supplément d'âme.*

J'invite Blaise Etoa, collègue et ami de notre session 2001/2002 actuellement en cours à venir à ce micro pour donner son discours, notre discours de bienvenue. Je lui passe la parole.

**Blaise Etoa**
*Cameroun*

>Merci Colette. Mesdames et messieurs, la onzième session de la *Formation internationale culture* est heureuse de vous accueillir pour ce moment d'ouverture des Rencontres *Cultures au Faubourg*. Permettez-moi avant toute chose, et au nom de la cuvée 2001/2002, de remercier nos collègues des dix premières promotions présents ici à Paris, pour leur engagement à maintenir cette flamme qui nous unit.

Chers amis, souvent au prix de nombreux sacrifices, vous êtes venus d'Afrique noire, d'Amérique latine, d'Asie, des Caraïbes, d'Europe centrale et orientale, du Maghreb et du Moyen Orient, porteurs de cette diversité culturelle qui nous caractérise et qui constitue l'atout majeur de la Formation internationale culture. Dix ans déjà de ce dispositif de formation à la fois professionnel, universitaire, pluridisciplinaire et international, quelle idée généreuse ! Comment pourrait-on ne pas s'étonner qu'au départ, compte tenu de sa nature singulière, cette formation ait suscité des réserves de la part de quelques-uns...

Aujourd'hui, ce qui était un véritable défi a été relevé et la Formation internationale culture affirme chaque jour un peu plus sa personnalité, forte de l'appui d'un faisceau de partenaires institutionnels et non institutionnels dont nous saluons l'action, et de la volonté, du courage et de la vision de sa directrice Brigitte Rémer à qui nous tenons à rendre aujourd'hui l'hommage qui lui est dû.

Mesdames et Messieurs donner des clés à des professionnels du champ de la culture venant de tous les continents, en action dans leurs pays, directeurs d'établissements artistiques, porteurs de projets culturels, artistes, concepteurs et metteurs en œuvre de politiques culturelles, en leur permettant de se confronter à l'expérience française, tel fut à l'origine le projet de la Formation internationale culture. Depuis dix ans cette plate-forme a ouvert la voie à un vaste réseau d'acteurs culturels dont l'association *Ubiquité-Culture(s)* est le support, animé de la même dynamique de réciprocité dans l'altérité et de complicité dans la diversité, dont ces rencontres *Cultures au Faubourg* sont le premier moment fort.

Nous découvrons, parfois avec une grande surprise, que d'un bout du monde à l'autre, nous partageons les mêmes préoccupations et sommes animés d'un même engagement, celui d'œuvrer pour un meilleur accès de nos compatriotes à l'offre culturelle. Pour l'Africain l'expérience chinoise d'équipement culturel en zone rurale devient intéressante tout comme la décentralisation culturelle au Brésil pour le Roumain ou le Russe.

Nous sommes reconnaissants à la France de nous avoir accueillis et les mots pour lui témoigner notre gratitude nous ont été légués par notre confrère colombien, Giovanni Barandica-Lopez, participant de la sixième session de formation, malheureusement disparu dans de tragiques circonstances, le 23 décembre 2000, à Cali, sa ville natale, propos figurant en exergue de son mémoire de fin de formation rédigé en 1997. Giovanni disait et je le cite : « Il faut beaucoup de fierté pour se savoir maître en affaires culturelles et la France en est raisonnablement fière. Il faut mettre plein de travail, plein de volonté, plein d'argent pour la culture et la France en a toujours mis avec conviction. Il faut souvent une grande dose de courage pour oser montrer à un groupe de professionnels étrangers, pendant dix mois, la structure culturelle de son pays. Plus on s'émerveille des projets, plus on découvre parallèlement et inévitablement les faiblesses du système. C'est donc triplement précieux, l'intention et l'œuvre de cette formation, on apprend ce qui est présenté, ce qu'on découvre et ce qu'on devine. Merci à la France de se le permettre et de nous le permettre. » Fin de citation. Nous dédions ces Rencontres à Giovanni. Puisse *Ubiquité-Culture(s)* être le digne dépositaire et promoteur de cet esprit d'ouverture et de partenariat dans un dialogue de cultures fécond au sein de la francophonie plurielle. Merci de votre attention.

**Colette Perrodin**
*Haïti*

>Merci, Blaise. Maintenant, nous donnons la parole à une ancienne de la Formation Internationale Culture, Irene Urdaneta, promotion 1995-1996 qui fera une courte intervention sur la manière dont elle a ressenti et vécu ce temps de formation

**Maria Irene Urdaneta**
*Venezuela*

>Bonjour à tous. Je suis heureuse de saluer tous mes collègues. On m'a invitée à venir donner très spontanément mon témoignage sur mon expérience à la Formation Internationale Culture. Premièrement, ces rencontres sont une véritable aventure, je veux remercier encore une fois Brigitte Rémer pour en avoir eu l'idée et pour être visionnaire et entretenir tout ce réseau que nous constituons. Mon expérience à la Formation internationale culture a démarré en 1995. Depuis cinq ans, je me sens très liée et engagée avec cette formation et ces lieux de rencontres. Je pourrais dire beaucoup de choses de la formation, sur le plan personnel, l'apprentissage des autres cultures, la tolérance, la possibilité de partager le rêve des différentes personnes qui sont aujourd'hui ici. Et puis au niveau professionnel c'est une clé qui m'a ouvert beaucoup de portes pour le travail que je développe sur le plan international, au niveau culturel. Sur le plan de la culture, les relations que j'ai pu entretenir avec la France m'ont beaucoup servi et je profite de tous les contacts que j'ai eus à partir de la formation pour des projets entre nos deux pays et avec les autres pays participants de la formation. Je suis très contente, très fière d'être ici avec vous, je sais que nous sommes des professionnels de haut niveau. Nous constituons un réseau vraiment unique dans le monde. Je vous invite aujourd'hui à travailler ensemble, pour le réseau *Ubiquité-Culture(s)* auquel je me sens personnelle-

ment très liée parce que j'étais ici au moment de sa création. Cela me touche qu'on commence à en voir les résultats, le fruit des réunions qu'on a eues au moment de son lancement. J'espère qu'on pourra développer beaucoup de choses ensemble en nous engageant dans des relations plus fortes encore entre nous, les différentes générations de la formation et au niveau de la culture, dans tous nos pays. Merci de m'avoir invitée. J'espère qu'on aura l'occasion, au cours de cette semaine, de partager beaucoup d'expériences au niveau professionnel et sur le plan personnel

**Colette Perrodin**
*Haïti*

>Merci, Irene. Je passerai maintenant la parole à notre hôte, le représentant de la Bibliothèque Nationale qui nous accueille aujourd'hui, Jean-Marc Terrasse, en le remerciant vivement, au nom de tous, de cet accueil.

**Jean-Marc Terrasse**
*France*

>Je voudrais vous souhaiter la bienvenue au nom de la Bibliothèque nationale de France, au nom de son président M. Jean-Pierre Angrémy, dont vous savez qu'il est diplomate, voyageur, écrivain sous le nom de plume de Pierre Jean Rémy, académicien. Par son caractère international et sa volonté d'international, il insuffle à la Bibliothèque une dimension internationale, qu'elle avait déjà et qu'elle développe aussi dans d'autres secteurs. C'est important d'avoir à notre tête quelqu'un qui ait cette dimension, ce regard sur le monde. Il est comme beaucoup de voyageurs et de diplomates, il a laissé son cœur quelque part dans un des nombreux pays qu'il a traversés et en ce qui le concerne c'est la Chine. En 2004, il va s'occuper de l'année France-Chine. Donc c'est montrer à quel point il est tourné vers le monde et la Bibliothèque Nationale aussi. Je vous invite donc à visiter cette Bibliothèque qui je dirai, qui a été pensée quelque part entre la modernité et l'éternité, c'est à vous de trouver sa place entre les deux. Je vous propose un rendez-vous à 14 heures pour visiter les expositions qui seront ouvertes pour vous, avec la responsable des expositions, Viviane Cabanes. L'une s'appelle *Le voyage en Orient*, sur les photographies européennes, françaises en particulier, au Moyen-Orient, au XIX$^{ème}$ siècle, qui donne une vision tout à fait intéressante de la manière dont l'occident percevait cette région du

monde et qu'on peut comparer à celle qu'on a aujourd'hui.

La deuxième exposition est sur *Ali Drissi, un géographe arabe du XII$^{ème}$ siècle* qui montre elle aussi les liens culturels très forts entre l'occident et le monde arabe, en particulier l'orient en général dans le XII$^{ème}$ siècle et bien avant. Ce sont deux expositions parmi d'autres qui montrent aussi le caractère interculturel de cette maison et son ouverture sur le monde.
Je ne vais pas m'étendre plus longuement, je voudrais juste attirer très brièvement votre attention sur trois points :
Un problème qui est beaucoup traité dans cette maison, c'est celui de l'identité culturelle. C'est un problème d'échanges, un problème de transfert, un problème de dialogue, fondamental. Je sais que ce sont des thèmes dont vous allez parler au cours de ces journées, parler et reparler. Je voudrais attirer votre attention sur le livre d'un historien, Robert Franck, *La hantise du déclin*. Son œuvre tourne autour de l'identité culturelle et des échanges. Robert Franck est professeur à Paris IV et à Sciences Po et il a été directeur de l'Institut d'Histoire du Temps Présent. C'est un travail qui fonctionne sur l'échange et qui montre que les échanges et les identités ne peuvent se construire historiquement que dans l'échange entre les cultures. J'insiste sur le terme, il parle de diplomatie, il parle de finances mais il parle d'abord et avant tout de culture. Robert Franck sait de quoi il parle, c'est un professeur universitaire français dont le père est juif polonais, émigré pendant la guerre avec une mère écossaise qui est venue en France, il connaît le problème des multicultures, des multilinguismes et des multiéchanges.
Le deuxième point c'est que l'année prochaine sera l'année Victor Hugo, 1802 naissance de Victor Hugo, ce siècle avait deux ans, la France va presque s'arrêter pour fêter son grand poète, son grand visionnaire du XIX$^{ème}$ siècle. Victor Hugo a apporté à la France une dimension parfois un peu trop lyrique mais il a une dimension internationale et en particulier européenne. Il a légué l'ensemble de ses manuscrits et de ses dessins à la Bibliothèque nationale nous en sommes les dépositaires et autour de ce legs magnifique, nous allons organiser des expositions et des conférences à Paris et dans d'autres endroits, en

France. Victor Hugo a dit clairement, quand il a laissé ça à la Bibliothèque de France, qu'elle serait un jour la Bibliothèque d'Europe. Il avait cette vision, qu'il ne faut pas prendre dans un sens où la France deviendra et sera le pays le plus important d'Europe, mais dans le sens où elle mettra à disposition de l'Europe sa culture, son savoir et ses connaissances.

Le troisième point, le dernier, ça m'amuse parce que Brigitte Rémer a cité, pour introduire Cultures au Faubourg, dans son dossier, une phrase de Joseph Delteil, c'est un peu un accident mais c'est l'un de mes écrivains poètes préférés, qui a été cité pour faire référence au $X^{ème}$ arrondissement qui est un quatier en devenir. Je le cite : « J'habite entre deux gares au bord d'un canal dans un des arrondissements les plus riches en théâtres, artisanat, gastronomie, plaisirs de la vie.» Il écrit ça en 1925 et bientôt j'espère que nous pourrons faire des citations sur le $XIII^{ème}$ arrondissement de Paris dans lequel cette Bibliothèque est enracinée, qui est un quartier en développement. Je dirai un mot à propos de Joseph Delteil qui a écrit un très beau livre qui l'a fait connaître en 1922, qui s'appelle : *Sur le fleuve Amour*. Le fleuve Amour borde la Chine et la Sibérie, et Amour en bourriate veut dire *le grand fleuve*. Nous sommes ici au bord de notre grand fleuve la Seine, qui se dit en chinois *le fleuve du dragon noir*. J'espère qu'on sera plus du côté de l'Amour que de celui du Dragon noir. En tous cas, je vous souhaite la bienvenue à la Bibliothèque Nationale.

**Colette Perrodin**
*Haïti*

>Merci. Je vous propose maintenant de donner la parole au représentant d'une institution importante pour la Formation, le Ministère de la Culture, puisqu'il est son principal financeur..

**Michel Tosca**
*France*

>Je vous remercie. Avec une présentation comme celle que nous venons d'entendre, il y a de quoi être intimidé. Je voulais vous souhaiter la bienvenue au nom du Ministère de la Culture et de la Communication que je ne suis pas le seul à représenter ici, puisque Michel Clément est également présent pour des raisons qu'on vous expliquera.

Je suis heureux de vous accueillir. Cette manifestation *Cultures au Faubourg* est un événement. C'est un événement qui revêt plusieurs aspects. J'ai pu assister

*Ouverture des Rencontres* / 3 décembre 2001

ce matin en arrivant un peu plus tôt, aux effusions, aux retrouvailles. Vous étiez heureux de vous retrouver, manifestement pleins de complicité et pleins d'expériences communes puisque vous avez tous passé, c'est la caractéristique de cette rencontre, au moins une année ensemble dans le cadre de la Formation internationale culture. C'est aussi une fête, cette fête également, il ne s'agit pas de la renier mais d'en profiter et on le fera avec vous, du mieux qu'on pourra. Il y a aussi un aspect très sérieux, qui est la célébration d'une expérience partagée qui n'est pas terminée puisque vous êtes là et que ce qui se passera au cours de cette semaine fera qu'elle se poursuivra peut-être d'une autre manière encore, vraisemblablement. Vous êtes venus, sur deux cents personnes qu'a accueillies la Formation internationale culture, vous êtes plus de cent dix à être présents, c'est une performance. S'il fallait faire une évaluation, - le ministère de la Culture parle beaucoup d'évaluation, les actions qu'il met en place ne sont pas toujours, de ce point de vue, à la hauteur du discours qu'il tient -, une première évaluation, un critère, un indicateur, c'est votre présence ici, c'est le signe qu'il s'est passé quelque chose et qu'il y a une réussite. Je voudrais profiter de cela, en tant qu'institution, il faut assumer sa fonction et sa position, pour essayer d'approfondir cela et voir comment on peut essayer de faire mieux aussi, de profiter de votre venue ici pour essayer d'analyser les choses. Ce programme d'accueil de professionnels date de dix ans. Il a été mis en place et est soutenu par la Délégation au développement et aux formations, qui a en chemin changé de nom et est devenue Délégation au développement et à l'action territoriale ; par le Département des affaires internationales qui en a été l'initiateur, je le représente, et également dans un partenariat irremplaçable avec le ministère des Affaires étrangères, représenté ici par Bernard Pelletan.
1991, on se souvient de ce moment dans le contexte mondial des deux blocs de l'Est et de l'Ouest. On se souvient de l'événement qu'a constitué la chute du Mur de Berlin, c'est dans ce contexte qu'est né ce projet d'une politique de rencontres, de confrontations, de débats, entre acteurs de la vie culturelle, d'abord de l'Est et de l'Ouest mais aussi progressivement entre tous les acteurs des différents pays du monde. Il y a

deux programmes qui sont nés : la Formation internationale culture, le premier programme avec le soutien de l'Unesco, vous le connaissez par cœur, je ne vais pas vous le décrire, c'est une année, un programme long. En une année il peut se passer beaucoup de choses et il s'en passe. Un deuxième programme a été créé l'année d'après, c'est le programme Courants, dans une toute autre optique, ce sont des stages courts qui prennent plusieurs formes, il y a des séjours d'un mois, des séjours de découvertes et de rencontres pour ceux qui sont porteurs d'un projet avec des interlocuteurs et des professionnels en France. C'est aussi un certain nombre de stages de quinze jours plus spécialisés qui concernent l'administration culturelle ou sur des sujets plus pointus comme les projets en bibliothèque ou sur les archives c'est le dernier né, une sensibilisation aux techniques archivistiques. Voilà, ce sont ces deux programmes. Les objectifs, vous les avez dits, vous monsieur qui avez parlé en premier.
Cette expérience que vous avez eue à la Formation Internationale Culture, recoupe bon nombre d'objectifs qu'on avait voulus pour ces rencontres. Formation, c'est un terme assez impropre aujourd'hui pour définir un objectif, car il s'agit moins de formation - il ne faut pas renier l'espace de formation mais on peut toujours se demander qui forme qui, dans ce type de rencontres -, mais ce sont surtout des échanges et des confrontations de professionnels, c'est ça la formidable richesse de ce que permet la Formation Internationale Culture et ce n'est pas simplement en bilatéral entre tel pays et la France mais c'est également entre les différents pays et les différents amis qui sont ici représentés.
Donc il ne s'agit pas pour nous de présenter le modèle français, il ne s'agit pas d'un modèle, c'est plutôt une expérience qui a existé en France. On s'interroge nous aussi sur cette expérience-là et j'ai vu au cours des différentes rencontres qui ont été organisées, que ce qui vous intéresse ce n'est pas la description des dispositifs mais c'est toutes les questions que nous nous posons nous-mêmes sur ces dispositifs et celles que vous posez sur les vôtres et le regard que vous avez sur les nôtres.
Autre objectif également c'est le réseau, ce qu'on recherche également, je vois que cela fonctionne ici,

c'est ce réseau. Si on fait la comptabilité des accueils qui ont eu lieu c'est à peu près quinze cents personnes, tous programmes confondus, on y ajoute les professionnels qui ont été rencontrés, cela fait quelques milliers de personnes. Je dois dire aussi que cette notion de réseau est un peu idéale, il est évident que si l'on devait réunir les cinq mille personnes qui se sont rencontrées, ce séjour est impossible. J'en reviens à Cultures au Faubourg et à la Formation Internationale Culture, c'est que, à notre sens, ce qui se produit là c'est véritablement la création d'un réseau. Pour faire un réseau il faut du temps, la Formation Internationale Culture le permet, il faut également et ça ne se passe pas tout seul, un talent pour ceux qui accompagnent ces promotions, ces différentes cuvées et je vois que les anciennes cuvées peuvent vieillir et vieillissent bien. C'est ce que nous apprend l'œnologie ici. Le sens de ces programmes a également changé au cours de ces dix dernières années. Il y a dix ans, l'objectif suivi est celui que j'indiquais tout à l'heure quand je parlais du mur de Berlin, c'était davantage des rencontres motivées par des échanges, par le besoin de revendiquer des libertés, des confrontations. Aujourd'hui c'est la même chose mais le discours sur place, on a parlé déjà de diversité culturelle donc les enjeux et les débats se posent à ce niveau, mondialisation et diversité culturelle. C'est cela tout le dialogue et tout l'intérêt de ce dialogue, et je vois que cette manifestation, c'est aussi un manifeste de la nécessité, du besoin et l'envie qu'a chacun d'entre nous d'un meilleur dialogue entre les pays.

Je voudrais terminer mon propos en disant que si la Formation internationale culture a été initiée par des institutionnels, le bourg, c'est quand même le faubourg qui l'a mise en place, sans rien de péjoratif. Bourg et faubourg se rencontrent et s'entendent, cette dynamique et le succès de cette activité c'est vous d'abord qui en portez la responsabilité mais c'est aussi le travail incomparable, passionné et intelligent de Brigitte Rémer et de son engagement dans le combat de la culture qui est la part importante de ce succès et je vois que Cultures au Faubourg est aussi un hommage au travail qu'a fait Brigitte Rémer depuis dix ans. Je peux remercier aussi le ministère des Affaires étrangères sans lequel vous ne seriez pas là puisque c'est lui qui fait connaître les programmes et qui vous choisit, pas tout seul mais c'est lui qui prospecte et va déterminer qui peut participer à ce type de rencontres, donc on lui doit beaucoup et je voudrais remercier tous ceux qui sont ici. Je voudrais pour conclure vous inviter, au nom de la Ministre de la Culture, à la réception qu'elle donne en votre honneur mercredi. Je vous remercie.

**Colette Perrodin**
*Haïti*

>Merci. La parole est maintenant à Monsieur Michel Clément, pour le Ministère de la Culture et de la Communication toujours.

**Michel Clément**
*France*

>Je suis, comme mon collègue Michel Tosca représentant du Département des Affaires Internationales, très heureux de vous accueillir au nom de Catherine Tasca notre ministre et de Michel Dufour le secrétaire d'Etat, en ces lieux, pour cette semaine de travail et de réflexion. La Délégation au développement et à l'action territoriale est une des directions du ministère à caractère transversal, c'est à dire qu'elle a en charge, avec les autres directions du ministère, la construction des politiques transversales du ministère, et également leur application, leur mise en œuvre sur le territoire national. Et c'est vrai qu'avec le Département des Affaires Internationales, nous sommes au sein du ministère de la Culture, les partenaires des formations internationales Culture.

Ce que je vais évoquer, c'est peut-être parce que ça sera je pense, l'objet de vos débats cette semaine, c'est un peu les interrogations qu'aujourd'hui le Ministère de la Culture a sur la politique culturelle, les politiques culturelles. Vous savez que nous sommes dans un vieux pays qui a, depuis le Moyen âge, construit un état central assez puissant, assez fort, qui se trouve confronté aujourd'hui à toute une série d'enjeux, nationaux ou internationaux. C'est un pays également comme vous le savez, qui a depuis maintenant longtemps, construit une politique culturelle, d'abord un peu comme un mécène, comme un mécène public si vous voulez, à la suite des monarchies, puis de la république centrale, et je voudrais mettre les interrogations d'aujourd'hui un peu en perspective historique, mais rapidement, rassurez-vous :

• 1946. Depuis 1946, notre Constitution a inscrit le

développement culturel dans ses bases fondamentales puisque notre Constitution a écrit que la Nation garantit l'égal accès de l'enfant et de l'adulte à l'instruction, à la formation professionnelle et à la culture. Formule qui inspire trois remarques : d'abord, que l'obligation publique s'impose à tous, à la fois à l'Etat mais aussi à l'ensemble des membres de ceux qui constituent la nation, c'est-à-dire les citoyens et les collectivités territoriales ; ensuite que la culture a la même valeur, a la même importance que l'éducation et la formation professionnelle donc ce n'est pas uniquement le petit supplément d'âme qu'on rajoute mais bien quelque chose de constitutif de la Nation, enfin que les pouvoirs publics ont la responsabilité de garantir ce qu'on appelle l'égal accès à la culture.
• Deuxième date, 1959, la création du grand ministère de la Culture par André Malraux dont nous fêtons cette année le centenaire de la naissance. Donc, création, à l'époque du Général de Gaulle, d'un grand ministère de la Culture avec l'idée force que c'est le contact avec les œuvres qui permet le développement culturel. D'où la construction de toute une série de grands établissements culturels mais également d'un ministère avec de grandes directions, par grands thèmes, par grands domaines de la culture, qui ont vocation donc à mettre en œuvre les idées d'André Malraux.
• 1981, c'est presque de l'histoire maintenant, Jack Lang qui double, avec l'arrivée de François Mitterrand au pouvoir, le budget du Ministère de la Culture, donc, nouvelle époque d'expansion assez forte.
• Et aujourd'hui, finalement des interrogations qui sont notamment le fruit d'ailleurs, en grande partie certes de l'évolution générale, de l'évolution mondiale, mais également des conséquences de ces phases du développement du ministère de la Culture.
Aujourd'hui, on évoque de plus en plus le terme de démocratie culturelle. Pendant des années on parlait de démocratisation culturelle, c'est-à-dire l'idée que les pouvoirs publics ont la responsabilité de finalement transmettre, un peu du haut vers le bas, un certain nombre de grands éléments de la culture. Aujourd'hui, on parle de démocratie culturelle c'est à dire une notion un peu différente, qui est le fait que les

citoyens deviennent acteurs eux-mêmes du développement culturel. Et c'est vrai que dans un certain nombre d'apparitions, de phénomènes culturels, je pense en particulier au hip hop, c'est venu finalement des gens eux-mêmes et peu à peu, ça a trouvé sa place au soleil.

Ce qui a beaucoup changé je pense et ce qui a nourri le débat, c'est le fait qu'on s'est aperçu que finalement ces grandes politiques publiques dont la France était si fière, avaient un impact qui n'était pas aussi évident, c'est-à-dire que, certes on avait augmenté la fréquentation des grandes institutions, on avait augmenté un peu les pratiques, mais finalement à la marge, et que cette grande ambition d'égal accès à la culture, restait pour beaucoup de gens, un peu lettre morte. C'est pour ça que les enjeux d'aujourd'hui sont liés à ces interrogations, elles sont liées aussi à la question de la globalisation économique, à la question de la diversité culturelle, et que l'Etat s'est engagé sur différentes pistes : alors il y en a une qui est une piste qui existait depuis un certain nombre d'années mais qui, aujourd'hui, je crois, re-posée comme étant un enjeu fondamental c'est la question de l'éducation artistique et culturelle, à l'école ; c'est-à-dire, si on souhaite effectivement développer la culture et faire que chacun ait accès à cette culture, il est important que l'école joue son rôle, donc les ministres de l'Education nationale Jack Lang et de la Culture, Catherine Tasca, ont relancé le processus de développement de la culture. On avait déjà toute une série d'expériences, mais qui ne touchaient finalement qu'une minorité d'enfants, là il y a une recherche, qui sera longue, de faire en sorte que chaque enfant puisse avoir accès à la pratique culturelle et c'est une grande ambition.

L'autre évolution à mon avis assez forte, c'est celle de l'Etat lui-même, d'un côté c'est cet Etat que je disais jacobin, tiraillé entre l'Europe en construction l'Union européenne, et d'un autre côté la montée des collectivités territoriales. Aujourd'hui ce n'est plus l'Etat en France qui est le principal financeur de la culture, ce sont les collectivités territoriales. Elles le faisaient déjà depuis un certain nombre d'années mais aujourd'hui, le budget de la culture dans les collectivités, est majoritaire sur le territoire national.

L'Etat lui-même, en France, a évolué et s'est développé un concept qu'on appelle la déconcentration, c'est-à-dire le fait de donner, de plus en plus, face aux collectivités locales qui prenaient un poids majeur, de développer la responsabilité des représentants de l'Etat sur le terrain. C'est vrai qu'aujourd'hui, le ministère de la Culture a construit des services dans les régions, qui s'appellent les Directions régionales des affaires culturelles qui incarnent le ministère de la Culture sur le terrain et ont la charge de remplir ses missions permanentes, et les accents mis, à chaque fois qu'un ministre arrive, de sa politique. Et on est aujourd'hui dans des constructions qu'on appelle de développement territorial, c'est-à-dire le fait que le territoire, le développement local, devient un des critères du développement général et du développement culturel en particulier.

Au delà même de cette notion de dynamique du développement, l'Etat réfléchit à de nouvelles responsabilités des collectivités locales, de nouveaux transferts de compétences, il y a eu une première vague dans les années 80 et à l'heure actuelle, le ministère de la Culture a lancé un processus de protocole de décentralisation, c'est à dire de contrats, menés dans un cadre de réflexion avec les collectivités locales sur un territoire donné dans deux domaines privilégiés : le patrimoine, la transmission du patrimoine, qui était traditionnellement un enjeu de l'Etat dit régalien c'est-à-dire que l'Etat avait un grand pouvoir et ce pouvoir, de plus en plus, sera partagé avec les collectivités locales. Autre enjeu, celui de l'enseignement de la musique, du théâtre, des arts plastiques qui était là plus traditionnellement porté par les collectivités locales, mais que l'Etat, avec les collectivités locales, va essayer d'organiser mieux, parce que la situation effectivement est inégale sur le terrain.

Voilà quelques enjeux que je voulais soulever, je pense qu'ils feront partie de vos débats. Finalement ils mettent en question, des questions qu'on retrouve un peu partout dans le monde qui sont celles à la fois du développement des identités, locales, régionales, nationales, interrégionales au sens international et en même temps des idées, de démocratie, sachant qu'effectivement, en tous cas dans la conception française, la démocratie, la culture, la culture est au cœur des libertés publiques.

Voilà. Je pense que tous ces thèmes seront repris et discutés dans vos ateliers, je souhaite bonne chance à vos travaux et vous remercie de votre attention.

**Colette Perrodin**
*Haïti*

>Merci Monsieur Clément. Maintenant nous donnons la parole à Monsieur Bernard Pelletan. Il représente ici le Ministère des Affaires Etrangères,

**Bernard Pelletan**
*France*

>Merci. En écoutant mes collègues, en vous regardant, je me disais qu'on devait avoir au moins une chose en commun, de savoir écouter les discours et de savoir les infliger, alors je vais essayer d'être bref. Je crois qu'on a aussi en commun autre chose, c'est un humour partagé.

*Formation internationale culture*, moi je m'attacherai à ces trois mots : la *formation*, c'est une préoccupation qui nous réunit tous. C'est une problématique qui s'impose comme une urgence je crois, à nombre de gouvernements dans le monde, dans des pays où bien souvent la population a moins de vingt cinq ans et où la formation est évidemment au cœur de la problématique du développement. Si vous êtes ici c'est que vous êtes préoccupés par cet aspect des choses, pas uniquement pour votre propre formation, pour venir chercher des informations, mais aussi pour partager, je le sais pour avoir eu le privilège de travailler dans de nombreux pays étrangers où j'ai donné et aussi beaucoup appris et bénéficié de l'énergie du dragon.

La deuxième chose qui nous préoccupe c'est l'aspect *international*. Je représente le Ministère des Affaires Etrangères qui, à une époque, a été le ministère des Relations extérieures. Je crois que les mots ne sont pas innocents. D'ailleurs, dans un certain nombre de vos pays, les ministères des Affaires étrangères sont des ministères des Relations extérieures, des relations internationales et c'est bien dans cette Formation internationale culture l'une des problématiques aujourd'hui. On assiste à une globalisation, à une mondialisation selon les termes et les langues, qui provoque, de façon paradoxale, un véritable repli identitaire et une fragmentation du monde. Le global devient fragmentaire et c'est là que l'international doit jouer tout son jeu, toute sa mission de mise en relation, de mise en perspective, et d'objectif qui tourne autour du débat, du débat sur les idées, les valeurs, sur les grands enjeux du monde.

Vous allez en parler, nous en parlerons, tout au long de ces travaux, et c'est là que *la culture* s'impose comme un thème majeur de la réflexion. La culture c'est évidemment la culture que nous connaissons, celle des écrivains, celle des artistes, c'est aussi un outil formidable pour le développement social et économique. Il ne faut jamais oublier cette dimension forte, ça permet de donner à la culture toute sa valeur, toute sa force, toute sa profondeur.

Si vous êtes réunis ici, à mon avis c'est que vous partagez ces mêmes valeurs avec nous, ces mêmes désirs, ces mêmes préoccupations et dix ans après la fondation de cette formation, vous avez rendu tout à l'heure un hommage appuyé à Brigitte Rémer et à son équipe, vous avez eu vraiment raison de le faire, dix ans c'est une maturité, c'est un bilan, mais c'est aussi une très forte légitimité.

Alors, Brigitte merci, à tous les collègues qui sont intervenus pour vous donner leur sentiment et bonne chance pour la suite, autour de la formation, de l'international et de la culture.

**Colette Perrodin**
*Haïti*

>Merci Monsieur Clément. Merci à tous. Après ces mots de bienvenue et cette ouverture des Rencontres *Cultures au Faubourg*, les intervenants de la première table ronde vont prendre place. Merci à chacun dans la salle de bien vouloir rester à sa place, nous allons commencer, nous avons déjà pris du retard.<

>Aboukacem Chebri, *Maroc*

*Le monde en mouvement.*
*Identités, altérité, réciprocités*
## Table ronde
*Bibliothèque nationale de France*
lundi 3 décembre 2001
9h30 / 13h

*Le monde en mouvement. Identité, altérité, réciprocités* / 3 décembre 2001

*Croisement d'approches et de sensibilités
autour de la diversité culturelle, du multiculturalisme, du plurilinguisme.
Transmission, tensions, confrontation du politique
entre mémoire collective et mémoire individuelle.
Tentation d'isolement et de repli identitaire.
Cohabitation des communautés, des religions et des langues.
La figure de l'autre au cœur des conflits invisibles.*

*Le monde en mouvement. Identité, altérité, réciprocités* / 3 décembre 2001

## *Participants*

## >Modérateur

- **Nadine Vasseur**, *France*
  Journaliste, productrice et animatrice à France Culture,
  journaliste à BFM, directrice de la collection *Au Louvre avec,* éditions
  Le Louvre-Somogy dont la vocation est de donner la parole aux artistes
  contemporains.

## >Intervenants

- **Jean Michel Boissier**, *France*
  Journaliste multimédia et ingénieur culturel, cofondateur
  de *Courrier International* et du Club de la presse européenne,
  actuellement consultant pour Canal Plus et pour l'association
  Cité de la presse

- **Antonyi Galabov,** *Bulgare, promotion FIC 2000 /2001*
  Sociologue, chercheur, chef du Département relations publiques
  et presse au ministère de la Culture, à Sofia.

- **Véronique Nahum-Grappe** *France*
  Chercheur en sciences sociales, Ecole des Hautes études en Sciences
  sociales, Département Anthropologie des mondes contemporains

- **Shifra Shalit-Intrator** *Israël, promotion FIC 1993 /1994*
  Directeur général de la Galerie Dvir et de la maison d'édition Haneorer
  à Tel Aviv

- **Rajesh Sharma** *Inde, promotion FIC 1997 /1998*
  Enseignant à l'Institut d'Etudes Politiques de Paris, chercheur dans
  le domaine des politiques culturelles à New-Delhi.

*« Vous oubliez que la langue
peut être aussi un outil idéologique,
un outil de répression et de colonisation. »*

**Gordana Vnuk**, *Croatie*

**Nadine Vasseur**
*modérateur*

>Bonjour donc pour cette première table ronde dont l'intitulé est : *Le monde en mouvement, identités, altérité, réciprocités*. Avant de débattre de ces sujets et d'essayer de savoir ce que ça veut dire, je vais vous présenter les participants à cette table ronde :
Tout de suite à ma droite, Shifra Shalit-Intrator, qui est israélienne, qui a été pendant cinq ans conseiller culturel de l'ambassade d'Israël à Paris et qui dirige aujourd'hui une galerie d'art moderne à Tel Aviv ainsi qu'une maison d'édition.
A sa droite, Rajesh Sharma qui est originaire de New Delhi en Inde, il est aujourd'hui professeur à Sciences Po à Paris, et il travaille notamment sur la question du multiculturalisme en Inde mais aussi sur les politiques culturelles. Je vais un petit peu dans le désordre.
A ma gauche, Antonyi Galabov, lui est Bulgare, il vient de Sofia, il est sociologue, chercheur, chef du Département relations publiques et presse au ministère de la Culture donc de Sofia et il a travaillé notamment sur la question des minorités et des identités, il a été par exemple rapporteur, auprès du gouvernement, d'une étude sur les populations tsiganes en Bulgarie.
À la gauche de cette table, Véronique Nahum-Grappe, qui est chercheur à l'Ecole des Hautes études en Sciences sociales, et qui travaille sur l'anthropologies des mondes contemporains. Elle travaille notamment sur la différence des sexes, les violences en temps de guerre, usage politique de la cruauté. Elle est l'auteur de plusieurs livres. Je cite : *L'ennui ordinaire* en 1995 et *Le féminin* en 1997.
Et tout à fait à droite de la table, Jean Michel Boissier, qui est journaliste mais aussi commissaire d'expositions, journaliste il est l'un des fondateurs du journal le *Courrier international*. Il est aujourd'hui consultant auprès de Canal Plus, il a, comme commissaire d'expositions, monté un certain nombre d'expositions à la Cité des Sciences de la Villette, et il a un projet d'une Cité de la presse et des médias, à Paris.
Voilà pour les présentations. Pour en venir au sujet de cette table ronde, le titre, *Le monde en mouvement, identités, altérité, réciprocités*, la première chose quand j'ai lu ce titre, *Le monde en mouvement*, je me suis dit qu'il y avait de fortes chances qu'au moment où Brigitte Rémer choisissait cet intitulé, elle était loin d'imaginer que le monde entre temps se serait mis en

mouvement à une telle vitesse, en laissant apparaître une telle radicalisation des clivages à l'échelle mondiale, des clivages certes économiques, politiques mais aussi cela me semble relativement récent au XX$^{ème}$ siècle, identitaires. Il est assez banal de dire que, jusque dans les années 80, le monde se divisait en gros en deux blocs, l'Est, l'Ouest. Dix ans après la chute du Mur de Berlin, nous avions d'ailleurs ici, à l'initiative de Brigitte Rémer et toujours dans le cadre de la Formation Internationale Culture fait une sorte d'état des lieux, de l'art et de la culture dans les pays de l'ex-bloc communiste. Il me semble que lorsqu'on parle d'identité, aujourd'hui on aura sans doute l'occasion d'y revenir au cours de ce débat, il est impossible de ne pas continuer à se référer, en tous cas en partie, à l'effondrement du bloc communiste et à ses conséquences.

Pour en venir à cette question des identités et de l'altérité, j'ai remarqué quand même que dans le titre, il était question d'identités au pluriel et d'altérité au singulier, et ça me semble significatif : l'altérité au singulier puisqu'il n'y a toujours qu'un autre, c'est l'Autre avec un A majuscule, c'est à dire tout ce qui n'est pas moi. Quant aux identités, qu'elles soient mises au pluriel et qu'il ne soit pas question de l'identité culturelle, ça m'a fait penser à un certain nombre de choses et la première question que ça m'a suggéré, et sur laquelle je voudrais que réagissent les membres de cette table ronde, c'est que, il m'avait semblé que dans notre monde contemporain on était passé d'une définition je dirai positive, de l'identité, au singulier, comme culture, mémoire, histoire, langue, religion, qu'on était passé de cette définition à une sorte… excusez le terme… de balkanisation identitaire, à des identités morcelées, d'autant plus revendicatives et haineuses qu'elles sont coupées de ce qui fait le socle de l'identité au singulier, quelque chose qui aurait à voir avec l'universel. C'est comme s'il n'était plus tant question d'identité mais seulement de revendications et de replis identitaires, avec pour moteur l'exclusion voire l'éradication définitive de l'autre, en raison même de sa différence. Il suffit, il me semble, d'observer la multiplication des revendications nationales, ethniques et surtout des processus génocidaires de par le monde. Comme si, au moment où ce qu'on appelle la mondialisation, — je ne vais pas redire globalisation, parce que Véronique Nahum-Grappe m'a fait remarqué que c'était la tarte à la crème qu'on ressortait comme mot, à tout-venant —, mais ce mot de mondialisation, non seulement économique mais culturelle gagnait du terrain, un mouvement symétrique et inverse, en partie fait de désarroi mais en partie seulement, parce que ce sont des mouvements pour lesquels on n'a pas tellement envie d'avoir d'indulgence, faisait se replier l'identité vers les définitions les plus étroites, les plus pauvres, j'ai même envie de parler de régression identitaire. Alors, quand je présente les choses comme cela c'est évidemment un peu abrupt, j'en ai tout à fait conscience, mais j'avais envie de mettre un peu les pieds dans le plat et en tous cas de laisser entendre ce que ce titre pour moi avait suggéré comme réflexion un petit peu inquiète en tous cas sur la question des identités, dans notre monde aujourd'hui. Je vais commencer par donner la parole à Véronique Nahum-Grappe, d'abord parce qu'elle doit nous quitter un peu plus tôt que tout le monde, et aussi parce que je crois qu'elle a fait une sorte de présentation de synthèse sur cette question des identités depuis les dix dernières années.

**Véronique Nahum-Grappe**
*France*

>Merci. Merci de m'avoir invitée. J'ai été frappée moi aussi par la chaleur de vos retrouvailles, je trouve que c'est rare et je trouve ça assez extraordinaire. Je propose juste quelques réflexions, quelques traits, sur les dix ans qui viennent de s'écouler, où en même temps vous, vous fêtez votre continuation et je dirai votre épanouissement, et en même temps autour de vous il y a le monde, le monde qui est un peu votre jardin en quelque sorte. Et c'est sur cette question du monde, dont quelques traits qui reprennent ce que Nadine vient de dire. Il ne s'agit pas vraiment d'une synthèse mais de quelques points sur lesquels on peut rebondir pour le débat et la réflexion.
• Premier point, depuis 1991, il me semble que le régime de la visibilité de la violence politique a changé. Ainsi, certains conflits nous ont montré des exemples de violences extrêmes et d'atteintes gravissimes aux droits humains de façon moins clairement... si vous voulez on peut moins les comprendre politiquement que ce qui se passait les années auparavant, il se pas-

sait des choses aussi graves mais on pouvait les lire plus clairement en fonction d'une grille de significations historiques ou politiques.

Là il me semble que tant, ce qu'on peut appeler maintenant la deuxième guerre d'Algérie, le génocide au Rwanda en 1994, les conflits et les guerres en ex Yougoslavie, de 1991 à 1999, la deuxième guerre de Tchétchénie, qui a commencé par des bombes gravissimes dans la banlieue de Moscou, dont le statut est assez énigmatique, pourquoi cette deuxième guerre qui maintenant est rentrée dans une espèce d'invisibilité en réalité. Alors, toutes ces... des conflits qui tout à coup nous imposent à la fois, pour des raisons d'immédiateté technique de la diffusion d'information, qui nous mettent en face de violences dont on aurait pu penser, quand on lit l'histoire du XIX$^{ème}$ siècle et Victor Hugo par exemple, qu'elles relevaient d'instances identitaires collectives tombées un peu en désuétude. Les Balkans... vous savez c'est un casse tête pour tous les étudiants français qui passent des diplômes, les guerres balkaniques du début du siècle, les guerres tribales, etc. Il semblerait que ces violences extrêmes soient comme la démonstration d'un retour aux identités, aux barbaries etc., au regard de ces informations que nous avons eues depuis dix ans. Il me semble et c'est le premier point, que non, il s'agit bien là de l'instrumentalisation politique de catégories identitaires, souvent reconstruites artificiellement par une propagande totalitaire. Et c'est bien ce qui se passe aussi au Rwanda et c'est bien ce qui s'est passé en ex- Yougoslavie. Donc fin du XX$^{ème}$ siècle, non c'est pas Victor Hugo qui nous donne la clé des guerres balkaniques, ce n'est pas ce qui s'est passé au XIII$^{ème}$ siècle qui nous donne l'explication du conflit en ex-Yougoslavie et ce ne sont pas l'opposition entre Hutus et Tutsies qui nous donne l'explication de ce qui s'est passé au Rwanda, c'est autre chose, d'autres mécanismes, il y a beaucoup de travaux qui le démontrent et il me semble qu'il serait à côté de la plaque de penser les identités communautaires comme ferment des violences, non, c'est l'instrumentalisation par le politique qui fait de ces identités une caricature qu'on réutilise, pour tenter, grâce à la violence extrême, de construire une haine qui n'existait pas ; ou qui n'existait pas comme ça, on pourra y revenir ; ou qui existait de façon plurielle comme dans toute démocratie où, comme vous le savez, le lien social consiste à détester des ennemis pluriels, alors que dans le totalitarisme, on déteste uniquement le camp d'en face, les haines sont binaires. En démocratie on déteste son voisin, les gens du nord, les gens du sud, les femmes, tout le monde s'entredéteste et c'est comme ça qu'on arrive à s'entendre. Alors donc, si vous voulez, premier point sur ces violences visibles et la question des identités. En même temps que ces violences visibles semblaient nouvelles, je dis bien semblaient, et là toute une série d'analyses devrait être faite aussi pour déconstruire cette idée du retour des identités, continuent à bas bruit dans le fond du tableau, des régimes effrayants comme celui de la Corée du nord, du Soudan où des crimes extrêmes sont produits dans le long terme et à bas bruit contre des fractions de la population voire la moitié de la population elle-même, dans, quand même une espèce d'habituation généralisée et pénarde.

• Deuxième point : il me semble aussi que, du point de vue du monde, si on pense le monde vu d'ici, on est dans la Très Grande Bibliothèque, et on aura l'année prochaine quelque chose sur Victor Hugo. Il me semble qu'on a plus d'intimité culturelle avec, pour les Français, les Français cultivés au sens culturel de la culture et non pas dans son sens anthropologique, il me semble qu'il y a plus d'intimité culturelle avec l'ouvrier de Zola et l'oppression de la population ouvrière en Europe au XIX$^{ème}$ siècle, qu'on a d'intimité culturelle, de connaissance ou même d'imagination de qui sait, du réfugié contemporain. Or, depuis les années 70, la planète abrite, non plus sept cent mille réfugiés qu'il y avait à peu près dans les années 70, les chiffres sont du Haut commissariat aux réfugiés, mais de vingt à quarante millions selon la façon dont on les compte, comme vous le savez probablement mieux que moi, déplacés à l'intérieur de son propre pays, on peut parfois moins bien toucher avec l'aide internationale et réfugiés à l'extérieur de son propre pays. Des générations qui se succèdent dans ce provisoire qui, au dire des personnes, n'aurait jamais dû exister et qui s'est installé, pensent-ils, une fois que c'est là, pour quatre cents mille ans, on ne sait plus. La vie dans un camp de réfugiés c'est un objet culturel au sens de champ de perception et de remise en forme invisible et que la culture doit prendre en compte, est totalement absent de notre imaginaire cinématographique, politique, militant, parce que le réfugié ne vote pas donc n'a aucun pouvoir politique, est dépendant de l'aide économique, donc n'a aucun pouvoir économique, est l'ombre de l'ombre et n'a pas d'identité, de plus il regrette son pays, voudrait y retourner, il a la nostalgie, la nostalgie remplace son identité. Alors il me semble que dans ce paysage du monde autour de vous qui est votre jardin, il me semble que la problématique de l'invisibilité du continent immense des réfugiés, doit être un peu éclairée.

Deuxième zone d'invisibilité catastrophique, c'est la pandémie du sida, par exemple en Afrique, qui évidemment, si on regarde bien et comme le démontre très bien certains types d'analyse, n'est jamais l'histoire d'un simple virus qui se balade mais c'est l'histoire aussi du chamboulement de l'espace social, économique et politique, du politique en premier qui fabrique des guerres, des guerres qui empêchent de voyager, qui mettent le pays dans une situation d'être exsangue, surtout pour les populations qui déjà n'avaient pas accès non seulement à la culture cultivée des élites, mais aussi à l'ensemble du minimum de confort qu'on pourrait attendre parfois, vu la richesse de ces pays. Jamais la pauvreté d'un pays n'est la cause d'une famine, ça a été démontré. Et on voit bien que l'histoire de la pandémie dans ce continent, qui est une tragédie qui dépasse la dimension quantitative, ne doit pas entrer en ligne de compte quand on étudie les morts, néanmoins il faut aussi la mettre en perspective, donc, les chiffres de mortalité, les chiffres catastrophiques des orphelinats, la production du malheur en chaîne si vous voulez, est absolument effrayante et ça concerne aussi la gestion et ça saccage les possibilités de circulation et là ça redevient votre problématique.

En même temps qu'il y a tout ça, en même temps se diffuse, pour des raisons très profondes, et on voit bien des articles comme celui de Jacques Le Goff sur l'histoire, l'idée de mondialisation, on voit bien que les techniques se diffusent au niveau mondial pendant toute l'histoire des civilisations, l'histoire qu'on peut faire, on a des données, sinon les cent mille ans de chasseurs cueilleurs avant on n'en sait rien, mais enfin c'est le même homo sapiens comme vous le savez, et donc les techniques de pointe se diffusent à une grande vitesse. Quelles que soient les identités, les civilisations locales, quand la roue, quand on peut comprendre que la roue c'est mieux que de porter sur son dos, on invente la roue et ce qu'il y a de plus performant en termes d'outils se diffuse. Parce que nul groupe et ça c'est une constante anthropologique, nul groupe social sur la planète, nul groupe social désire son propre auto-sabotage dans l'inconfort et la souffrance. Ça c'est déjà un premier point d'où certaines acceptations de segments de la culture d'autrui, même nécessaire et donc toute culture en réalité, comme on l'a vu aussi est faite, toutes les grandes cultures sur l'ensemble des continents est faite d'histoire d'emprunts permanents, de segments intéressants de la culture d'autrui.

Alors, en même temps donc qu'il y a cet espèce de vaste mouvement, on s'aperçoit que, tant dans les grandes mégapoles d'Amérique latine, d'Afrique, d'Europe qui sont comme vous le savez, comme disent les démographes la forme d'habitat, d'habiter la plus plausible dans le siècle qui vient, c'est-à-dire tout le monde dans les grandes mégapoles, eh bien à des niveaux de confort, une extension des classes moyennes, avec un certain style de vie, la fin des cultures paysannes, ouvrières, européennes de la seconde moitié du XIX$^{ème}$ siècle où vous le savez c'est l'époque où le folklore a été inventé etc. le folklore rural, toute une nostalgie, les films de Pagnol, les communautés de jadis etc qui s'éteignent au profit d'une espèce de mode de vie où les MacDonald, le néon, les grandes artères bouchées à six heures du soir à l'entrée des grandes villes, le chacun chez soi, le canapé en face de l'écran, si vous voulez, toute une forme homogénéisée du mode de vie avec un certain rapport dans la différence des sexes, avec cet effet sur les conduites et les perceptions, effet culturel que produisent les conditions réelles de la vie. Ça, ça entraîne une espèce d'homogénéisation de la culture, au sens style de vie, perception, habitude, manière de regarder la télévision, de regarder des choses terribles à la télévision au creux de canapés confortables. Il faut savoir donc qu'il y a beaucoup, beaucoup en même temps que tout ce dont je vous ai parlé, de classes moyennes qui sont dans un niveau de confort exceptionnel au plan historique : être chauffé, avoir la lumière, toutes ces choses-là, la différence entre la nuit et le jour qui s'estompe, la nuit qui est blanchie, qui est éclairée, etc., et l'aventure technique extraordinaire de la fin du XX$^{ème}$ siècle avec des objets vertigineux, tout ça arrive en même temps.

Alors, je reviens à la question des identités dans ce vaste paysage. La question des identités elle est déclinée, dans les sciences sociales par exemple comme une nostalgie, nostalgie du monde paysan de jadis, nostalgie du monde ouvrier de jadis, les cols bleus, la fierté de la casquette en arrière, de ne pas être bourgeois comme style de vie etc., toute ces choses-là, cette nostalgie qui peut produire du folklore, ne produit pas la renaissance. Nostalgie aussi, les identités à l'extérieur, les cultures non conformes mais en même temps regardez, tous ces mouvements indianistes au Mexique qui sont partagés, c'est intéressant de voir leurs débats : quels sont-ils ? C'est : apprenez la langue de votre aire culturelle, de vos racines et en même temps les mêmes auxquels on dit, paysans pauvres, d'apprendre la langue de leurs racines indiennes qu'il faut que l'ethnologue vienne rechercher et le linguiste remettre en scène pour le transformer en manuel scolaire, qu'est-ce qu'ils disent eux, les parents des enfants pauvres ils disent : apprenez l'anglais, on voudrait un peu de confort, tout de suite le lave-vaisselle, le lave-linge et la télévision, dès que la pauvreté se tasse un petit peu le lave-linge et la télévision et si vous voulez, il y a cette question du confort qui a à voir avec la production et la nostalgie des identités identitaires. Moi je pense que les identités communautaires sont en réelle régression à cause de cette problématique technique de l'accès au confort, en Afghanistan aussi bien évidemment, qui implique un certain style de vie, une certaine perception, une certaine idée de la différence des sexes, et que cette chose là d'histoire globale des civilisations ne peut pas être masquée et rabattue sur un problème politique de majorité et de minorité, c'est au cœur des minorités dites identitaires, il y a cette aspiration si ce n'est pour soi au moins pour les enfants, aux études, à l'anglais, au confort etc., on ne peut pas dire que c'est la globalisation, une imposition de normes, et donc cette chose-là doit être prise en compte et quand des guerres, au nom de certaines identités ont été mises en scène, ces identités ont été reconstruites et manipulées de façon artificielle dans la construction du mensonge politique qui a besoin de trouver comme dit Benjamin Constant, pour faire la guerre il faut désigner un ennemi. Quand il faut construire il faut dire que lui, il a une identité telle, que celui-là est dangereux pour nous, ça devient les autres, c'est nous et là c'est plus de la culture, c'est de la politique.

Voilà, je voulais faire le tour de tout ça. Il me semble que dans cette configuration, les conditions de circulation sur la planète, la façon de faire des échanges, votre entreprise, trouvent sa place de façon tout à fait extraordinaire, puisque il s'agit bien, face aux constructions artificielles des identités, aux entreprises de brouillage du sens des choses par les propagandes habiles maintenant au XX$^{ème}$ siècle, d'Etats totalitaires, la question de l'invisibilité d'énormes pans entiers du social que la culture ne prend pas en compte même dans les œuvres d'art eh bien toutes ces choses-là, je souhaite que ce soit encore plus votre jardin. Voilà, je m'arrête là.

**Nadine Vasseur**  >Merci Véronique Nahum-Grappe. Pour faire rebon-
*modérateur* dir la discussion, si j'ai bien compris un certain nombre de points sur lesquels vous insistiez sans répétez tout ce que vous avez dit, deux points m'ont frappée : c'est que vous inscrivez tous ces mouvements identitaires contemporains dans un contexte politique, dans une responsabilité politique dites-vous de manipulation de régime totalitaire, vous pensez peut-être notamment à la Yougoslavie sur laquelle vous avez beaucoup travaillé et au Rwanda. Peut-être, c'est une des questions qu'on peut se poser puisque effectivement tout ça ne naît pas de rien, est-ce que c'est pas aussi une conséquence comme je le disais tout à l'heure de l'effondrement de l'ex bloc communiste, qui, quand même dans les ex-pays communistes, ont fait un peu, comment dire, main basse en voulant homogénéiser absolument des populations, dans un idéal qui serait par exemple l'homme soviétique. Ce nivellement a une sorte de retour de bâton, de revendication de ce qui a été nié pendant des années.

**Véronique Nahum-Grappe**
*France*

>Disons que, si par conséquence il y a une espèce de nostalgie, je ne serai pas d'accord non plus parce que dans les époques antérieures, c'était aussi pire du point de vue de la production de souffrance sociale, humaine etc., on ne peut pas quantifier ça, vous n'aurez jamais de statistique là-dessus, la production de douleur. Mais la grille d'interprétation, du point de vue du témoin derrière son écran, de témoin extérieur, je ne parle pas de la problématique à l'intérieur qui en général est un vrai cauchemar, c'était beaucoup plus clair puisque les violences étaient indexées à des luttes. C'est-à-dire, la répression ici, en Argentine, qui a produit véritablement des atteintes gravissimes à l'intégrité de la personne humaine. Là, tel pays totalitaire veut le Tibet en Chine, veut dominer, verrouiller, posséder, dévorer une région qui voudrait elle être différente politiquement, peut-être pas identitairement. Moi je pense que ce qui se passait avant n'était certes pas mieux, il y avait ces zones de danger, mais il est clair que là, les liens entre les deux camps, deux grilles d'interprétation dans un conflit d'interprétation qui traite l'irruption, toujours problématique, de la mauvaise nouvelle d'un drame politique quelque part, de personnes assassinées dans tel endroit, les grilles étaient assez stables, elles étaient les uns qui étaient pour ceci, les autres étaient contre cela, il y avait une espèce de tranquillité dans le conflit des interprétations, mais sur le terrain, il n'y avait pas la tranquillité. On n'est pas dans quelque chose de pire du point de vue des agressions. C'est pas la conséquence au sens où ce qui était avant était plus stable et ce serait mieux on le regretterait, moi pas du tout, je ne suis pas du tout sur cette ligne-là, mais ce qui est nouveau, c'est que les violences politiques n'ont plus, comme je le disais pour l'Algérie, beaucoup de sang et peu de sens, ne sont plus lisibles avec autant d'immédiateté qu'on pouvait le faire avant la chute du Mur, et ça montre bien à quel point nos débats politiques sont assez fossilisés par des verrouillages en amont, purement idéologiques.

**Nadine Vasseur**
*modérateur*

>Antonyi Galabov, vous êtes Bulgare et vous avez travaillé sur cette question des minorités en Bulgarie, qui a posé beaucoup de problèmes. Je pensais quand même, peut-être que j'ai des grilles de lecture qui

datent un peu… Antonyi Galabov me donnait l'exemple ne serait-ce qu'en Bulgarie, du désir du gouvernement d'homogénéiser les noms des citoyens bulgares, c'est-à-dire que tous les musulmans devaient prendre un nom bulgare, toute la minorité turque musulmane devaient bulgariser son nom, c'était un vaste mouvement pour homogénéiser la Nation, l'identité nationale. Et que, évidemment après la chute du régime communiste, la plupart n'ont eu qu'une envie c'est de reprendre leur nom d'avant, et que il y a eu une très nette régression des mariages mixtes par exemple, comme un espèce de contre coup.

**Antonyi Galabov**
*Bulgarie*

>Oui, bonjour. Je pense qu'il y a beaucoup de choses à dire pour comparer le Rwanda et l'ex-Yougoslavie. Je pense qu'il ne faut pas mélanger une situation post coloniale avec la situation post totalitaire version soviétique. Je suis certain que l'identité, le besoin d'identité, c'est une donnée fondamentale, c'est pas la question politique, c'est pas la question seulement de manipulation des jeux de télévision. Permettez-moi de noter quelque chose. Je pense que le processus de mondialisation c'est plutôt de la communication, c'est plutôt des échanges qui rendent possible et réelle le fait de la diversité culturelle. C'est plutôt dans les années 90, je note seulement qu'il y a une évolution très intéressante, d'abord c'est un rapport de l'Unesco qui en rend compte en 1995, *Notre diversité créatrice*, puis il y a quelques éléments de travail du Conseil de l'Europe qui a un grand projet avec la Bulgarie, c'est le projet de politique culturelle et de diversité culturelle. Le fruit de cela c'est une déclaration, c'est le premier document international sur la diversité culturelle, la nécessité de préserver la diversité culturelle comme richesse, mais aussi comme un fait social, comme une réalité que nous pouvons observer et comprendre par la mondialisation des communications. Et puis il y a un réseau canadien qui travaille sur la diversité culturelle, c'est-à-dire que maintenant, depuis le milieu des années 90, nous avons une problématique beaucoup plus visible. C'est ce que Véronique Nahum-Grappe nous dit, c'est la visibilité de la diversité culturelle qui devient le important maintenant.

Je voudrais aussi dire quelques mots sur la balkanisation. Il faut bien comprendre que, dans les conflits ethniques, il y a toujours une certaine logique. C'est une logique qui vient souvent de la construction d'empires, de la manière de mêler des populations qui vivent dans un empire. Les pays des Balkans se trouvent dans la périphérie de trois anciens empires : l'Empire austro-hongrois, l'Empire ottoman et l'Empire russe. C'est-à-dire que toujours, dans chaque empire, nous avons un processus d'acceptation des territoires périphériques, par le changement des populations qui y vivent ; c'est un changement forcé. Après la chute d'un l'empire, nous avons toujours, dans la périphérie de l'ancien empire, une tension ethnique qui devient par le pouvoir des minorités qui représentaient la majorité de l'empire.

Sur l'identification, permettez-moi de dire qu'il y a un processus bien visible de changer les générations. Moi comme sociologue, je préfère travailler avec les générations d'après les années 60, nous avons eu une vague de générations entre guillemets, c'est-à-dire que la vitesse du changement social s'agrandit : dans une période beaucoup plus courte que le point de vue des statistiques, nous avons les traits d'une nouvelle génération, maintenant, c'est une période d'environ trois à cinq ans. Au début du XX$^{ème}$ siècle, les statistiques et les démographes disaient qu'il y avait dix ans entre les générations, maintenant c'est une période beaucoup plus courte.

Sur la question de l'identité du point de vue des mariages mixtes en Bulgarie, parce qu'il y a une longue histoire qui vient du système du totalitarisme soviétique, c'est pas un totalitarisme comme les autres il a certaines spécificités qui viennent d'une manière asiatique du pouvoir qui mêlait très bien l'idéologie socialiste et communiste, pour préparer un totalitarisme soviétique ; mais en Bulgarie malheureusement, c'est un processus très long, qui a commencé au début des années 60 avec le changement de noms par la force armée, des changements de nom des bulgares musulmans d'abord, puis à la fin des années 70 début des années 80, c'est le changement des noms des tziganes. Et puis à la fin de l'année 84 début 85, nous avons eu en quarante jours, un coup de force énorme de l'Etat contre les Turcs bulgares, dont presque trois cent cinquante mille personnes ont été obligés de changer de nom, en quarante jours. Nous avons une histoire, toujours dans la trajectoire communiste, toujours dans la trajectoire d'athéisme, qu'il est important de comprendre pour les guerres balkaniques, qui ne sont pas des guerres de religion mais des guerres de gens qui sont déjà athéisés, de manière violente. Il faut voir la réalité à mon avis. Dernier mot car je pense que nous n'avons pas beaucoup de temps : la crise d'identité. Maintenant je pense qu'il y a une mondialisation des traits des générations. Maintenant, les jeunes gens sont beaucoup plus proches entre eux qu'avant. Maintenant, nous pouvons observer les mêmes traits de crise d'identité n'importe où, peut-être par et grâce à la communication, mais en plus par le manque de compétences sociales, par le manque de possibilités de se représenter d'une manière égale.

**Nadine Vasseur**
*modérateur*

>On reviendra sur d'autres travaux sur lesquels vous avez beaucoup réfléchi, notamment sur la transmission de la culture aujourd'hui, on y reviendra dans quelques instants. Je voulais donner un autre exemple d'un pays qui lui aussi, d'une manière très différente de ce qu'ont pu être les totalitarismes, mais qui a eu, qui a un projet de fonder une nouvelle identité, c'est Israël qui, effectivement, à partir de gens venus du monde entier, s'est construit autour d'une langue, de l'hébreu qui a été modernisé et d'un projet d'un nouvel homme israélien qui serait fait d'immigrés du monde entier qui viendraient ou qui reviendraient, selon ce à quoi l'on croit, en terre d'Israël. Ce à quoi on assiste depuis un certain temps en Israël, c'est que cette identité israélienne, qui a été si forte dans les années de fondation de ce pays s'est, elle aussi, morcelée et que depuis quelques années, sauf en cas de conflit radical qui fait qu'on se resserre, les gens se reconnaissent plutôt dans des identités parcellaires, en fonction du pays d'où ils viennent, de la région du monde d'où ils viennent, de leur appartenance ou non à une croyance religieuse : Shifra Shalit.

**Shifra Shalit-Intrator**
*Israël*

>C'est vrai que le sionisme était un mouvement qui voyait les Juifs du monde entier arriver en Israël. Le sionisme a été pris par le premier ministre de l'Etat d'Israël, Ben Gourion et complètement instrumentalisé. Ça s'est traduit par l'effacement de l'identité juive, et la création d'une identité israélienne qui s'est tra-

duit aussi, je suis très brève là-dessus, par l'effacement de tout un bagage culturel, qui s'est traduit aussi par exemple en changeant les noms, en créant de nouveaux noms, et par une propagande qui était très utile peut-être à l'époque, mais pour créer cet Etat, il faut créer le sabra, le jeune israélien, qui n'a rien à voir avec son passé. Je crois que depuis 20 ans, tout ça change, et il y a une revendication d'une identité culturelle qui se base sur un héritage culturel du passé. Mais tout ça c'est aussi...ce dont je témoigne...est très général, chaque cas est très spécifique, c'est pas seulement dans des moments de grands conflits, je crois que ce que vous avez voulu dire, c'était... des moments de guerre... parce que le conflit est là depuis plus de cent ans maintenant. Et là, concernant ce grand conflit qui est le conflit israélo-palestinien, là les gens se définissent complètement différemment, ils se définissent dans le quotidien, entre eux. Et là le clivage est très fort, il est entre la droite et la gauche, entre la gauche et l'extrême gauche, et entre tout ce que chacun de nous se pose comme question je crois, au moins je l'espère, et chaque matin... quand il se réveille... et je crois que quand Brigitte m'a demandé de participer à cette table ronde j'ai beaucoup hésité, parce que vu la situation dans laquelle on se trouve en ce moment, comment est-ce que je peux parler des identités, de l'autre, de la réciprocité ? C'est quelque chose avec laquelle je me réveille chaque matin, en me posant beaucoup de questions, ce ne sont pas seulement des questions par rapport au fait d'être israélienne, juive, femme, humaniste. Et je me suis dit, comment est-ce que je vais en parler, parce que je n'ai pas de réponse...

**Nadine Vasseur**
*modérateur*

>On reviendra tout à l'heure sur d'autres questions que posent notamment l'identité en Israël et sur cette question commune que vous vous posez certainement les uns et les autres sur la transmission, ce passage d'une génération à l'autre. Autant dans les pays de l'est, le modèle, pas le modèle parce que ce n'était pas un modèle, la référence communiste est totalement dévalorisée pour les jeunes générations, en Israël d'une manière différente, l'idéal, l'idéal israélien, l'idéal sabra est quelque chose qui se transmet aux jeunes générations, ça se transmet ?

**Shifra Shalit-Intrator**  >Oui.
*Israël*

**Nadine Vasseur**  >Jean Michel Boissier, qu'est-ce que tout ça
*modérateur*  vous a suggéré comme réflexion d'écouter les uns
et les autres sur cette question justement complexe
de : qu'est-ce que c'est que les identités, ou
l'identité ?

**Jean Michel Boissier**  >Je ne vais pas théoriser, mais essayer de rendre
*France*  compte d'une expérience qu'on a menée parallèlement dans le temps avec l'organisation qui nous invite, ces dix dernières années. Ce qui a présidé à la naissance de ce journal *Courrier international* c'était justement pour rendre un peu plus lisibles les identités, les altérités, pour un public français. L'idée était de fabriquer un journal qui donnerait à lire aux Français ce que les autres lisaient, ce que les autres donc d'une certaine manière pensaient. Donc on se servait de ce très beau mot français qui vient du turc, qui est le mot truchement, qui vient de drogman qui veut dire traducteur, donc on a essayé de faire ce travail justement à un moment je me souviens où les professionnels de la profession, les journalistes disaient : l'international n'intéresse personne, c'était... je parle de la fin des années 80, la preuve c'est quand un hebdomadaire français fait une couverture sur l'étranger, il vend moins que quand il fait une couverture sur le salaire des plages ou le sexe des cadres, quelque chose comme ça. Donc on s'était dit que c'était pas tout à fait juste et d'ailleurs l'histoire nous l'a prouvé, c'est à ce moment effectivement que le Mur de Berlin s'est effondré, que l'empire soviétique s'est effondré et que donc, on a découvert que les choses étaient diverses et variées.

En même temps cette idée là rejoint un peu ce que disait de manière amusante Véronique Nahum-Grappe : connaître son ennemi, ce qui me rappelle un proverbe : « moi contre mon frère, moi et mon frère contre mon cousin, moi, mon frère et mon cousin contre les ennemis ». Ça peut se lire dans tous les sens puisqu'effectivement, d'une certaine manière, *Courrier international* servait à connaître son ennemi, qui est l'autre et en le connaissant, à le rendre moins lointain, moins ennemi, plus facile à échanger.

Ce qui m'intéresse plus personnellement depuis la

décennie, ce qui intéresse une grande partie d'entre nous, c'est la constitution d'une nouvelle identité, qui me semble être l'identité européenne... Il me semble que l'Europe est un bon laboratoire d'une nouvelle fabrication d'identité, je ne me fais pas trop d'illusions, on parlait des Balkans, on n'en parle plus tellement. Je rappelle que les pays de l'ex Yougoslavie sont en train de rétropédaler sur la langue. Ils parlaient tous la même langue, le serbo-croate et le conflit a fait que tout d'un coup ils se sont mis à se fabriquer des langues spécifiques. Maintenant, le croate s'est éloigné du serbe qui lui même s'est éloigné de la pratique du bosniaque, je crois qu'on ne dit pas téléphoner de la même façon en croate et en serbe, on a un peu oublié cela, c'était effectivement induit par les différentes dictatures qui se sont mises en place dans le post-titisme mais je crois que ce mouvement de séparation linguistique se poursuit, un peu dans notre méconnaissance, mais je crois que cela vaut la peine d'être relevé, et il serait bon peut-être que les Serbes et les Croates re-parlent la même langue, ce serait utile pour leur meilleure compréhension, je parle d'une manière un peu dispersée. En tous cas, moi personnellement, l'engagement dans lequel il me semble qu'il vaut la peine de travailler, c'est effectivement cet engagement d'une identité européenne, contre - je me permettrai de faire un peu de politique politicienne française - contre des mouvements et des personnalités qui ont plutôt tendance à s'inscrire dans le XIX$^{ème}$ siècle, je ne les mentionnerai pas, mais qui ont l'air de déclencher quelque intérêt parmi nous, enfin parmi les électeurs français, parce qu'effectivement ils ramènent à des vieilles nostalgies sur un vieux terreau français, comme d'autres nostalgies encore plus meurtrières ramènent à des vieux terreaux albanais, serbes etc. Tout ce mouvement là, de fusion sans confusion, d'échanges linguistiques et d'échanges intellectuels, évidemment, dans des cadres lisibles, parce que dire qu'on est mondiaux, globaux, ce qu'on veut c'est évidemment difficile à tenir, à part le fait qu'on se promène mais il faut se créer des sous-ensembles supportables, intellectuellement, physiquement supportables, et je pense que l'Europe en est un. Personnellement, je milite dans ce sens.

| | |
|---|---|
| **Nadine Vasseur**<br>*modérateur* | >Je voudrais voir si Véronique Nahum-Grappe avait quelque chose à dire à propos de l'intervention de Michel Boissier qui rebondissait... |
| **Véronique Nahum-Grappe**<br>*France* | >Oui sur le fond je suis tout à fait d'accord, sur les différences entre les trois langues en ex-Yougoslavie, c'est vrai que c'est tragique parce que maintenant, quand un bon livre est traduit, c'est un triple budget de traduction pour des micro éditions qui s'adressent à un public en réalité... Je veux dire on pourrait payer une même traductrice pour l'ensemble, parce que tout le monde se comprend quand même et donc il y a une vraie régression et là, du point de vue de la circulation de la culture, c'est absolument navrant. Je pense que cette jeune génération dont les modes de vie, l'accès aux langues, l'accès à une culture qui est internationale, occidentalisée quand même il faut le voir en face, est un fait. Ça c'est un fait et c'est dans tous les pays du monde, actuellement, les enfants de classes moyennes, personne peut nier ça. |
| **Jean Michel Boissier**<br>*France* | >Juste pour dire, il y a un terme qui qualifie ce monde dans lequel nous vivons, qui est un terme anglais assez joli, qui est le golden billion, le milliard doré, il faudrait quand même qu'on rappelle le milliard doré c'est le milliard de personnes qui sont les fameuses classes moyennes. Je vous rappelle quand même que c'est ce monde-là dans lequel nous nous avons la chance de vivre, mais qu'il ne constitue qu'un sixième de la totalité. |
| **Nadine Vasseur**<br>*modérateur* | >Jean-Michel Boissier vous disiez tout à l'heure que l'international n'intéresse personne en France et que pour faire la *Une* sur une nouvelle internationale, c'est un peu risqué, je reprends cette phrase pour passer la parole à Rajesh Sharma. Lorsqu'on a un peu parlé avant cette rencontre, il me disait que chaque état en Inde a sa propre presse, et que dans un journal de Madras, en une, il est souvent plus question de ce qui se passe partout dans le monde que à la une d'un journal français, on ne se rend pas compte sans doute que, bien que tous ces états parlent des langues différentes en Inde, ait chacun leur presse, ils sont tout à fait ouverts sur l'international. Si je vous ai donné la parole en dernier, c'est parce qu'il me semble que le cas de |

l'Inde est un peu différent des pays dont on a parlé. Et à propos de ces questions d'identité, de revendications identitaires liées certes à des contextes politiques, ce qui est frappant lorsqu'on s'intéresse à l'Inde ou qu'on vous entend parler, c'est qu'on se dit qu'en Inde, d'une certaine manière, il n'y a pas besoin de revendication identitaire, puisque l'identité est à ce point codifiée qu'il n'y a pas besoin de se replier sur soi, c'est que, qu'on soit hindou, surtout hindou d'ailleurs, ou musulman, si on est hindou, ne serait-ce que le nom qu'on porte désigne votre appartenance sociale, religieuse, régionale, le vocabulaire que vous employez vous désigne aussi comme appartenant à telle ou telle classe sociale, à telle ou telle caste, donc c'est tellement codifié qu'on se dit qu'il n'y a pas besoin de revendiquer ou de se replier, c'est quelque chose finalement d'une certaine stabilité, non ?

**Rajesh Shama**
*Inde*

>Comme vous dites, le cas de l'Inde est différent, effectivement, moi lorsque j'entends parler mes collègues ici, je me suis dit que chez nous ce n'est pas la même chose. Lorsque Jean-Michel Boissier dit que, si on parlait le serbo-croate en Yougoslavie cela les aiderait, dans un pays comme l'Inde, ou dans un continent comme l'Inde, on ne parle pas les mêmes langues et on ne les parlera jamais en fait. Ce sont des langues différentes, des langues nationales reconnues par la Constitution. Comme le disait aussi Véronique, lorsqu'on parle des budgets de traduction n'en parlons pas, parce que si l'Académie nationale des lettres traduit un ouvrage étranger en Inde, elle est obligée par définition, de le traduire en dix-huit langues, dix-huit langues nationales, reconnues comme officielles. Ça veut dire que les Indiens ne se comprennent pas, si vous allez de Delhi à Madras, ou de Delhi à Calcutta, ou de Delhi à Bombay, c'est pas la même langue, c'est pas les mêmes gens, c'est pas les mêmes habitudes vestimentaires, culinaires, linguistiques, religieuses peut-être, ça dépend. Mais ça n'empêche pas un pays comme l'Inde de voter démocratiquement et de rester uni, pour le moment. Vous parlez aussi Nadine Vasseur des Hindous. Un autre mot qui m'a frappé, une autre chose qui m'a frappé, notre ami bulgare disait qu'il y a en Bulgarie ces-temps ci l'histoire d'homogénéiser les noms. Mais en fait dans un pays

comme l'Inde, ou dans le sous continent indien, il n'est pas question d'envisager d'homogénéiser les noms parce que le nom de famille lui-même comporte l'identité, pas seulement l'identité nationale ou régionale, linguistique, ethnique, communautaire, en fait lorsque des Indiens se rencontrent dans le train, ils savent tout de suite à quelle région appartient l'autre, à quelle caste ou quelle religion. Ça veut dire que l'identité indienne pour le moment, aujourd'hui, est une identité à couches multiples. Il y a une identité certes nationale donc tout le monde est par définition indien, ensuite il y a une identité religieuse vous êtes hindou, ou musulman, ou juif, ou chrétien, ou sikh. Ensuite il y a une identité linguistique, vous parlez le tamoul, ou le bengali, ou le maleala, ou le hindi. Ce sont des identités qui jouent un rôle extrêmement important et l'identité linguistique, je vais insister là-dessus, est une identité pour les indiens de la plus haute importance. Les langues ont un caractère extrêmement important. Il est vrai que ces jours-ci, depuis le départ de nos amis anglo-saxons, en 1947, l'Inde a beaucoup changé. La question d'identité ne s'est jamais posée de la même manière que depuis une dizaine d'années, pour différentes raisons :

La première raison étant qu'aujourd'hui, comme je le disais aussi à la réunion préliminaire que nous avions eue pour cette table ronde, c'est que, jusqu'à trente ans après l'indépendance, l'Inde était gouvernée par des gens qui parlaient une langue et qui appartenaient à une région de l'Inde et qui appartenaient bien évidemment aussi à une caste. Depuis une quinzaine d'années, tout a changé ; aujourd'hui les gens au pouvoir à Delhi, je parle ici du gouvernement fédéral, central, à Delhi ne parlent pas souvent la même langue, n'appartiennent plus au même ensemble linguistique qui était au pouvoir pendant trente ou quarante ans, et n'appartiennent même pas à la même région géographique. Donc vous avez un transfert du pouvoir politique, du centre aux régions, d'une langue à d'autres langues, et vous avez des gens au pouvoir aujourd'hui qui ne sont pas compris par toute la population mais qui ne parlent même pas les langues que les autres comprennent, par exemple l'anglais. Donc c'est une question pour nous très importante. Une autre question un peu plus mineure qui s'est posée il n'y a pas très longtemps lorsque Sonia Gandhi, qui est la femme, l'épouse de Rajiv Gandhi le premier ministre assassiné, qui est d'origine italienne aujourd'hui naturalisée indienne, il était question qu'elle devienne premier ministre. Les gens disaient : franchement, nous sommes un milliard d'habitants, c'est pas le même milliard que le vôtre, un milliard d'habitants et on n'est pas capable d'élire un Indien comme premier ministre et pourquoi choisir une italienne ? Donc la question de l'identité, qui est indien, s'est reposée de façon extrêmement je ne dirai pas violente, disons vive. En vous écoutant tous, j'ai l'impression que je ne viens pas du tout du même ensemble.

**Nadine Vasseur**
*modérateur*

>Absolument, vous êtes d'accord, ce sont des paramètres assez différents, des questions différentes.

**Rajesh Sharma**
*Inde*

>Absolument. Il faut dire que l'Inde a toujours respecté au cours de l'histoire, l'importance ou la nécessité de garder cette diversité culturelle. C'est un des pays où il y a toutes sortes d'ethnies, de religions et tout, mais depuis toujours et qui ont toujours existé dans une cohabitation pacifique.

**Nadine Vasseur**
*modérateur*

>En même temps, avec une résistance justement, aux influences mondiales, même en termes anecdotiques, des feuilletons américains, c'est un des rares pays au monde où on ne peut pas passer de feuilletons américains ça ne marche absolument pas, personne ne regarde, il faut avoir des feuilletons indiens. C'est quand même un cas de résistance populaire, même si ça peut s'expliquer par le fait que le cinéma indien est un des premiers cinémas du monde.

**Rajesh Sharma**
*Inde*

>Non mais il y a une histoire culturelle toute simple : l'Inde s'est ouverte, a été obligée de s'ouvrir sur l'économie. Donc depuis 1991, les Américains ont débarqué, je parle ici des multinationales et ils ont commencé à faire toutes sortes de choses y compris passer à la télévision. Donc il y a des chaînes télévisuelles américaines, je veux dire américaines ou globales, enfin mondiales, qui passent des feuilletons typiquement américains pour commencer *Dynastie* et compagnie, et ils se sont rendu compte très vite que

ça ne marchait pas. ça ne marchait pas parce que d'abord il s'agissait d'un autre monde, d'autres habitudes, donc ils se sont dit : pourquoi ne pas passer ces mêmes feuilletons doublés en hindi par exemple ou doublés en tamoul ou en d'autres langues indiennes. ça n'a pas marché non plus. Donc au bout de six mois ils ont compris que le taux d'audience diminuait et ils étaient quand même assez gênés. Donc les chaînes japonaises et américaines, ont été obligées de fabriquer ou de faire des émissions sur place, avec des thèmes indiens et avec des acteurs indiens. Finalement, je ne dis pas que c'est un effort de la part du gouvernement, d'affirmer son identité indienne mais c'est uniquement parce que la population n'a jamais voulu s'adapter complètement aux habitudes américaines ou multinationale ou ce qu'on appelle globalisantes ou globalisatrices.

**Nadine Vasseur**
*modérateur*
>Oui, Jean Michel Boissier, vous vouliez réagir ?

**Jean Michel Boissier**
*France*
>Ce qui a obligé les multinationales à se couler toutes dans le nouveau moule du *Think global act local*, penser global agir global, qui a donné naissance à un nouvel adjectif qui est le *glocal*. Donc comme on le voit par cet exemple, elles sont toutes obligées de faire comme ça.

**Nadine Vasseur**
*modérateur*
>Comment vous expliquez cette résistance, Rajesh Sharma ? Comment on peut expliquer qu'il y ait une telle... Parce que l'Inde est un continent encore plus qu'un pays, parce que...

**Rajesh Sharma**
*Inde*
>Oui effectivement l'Inde est un continent, plus qu'un pays. Il faut aussi dire que ce qui fait quelque part l'unité de l'Inde, en fait c'est la culture. La culture en Inde n'est pas au sens... même si on dit culture indienne, je ne vois pas ce qu'il y a de singulier, en fait je ne l'ai jamais utilisé... on en parle au singulier, mais en fait c'est au pluriel, ce sont les cultures indiennes et l'une des choses qui a fait l'unité de l'Inde depuis toujours c'est le cinéma, c'est l'image, c'est la chanson, c'est la musique qui restent communs partout, même si vous parlez à Madras une autre langue, les gens aiment voir le cinéma de Bombay, le cinéma hindi, ils adorent les mêmes acteurs.

Hollywood il faut appeler Bombay plutôt...c'est le cinéma qui a fait l'unité de l'Inde donc c'est la culture finalement et c'est pour ça, comme il y a déjà une industrie culturelle existante et très forte, les Indiens n'ont pas supporté ou n'ont pas accepté l'imposition d'un autre modèle culturel si vous voulez.

**Nadine Vasseur**
*modérateur*

>Pour revenir à une sorte d'actualité brûlante qui pose beaucoup de questions et fait la une des journaux ces temps-ci, que ce soit dans vos différents pays, Rajesh Sharma, Shifra-Shalit, ou Antonyi Galabov, l'Islam est très présent. Il y a une énorme minorité islamique en Inde, enfin une minorité en Inde ça veut dire cent vingt millions. Israël est au cœur du Moyen Orient et est entouré de pays musulmans. Et il y a aussi une minorité musulmane en Bulgarie, minorité turque et des Bulgares musulmans qu'on appelle les Pomaks. Dans les journaux occidentaux notamment français, on perçoit aujourd'hui l'Islam comme une sorte d'autre, de ces questions d'altérité, d'autre de l'Occident, c'est l'autre de l'occident, c'est comme ça que c'est pris, en termes journalistiques en tous cas, comment ça se pose dans vos pays aux uns et aux autres, par exemple en Inde, vous me disiez Rajesh Sharma que les musulmans sont indiens avant d'être musulmans et que en cas de tension internationale, l'identité qui prime c'est l'identité indienne ?

**Rajesh Sharma**
*Inde*

>Bon je vais commencer par vous mettre en garde, il y a une optique occidentale de cette question, il y a une optique locale. Aujourd'hui en Inde, les musulmans, l'Islam est en minorité, mais quand je dis minorité, cela fait quand même cent vingt millions d'habitants, cent vingt millions de musulmans. L'Inde est majoritairement hindoue à 82% et 12% sont musulmans. Il est vrai que, lorsqu'on voit de l'occident, on peut faire toutes sortes d'images, on peut avoir toutes sortes de perceptions, mais je vais vous citer un exemple, un exemple concret récent, qui va vous donner une idée de ce que l'Islam et les musulmans sont pour l'Inde : Jusqu'à maintenant, les Pakistanais pensaient que les musulmans indiens étaient du côté pakistanais. Il y a deux ans, lorsque l'armée pakistanaise est entrée au Cachemire et a commencé à occuper des parties du Cachemire, ils n'ont pas voulu par-

tir et l'Inde a été obligée d'attaquer ces parties là. Les musulmans indiens ont ouvertement soutenu, je crois pour la première fois depuis l'Indépendance, vraiment ouvertement et violemment soutenu, le gouvernement indien contre le Pakistan. Ça a été pour le Pakistan une sorte de choc.

Deuxième exemple, qui date d'il y a quelques semaines : la mosquée indienne la plus importante, c'est une mosquée à Delhi dont l'imam, donc le chef religieux l'imam, est un homme très puissant, il parle extrêmement bien, bon. Tout de suite après la guerre en Afghanistan, il a lancé un appel à la Jihad. Il demandait dans la prière du vendredi, à Delhi, il a demandé aux musulmans de l'Inde d'aller lutter contre les Américains, avec les musulmans. Je peux dire qu'au départ, ça a un peu choqué le gouvernement, mais en vingt quatre heures ou quarante huit heures après, les gens ont constaté que les musulmans ont boudé leur Imam, personne n'a suivi, tout est resté extrêmement calme, il n'y avait pas eu de suite, les gens n'ont pas dit non parce que c'était l'imam, mais personne... il n'y avait aucune manifestation, aucun signe de soutien et ça s'est complètement aplati en quarante huit heures. Voilà quelqu'un qui est influent, qui est musulman, qui lance un appel aux musulmans en Inde, pour aller en Afghanistan se battre et les musulmans n'ont pas donné suite. Et au bout de trois jours, quand l'imam a constaté qu'il n'y avait pas de suite, il a fait la semaine suivante un autre discours en disant qu'il avait décidé de changer dans son lexique, que ce qui s'est passé le onze septembre aux Etats-Unis n'était plus un crime, c'était autre chose. Il a essayé de changer un peu...ça veut dire seulement que les musulmans indiens n'ont pas voulu suivre, c'est tout.

**Nadine Vasseur**
*modérateur*

>Vous nous donnez une image de l'identité indienne extrêmement stable, une référence extraordinairement solide pour tout citoyen indien, ça laisse rêveur en même temps.

**Rajesh Sharma**
*Inde*

>Même si ça vous paraît être un peu trop idéaliste, je crois ici que notre ami va me dire que c'est trop idéaliste, le fait est qu'aujourd'hui nous sommes un milliard d'habitants, ça fait un continent qui couvre, si

vous prenez la carte de l'Europe ça va des Pays Scandinaves jusqu'en Algérie d'un côté, et de l'Angleterre jusqu'en Russie de l'autre côté, ça couvre toute cette partie-là. Les gens ne se comprennent pas, ne parlent pas la même langue, n'ont pas la même religion, malgré tout ils votent ensemble, ils élisent correctement et l'Inde reste une démocratie. Mis à part des problèmes ici et là, dans l'ensemble, il y a des problèmes toujours, mais dans l'ensemble, ça reste uni.

**Nadine Vasseur**
*modérateur*

>Vous êtes en train de nous dire, après tout c'est une définition de la République que : est indien ou français, non pas telle ou telle ethnie mais le citoyen de ce pays qui vote.

**Rajesh Sharma**
*Inde*

>Qui vote, absolument, même analphabète.

**Nadine Vasseur**
*modérateur*

>Je voulais juste dire avant de passer la parole à Antonyi Galabov qui lui aussi a des choses à dire sur la minorité musulmane en Bulgarie, rappeler quand même que l'Inde, toute œcuménique qu'elle soit, a quand même été le premier pays à interdire les *Versets sataniques* de Salman Rushdie.

**Rajesh Sharma**
*Inde*

>Tout à fait.

**Nadine Vasseur**
*modérateur*

>Antonyi Galabov, la minorité Bulgare, vous, vous pensez qu'elle a un autre regard sur l'islam ? Après tout sans doute que tous les musulmans ont un autre regard sur l'Islam, il n'y a pas qu'un regard sur l'Islam, c'est quoi le regard de la minorité musulmane en Bulgarie ?

**Antonyi Galabov**
*Bulgarie*

>Je vais essayer d'être très bref, parce que nous n'avons pas beaucoup de temps. D'abord, il y a une différence très importante, entre l'image envers l'islam qui existe en Europe occidentale et l'image envers l'islam qui existe chez nous. La différence est très importante parce qu'ici, les musulmans sont plutôt immigrants, plutôt pauvres, plutôt dans les banlieues. Ils sont venus ici. Par contre en Bulgarie et dans la région des Balkans, ils sont présents depuis le XII$^{ème}$ siècle. C'est-à-dire qu'ils restent, qu'ils vivent avec nous, depuis huit siècles. Ce ne sont pas des

immigrants, ce ne sont pas des gens qui sont venus pour des raisons comme économique, sociale etc. Ils sont une bonne part de notre identité nationale. Par contre, quand il y a l'image de la Turquie, notre pays voisin, quand il y a toute une propagande soviétique contre l'OTAN, contre la Turquie et la Grèce qui sont dangereuses pour notre pays etc. Il y a toujours un lien très fort et très *dangereux*, un amalgame qui se fait à travers l'image de l'autre, l'image des minorités et l'image de dangereux, qui sont sur la même ligne. C'est-à-dire que d'abord ils sont musulmans puis ils sont minorités. Par contre, ce sont peut-être les cinquièmes colons d'un voisin terrible qu'on a devant nous. L'image de l'autre qu'on voit comme dangereux, c'est au fond le thème du conflit latent, du conflit invisible, du conflit qui ne passe jamais à la télévision, mais qui existe dans la vie quotidienne des gens, qui se transmet entre les générations. Je suis certain qu'en Israël il y a une certaine tendance de radicalisation des jeunes générations envers les autres. Si nous pouvons résoudre les conflits latents, comme par exemple les négociations autour de l'ex-Yougoslavie. Je ne sais pas, entre parenthèses, je ne sais pas pourquoi l'Europe occidentale situait toujours les négociations dans les châteaux, peut-être pour respecter les gens qui participent aux négociations… mais le vrai problème est l'institutionnalisation des conflits. Ce que nous dit Ralph Darendorf : pour institutionnaliser les conflits, il faut des représentants vraiment délégués par les communautés, pour institutionnaliser les conflits latents qui existent toujours et partout, et je suis certain, en Inde aussi. Le renforcement, la politisation des conflits latents, c'est le thème dont parlait Véronique précédemment. Merci.

**Nadine Vasseur**
*modérateur*

>Peut-être que vous avez des questions à poser aux différents intervenant ? Oui il est temps de donner la parole, plein de mains se lèvent…

**Gordana Vnuk**
*Croatie*
dans la salle

>J'ai entendu beaucoup de bêtises sur le plan des langues en ex Yougoslavie et je dois intervenir parce que ce que j'ai entendu de M. Boissier, c'est très typique d'une sorte d'ignorance et superficialité de beaucoup de monde qui ne connaît pas beaucoup de notre histoire et notre situation. Vous oubliez que la

langue peut être aussi un outil idéologique, un outil de répression et de colonisation, je pense que les Français doivent le savoir parce qu'au nom d'une langue, dans le passé colonial on sait ce qui s'est fait. Je peux dire que la langue que vous appelez serbo-croate est une construction idéologique, c'est aussi la langue de l'armée fédérale, et on sait ce qu'on a fait au nom de cette langue. Il ne faut pas oublier ça, c'est bon qu'ici tout le monde parle français, mais il ne faut pas oublier dans le passé les répressions faites au nom de quelques langues. Je ne pense pas que les langues minoritaires doivent être supprimées et oubliées, au nom de la communication et de la globalisation.

**Nadine Vasseur**
*modérateur*

>Vous voulez bien rappeler à quelle époque, ça date de quand la manière dont on a imposé le serbo-croate, ça date de quelle époque ?

**Gordana Vnuk**
*Croatie*
dans la salle

>C'est une longue histoire, mais c'est pendant les deux guerres mondiales, lors de la construction de la Yougoslavie, le moment où l'on a renoncé aux langues, par exemple en Croatie au dialecte local au nom d'un dialecte qui était le plus proche des langues serbes. C'est une longue histoire, je ne sais pas si c'est l'objet d'un cours d'histoire ici mais il faut un peu s'informer avant.

**Jean Michel Boissier**
*France*

>Je peux répondre ? Je suis très ignorant certes, je suis allé sur place. Je ne parle pas le serbo-croate, je sais que c'est une langue qui a effectivement été composée ce que je dis simplement…Je rappelle que cette domination du serbe dont vous avez l'air de faire état a été menée par un Croate qui s'appelait Tito effectivement qui est une langue unifiante qui d'ailleurs n'avait pas les mêmes graphies puisque comme on le sait, elle peut s'écrire en caractères latins et en caractères cyrilliques selon les pays, en tous cas, ce dont j'ai discuté avec des linguistes sur place c'était que la fabrication, la séparation entre les langues n'était pas véritablement une volonté populaire mais plutôt une volonté idéologique des pouvoirs dictatoriaux des deux côtés, surtout sur des mots de base, sur des mots de communication basique autant que je sache, encore une fois je ne parle pas le serbo-croate, sur des mots comme téléphone autant que je me souvienne, tout

d'un coup les deux langues ont divergé. Je suis d'accord avec le fait que c'est une langue qui avait été fabriquée en liaison avec l'unification du pays certes, mais le retour en arrière j'appelle ça une régression comme Véronique Nahum-Grappe, me semble pas aller dans le sens effectivement d'un retour aux sources populaires de la langue mais plutôt à une nouvelle idéologie plutôt séparatrice, c'est tout ce que je peux dire mais effectivement je ne pourrai pas entrer trop dans les détails linguistiques je ne connais pas la langue.

**Nadine Vasseur**
*modérateur*

>Monsieur…

**Mustapha Mai**
*Niger*
dans la salle

>C'est dommage que notre collègue africain, Jean Luc Aka-Evy ne soit pas là pour apporter sa contribution.

**Nadine Vasseur**
*modérateur*

>Absolument.

**Mustapha Mai**
*Niger*
dans la salle

>On a parlé Europe, on a parlé Moyen orient, on a parlé Israël, c'est très bien. J'attire l'attention, d'abord avec mes excuses, sur le fait que dans une table ronde, il serait intéressant que les intervenants nous livrent leur expérience, pour qu'on puisse échanger, dans cette salle il y a un capital d'expériences dont les uns et les autres pourraient tirer profit.

Le problème identitaire en Afrique, c'est dommage madame Nahum-Grappe est partie, elle avait appréhendé, ouvert des pistes. La religion… en Afrique, il n'y avait pas de dogmatisme, et ces derniers temps, le problème se pose parce que nous nous disons qu'on prie pour le même Dieu et il n'y a aucune raison de se faire la guerre. Moi je m'appelle Mai, je viens de l'Empire du Canenbournou, je suis Nigérien, c'est mon nom de famille. Mon prénom est Mustapha. Il y a un Algérien qui m'a dit : comment est-ce que ça se fait que tu t'appelles Mustapha, tu n'es pas Algérien ? Mon second prénom est Fernand, parce que mon grand-père maternel est français. Alors, le problème d'identité se pose, en ce qui nous concerne nous d'Afrique, dans l'environnement, c'est une question de survie.

M. Dioma est du Burkina Faso, nous vivons les mêmes problèmes de faim, les mêmes problèmes de communication etc. A partir du moment où on échange, nous, nous estimons, nous Afrique de l'ouest, super quart monde, quand on dit tel événement va être publié dans le monde entier, l'Afrique ne fait pas partie du monde. C'est un constat. On peut témoigner. Pourtant, l'Afrique peut servir d'expérience pour résoudre les problèmes identitaires, pour la simple raison que nous, nous avons vécu une crise existentielle, bien avant certains peuples de l'Est, d'Europe de l'Est. Avant la colonisation des arabes, la colonisation française et je dirais jusqu'à aujourd'hui puisque la plupart des pays africains ont pour langue la langue française. Chez moi, il y a dix langues nationales et chaque langue nationale se bat pour ne pas perdre ses valeurs, qui sont sa référence. Alors, si au niveau de la Bulgarie, il y a un retour sur les langues, excusez le terme inapproprié, je ne suis pas linguiste, les langues locales, c'est parce que chacun, au fond de lui, se sent en train de disparaître. Nous avons vécu une rébellion chez nous, certains disent touaregs, certains les appellent berbères, mais c'est tout simplement parce qu'ils se sont dit mais qu'est-ce qui se passe dans ce pays ? L'uranium c'est dans notre région qu'on l'extrait, on ne crée rien pour transformer ça ici, on envoie ça en France, mais nous, qu'est-ce qu'on en tire ? Et ils ont pris les armes, non seulement pour qu'on reconnaisse leur existence. Le touareg, quand vous lui touchez son turban, c'est la pire des humiliations que vous puissiez lui faire, qu'il fasse chaud, qu'il pleuve, qu'il neige, qu'il vente, il a son turban jusque là, vous voyez ses lèvres simplement murmurer. Et toucher à ce turban est un phénomène culturel chez eux qui est une atteinte à l'honneur et à la dignité. Mais moi vous touchez un turban que j'ai mis, ça ne représente rien pour moi. C'est pour dire que le retour sur une langue, se focaliser sur une référence culturelle si minime soit-elle, participe d'un malaise et peut aboutir à des drames, qui ne demandent pas beaucoup de théories. Je vous remercie.

**Nadine Vasseur**
*modérateur*

>Est-ce qu'il faut se crisper sur ce retour au local, même si on peut l'expliquer, le comprendre ? Est-ce qu'il ne faut toujours pas être vigilant justement, à rester aussi du côté de quelque chose d'universel, pas de la plus petite référence commune avec son voisin ?

C'est important, mais le reste, le rapport à l'universel...

**Mustapha Mai**
*Niger*
*dans la salle*

>L'universel madame, c'est très simple pour nous Africains. C'est l'anglais, le français, bientôt le chinois, et l'arabe. Je m'explique. Il n'y a ni le swahili, ni le haoussa, ni toutes ces grandes langues africaines. Parce que au point de vue économique, je le dis encore une fois, nous sommes des consommateurs nous les Africains, nous ne sommes pas des producteurs. Déjà, de ce point de vue, le problème se pose. Par contre, l'ouverture dont nous parlons et je fais référence à ceux de ma promotion avec qui nous étions au Québec, à Montréal, nous avons été visiter l'université de Montréal, la section des nouvelles technologies, des inforoutes. Le monsieur, un très grand intellectuel dont j'ai oublié le nom, nous expliquait voilà... Michel Cartier... que eux étaient en retard par rapport aux inforoutes, de six mois par rapport aux Etats-Unis, et on lui dit : mais la France, il dit : de trois ans. On dit : pourquoi, il dit : parce que les Français se disent cartésiens, au lieu d'inonder les machines, de la langue qui est vivante, ils écrivent des livres pour expliquer ce que sont les inforoutes, pendant que eux, au Québec, ils inondent la machine en langue française, parce que c'est une question de survie pour eux. Nous sommes parfaitement d'accord qu'il faut s'ouvrir, mais pour s'ouvrir, il faut se connaître.

**Oxana Melnitchouk**
*Ukraine*

>Je suis historienne, à Paris je fais des recherches pour mon doctorat en philosophie politique. C'est bien dommage que madame Nahum-Grappe soit partie, mais j'espère qu'on lui transmettra les propos rapportés ici. J'ai été scandalisée par deux propos faits ici : le premier c'est qu'on fabrique aujourd'hui l'identité européenne, je voudrais souligner que l'identité ça ne se fabrique pas, l'identité c'est ce que nous vivons, ça ne peut pas se fabriquer parce que sinon on contredit tout ce qui s'est dit tout à l'heure. Si on fabrique aujourd'hui l'identité européenne, ça veut dire qu'on utilise, encore une fois, un outil politique, idéologique pour fabriquer la nouvelle génération.
Deuxième propos qui m'a scandalisée, il y a déjà eu une réponse mais trop gentille je pense de la part de

nos collègues : ce serait utile que les Serbes et les Croates parlent la même langue. Je pense que si on disait aux Français qu'il serait utile qu'ils parlent un peu plus l'anglais, je ne pense pas que leur réaction serait très sympathique.

Ce que je voulais dire à propos de l'identité, en fait c'est la méconnaissance de l'Europe occidentale qui gouverne aujourd'hui, et nous avons eu ici un exemple fatal d'idéologie europeocentriste. Dieu sait que notre Formation internationale culture a évité l'eurocentrisme, c'était vraiment un positif de notre formation parce que tous les continents étaient présents et on a pu entendre les discours et les propos intelligents et sages de tous les côtés du monde. Le discours eurocentré est d'autant plus dangereux que la grande faillite de la politique européenne au Kosovo est un grand exemple de ce discours, du résultat de ces discours.

**Nadine Vasseur**
*modérateur*

>Juste un petit mot, vous savez Rajesh Sharma vient de l'Inde, Antonyi Galabov vient d'un pays ex soviétique comme vous.

**Oxana Melnitchouk**
*Ukraine*

>Ils ont essayé de contredire, de proposer des propos différents de ceux des interventions de M. Boissier, et de Mme Nahum-Grappe, mais je voudrais rappeler aussi que, malheureusement en Europe occidentale on connaît mal l'histoire de l'Europe, son histoire aussi. Et je voudrais insister sur le fait que c'est la question de l'identité qui a aidé en son temps François 1er, Henri IV et plus tard les révolutionnaires, à défendre la France et à en faire le pays qu'elle est aujourd'hui. Ce qui me permet aussi de dire qu'un historien est la personne qui fait un peu la science, qui sait un peu ce qu'est la méthodologie. Ce n'est pas la peine de donner pour exemple son propre pays au reste du monde, il faut écouter aussi les expériences des autres et j'espère que bientôt les scientifiques de l'Est, les scientifiques de l'Orient comme le Japon et la Chine, pourront être écoutés, parce que leurs propos et leur regard sur le développement du monde sont beaucoup plus intéressants et plus diversifiés culturellement que cette idéologie europeocentrique qui pose énormément de problèmes maintenant à la politique internationale. Merci.

**Nadine Vasseur**
*modérateur*

>Oui effectivement, c'est plus intéressant, plus diversifié oui, vous renversez sans doute de manière excessive les choses… dans la manière dont vous avez aussi présenté les choses.

**Tarass Maroussyk**
*Ukraine*
dans la salle

>Je viens aussi d'Ukraine et je voudrais dire quelque chose sur la question linguistique. Comme l'a dit Mme Nahum-Grappe, traduire, faire une triple traduction, ça coûte beaucoup d'argent, mais si on tombe dans la philosophie de comment minimiser le budget, alors on est en train de perdre nos identités, parce qu'à mon avis, la langue c'est une des parties importantes de l'identité.

Comme exemple, pour l'Ukraine on peut se référer au cas de l'ex-Yougoslavie avec les relations entre les Serbes et les Croates. C'est comme étaient chez nous, les relations entre le centre Moscou et la périphérie Kiev. Dans les années 30, l'orthographe ukrainienne a été volontairement changée, les rédactions des journaux et des revues avaient des listes de mots ukrainiens interdits à utiliser, même pour les traductions. Je voudrais également citer un exemple touchant les relations ukraino françaises : seulement à partir du 1er janvier de cette année, à la dixième année de notre indépendance, l'Ambassade de France a décidé de subventionner les traductions du français, seulement en langue ukrainienne. Je veux rappeler qu'il existe un programme qui porte le nom d'un philosophe ukrainien pour lequel la France subventionne une partie des traductions. Avant 2001, une partie des traductions était subventionnée en russe bien que la Russie ait son programme propre qui s'appelle le programme Pouchkine. La France, au niveau de l'Etat, commence à comprendre la langue comme une des partie importantes de l'identité. Merci.

**Tahar El Qour**
*Maroc*
dans la salle

>J'ai une petite question et une précision : je voudrais apporter une précision concernant l'islam. Si on peut définir l'identité, l'identité c'est un ensemble et la religion fait partie des composantes de cette identité. L'islam est une composante et accepte les autres, est ouverte aux autres. C'est très important de le noter pour ceux qui réfléchissent autour de l'Islam.

Deuxièmement pour la question d'identité, on ne peut pas parler d'un pays entre l'identité totale, parce qu'il y a derrière, un autre conflit plus important c'est le problème des inégalités économiques, le problème des inégalités politiques et quand on se trouve devant ces problèmes-là, on touche le problème des identités. L'identité plus forte du point de vue politique et économique est en lutte contre les autres identités. Pour ce qui concerne les identités inter-étatiques, est-ce qu'on ne pourrait pas parler de fabrication d'identité, des limites de cette fabrication. Est-ce qu'une identité fabriquée est réelle, est-ce que ça peut exister, est-ce que ça peut durer ?

**Nadine Vasseur**
*modérateur*

>Vous pensez à quoi ?

**Tahar El Qour**
*Maroc*
*dans la salle*

>Je pense à l'Europe, je pense à une culture ou une identité Méditerranéenne, je pense à une identité Moyen Orientale. Pourquoi essaie t-on d'inventer des identités extra Etat ou hors de certains ensembles ?

**Nadine Vasseur**
*modérateur*

>Il y a quand même des unités géographiques, que ce soit l'Europe enfin c'est un continent, ce n'est pas prendre des choses complètement éparses, il y a quand même une unité ne serait-ce que géographique. Je ne sais pas je ne peux pas répondre à la question puisque c'est Jean Michel Boissier qui avait parlé de l'Europe il va vous répondre.

**Jean-Michel Boissier**
*France*

>Dire que les identités ça ne se fabrique pas, je suis très étonné d'entendre ça dans la bouche d'une historienne puisque, je veux dire, c'est ça l'histoire... la fabrication des identités, qui se fait par l'économie, la politique, la géographie... c'est pas toujours le cas... je pense que ça c'est un processus permanent, alors effectivement qui dans l'histoire les plus autocratiques et dirigées... c'est certain, les démocraties fabriquent des identités, je pense que la démocratie Européenne avec les ex Pays de l'Est est en train de fabriquer son processus. Moi là je suis vraiment... je suis un peu étonné. J'ai été étonné aussi d'entendre parler du Kosovo. Sans faire preuve d'idéalisme, il me semble que là l'Europe a fait ce qu'elle a pu et que la situation était pire avant, que maintenant. Je pense aussi que de parler de l'Europe, que l'Europe repose sur l'europeocentrisme est un tout petit peu abusif, je sais bien que l'Ukraine n'est pas encore en Europe

peut-être le serait-elle un jour, mais au cas, vous parlez d'europeocentrisme pour une organisation de pays qui essaie de... qui seront bientôt trente si les choses se passent bien, avec des pays au-delà de l'Europe comme la Turquie et peut-être même l'autre côté de la Méditerranée. Je pense que si europeocentrisme il y a, il est quand même très accueillant. Donc voilà, c'était une des réflexions qui me semblait... Et plus à titre personnel pour ce qui concerne l'Ukraine, je suis au bureau objectifs dans une association qui s'appelle *Reporters sans frontières*, on travaille justement pour développer les capacités des journalistes Ukrainiens, pour les aider, avec nos expériences de journalistes libres, à développer ces capacités de savoir-faire dans le domaine de l'information. Donc vous voyez, je pense que là c'est des arguments un tout petit peu brutaux par rapport à quelque chose qui se construit, dans le respect des identités, et dans la fabrication, ça s'appelle la dialectique il me semble, pour ce dépassement des identités pour en fabriquer une supérieure qui me semble être l'objectif de l'humanité.

**Nadine Vasseur**
*modérateur*

>Antonyi Galabov voulait aussi répondre, puisqu'il a été aussi mentionné.

**Antonyi Galabov**
*Bulgarie*

>Oui. Je suis certain qu'il y a une faute dans le mode d'utilisation du mot *fabriquer*. Qu'est-ce que ça veut dire *fabriquer* à votre avis ? Si on dit que la réalité sociale est fabriquée, est-ce que c'est juste ? Parce que si vous utilisez le mot fabriquer, cela veut dire qu'il y a quelqu'un qui fabrique d'une manière tout à fait mécanique les phénomènes sociaux. Je suis désolé mais peut-être que ce point de vue n'est pas europeocentriste c'est un point de vue tout à fait fermé, c'est un point de vue qui n'a pas trouvé la diversité des choses. Juste une remarque sur la diversité : parmi nous, si certains parlaient la langue du bas slave, nous savons bien que la diversité qui vient des langues romanes ne signifie pas la même chose que la diversité dans les langues slaves, ça veut dire qu'il existe plusieurs images pour le dire, c'est... « ..... », *il cite deux expressions* ; c'est les différentes facettes des images qui sont données au même moment. C'est-à-dire que, au niveau de nos notions, nous avons un autre type de compréhension de la diversité que celle

qui existe dans la langue, sur la langue romane. C'est-à-dire qu'il faut continuer à travailler ensemble parce que ce n'est pas suffisant pour le moment. Merci.

**Nadine Vasseur**
*modérateur*

>D'autres questions ? Oui... Il y a quelqu'un là...

**Katia Selezneva**
*Russie*
dans la salle

>Est-ce que je peux dire quelques mots ? En fait on est tous émus ici et il faut se mettre d'accord pour que notre conversation ne soit pas vraiment celle d'un muet avec un sourd. Il me semble que pour tous ceux qui sont présents ici, une chose est claire, il faut tout conserver, toute chanson, toute danse, toute peinture qui existe. S'il y a deux personnes, s'il y a une personne qui parle une langue, il faut la conserver, il faut trouver les moyens de la conserver. A mon avis, il faut être peut-être plus prudent dans la formulation des idées d'une part, d'autre part, à mon avis il est aussi tout à fait clair pour tous ceux qui sont présents ici, que, si nous, tous, nous allons les conserver, on peut le faire seulement d'une manière culturelle, et pas d'une manière politique, et c'est ça le grand problème d'aujourd'hui. Parce que quand on cherche la nationalité par la voie seulement politique, avec l'aide des jeunes fascistes, nationalistes, vous pouvez les appeler comme vous voulez, alors on arrive à ce qu'on a aujourd'hui, et si on ne trouve pas le compromis, si on ne va pas, je suis tout à fait d'accord avec Mustapha, apprendre à se connaître mieux, à s'entendre mieux, alors on est foutu, parce que, on voit qu'on est vraiment à deux pas, à un pas, d'une guerre mondiale.

La troisième chose que je voudrais dire, c'est que toute union est bonne quand elle est bénévole, je le dis en tant que Russe, en tant qu'ex soviétique, mais vraiment ce bénévolat il doit être très bien préparé et j'espère que tous ceux qui sont là vont y contribuer.

**Nadine Vasseur**
*modérateur*

>Madame, je crois que personne, personne nulle part dans cette salle n'a pensé que, aucune langue, aussi peu parlée qu'elle soit, devait être supprimée ou disparaître. La seule chose qui a été dite, c'est que, il fallait aussi trouver des langues communes. Personne n'a pensé qu'il fallait faire disparaître quoi que ce soit, mais peut-être pas simplement, se replier sur ça, si j'ai bien interprété ce que les uns et les autres voulaient dire.

**María Concepción Landa**
*Mexique*
dans la salle

>Bonjour. Moi je suis de Chihuahua, Mexique, l'Amérique Latine n'a pas encore parlé ce matin. Nous avons une longue histoire d'union des langues, et de disparition des langues, comme vous voulez. Cinq cents ans après la colonisation de l'Amérique, nous avons tous construit une identité, à partir de l'espagnol. Je dis ça pour tranquilliser ou pour apaiser un peu ceux qui pensent que, acquérir une langue, soit par force ou par une question naturelle de disparition de langue, toujours donne une nouvelle identité. Donc cette identité on ne sait pas ce que ça va donner, mais on peut vous dire que, du point de vue de l'Amérique latine, c'est d'une grande richesse parce qu'on peut partager avec les autres pays une même culture, une même... différentes visions... mais une même culture. Quand même ça donne aussi au monde, une richesse, et on ne peut pas dire que l'Amérique latine a disparu, ou ce qu'il y avait avant les Espagnols ait complètement disparu. Nous sommes deux cultures mixtes, métisses, donc ça a aussi apporté quelque chose au monde. Donc c'est un peu pour vous apaiser... ceux qui sont en train de perdre leur langue...

**Nadine Vasseur**
*modérateur*

>Merci. Merci. Oui je voulais juste mentionner, Madame vous êtes Russe, oui ? Justement pour cette partie du monde, peut-être que certains vont être choqués qui ont pris la parole tout à l'heure, il est vrai qu'on a parlé russe beaucoup dans certaines régions du monde et aujourd'hui ceux qui ont parlé russe refusent, je pense aux Pays Baltes par exemple, refusent absolument de parler aujourd'hui cette langue et parlent lituanien ou letton, c'est très bien de parler lituanien ou letton, est-ce que c'est pas un appauvrissement de refuser cette langue qu'ils ont parlée depuis si longtemps et qui est aussi une grande culture, enfin c'est cet espèce de refus absolu de ce qui a été commun à un moment de l'histoire...

**Katia Selezneva**
*Russie,* dans la salle

>Il faut donner le temps...
Il faut donner le temps...

**Nadine Vasseur**
*modérateur*

>Oui, peut-être...

| | |
|---|---|
| **Katia Selezneva**<br>*Russie,* dans la salle | >Il faut donner le temps…et puis ça viendra peut-être de nouveau, on l'espère… |
| **Nadine Vasseur**<br>*modérateur* | >Peut-être…. |
| **Rahul Vohra**<br>*Inde*<br>dans la salle | >Merci. Je suis de New Delhi. Je voudrais ajouter quelque chose à ce que disait mon ami Mustapha, du Niger, je vous cite Mahatma Gandhi, qui a dit, c'est aussi par rapport à vos craintes Madame Vasseur de n'être pas trop enfermé en soi s'il y a des identités qui veulent s'affirmer identités. Mahatma Gandhi disait, à un moment donné que : « Pour être internationaliste, il faut d'abord être nationaliste ». Si on ne sait pas d'où on vient, on ne sait pas où on va aller, tout simplement. Deuxièmement, pour ajouter à ce que mon compatriote Rajesh disait, par rapport à l'Inde, et mon amie Mexicaine : comment vous expliquez que l'Inde, avec les dix-huit langues officielles que nous avons, et l'anglais qui nous réunit, — les gens qui veulent communiquer parlent l'anglais et pas dans une langue ou l'autre parce qu'on ne se comprendra pas —, comment vous expliquez qu'un pays tellement divers, avec des langues différentes, des pratiques de nourriture différentes, des pratiques vestimentaires, de costumes différentes, arrive à avoir une identité indienne, *pan-Indian* comme on le dit en anglais, je ne sais pas comment l'expliquer en français, c'est-à-dire d'avoir une identité qui est seulement Indienne ? C'est par, justement, la compréhension de chaque différence qui existe entre nous, et aussi, non seulement par le cinéma partagé, mais aussi par l'histoire partagée on a les mêmes épopées qu'on voit dans le sud de l'Inde ou dans le Cachemire ou à l'est ou à l'ouest, on parle de la même musique avec quelques différences, des mêmes théâtres, des mêmes genres d'expression partout, du même cycle agricole, des mêmes cycles des saisons et des jours et des nuits qu'on vit ; c'est pas seulement une langue qui va réunir tout un peuple. |
| **Nadine Vasseur**<br>*modérateur* | >Non il n'est pas question que ce ne soit que la langue bien sûr… |
| **Une voix**<br>dans la salle | >S'il vous plaît… |
| **Nadine Vasseur**<br>*modérateur* | >Oui, allez-y…. |

**Blaise Etoa**
*Cameroun*
de la salle

>Je voulais justement... je m'appelle Blaise Etoa je viens du Cameroun.... Je voulais poser ma question par rapport au décryptage de ce processus, si certains n'aiment pas le terme fabrication, de construction de l'identité culturelle, parce que j'ai l'impression effectivement que dans les interventions des panélistes et d'ailleurs de la part de certains collègues ici présents également, il n'y a pas beaucoup d'efforts qui soient faits par rapport au côté je dirai concret, opératoire, pratique de cette question des identités culturelles.

**Nadine Vasseur**
*modérateur*

>C'est le sujet de cet après midi.

**Blaise Etoa**
*Cameroun*
de la salle

>Je suis d'accord avec vous, mais on se rend très vite compte que, lorsque les uns et les autres ont théorisé, on aboutit à une contradiction fondamentale, qui est celle de savoir le rôle de la force ou du phénomène je dirai ponctuel dans la construction de l'identité, qu'il s'agisse de celle-ci par rapport à l'acceptation que les gens peuvent avoir de la norme sociale, ou de ce qui est communément fait, de ce qui semble unir le groupe parce que moi je viens d'un pays...On parle de dix-huit langues en Inde, chez moi, il y en a deux cent soixante. Donc vous vous rendez évidemment compte de ce que ça représente en termes de recherche d'éléments d'agrégation. Pour nous c'est effectivement un problème concret. Donc il y a, par rapport à la perception que j'ai de la manière avec laquelle les choses sont dites ici, je dirai un manque, même si on en parlera cette après-midi, il serait peut-être intéressant qu'au delà de la langue, on en a beaucoup parlé ici, qu'on puisse quand même identifier un certain nombre d'éléments à partir desquels il est possible d'arriver au processus de construction de cette identité. Je vous remercie.

**Nadine Vasseur**
*modérateur*

>Antonyi Galabov, vous vouliez... oui...

**Une voix féminine**
dans la salle

>Excusez-moi....

**Amadou Chab Toure**
*Mali*
dans la salle

>En fait ce qui me paraît moi, assez frustrant dans le débat, c'est justement qu'on ne parle pas... on parle d'identité et on a l'impression que la langue est l'élément autour duquel cette identité se construit. Je vais vous raconter une anecdote. Moi je suis de la promo-

tion 1992, deuxième année de la Formation internationale culture. Un jour on a visité, nous, quinze stagiaires, nous avions visité l'Opéra Bastille. Ce matin-là, moi c'était pour moi j'avais envie d'être partout sauf là. On a tourné dans des couloirs. Il y a un monsieur qui nous parlait de l'Opéra Bastille de ce que c'était et, à un moment, je me suis tourné, vers celui qui était le plus proche de moi, c'était Ilya, le Russe il est là, et j'ai commencé à lui parler en sonraï, dans ma langue maternelle, je lui parlais, je lui parlais, je lui parlais... et puis à un moment, il s'est mis à me parler en russe. Et, en fait on a parlé pendant longtemps tous les deux, les autres étaient devant et ils se demandaient : mais qu'est-ce qu'ils se racontent ces deux là. Tout le monde s'est arrêté ils se sont retournés ils nous ont regardés et là je lui ai dit : qu'est-ce que tu me disais ? Et il me dit : et toi qu'est-ce que tu me disais ? Je lui dit : je te racontais que ça m'énerve cette histoire, cette visite m'énervait, et que vous m'énervez tous. Il me dit : tu sais Chab, moi j'étais en train de te dire la même chose. Vous voyez, c'est extraordinaire, c'est extraordinaire parce que, ce qui se passe, c'est quoi ? C'est que, autant la langue peut être importante dans notre identité intérieure, autant elle n'est pas suffisamment importante pour bâtir le discours sur l'identité. C'est complètement faux. J'entends ce qui se passe avec mes voisines c'est vrai, je me disais mais elles ont raison, c'est quand même assez simpliste de vouloir...

Moi en venant ici je me disais : on va parler de ce qui nous sépare, de ce qui est différent entre nous, mais qui a permis quand même de se retrouver tous ensemble. C'est ça qui est extraordinaire. L'histoire... moi je pense que l'histoire a horreur de la morale et c'est ça qui m'amuse dans l'histoire. On s'en fout, l'histoire doit passer par le milieu de ma tête elle va passer par le milieu de ma tête, si c'est comme ça que ça doit se faire. Parlons plutôt de ce qu'il y a de possible, au delà de tout. C'est ça qui est important, et c'est vrai qu'il a raison mon ami Camerounais, je suis frustré depuis tout à l'heure. Je me dis mais quand est-ce que ça va se passer là, hein ? Mustapha a raison, quand est-ce que ça va se passer, quand est-ce qu'on va pouvoir parler de nos identités et les confronter ?

| | |
|---|---|
| **Nadine Vasseur**<br>*modérateur* | >Ben voilà. |
| **Amadou Chab Toure**<br>*Mali*<br>dans la salle | >Vous voyez…<br>Merci. |
| **Nadine Vasseur**<br>*modérateur* | >Jean Michel Boissier faisait remarquer que ce que vous aviez en commun entre autre, tous, c'est la langue française, c'est bien aussi. |
| **Lubna Ghanayem**<br>*Palestine*<br>dans la salle | >Excusez-moi… je voudrais parler de l'identité palestinienne… excusez-moi d'abord pour mon français Je pense… je ne comprends pas comment Mme Shifra a dit qu'ils essaient de construire l'identité israélienne en rassemblant les gens du monde entier, pour construire cette identité israélienne, mais je ne comprends pas comment faire ça au détriment d'un autre peuple. D'un côté, on construit l'identité, d'un autre côté on efface l'identité du peuple palestinien. On déchire les vies des Palestiniens, on bombarde les villes, on tue les gens. On ne peut pas dormir, est-ce qu'elle peut dormir quand on bombarde les villes palestiniennes. |
| **Nadine Vasseur**<br>*modérateur* | >Ecoutez, je crois que ce n'était pas exactement le sujet du débat aujourd'hui de parler comme ça d'un conflit actuel. On n'est pas ici pour parler du conflit… |
| **Lubna Ghanayem**<br>*Palestine*, dans la salle | >Mais elle a déjà parlé du conflit. |
| **Nadine Vasseur**<br>*modérateur* | >Non justement, elle a parlé de sa difficulté à parler de l'autre et de la relation à l'autre, de l'altérité dans cette situation de conflit très douloureux. Je pense que la question, ce n'est pas maintenant de parler du conflit israélo palestinien. |
| **Shifra Shalit-Intrator**<br>*Israël* | >Justement, ce que j'essayais de transmettre c'est ma difficulté en tant qu'Israélienne, dans laquelle il y a beaucoup de composantes, de me réveiller chaque jour avec ce qui se fait et c'est la raison pour laquelle je ne suis pas du tout sûre de mon identité. C'est pas que je n'en ai pas une, j'ai une identité, mais il me faut la définir presque chaque jour. C'est ça, c'était ça mon propos, c'est exactement l'inverse de ce qui a été dit par quelques collègues, moi les gens qui sont sûrs et qui se réveillent le matin en sachant exactement ce qu'ils sont, ça, ça me fait peur. |

**Aboukhacem Chebri**
*Maroc*
de la salle

>S'il vous plaît, je peux ? Je suis là. Je suis Marocain, de formation archéologue. Je me considère en tant que citoyen du monde, je ne suis pas uniquement Marocain je pourrais me considérer comme un Suédois, un Russe, que sais-je un Hongrois, un Nigérien, un Américain ou quelqu'un d'autre, ou encore un Chinois. Je ne veux pas que la tension monte. En venant ici à Paris, j'ai cru, j'étais vraiment motivé par ce réseau *Ubiquité*, parce que moi je rêve tout le temps, je rêve et mon rêve c'est : est-ce que ce réseau *Ubiquité*, est-ce qu'on n'est pas en mesure de jeter les fondations d'une nouvelle société mondiale, unie, qui s'entend, qui se connaît bien et qui croit à la différence. Parce que il faut appeler un chat, un chat, il faut être clair entre nous vis à vis du monde entier, il faut reconnaître l'autre. Quand on ne reconnaît pas l'autre, on en peut pas s'entendre. Quand on voyage, on connaît les gens, on devient plus civique, plus civilisé. Je peux citer un exemple, l'occupation française au Maroc, de l'Afrique du Nord d'une manière générale, c'était une occupation qui a pénétré d'une manière pacifique.
D'abord les Français n'ont jamais dit que la France allait occuper le Maroc, ils disaient pacifier le Maroc. Pourquoi ? On a été colonisés, il y a eu des ravages, il y a eu des choses dangereuses mais il y avait aussi des choses bonnes qui ont été faites effectivement et qui nous servent de référence jusqu'à présent, je ne parle pas de l'infrastructure etc. mais du point de vue culturel même. Les explorateurs français qui ont précédé la pénétration française au Maroc, ils connaissent, jusqu'à présent, le Maroc mieux que nous. Ils ont bien étudié les Berbères, les Marocains dans leur mosaïque culturelle, qu'ils soient musulmans, juifs, arabes, chrétiens arabes ou berbères. C'est que, on a gagné des choses de cela. Quand on voit, en même temps par exemple, on peut remarquer que du temps de l'occupation portugaise des côtes marocaines, il y avait un conflit, il y avait même des croisades qui se faisaient sous l'égide du pape de Rome, mais nous sommes fiers maintenant, Portugais et Marocains, de ce patrimoine qui est riche et diversifié. Les Saadiens, qui étaient les opposants, donc les sultans du Maroc de l'époque qui s'opposaient aux Portugais, ont été influencés par l'architecture portugaise, par un mode

de vie portugais etc. c'est de l'architecture portugaise et européenne du temps de l'artillerie et donc l'occupation portugaise des côtes marocaines n'était pas uniquement ravageuse et ne posait pas que des problèmes au Maroc, mais elle a été bénéfique. D'un autre côté malheureusement, en 1995 par exemple, je cite la France qui a une longue culture et une culture qui est riche, moi je n'aurai jamais le caractère de jeter des fleurs à des gens, je ne suis pas en train de vanter la France, mais c'est la vérité. En 1995, au moment où je venais juste d'atterrir ici en France pour la Formation internationale culture, session 1995-96, des Algériens avaient commencé à bombarder des lieux ici en France. Regardez comment la France avait savamment réagi face à ces actes qui sont terroristes, perpétrés par nos amis, par nos chers Algériens, la France qui est un pays de culture a essayé de traiter la question d'une autre manière. De l'autre côté malheureusement, quand on voit un pays high tech mais qui n'hésite pas, d'abord la terre où il est implanté est millénaire, je fais allusion à l'Amérique latine et centrale, mais qui n'hésite jamais à bombarder des villes dans le monde pour des raisons injustifiées et injustifiables. On tue l'homme, on tue la culture, quand on dit culture, on dit homme, la vie humaine, la vie humaine qu'elle soit musulmane, juive, ou chrétienne, elle est noble, il faut la préserver. Si on n'a pas cette vie humaine, on ne peut pas créer ni la culture, ni de la science, ni absolument rien. C'est pour cela que, je crois, on voit, on a assisté, on assiste souvent à des choses terribles : quand on a démoli les statues de Bouddha en Afghanistan, c'est malheureux c'est vrai mais regardez comment le monde, tout le monde a bougé, et Monsieur S.E. le Directeur de l'Unesco, Matsura, a réagi personnellement alors que, si on détruit un monument à Haoussa ou bien une mosquée quelque part dans le monde, personne ne va réagir. Il faut que nous admettions, que nous vivons dans un monde sourd et que nous, citoyens du monde, nous devons changer pour un monde de dialogue. Il y a un proverbe marocain qui dit : « celui qui a beaucoup voyagé est mieux que celui qui a beaucoup vécu ». Voyageons dans ce monde, rendons la planète terre, notre mère, rendons-la pacifique, à travers un dialogue culturel, de reconnaissance culturelle mutuelle.

Si on ne se connaît pas, on ne peut jamais dialoguer. Merci.

**Nadine Vasseur**
*modérateur*

>Merci. On a commencé très en retard, normalement on devrait plus ou moins s'arrêter, mais comme on a commencé en retard, s'il y a encore des questions… Non ? Bon. Antonyi Galabov, vous voulez dire quelque chose ?

**Antonyi Galabov**
*Bulgarie*

>Oui, il y deux remarques que je trouverai importantes : d'abord, je suis certain qu'il ne faut pas penser à l'identité basée seulement sur un trait de personnalité, c'est toujours une combinaison de caractéristiques de la langue, des religions, des spécificités culturelles etc.
Deuxième facette d'une même question : Il ne faut pas oublier qu'une bonne partie du processus de reconstruction d'identité, c'est le processus de patrimoine de violence. L'identité qui est créée contre la violence, comme mémoire de la violence, qui est liée avec la violence précédente, c'est une autre identité, c'est une identité traumatisée. Et maintenant nous assistons maintenant à énormément de types d'identités traumatisées, fortement traumatisées. Et, je note seulement ma recherche sur le processus d'identification des identités religieuses et ethniques, parmi les enfants de mariages mixtes. Ils refusent toutes les coordonnées ethniques et religieuses, à cause du traumatisme que représente un mariage mixte dans un milieu qui n'est pas tolérant envers le mariage mixte. Je finirai par un appel à la réciprocité des modes de pensées entre l'est et l'ouest, en Europe, parce que c'est bien évident, dans toutes les recherches sociologiques, qu'en Europe centrale et orientale, l'autoconscience européenne est beaucoup plus forte qu'en Europe occidentale. C'est un fait, c'est un fait à cause d'un effort énorme que devait faire chaque personne de nos pays, qui n'a pas sa réciproque en Europe occidentale.

**Nadine Vasseur**
*modérateur*

>Bon. Plus de questions. Après cette discussion houleuse, nous allons déjeuner, je crois que cet après-midi la table ronde…

**Katia Selezneva**
*Russie*

**Nadine Vasseur**
*modérateur*

**Brigitte Rémer**
*Directrice de la Formation Internationale Culture*

>Emotionnelle…

>Non mais houleuse c'est pas… Donc la table ronde cet après-midi c'est 14 heures 30 ?

>Non c'est 15 heures. Je voudrais faire un petit point logistique mais avant, et tout d'abord, remercier tous les intervenants du matin, institutionnels et professionnels qui sont venus, pour les premiers, vous accueillir, pour les seconds, apporter leur témoignage, leurs réflexions sur un sujet difficile, celui des identités. Merci à ceux qui ont accepté de venir à la table exposer et s'exposer, à vous, Nadine Vasseur d'avoir accepté de modérer ce débat, et à tous, venus de loin, si actifs dans la salle, je vous reconnais bien.
Vous êtes invités au repas qui va être servi dans le hall du grand auditorium, c'est un buffet. On vous a proposé ensuite, ceux qui veulent, vers 14 heures, d'aller faire le tour des deux expositions présentées puisque la responsable se met gentiment à votre disposition. Profitez-en. Revenez vraiment ponctuellement ici à 15h. nous démarrerons la seconde table ronde à l'heure, dans cette même salle.
Je voudrais vous dire encore deux petites choses : vous identifierez vos collègues de cette année qui peuvent vous aider, ils ont beaucoup participé à la préparation de ces Rencontres, par un collant de couleur bleue sur leurs badges, vous pouvez faire appel à eux pour aide, secours, information etc.
Enfin, dernier point, on vous a remis une enveloppe complémentairement au dossier. Dans cette enveloppe vous avez quelques petits documents mais vous avez, pour certains, des tickets repas que vous n'identifiez pas. Laissez-vous guider, c'est en fonction des lieux où vous vous trouverez demain et après demain pour les ateliers puisque vous serez répartis en cinq groupes de travail qu'ils vous serviront, puisque vous déjeunerez dans des endroits différents. Je vous souhaite un bon appétit. A tout à l'heure.<

>Ekaterina Selezneva, *Russie*. Yahya N'Doye, *Sénégal*.

*La vitalité des pratiques.*
*Entre art et culture, un supplément d'âme ?*

**Table ronde**
*Bibliothèque nationale de France François Mitterrand*
lundi 3 décembre 2001
15h / 17h30

*Expériences pluridisciplinaires
et témoignages d'actions inscrites entre proximité
et coopération internationale.
Dynamique et interactions dans les partenariats et les synergies.
Financements et productions, entre public et privé.
Décloisonnement des initiatives.
Circulation et réciprocité des échanges.*

## Participants

### >Modérateur

- **Jean-Marie Borzeix**, *France*
  Journaliste, ancien directeur de *France Culture*,
  ancien président de *Télérama*, éditeur, membre du Haut Conseil
  de la Francophonie. Président de *Paris Bibliothèques*.

### >Intervenants internationaux

- **Judith David**, *Hongrie, promotion FIC 1998 /1999*
  Directrice adjointe au Cabinet du maire de Budapest,
  chargée de l'éducation, du tourisme et de la culture.

- **Zhongwei Hao**, *Chine, promotion FIC 1997 /1998*
  Responsable des échanges culturels avec la France,
  Département des études européennes,
  Association du Peuple Chinois pour l'Amitié avec l'Etranger, à Pékin

- **Yahya N'Doye**, *Sénégal, promotion FIC 1993 /1994*
  Conseiller pour la Culture à la Mairie de Dakar

- **Ilya Oskolkov-Tsensiper**, *Russie, promotion FIC 1997 /1998*
  Fondateur et rédacteur en chef du magazine *Afisha L'Affiche*,
  (diffusion à 100 000 exemplaires), à Moscou

- **Isabel Santelices**, *Chili, promotion FIC 1999 / 2000*
  Chargée de mission au Secrétariat exécutif de la Commission
  présidentielle pour l'infrastructure culturelle,
  Présidence de la République du Chili

- **Amadou Chab Toure**, *Mali, promotion FIC 1992 /1993*
  Commissaire d'expositions, directeur de la Galerie photographique
  *Chab*, à Bamako.

### >Grands témoins français

- **Jean Blaise**, *France*
  Directeur du *Lieu Unique* / scène nationale de Nantes

- **Jack Ralite**, *France*
  Sénateur Maire d'Aubervilliers, Animateur des *Etats Généraux
  de la Culture*

*« La seule chose qui menace cette histoire heureuse
d'un projet réalisé, c'est l'instabilité politique
et l'instabilité des législations. »*

**Katia Sélezneva**, *Russie*

**Jean-Marie Borzeix**
*modérateur*

>Je vous propose donc de commencer cette seconde partie de la première journée qui s'intitule *Cultures au Faubourg*, cultures avec un « s » et qui est organisé par Formation Internationale Culture.

Bienvenue à tous, je voudrais commencer par saluer tout spécialement les invités de cette association que vous êtes pour la plupart et qui ont participé aux différentes sessions de la Formation depuis dix ans, parce que je trouve que ce réseau que vous constituez, est quelque chose de très exceptionnel, et je voudrais saluer à ce propos le magnifique travail que fait Brigitte Rémer et son équipe depuis dix ans.

D'une certaine manière, vous êtes le monde entier, là, c'est sans doute la raison pour laquelle votre réseau est baptisé, d'une certaine manière étrangement et en même temps c'est pas tout à fait présomptueux, *Ubiquité*. Je fais remarquer, c'est une brève parenthèse, que le monde entier n'est pas là car il n'y a pas de représentants d'un certain nombre de grandes cultures et notamment des cultures européennes de l'ouest, ce qui peut-être un jour posera problème puisque certains d'entre vous, originaires d'Europe centrale et orientale, vont dans les prochains mois, dans moins de deux ans, intégrer l'Union européenne, ce qui ne peut pas ne pas avoir d'incidences sur leur pratique de la coopération internationale. Parenthèse, mais il me semble que c'est une piste de réflexion pour les années à venir. Je suis quant à moi très heureux de constater que le sud est ici extrêmement bien représenté, alors qu'il est si souvent absent d'autres rencontres, d'autres instances de ce genre, et je me réjouis particulièrement que tout cela se passe en français, beaucoup d'entre vous parlent très bien le français et je tiens à les remercier de l'effort qu'ils ont fait pour parler notre langue.

Je dois dire aussi que ce genre de réunion me semble assez exemplaire d'une politique culturelle, que la France doit mener. En dépit de quelques difficultés, depuis dix ans, finalement, les différents gouvernements qui se sont succédés ont, non pas supporté comme on dirait en anglais mais soutenu cette association : Ministère de la Culture et Ministère des Affaires étrangères. C'est très bien, il me semble que nous sommes là dans une ligne de force importante parce que, d'une certaine manière, vous êtes la diversité culturelle en acte. C'est comme cela que j'aborde les choses.

Alors ce matin, j'en ai terminé avec ce petit discours préliminaire on n'est pas là pour ça, ce matin vous avez parlé beaucoup de théorie, cette après midi, je vais vous inviter à parler d'autre chose, à revenir au terrain et aux pratiques culturelles. Comme vous l'avez vu, le thème proposé est extraordinairement large, et ambitieux : *La vitalité des pratiques, entre art et culture, un supplément d'âme ?* Expériences pluridisciplinaires et témoignages d'actions inscrites entre proximité et coopération internationale, dynamique et interaction dans les partenariats et les synergies, financement et production entre public et privé, décloisonnement des initiatives, circulation et réciprocité des échanges. Vaste programme. Comme disait le général de Gaulle, « vaste programme », nous avons là de quoi passer la semaine ensemble ; c'est pourquoi nous allons essayer d'être plus directs. On va, dans un premier temps, écouter les invités étrangers qui sont à cette table, alors il y a, par ordre, de ma droite à ma gauche :

Judith David qui est là et qui travaille à la Mairie de Budapest dans le domaine de la culture, du tourisme et de l'éducation ; elle est de la session 1998-99.

Ensuite il y a Isabel Santelices, qui était en 1999 et 2000 ici, qui est dans une mission, une commission présidentielle pour l'infrastructure culturelle, à Santiago du Chili, et qui a donc une vue d'ensemble sur les problèmes culturels de son pays.

Encore à ma droite, Amadou Chab Toure de Bamako, au Mali, qui travaille notamment dans une galerie photos arts plastiques.

A ma gauche, Ilya Oskolkov-Tsensiper je vous appellerai Ilya ce sera plus simple, qui était là en 1992-93 avec son acolyte, ce sont les deux qui ce matin ont raconté leurs propos privés tenus au cours d'une visite organisée à l'Opéra Bastille, vous les reconnaissez, de mauvais esprits...Pour notre ami ça continue puisqu'il est maintenant rédacteur en chef d'un magazine bimensuel qui s'appelle *Afisha* à Moscou, un journal qui a beaucoup de succès qui est dans le domaine de la culture, information culturelle, et qui est diffusé semble-t-il à plus de cent mille exemplaires tous les quinze jours.

Ensuite, Zhongwei Hao qui nous vient de Chine et était ici en 1997-98, il est chargé au Ministère de Affaires Etrangères je suppose, non, c'est pas tout à fait ça, il nous dira en détail, il travaille dans l'Association du peuple chinois pour l'amitié avec l'étranger, aux relations avec la France, à travers le Département des Affaires européennes.
Voilà, ça c'est pour l'étranger. Ils prendront la parole, règle du jeu toute simple, ils prennent la parole chacun pendant dix minutes et pas plus. Ça va être difficile avec certains d'entre eux je le sais mais on sera rigoureux.

**Amadou Chab Touré** >Vous pensez à qui ?
*Mali*
**Jean-Marie Borzeix** >Ah la la, non non je ne dis rien. Je vais demander à
*modérateur* chacun d'entre eux d'être très concret et très personnel, de dire les choses avec beaucoup de spontanéité, de franchise, de ne rien nous dissimuler de son expérience et de ses pratiques dans le domaine de la culture, de nous raconter à cette occasion peut-être son itinéraire, avec cependant, pour que nous ne nous égarions pas trop, le souci d'en revenir à un thème principal qui est privé - public, le privé et le public dans le domaine de la culture, parce qu'il me semble qu'à travers ce filtre on pourra dire des choses qui peuvent intéresser un peu tout le monde. J'observe que Brigitte Rémer a organisé ce plateau avec beaucoup de soin et de diplomatie puisqu'il y a là hommes et femmes, pas tout à fait à parité mais presque, sud - nord et puis privé - public. Tous les paramètres sont réunis dans cet échantillon d'acteurs culturels que vous êtes. Et puis, après les interventions des uns et aux autres, interviendront les deux grands témoins français :
D'abord Jean Blaise, c'est un provincial c'est pour ça qu'il est dans l'ombre, au bout de la table. Il travaille à Nantes depuis vingt ans, c'est lui qui a créé cette manifestation qui a eu un immense succès qui s'appelait *Les Allumées*, très ouverte à l'ensemble des cultures, qui a organisé des partenariats avec Buenos-Aires, Naples, Saint Petersbourg. Aujourd'hui, il est le patron d'un grand lieu culturel à Nantes. Il a investi, avec beaucoup d'autorité, l'ancienne usine où l'on fabriquait les biscuits *Lu* qui faisait que toute la ville sentait le sucre, le caramel, maintenant cela sent la

culture. C'est lui qui règne sur ce lieu, c'est un homme de projet, un homme tout à fait inattendu, il n'aime pas le confort, en un mot, c'est un homme de culture.
Jack Ralite en est un autre, c'est un homme politique. Il est parlementaire depuis une trentaine d'années. Il était d'abord député et il est sénateur, ce qui est considérable dans le domaine de la hiérarchie sociale. Il est Maire d'Aubervilliers, mairie de la périphérie Est de Paris, mairie communiste. C'est un homme politique pas tout à fait comme les autres, parce qu'il a une passion : la culture. La culture ne s'exprime pas seulement chez lui dans les débats parlementaires. Partout où il se passe des choses, au théâtre, dans des grands débats à Paris, un festival, chaque fois qu'il se passe quelque chose d'important, il est là, d'ailleurs, il est là aujourd'hui, c'est pour cela. Donc, on procède de cette manière si vous voulez bien : nos invités et ensuite nos deux grands témoins français qui interviendront pour réagir sur leurs propos et qui feront part, à leur tour, de leurs expériences personnelles. Y-a-t-il un volontaire, parmi nos invités ? Il vaut mieux ne pas commencer par le plus bavard…

**Amadou Chab Touré**
*Mali*

>Il vaut mieux commencer par le plus bavard. Je tiendrai compte des autres...

**Jean-Marie Borzeix**
*modérateur*

>Oui, allez-y. Amadou Chab Toure, qui est donc Malien et qui s'est lancé dans la culture du côté du privé.

**Amadou Chab Touré**
*Mali*

>Merci à vous tous. Avant de parler de notre thème, je vais me permettre de dire que je suis très content d'être là, j'y pensais depuis longtemps, j'ai eu l'occasion d'être à Paris souvent, chaque fois que je suis venu, j'ai vu Brigitte Rémer et je l'ai vu chaque fois travailler à ce qui se passe aujourd'hui. Mon espoir était très grand parce que je connais le nom de beaucoup d'entre vous, il y en a que j'ai croisés rue Saint Martin et je me suis dit : je vais mettre des visages sur ces noms. Je n'aurai pas fini de vous connaître en sept jours, mais on va voir. Donc merci d'être là, je suis content d'être avec vous, ceux avec qui je ferai des choses et je ne manquerai pas de les faire. Et je vais vous dire ce que je fais aujourd'hui :

Quand je suis arrivé à la Formation internationale culture, en 1992, j'avais posé mon dossier un an avant, pour la première promotion, j'étais le seul des quinze de la première promotion qui n'avait pas réussi à avoir de bourse. Mon dossier avait été accepté par la grande commission mais je n'avais pas de bourse. Je me suis dit : c'est raté Chab, c'est foutu et j'ai reçu une lettre d'une dame, Brigitte Rémer, directrice de la formation, qui m'a dit que mon dossier l'intéressait et intéressait tout le monde dans la commission et qu'on le retiendrait si j'arrivais à avoir une bourse pour la deuxième promotion. J'ai eu une deuxième année pour trouver une bourse et je l'ai obtenue. Je suis arrivé en 1992. A l'époque, j'étais directeur adjoint du Théâtre national du Mali, un théâtre qui fonctionnait comme la Comédie française. Je m'occupais du personnel, j'avais 155 artistes, instrumental, groupe dramatique, ballets maliens, orchestre national etc., 155 artistes fonctionnaires, dont certains étaient suffisamment vieux pour ne plus pouvoir danser mais comme ils étaient fonctionnaires, on ne pouvait pas les mettre à la retraite avant l'âge de la retraite, et on ne pouvait pas recruter de jeunes danseurs. Vous imaginez comment cela fonctionnait. Je suis venu et, la rencontre avec tous ceux qui étaient dans ma promotion m'a ouvert beaucoup de portes, de pistes de réflexion, tous les autres, d'autres pays. J'ai ouvert mon champ de travail à d'autres sujets. Au retour je n'avais pas envie de retomber là-dedans et je me suis lancé dans les arts plastiques et plus particulièrement la photo, un point force au Mali. J'ai créé, je n'avais pas le choix, une galerie privée. C'est parti petit mais à force d'obstination ça s'est développé pas mal et je travaille.

**Jean-Marie Borzeix**
*modérateur*

>Merci de nous livrer votre expérience. Judit David, vous nous racontez la vôtre.

**Judit David**
*Hongrie*

>Oui merci. Nous, en Hongrie et je vois que c'est le cas dans d'autres pays ex socialistes aussi, on a plus ou moins maintenant la mentalité d'une économie de marché, la mentalité et tout ce que ça représente, mais on n'a pas le capital, du moins pas dans le champ culturel. ça veut dire qu'on a bien appris à tout le monde, que pour réaliser un projet, il faut aller chercher du sponsoring, or le sponsoring ça n'existe pas, ça veut

dire, pour le fonctionnement culturel, ça n'existe pas. Bon, pour un festival, on peut placer de grands panneaux oui, mais pour le fonctionnement d'un établissement, non. Aussi, on a bien dit aux établissements culturels, bien sûr je caricature maintenant : à partir d'aujourd'hui, le financement 100%, c'est fini, les temps ont changé allez chercher des ressources ailleurs et montez vos propres budgets. Mais le pouvoir d'achat a une certaine limite, ça veut dire que les salaires sont toujours relativement bas, ça veut dire qu'on peut augmenter les recettes jusqu'à une certaine limite, mais après, c'est fini. On a fait par exemple des calculs il y a trois ou quatre ans et on a vraiment calculé le budget pour chaque théâtre. Et je crois, de ces treize théâtres que gère la ville de Budapest, c'est un poids lourd, ce sont ce qu'on appelle des théâtres de pierre, avec une troupe permanente. Il n'y en a qu'un seul qui a une salle avec une capacité assez grande pour, en principe, réaliser une production avec ses propres recettes. Alors, quand on parle de changements, il ne faut pas oublier ces contraintes non plus, qui changent petit à petit, qui quelque fois changent plus lentement que la mentalité.

**Jean-Marie Borzeix**
*modérateur*

>Merci. Je trouve ce témoignage très intéressant. On peut le compléter par celui d'Ilya Oskolkov, qui est là à ma gauche, qui est russe et qui lui, intervient dans le privé. Je vous rappelle qu'il est journaliste.

**Ilya Oskolkov**
*Russie*

>Bonjour. Premièrement, je représente la faute de la politique culturelle française car je ne suis pas vraiment francophone, donc je vous prie de m'excuser. Après ma formation ici, je suis revenu à Moscou et je pensais être commissaire d'expositions d'art. Nous avons monté une petite compagnie à plusieurs, mais il y a eu un événement : cette petite compagnie qu'on avait créée et qui organisait une exposition, a été volée par un de ses propres partenaires, un de nos partenaires, ce qui est très typique pour cette période-là. Je me suis retrouvé plus ou moins sans profession. A ce moment là, j'ai été invité par un ami à organiser une revue culturelle mensuelle, j'ai plus ou moins commencé à travailler dans le journalisme et je me suis dit très vite : voilà, c'est ça qu'il faut que je fasse. Après, j'ai eu toute une série de scandales

avec des investisseurs qui ont essayé, toujours avec cette manière très typique de Moscou aujourd'hui, de nous faire vendre des articles aux gens qui achètent de la publicité. J'ai toujours pensé que cela ne pouvait pas coexister avec un quelconque journalisme. Je me suis retrouvé après cela dans la pleine crise financière de Moscou de 1998, sans argent et sans aucune idée de ce qu'il faut faire. Quelqu'un m'a alors téléphoné et m'a dit : j'ai l'idée de commencer une nouvelle revue à Moscou consacrée à tout ce qui se passe dans la ville, dans le domaine culturel. C'était il y a trois ans. J'avais mon équipe, qui m'avait plus ou moins suivi d'un point à l'autre, avec toutes les pauses... héroïques que vous pouvez imaginer. Tenez, cette couverture que je dédie tout spécialement à notre ami Chinois...

**Jean-Marie Borzeix**
*modérateur*
**Ilya Oskolkov**
*Russie*

>C'est un beau journal, très luxueux.

>La revue, *Afisha*, a deux cents pages, paraît tous les quinze jours. On y trouve des annonces de tout ce qui peut se passer à Moscou, au théâtre, de concerts, films, clubs, restaurants, livres, disques etc., tout ce qu'on peut voir ou acheter en termes de disques ou livres, sur deux semaines, toujours des événements publics où l'on peut acheter un ticket et aller, c'est à dire sans avoir besoin d'invitation. En France une publication pareille n'existe pas, vous pouvez imaginer quelque chose d'hybride entre *Pariscope, Télérama, les Inrockuptibles* et *Nova*. Nous sommes devenus le magazine le plus populaire à Moscou, on ne distribue pas dans la Russie mais seulement à Moscou, il y a un demi million de gens qui nous lisent, on tire à 100 000 exemplaires chaque deux semaines. Quand on me demande qui vous lit ? La réponse : ce sont ceux qui sortent et sont intéressés de voir des choses à Moscou. Nous sommes la publication la plus populaire à Moscou , à part la presse jeune. C'est un plaisir incroyable de voir en ville que cela change un peu, je n'exagère pas, grâce à ce que nous écrivons. Les gens, pas tous, s'habillent un peu différemment, des gens qui mangent des choses un peu différentes, écoutent de la musique un peu différente. C'est un plaisir énorme de voir le résultat de ce qu'on fait, dans la rue, en direct. Le besoin de ce type de publication à

Moscou est évident. Malgré l'impression de ce que beaucoup de monde a, de ce qui se passe à Moscou, on peut dire que chaque nuit, 50 000 personnes sont au théâtre à Moscou. Il y a des centaines de salles d'expositions, de galeries, etc. Pour naviguer à travers toutes ces choses, on a besoin de sources d'informations.

La première raison d'être ici pour nous tous, à part de rencontrer Chab, est d'essayer d'être un peu utile et d'établir ou de continuer à établir le réseau qui existe. Peut-être quelqu'un d'entre vous va être intéressé de faire un projet à Moscou et je serais ravi d'être utile pour cela. Ce qu'on peut faire, avoir deux fonctions : être une source d'informations, vous pouvez me téléphoner et dans la plupart des cas on peut vous donner des informations plus précises que celles de l'ambassade ou du ministère de la Culture, tout simplement parce que nous voyons le résultat des actions, des gens et de l'institution, nous avons travaillé plus ou moins avec eux tous.

L'autre chose que nous avons décidé dès le début, c'est de consacrer une partie de la pub du magazine pour soutenir des expériences culturelles non commerciales. C'est la politique qu'on continue toujours à avoir. Je ne crois pas qu'il est possible de gagner de l'argent avec une exposition de photos du Mali, à Moscou mais on peut toujours vous prêter, si on aime une idée ou un concept, une demi-page de pub. Je serais ravi car on a déjà plus ou moins décrit tout ce qui se passe à Moscou et on a besoin d'événements, de ce qu'on appelle en anglais, des hooks, des raisons, des motivations pour les articles.

Finalement, quand je suis arrivé ici à Paris, je me suis demandé ce que j'avais reçu comme résultat de la Formation internationale culture ici : je ne travaille pas dans le secteur public, je ne suis pas fonctionnaire, je ne fais pas tellement de choses avec des français ou des Européens, parce que, pour des raisons évidentes, on est concentré sur Moscou. Pour moi, la leçon la plus évidente et la plus intéressante c'était tout simplement de voir l'autre, d'avoir d'autres manières de faire les choses, de voir des gens de partout et c'était une occasion rarissime pour un Russe de rencontrer quelqu'un qui vient du Chili ou du Mali et d'essayer de faire quelque chose ensemble comme individus ou comme professionnels. Cela, malgré toutes mes critiques de la France, de la politique culturelle française et des Français en général, ça, ça donne un exemple de générosité extrême, c'est quand même un résultat formidable finalement, des francophones.

**Jean-Marie Borzeix**
*modérateur*

>Je voudrais vous poser deux petites questions très brèves : quelle est la part de publicité dans votre budget ? Parce que je constate que vous avez pas mal de publicité, à peu près autant que dans la presse française et j'ai connu beaucoup de journaux culturels qui seraient ravis d'en avoir autant que vous, à Paris. Pourriez-vous deuxièmement nous dire, pour reprendre le titre, *la vitalité des pratiques*, ça témoigne quand même d'une extraordinaire vitalité de la vie culturelle à Moscou, quelle est la part du privé et du public dans ces manifestations culturelles ?

**Ilya Oskolkov**
*Russie*

>Avec la pub, c'est très simple : par la loi, on ne peut pas mettre plus de 40% de publicité, donc on essaie toujours d'avoir 40%. Si on a plus, on paie des taxes supplémentaires. Chaque année, la revue devient plus importante parce qu'il y a plus de publicité parce que l'économie va très bien par contre avec le reste du monde. Quant à la vie culturelle à Moscou, la chose la plus triste pour la plupart des anciennes institutions soviétiques qui existaient avant la Révolution bolchevique, c'est qu'ils commencent seulement à trouver un nouveau visage et une nouvelle manière de faire les choses. Ce n'est pas facile de se débarrasser de toute une génération de fonctionnaires, de gens qui ont travaillé. Ce qui est très visible, les sphères dans lesquelles il y a eu des traces de marché dans la période soviétique, c'est toujours plus vivant : les théâtres qui ont vendu des billets sont beaucoup plus vivants que les musées qui n'étaient pas intéressés à rechercher un public. Mais quand même, la plupart des choses vraiment intéressantes, sont motivées non pas par la politique d'Etat, pas par la municipalité qui a plus d'argent peut-être que l'Etat à Moscou, mais par des initiatives privées : ce sont des individus, même si leurs actes sont liés aux institutions publiques. Le peu de croyance que j'ai eu, dans les fonctionnaires parfaits que j'ai rencontrés en France, a disparu quand j'ai essayé de faire des choses avec eux à Moscou.

**Jean-Marie Borzeix**
*modérateur*

>Merci. Nous allons poursuivre par un autre témoignage qui est celui d'Isabel Santelices, qui va nous parler de son expérience au Chili. Elle travaille à la Commission présidentielle sur l'infrastructure culturelle, c'est un titre…

**Isabel Santelices**
*Chili*

>Bonjour. Je suis venue à la Formation internationale culture, parce qu'à la base, je suis comédienne et j'ai travaillé comme comédienne, en faisant des pièces de théâtre aussi. J'ai été prof de théâtre. Je suis devenue comédienne quand la démocratie est arrivée au Chili, c'était bien, il y avait beaucoup de compagnies, de théâtre, de danse, de musique, c'était une explosion. Mais, d'un autre côté, il n'y avait pas d'argent, on le mettait dans la santé, dans l'éducation ; on est aussi très influencé par le capitalisme américain. Et l'Etat c'est toujours dangereux. L'Etat a fermé un Fonds national pour l'art qui, au départ, avait très peu d'argent, qui en a eu ensuite de plus en plus, même si c'était toujours très peu. Et je me suis dit : pourquoi est-ce que ma passion devient quelque chose qui fait mal, parce que j'en avais marre d'aller chez les directeurs de centres culturels, les convaincre que la culture était quelque chose de bien et qu'on devait quelque part la subventionner. On devait aller vers le sponsoring, alors je me suis dit : il faut que je me mette de l'autre côté de la table et je suis venue à la Formation internationale culture par hasard. J'ai fait mon stage à la Scène nationale, *La Ferme du Buisson*, qui fait du théâtre, de la danse, de la musique. Le directeur avait comme projet de faire des week-end à la ferme, comme un festival, deux fois par an, où les artistes qu'il appelle viennent. Donc il y a un public, ce qui l'intéressait était de rassembler ces artistes avec ce public. Je lui ai demandé s'il pouvait s'autofinancer. Il a dit : non, on ne gagne presque rien, mon projet c'est que les gens puissent se rassembler. Ce groupe de théâtre qui joue peut-être pour quinze personnes a le droit d'exister et ces quinze personnes ont le droit de voir cette pièce de théâtre. Cette conversation a changé mon optique de la gestion. La France subventionne, à très forte hauteur, cette scène nationale et il m'a dit : on doit bien faire les choses, on doit prendre cet argent, et avoir des résultats positifs c'est-à-dire bien gérer cet argent et voir que ce jeune public avec

lequel on travaille formera le public de demain. Ensuite je suis rentrée chez moi et suis tombée sur le boulot que je fais maintenant. C'est une commission qui a vocation de pilotage pour les structures culturelles. Elle subventionne, sous réserve que les fonds soient bien gérés, et pour ce faire elle joue un rôle d'accompagnement et de conseil en gestion culturelle. Elle est chargée de faire un inventaire et de donner de l'argent, à condition que cela soit bien géré. Sinon, du moins pour moi, c'est de l'argent perdu. Cette optique que j'ai apprise, construite en France, c'est ce pourquoi je me bats maintenant au Chili. C'est l'échange entre le public et les artistes, sinon, pour moi, cela ne vaut rien. Si j'ai deux millions de pesos en caisse mais qu'il n'y a pas d'enfants, où les artistes n'ont pas vu le public, où il n'y a pas d'échanges entre eux, l'argent, pour moi, ça ne vaut rien. Ce qui est un problème aujourd'hui, et je ne sais pas comment changer un peu la réalité, c'est que l'Etat n'a pas beaucoup d'argent, comme c'est le cas pour beaucoup de monde ici. Donc c'est le privé qui peut donner de l'argent mais il en donne en général à qui lui convient. Le problème c'est que les grandes compagnies qui ont du succès sont sponsorisées et reçoivent de l'argent, du privé ou de l'Etat. Les petites compagnies soit paient de leur propre poche, soit elles commencent à ne faire que du Mnouchkine par exemple parce qu'elle a du succès, et Mnouchkine on en a déjà une, donc on n'en a pas besoin de deux ou trois... S'il n'y a pas de diversité, si on ne soutient pas les petites compagnies, on n'avance pas. C'est ça le problème chez nous parce que la gestion culturelle n'est pas une profession, elle est très jeune. Il y a seulement six ou sept ans que les jeunes peuvent se former, toutes proportions gardées, dans deux universités.

**Jean-Marie Borzeix**
*modérateur*

>Et vous n'avez pas de Ministère de la Culture.

**Isabel Santelices**
*Chili*

>On n'a pas de ministère de la Culture mais je ne sais pas si c'est bien d'en avoir un, en ce moment. Pour moi, ce problème, de convaincre les gens de l'importance d'étudier la gestion culturelle, d'avoir une autre optique plutôt que d'avoir le seul objectif de gagner de l'argent. Je pense que si on ne soutient pas l'art, il est en danger, il va mourir.

**Jean-Marie Borzeix**
*modérateur*

>Une petite question, vous parliez d'évaluation tout à l'heure : comment se fait l'évaluation pour donner de l'argent ? Ce sont des artistes ou des fonctionnaires qui évaluent ?

**Isabel Santelices**
*Chili*

>C'est nous, c'est moi…. C'est ma mission, c'est moi qui propose.

**Jean-Marie Borzeix**
*modérateur*

>C'est donc des artistes, c'est très bien.

**Isabel Santelices**
*Chili*

>La commission est formée par des gens qui ont suivi des cours de gestion culturelle. A la base, je suis comédienne, il y a une journaliste, il y a différentes personnes de professions différentes qui ont suivi des cours de gestion. On analyse le projet, on voit s'il faut le développer et on voit si le public répond à la proposition, comment l'équipe travaille avec le public, l'argent qu'ils ont et on les aide pour que ça aille mieux. C'est une commission récente, elle a un peu plus d'un an.
>En Colombie, ils ont entrepris un travail du même type, depuis déjà deux ans et qui est très bien fait. Ils ont beaucoup d'intérêt et d'initiatives pour le patrimoine, les chansons, le théâtre. Cela commence en Amérique latine, le fait de s'intéresser à la restauration, d'agrandir les centres culturels et de gérer mieux les espaces. Je pense qu'il faut se mettre en réseau. Si j'avais su avant qu'en Colombie, il y avait cette démarche, ce type de commission, cela aurait été plus facile pour nous, on les aurait consultés. J'invite tous ceux qui veulent en savoir plus ou qui sont en train de créer ce genre de commissions à se mettre en réseau.

**Jean-Marie Borzeix**
*modérateur*

>Cela va passer par ce réseau, là vous allez voir…

**Isabel Santelices**
*Chili*

>J'espère.

**Jean-Marie Borzeix**
*modérateur*

>Merci pour ce récit d'expérience, c'est un peu Saint Paul sur le chemin de Damas, converti au service public. Vous avez été convertie par un homme auquel on va donner une médaille, le responsable de la Ferme du Buisson puisque votre passage en stage là-bas a été décisif en quelque sorte. Nous allons maintenant passer au témoignage du représentant du plus grand pays au monde. C'est à vous. Si vous voulez nous faire part

de votre expérience à Pékin. Comment travaillez-vous ? Quel itinéraire vous a amené là ?

**Zhongwei Hao**
*Chine*

>Bon, le parcours de Monsieur Zhongwei Hao est très simple. Après quatre ans d'études universitaires en langue française, j'ai commencé à travailler pour une association nationale chinoise qui a pour objectif de promouvoir la connaissance mutuelle entre les peuples et de développer les échanges culturels, économiques, et dans tous les domaines avec les pays étrangers. J'ai suivi la Formation internationale culture en 1997-98. A mon retour, j'ai repris ma mission à l'association, qui s'appelle *Association du Peuple chinois pour l'amitié avec l'étranger*. J'y travaille au Département des affaires européennes, division du français. On est quatre dans la division et trois sont venus suivre la Formation internationale culture. Mes collègues sont là. Notre travail est simple, traiter des dossiers, des projets. Chaque année, avant le mois de septembre, on doit présenter les dossiers et la programmation de l'année d'après et avant d'établir un budget. Chaque année, une dizaine de dossiers sont choisis, la plupart sont des projets d'échanges culturels avec la France et les pays francophones européens, dans notre Département, puis nous passons au montage du projet. On fait aussi l'évaluation de la demande et le suivi des projets, l'accompagnement, l'organisation. Le travail est simple mais fort intéressant.

Pendant ces dix ans de mon parcours professionnel, j'ai remarqué trois choses. Je tire de mon expérience trois enseignements. Le premier : ce travail qui nous fait nous engager, est enrichissant pour l'équipe et pour chacun de l'équipe, pour moi, parce que nous découvrons notre propre pays et le pays de notre partenaire. La Chine est un pays immense, avec trente quatre provinces. La plupart des Chinois ne connaissent pas très bien leur pays. Pour nous, c'est pareil, quand on suit un projet, quand on voyage avec les partenaires, pour sélectionner les artistes ou les œuvres d'art, on découvre en même temps notre pays, avec les partenaires. Pour la France, c'est pareil. Quand je suis venu pour la première fois en France, j'étais curieux de tout et ensuite la seconde, la troisième fois, et surtout après avoir suivi la formation pendant un an, je me suis aperçu qu'il y avait tant de choses à connaître. Il faut toute la vie pour connaître un autre pays. Je ne sais pas qui a dit : « Si on visite un pays pour un jour, on écrit un livre ; si on visite un pays pour quinze jours, on écrit un article et si on visite un pays pour toute la vie, on n'ose rien dire ». C'est la même sensation quand j'ai réalisé des choses avec un partenaire.

**Jean-Marie Borzeix**
*modérateur*

>Cela veut dire qu'aujourd'hui que vous connaissez mieux la culture de la France depuis vingt ans, vous avez plus de difficulté à faire vos choix.

**Zhongwei Hao**
*Chine*

>Oui c'est vrai, c'est plus complexe. Ma seconde remarque : quand on réalise quelque chose, surtout quand il s'agit d'une réussite totale, on est fier, d'avoir fait quelque chose très concrètement, c'est extraordinaire. Le parcours de la réalisation, de la mise en place du projet, sont parfois compliqués. En général, pour réaliser un projet, la première question qu'on pose c'est : qui paie quoi, qui est le financeur ? Les négociations ne sont parfois pas faciles. Là il y a un principe simple, c'est de se mettre à la place de l'autre : pourquoi notre partenaire pose cette question, pourquoi réagit-on comme ça ? Notre réaction aura quel effet, quelle conséquence pour notre partenaire ? Dans ce sens-là c'est très intéressant aussi. Personnellement, j'ai des expériences formidables, quand j'ai travaillé avec le festival de Saint Florent Le Viel pour réaliser un projet sur le thème du fleuve Mékong. J'ai voyagé avec le directeur artistique pendant une semaine, dans une province chinoise du fin fond de la Chine pour sélectionner des artistes populaires authentiques, comme mon interlocuteur le voulait. C'était intéressant parce qu'on a vu des spectacles présentés par des professionnels qui ont suivi une formation plutôt académique et qui ont redonné des cours à des artistes locaux. Pendant une semaine, on n'a pas réussi à trouver de choses authentiques. Et la réaction de mes compatriotes était : pourquoi ce n'est pas authentique, c'est authentique puisque les gens locaux aiment ça. Il faut donc expliquer à mes compatriotes la démarche du directeur, qui veut présenter aux Français les vraies traditions chinoises de la province, sa recherche. Heureusement, on a trouvé dans

une école privée des choses intéressantes. Ça, il faut l'expliquer soit à mes compatriotes soit à notre partenaire, sachant qu'il y a une importante différence des mentalités entre les partenaires. Le parcours, ce processus d'explication, c'est-à-dire arriver à comprendre et à convaincre les gens, cela est intéressant. On arrive à la compréhension mutuelle et petit à petit on se comprend, on crée des amitiés et on devient plus tolérant. C'est cela l'idée de mener des échanges culturels internationaux.

Troisième remarque : pour réaliser beaucoup de projets, les liens personnels sont importants. Si on a un lien personnel très fort, on arrive à réaliser quelque chose facilement, mais si on ne se connaît pas, il faut prendre du temps pour construire la confiance mutuelle sinon on n'arrive pas à faire des choses. Je suis vraiment heureux, ravi, d'être ici, de participer à ce réseau, tellement intéressant, avec notre association *Ubiquité*. Nous pourrons faire quelque chose et c'est un trésor, une richesse de patrimoine pour nous, acteurs culturels, de bien mener les échanges culturels internationaux.

**Jean-Marie Borzeix**
*modérateur*

>Merci. Pour un fonctionnaire de la culture, vous n'avez pas parlé comme un fonctionnaire de la culture.

**Zhongwei Hao**
*Chine*

>Le statut de notre Association est un peu particulier : on n'est pas fonctionnaires, mais 80% de son financement vient de l'Etat. On est chargé des échanges culturels non gouvernementaux. Pour les grands projets, c'est le Ministère des Affaires Culturelles qui en a la charge.

**Jean-Marie Borzeix**
*modérateur*

>Merci beaucoup. Je passe la parole à M. Yahya N'Doye qui remplace Ousseynou Gueye. Venez. Présentez-vous. Je vous demande d'être très bref.

**Yahya N'Doye**
*Sénégal*

>Je m'appelle Yahya N'Doye, je suis Sénégalais, de la promotion 1993-94. Je suis là, ce n'était pas prévu, nous avons chez nous un ministère de la Solidarité nationale et comme notre collègue Ousseynou Gueye n'est pas là, je vais faire agir cette solidarité en essayant de m'exprimer à sa place, en tant que Sénégalais. Il avait choisi de parler de son expérience

111

avec son *Festival DK24* et le journal *Tract*. Je voudrais préciser pour ceux de sa promotion, qu'Ousseynou Gueye est un garçon très intelligent, très entreprenant et qui se caractérise par ce qu'on appelle actuellement la mobilité professionnelle. Depuis son retour après la formation, il était retourné à l'Alliance française de Saint Louis, mais trouvant que l'enveloppe était étroite et qu'il lui fallait exploser d'avantage, c'est pour ça qu'à Dakar, il s'est intéressé aux grandes manifestations culturelles, notamment la Biennale des arts de Dakar, *Dak'art*. Tous les deux ans, cet événement est organisé. Ce que pour la musique, le MASA - Marché des arts du spectacle en Afrique - est à la Côte d'Ivoire, Dakar l'est pour la peinture et les arts graphiques.

Ousseynou que je remplace donc a travaillé à ce niveau là, tout d'abord comme représentant au niveau de la commission de la presse. Il ne voulait pas encore attendre l'édition suivante, deux ans plus tard pour se remettre au travail Il a choisi disons, d'officier au niveau d'une très grande vedette de dimension nationale et internationale, Youssou N'Dour, l'auteur de l'hymne de la Coupe du monde qui s'est déroulée à Paris. C'est une très grande vedette qui n'a pas attendu le financement public ni le soutien de l'Etat notamment au plan moral ; qui a en plus du talent trouvé les moyens de mettre des infrastructures à vocation commerciale et technique dans le coup. Sur la base des invitations et du tour du monde qu'il a déjà faits, il a voulu s'arrêter et voir ce qu'il pouvait faire au niveau de Dakar, au niveau du Sénégal. Et c'est comme ça qu'est né le festival *Dak'art*, qui se déroule chaque année le 24 décembre. C'est à ce niveau qu'Ousseynou travaille de façon permanente. En plus, il a créé ce qu'on appelle un journal qui a de grands rebondissements et crée beaucoup de problèmes à l'Etat sénégalais, aux personnes publiques et privées. C'est un journal qui a deux ans mais qui a déjà acquis ses lettres de noblesse parce que ce sont des gens qui ne mettent pas de gants pour dire les choses. Avant de venir, je ne l'ai pas vu, mais je sais que c'est peut-être par faute de moyens qu'il n'est pas là, je n'ai pas voulu laisser sa place vide par solidarité, je tenais à combler ce vide-là.

Si vous permettez, je pourrais donner un petit aperçu

d'un parcours particulier, qui est le mien. Je vais être très bref : avant de venir à Paris, j'étais responsable du service culturel de la ville de Dakar. Je suis venu à la Formation internationale culture et je me suis inscrit en doctorat, suite aux résultats obtenus. Au retour j'ai eu beaucoup de problèmes, pour la reconnaissance de mon diplôme et pour me réinsérer, soit parce que celui qui m'a remplacé occupait bien la place, soit qu'au plan politique, il s'était passé des choses. Je n'ai pas tout compris, toujours est-il que j'ai été nommé conseiller culturel du maire aussitôt après, poste que j'ai occupé pendant deux ans au niveau de la Communauté urbaine de Dakar, association de cinq communes. Je ne suis resté que deux ans car je considérais que je ne travaillais pas correctement, la communauté urbaine demandait des compétences techniques de gestion de l'environnement, de l'électricité et autre, et cela n'était pas vraiment culturel. De temps en temps des dossiers me tombaient sur la table, j'essayais de donner mon avis mais ce n'était pas mon dada. J'ai demandé à retourner au niveau de la ville et là on m'a nommé conseiller culturel du Maire. Les structures des communes du Sénégal sont organisées de telle manière que la commune, les collectivités locales ne peuvent pas faire, elles sont organisées pour faire faire et non pour faire. Tout promoteur peut s'adresser à la mairie, à la ville pour faire participer l'institution à son organisation mais dans la nomenclature budgétaire, il y a un seul article fourre-tout qui parle de jeunesse, sport etc mais on ne sait jamais ce qui va à la musique, aux arts, à la peinture, etc. Donc de l'intérieur on ne peut pas faire grand chose. Du fait que j'étais au niveau du cabinet, j'avais la latitude de préciser et de montrer au Maire qu'il y avait des problèmes structurels au niveau de la ville, qui ne permettaient pas de mener une politique culturelle au niveau de la collectivité locale. Et cela par démultiplication, au niveau de toutes les collectivités locales du Sénégal. Et, à partir de ce moment-là, c'est là que j'ai commencé à faire intervenir tous les acquis de la formation. En quoi faisant ? J'ai dit : je vais réfléchir à un événement et j'ai mis en place un concept, un festival, le *Festival des Peuples de l'Eau*. Je me suis dit, je vais passer par là. La première cible pour moi, a été le maire lui-même...

**Jean-Marie Borzeix**
*modérateur*

>Pour le mouiller un peu…

**Yahya N'Doye**
*Sénégal*

>Je lui ai dit : vous êtes mon patron, mais je voudrais que vous soyez mon alter ego, en quoi faisant ? J'ai donc élaboré des protocoles. Je lui ai dit : Monsieur le Maire, on va signer un protocole. Il a signé avec mon Festival et chaque année, il met un minimum de quinze millions, dans le festival. Je crois que je l'ai kidnappé quelque part. J'avais compris que la communauté n'était pas organisée pour faire, mais pour faire faire. Ensuite, j'ai fait la même chose avec le ministère de la Culture, je l'ai fait avec l'Unesco, j'ai tissé un faisceau de relations qui m'a permis de mener des activités au niveau de Dakar la ville, en plus de l'aspect institutionnel. Je suis toujours dans une commune, je mène des activités parallèles

**Jean-Marie Borzeix**
*modérateur*

>Je vous remercie. Il faut qu'on interrompe parce que la salle n'aura pas la parole. Messieurs Ralite et Jean Blaise n'ont pas encore parlé et on est en retard.

**Yahya N'Doye**
*Sénégal*

>C'était juste pour dire un parcours croisé entre celui de Ousseynou et le mien…

**Jean-Marie Borzeix**
*modérateur*

>On a bien compris. Je vous remercie beaucoup. Jean Blaise, comment réagissez-vous devant ces expériences très diverses. Il me semble en tous cas qu'on a croisé à chaque fois ce même problème du privé et du public.

**Jean Blaise**
*France*

>Oui. Le sentiment qui a traversé tous les exposés, en gros la question fondamentale c'est : comment se débarrasser des fonctionnaires ? C'est la première grosse question à laquelle il va falloir répondre. C'est vrai que cette question se pose peut-être moins en France…

*Coupure impromptue, défaillance technique…*

**Mustapha Mai**
*Niger*
dans la salle

>Avant d'intervenir, j'aimerais donner un vibrant hommage, à celui que vous me permettrez d'appeler très respectueusement, le *cow-boy d'Aubervilliers*, je parle du maire, Jack Ralite. Si on poursuit le débat sur le thème Etat/service public/création, en général on dit que quand une œuvre est créée, elle n'appartient

plus à l'auteur. A partir de ce moment-là, elle n'a pas de frontières, cinéma français, cinéma africain, cinéma asiatique. Moi, de mon point de vue, une œuvre, dès qu'elle est sur le marché, chacun l'apprécie selon son environnement, selon plusieurs paramètres. Sur la problématique privé/public, chaque Etat, quel qu'il soit, a une mission de service public. A partir de ce moment, l'Etat doit veiller à prendre ses dispositions en édictant soit des textes de lois, soit des textes réglementaires pour créer les conditions propices à l'émergence de la créativité populaire, élitiste, ou que sais-je... Dans nos pays, qui sont des pays pauvres, il y a eu une première période, celle des partis uniques : c'est ce qu'on appelle le tout Etat, qui finançait même des mouvements de jeunes caporalisés chargés de faire son éloge ; vous avez un public au garde-à-vous. Puis l'Etat s'est effondré parce qu'il n'y avait plus d'argent, cette structure qui fait le relais entre l'Etat et le spectateur, n'existe plus et hop libéralisme économique, langage que personne ne comprend chez nous, pays à 90% analphabète, vous ne leur tenez pas ce langage.

Ce qui se passe actuellement, et j'ai bien aimé entendre qu'il faut faire des choses même si on n'a pas d'argent, que fait l'Etat, que dit l'Etat ? Vous voulez éditer un livre, sortir un disque compact, c'est formidable, introduisez une requête. Et l'Etat accompagne le créateur, il ne touche pas à son œuvre, il devient quémandeur. On envoie ça à la coopération française, suédoise, aux organisations non gouvernementales et on dit au créateur : suis, pas à pas, tu ne diras pas demain que l'Etat a enlevé une virgule de ton œuvre. Chez nous, il est très facile d'accuser l'Etat. Quand ça ne marche pas, on dit : c'est l'Etat.

En ce qui me concerne, je dis que le problème est très clair : ou vous êtes fonctionnaire et vous remplissez une mission de service public, c'est un choix. A ce moment là, l'Etat peut faire appel à vous pour une expertise, cela ne veut pas dire que vous êtes fonctionnaire de l'Etat, c'est une prestation de service. Ou bien vous êtes créateur, avec tous les avantages et les inconvénients.

Notre amie Isabel du Chili, j'avoue que ton expérience me surprend : au départ, c'était le système anglo-saxon qui dominait disais-tu. La création est une chose tellement importante qu'il ne faut pas que l'Etat s'en mêle, cela fait partie des droits de l'homme, de l'existence même. Et de l'autre côté, je suis convaincu de votre bonne volonté. Il n'y a pas de ministère, ce qui est une très bonne chose. Bien que je sois fonctionnaire d'un ministère, si j'ai un conseil à donner c'est : restez tels que vous êtes, si vous créez un ministère, vous n'aurez plus un kopeck pour financer vos infrastructures. Et l'Etat prétend mettre en place des infrastructures tout en conservant la liberté des artistes. Il y a un dilemme. La solution la meilleure me semble-t-il, c'est à partir d'une banque de développement chez vous, si elle existe, qu'il y ait des espaces culturels autonomes, que les artistes soumettent des dossiers. Chez nous, elle n'existe plus.

La deuxième solution, partout où il existerait des Ministères de l'économie, du commerce, des finances et autres, et où il existe des textes de loi qui reconnaissent aux artistes la qualité de travailleurs, c'est d'ouvrir un guichet de prêt unique. Ce sont des pistes.

La subvention de l'Etat posera toujours problème. Quoi qu'on dise, quand je donne mon argent, enfin moi Etat, moi puissance publique, la moindre chose c'est que j'ai un droit de regard sue ce qui se produit. On ne me fera pas croire que l'Etat va donner ses sous et ne rien dire, ne rien faire.

Pour terminer, je voulais aussi parler du public, c'est un hommage que je profite à rendre à l'endroit de madame Rémer, car je suis sûr que ceux qui nous ont précédés n'ont pas eu cette chance : nous avons assisté à Rouen à un séminaire sur *Le spectateur*. Je souhaite, pour les formations à venir, qu'une même opportunité se présente à eux. Parce que la finalité de la chaîne, c'est le spectateur et on n'en parle pas, parce qu'on a peur de tomber dans les statistiques. Vous pouvez présenter la plus belle pièce du monde, si les spectateurs la boycottent, c'est le prix d'une pièce, c'est une salle de spectacle vide. Le problème, en ce moment, nous nous demandons au Niger comment traiter cette question du spectateur. Quand il y a un spectacle, la salle est pleine, on ne sait pas comment maîtriser cela, pour produire ce qui irait le mieux vis-à-vis de ces spectateurs.

Et pour terminer, je souhaiterais que monsieur le Maire puisse mettre à notre disposition les conclusions de l'an passé des travaux des *Etats généraux de la culture*, ceci pourrait peut-être nous inspirer. Merci.

**Jean-Marie Borzeix**
*modérateur*

>Merci. Il apparaît clairement que l'un des grands mérites de ce réseau est de réunir des acteurs culturels originaires de pays différents, et en même temps, c'est l'une des difficultés. Il est clair que la situation économique du Niger, du Chili et de je ne sais quel pays développé, est extraordinairement, difficilement comparable. Cette difficulté de comparaison est pour vous un obstacle tous les jours. Pour ce qui est du spectateur, je dois dire qu'on ne peut isoler la culture de l'éducation. Si vous jouer Shakespeare, une grande pièce du patrimoine culturel occidental, dans un pays où les gens ne savent pas lire et n'ont jamais eu accès à leur propre patrimoine de lecture, c'est très difficile de remplir la salle. Et aujourd'hui en Afrique, il y a un drame épouvantable, qui est celui de l'école. Dans la plupart des pays, je parle de l'Afrique de l'ouest, notamment de l'Afrique francophone, le grand drame c'est le dépérissement de l'école, d'où la naissance d'écoles privées qui surgissent ici ou là, dans un désordre considérable, évidemment dans une situation d'inégalité dans l'accès au savoir qui est tout à fait considérable. Je pense que Jack Ralite veut dire un mot à propos de tout cela.

**Jack Ralite**
*France*

>En écoutant monsieur parler, avec les notions de public et privé, pour qu'on arrive, - en tous cas c'est ma façon de voir -, à traiter les deux problèmes, je pense qu'on arrive à une étape du développement historique où se pose la question d'une responsabilité publique en matière d'art et de culture, qui doit être assumée par le secteur public qui doit se rénover, et qui doit, je vais parler des valeurs que j'y mets, être respecté par le secteur privé.
Je pense qu'on est à une nouvelle étape. On ne peut pas s'enfermer d'un côté dans le secteur public avec ses lois antérieures, ni s'abandonner au Niagara du secteur affaire. Et je pense qu'il y a un certain nombre de données de bases qu'on devrait reprendre, la première, moi je crois que c'est l'audace du créateur. C'est à dire, au début est le créateur, les marchands viennent ensuite, quand ils viennent. Au début, est le créateur.

Deuxièmement, l'obligation de production ; alors bien évidemment, selon les pays, c'est pas la même question. Un grand pays qui a des moyens ne peut seulement se contenter de produire pour lui-même, il doit contribuer, pour les pays qui ont de faibles capacités de production ou des aires linguistiques restreintes, à leur permettre de produire. Parce que, à quoi bon dire l'audace de la création, s'il n'y a pas production à partir de cette création.

Troisièmement, l'élan du pluralisme. Je sais que vous avez parlé des identités ce matin, mais ça, c'est cardinal, c'est cardinal : la société est plurielle, l'élan du pluralisme, pluralisme esthétique, pluralisme des sensibilités, pluralisme des technologies, enfin, tous les pluralismes. Fondamentalement le pluralisme de l'art... L'art est pluriel.

Quatrièmement, une maîtrise de la distribution. Même un pays comme la France en ce moment, on est dans une période gargarisante sur le cinéma, on a enfin retrouvé 45% de films français je suis heureux, sauf que cela fait 4 films, sur 180. Moi je trouve qu'il faut voir l'ensemble de la production. Il faut la maîtriser. Si par exemple, quand on regarde le système français de cette année, mais ça sur la région parisienne, ça a augmenté de 7% la diffusion. Mais pour ces 7% d'augmentation, il y a, pour l'essentiel les grands groupes et deux indépendants qui ont augmenté de 30%, et tous les autres indépendants ont reculé de 3 à 4% et pour certains 40%. Il y a un seul gagnant, il n'y en a pas deux. Gaumont ne gagne pas, ni MK2, il y a un seul gagnant c'est UGC, où d'ailleurs se trouve Vivendi. Vous voyez donc que la maîtrise de la distribution, ça compte. Quelle garantie pour les cinémas des pays de l'Est ? Où elle est la garantie pour... Qu'est-ce qu'on diffuse du cinéma polonais en Pologne ? Et les films africains ? Je vais à Ougadougou, pour le Fespaco, le chauffeur de taxi qui me conduit me dit : pendant huit jours qu'est-ce qu'on en voit, puis pendant deux ans qu'est-ce qu'on n'en voit pas. Donc, la maîtrise comme responsabilité humaine est posée, l'atout d'un large public et Jean-Marie Borzeix il a raison, l'école, fort heureusement on est en train de s'accrocher sur cette question en ce moment, et où on enseignait le cinéma. Il y a une question, l'atout d'un large public ça pose le statut des gens comme ceux de ma ville ou comme ceux de la vôtre, ou comme ceux de la sienne. Le besoin de coopération internationale, que j'aime sous la forme réseaux, parce que réseaux, ça veut dire des liens humains, ça veut dire : je prends le téléphone ou je t'envoie un fax et on se rencontre, on discute. Il me semble que là, c'est pas des tautologies, c'est pas constitutionnel, ce sont des processus qu'on développe, mais le bouquet composé que ça constitue c'est la responsabilité publique, locale, nationale, européenne, internationale et vous savez que se pose... On n'est pas là pour parler de l'Organisation mondiale du commerce mais enfin ça pose cette question-là. Donc il semble, à partir de votre intervention vous m'y avez fait penser, qu'il y a beaucoup à travailler sur ça et on n'aurait plus des querelles, des fois un peu byzantines, entre public et privé, on aurait la seule querelle qui vaille, celle de l'homme qui a besoin de voir assumer, par ceux qu'il a chargés de diriger les affaires publiques, une responsabilité nouvelle, sociale, politique, au grand sens du mot, pas politicienne, politique, qui est celle de l'art et de la culture. Je crois que c'est une grande question, une très très grande question.

**Jean-Marie Borzeix**
*modérateur*

>Merci à Jack Ralite. Notre ami Hao nous faisait remarquer tout à l'heure que plus on connaît un pays, plus il devenait complexe. Il a bien compris que Jack Ralite n'exprimait pas, malheureusement sans doute, un sentiment majoritaire dans la classe politique française. Enfin, c'est comme ça. Notre amie Isabel la Chilienne veut préciser quelque chose...

**Isabel Santelices**
*Chili*

>Oui. Monsieur... Mustapha si je me souviens bien... J'espère que vous me faîtes confiance... Vous avez dit : si c'est l'Etat qui amène de l'argent... Si je travaille pour la Présidence... C'est pas possible que l'Etat...

**Mustapha Mai**
*Niger*
dans la salle

>C'est à dire que moi je conseille, si vous créez un ministère de la Culture, il faudrait aller, c'est à dire la structure où vous êtes, à l'Assemblée chercher un budget...

**Jean-Marie Borzeix**  
*modérateur*
>C'est un conseil d'ami, c'est ce qu'on appelle chez nous, un conseil d'ami.

**Isabel Santelices**  
*Chili*
>D'accord, j'avais compris autre chose.

**Jean-Marie Borzeix**  
*modérateur*
>Oui, Madame….

**Odette Casamayor**  
*Cuba*  
dans la salle
>Moi je m'appelle Odette Casamayor, je suis cubaine, en fait je vais poser une question à Judih de Hongrie et à Ilya de Russie. Il y a une question qui me harcèle, c'est surtout par rapport à l'éducation et à la culture. Nous partageons en quelque sorte, un certain régime, nous avions partagé à certaines périodes un certain régime, qui dure un peu plus dans certains pays et un peu moins dans d'autres…

**Jean-Marie Borzeix**  
*modérateur*
>Un héritage…

**Odette Casamayor**  
*Cuba*  
dans la salle
>J'aimerais savoir justement disons : cet ancien régime entre guillemets, avait apporté une certaine force, une certaine énergie pour maintenir une relation, un rapport assez étroit entre l'éducation et la culture. Ça fait qu'on avait un certain public au moins alphabétisé, susceptible de recevoir certaines œuvres d'art. Dans vos cas, à Budapest et à Moscou, qu'est-ce qui se passe maintenant ? Comment ça se passe au niveau des productions artistiques ? Qu'est-ce que vous faîtes maintenant ? A Budapest, vous disiez qu'il y a beaucoup moins de demande culturelle, de public, il y a moins d'acheteurs, de consommateurs culturels, il y a moins de public disons. Comment ça se passe surtout au niveau des nouvelles générations, si depuis la chute du Mur, ça fait dix ans environ, pour les jeunes qui ont dix douze ou quinze ans, qui n'ont pas eu je ne dirais pas la chance, mais l'opportunité de recevoir une éducation plus ou moins intensive, plus ou moins soignée ? Qu'est-ce que vous faites dans ces cas-là, surtout au niveau de ces jeunes-là ?

**Jean-Marie Borzeix**  
*modérateur*
>Education et culture quoi. Vous répondez Judith ?

**Judith David**  
*Hongrie*
>Je crois que jusqu'ici, ça n'a pas changé fondamentalement, c'est-à-dire que le système scolaire est resté plus ou moins le même. C'est dans le futur que ça peut changer, qu'il peut y avoir des conséquences. Moi en

travaillant pour la municipalité, nous on essaie de faire tout ce que nous pouvons pour garder ce système d'éducation à un niveau qui était quand même très élevé. C'est vrai qu'on peut dire beaucoup de choses sur le système socialiste mais du côté éducation et éducation artistique, c'était très fort, mais je crois que c'est possible de garder ce niveau, dans le futur, en tous cas on essaie. Pour la consommation culturelle, ce dont j'ai parlé, c'est qu'il y avait une consommation culturelle très haute et maintenant je considère ça disons normal, ça veut dire je crois, j'ai vu des statistiques, que c'est à peu près partout la même chose que n'importe où en Europe ; ça veut dire que, pour les jeunes générations, c'est la même chose, avec les mêmes problèmes que n'importe où en Europe ; ça veut dire qu'il y a des tendances mondiales, comme une orientation vers le divertissement, et pour le reste qui nous touche aussi bien je crois que la France ou l'Allemagne, ce ne sont plus des problèmes spécialement liés à notre Etat, mais à notre statut d'ex-Etat socialiste.

**Jean-Marie Borzeix**
*modérateur*
>Ilya, vous complétez…

**Ilya Oskolkov**
*Russie*
>Je crois que c'est plus ou moins pareil, sauf que je propose de ne pas exagérer le résultat de la politique culturelle communiste : lorsque les gens ont lu c'est parce qu'ils n'avaient rien d'autre à faire, parce qu'ils n'étaient pas motivés pour travailler, ni pour voyager, ni pour rien. Ils ont eu tout simplement le choix entre cinq livres, donc est-ce vraiment de la consommation culturelle dont il s'agissait ou d'une manière de passer le temps, je ne sais pas.

**Jean-Marie Borzeix**
*modérateur*
>Oui. Une question, madame, vous avez un micro…

**Sara Valdès**
*Mexique*
*dans la salle*
>Je suis Sara Valdès, du Mexique. Je reviens un peu sur des sujets évoqués par le Sénateur Maire que je trouve très intéressants, sur la question des plus grosses industries culturelles et des gros holding qui, d'une manière ou d'une autre, l'on pense, ont un certain monopole de la distribution de la création. Ce débat, entre le public et le privé, entre le financement public et le financement privé des manifestations artistiques et culturelles, on pourrait essayer de le

décomposer, ce qui aide parfois à trouver des solutions pratiques au cas par cas. Je mettrai en parallèle le problème de la création, de l'art et de la culture, comme diffusion et comme espace où tout citoyen participe souvent plutôt comme consommateur, et du financement public et privé. Je suis tout à fait d'accord avec vous sur les dangers de la distribution et notamment les gros holding des industries culturelles, mais il y a des moyens de contourner ça. La plupart, ou une grande partie de la production de disques, de la production musicale aujourd'hui, fonctionne par autoproduction. Donc les artistes aujourd'hui sont capables, grâce à des moyens techniques, de produire des produits de diffusion de très bonne qualité. A mon avis, c'est là où le rôle du public doit s'insérer, c'est-à-dire que, une fois que l'artiste crée, c'est l'aide à la distribution, en surmontant les grands monopoles de la distribution. C'est une tâche qui n'est pas terriblement onéreuse pour l'Etat. Il y a la France notamment, mais aussi d'autres pays européens, qui font un travail remarquable sur l'aide à la diffusion et à la distribution, qui est vraiment l'étape où la diffusion artistique trouve une barrière et se trouve absolument engloutie par les grosses maisons. La même chose pour l'édition du livre, on a une prolifération de petites maisons d'édition qui ne trouvent pas de marché, parce qu'ils n'ont pas les moyens de se diffuser, de se distribuer, et donc il manque une petite expertise, tout à fait à la fin de la chaîne.

Deuxième réflexion, par rapport à ce que notre camarade du Niger mentionnait, je ne pense pas que la finalité ultime d'une œuvre d'art soit le spectateur ou le public. Je pense que ce sont deux sphères qui trouvent un grand bonheur quand elles sont associées, mais ce n'est pas l'objectif nécessairement.

Je vous rejoins tout à fait Isabel, sur le fait qu'une pièce qui ne sera vue que par une quinzaine de personnes mérite autant, sinon plus de soutien, parce qu'elle ne rentre pas dans les circuits de l'homogénéisation de la consommation culturelle ; ça a d'autant plus besoin d'une aide ou d'un soutien public. Je pense que c'est tout. Merci.

**Jean-Marie Borzeix**  >Merci. Jack Ralite, un mot pour répondre. Répondre
*modérateur* ou commenter.

| | |
|---|---|
| **Jack Ralite**<br>*France* | >Commenter. Je crois que la question que pose notre amie du Mexique est très intéressante, que je ferai avec une petite remarque quand même. Faisons attention me semble-t-il, de ne pas faire de messianisme technologique. L'utopie technicienne ne remplacera jamais l'utopie sociale. Et ceux qui pensent qu'on pourrait esquiver le combat social, le combat démocratique, par l'installation d'un réseau de techniciens, je pense qu'ils se réveilleraient, à un moment, avec de grosses difficultés.<br>Rappelons-nous en France, l'histoire des radios libres, dont Filioux parlait sur France Culture je crois samedi. Elles ont tellement été libres que pour tenir, elles sont devenues privées. Et qui les a achetées ? Les groupes importants. |
| **Jean-Marie Borzeix**<br>*modérateur* | >Elles ont toujours été privées. |
| **Jack Ralite**<br>*France* | >J'entends. |
| **Jean-Marie Borzeix**<br>*modérateur* | >On les a appelé libres mais ça c'était vraiment une usurpation. |
| **Jack Ralite**<br>*France* | >Exactement. Donc ça c'est une vraie question. Moi j'ai lu pas mal de textes du groupe Vivendi. Par exemple aujourd'hui à New York, ils tiennent cette semaine un séminaire sur la diversité culturelle et Jean-Marie Messier parle de messianisme technologique, d'efficacité manageriale et de leur confusion. Mais c'est pas ça l'art. Bien évidemment, on peut avancer, puisque vous êtes du Mexique, au Festival qui a lieu en ce moment où Toscan du Plantier et d'autres sont allés, on a constaté l'avancée de la diffusion du cinéma français, mais quand même, les accords Alena et les négociations actuelles ne me semblent pas très heureux ni pour le Canada, ni pour le Mexique, ni pour l'extrême sud de l'Amérique, ce sont de très grosses questions. Je vais aussi revenir, comme vous, sur l'art et je vais me servir d'une poétesse russe, elle racontait quelque chose comme une petite fable de La Fontaine, entre la chaussure et l'art : « Le matériau des chaussures, le cuir, peut être estimé, il est fini, le matériau d'une œuvre d'art, l'esprit, ne peut être estimé, il est infini. Il n'existe pas de chaussure pour toujours, chaque vers de Sapho est |

donné une fois pour toutes. Des chaussures incomprises ça n'existe pas, tandis que des vers incompris, ô combien ». Je trouve que cette femme nous livre un message éternel, pour moi, c'est du roc, je suis un anti-intégriste, mais j'ai l'intégrisme de cette poètesse parce qu'elle dit l'endroit où si l'on passe la frontière, on fait culbuter l'humanité, même s'il s'agit d'une œuvre ayant peu d'audience. Quand les éditions de Minuit ont édité le premier livre de Beckett en France, il y a eu dix sept exemplaires vendus, il a détourné la langue, en ce sens il a été plus social que tous les sociaux. Donc, ces questions-là sont fondamentales.

Je vous rejoins madame mais en même temps, je dis attention au messianisme technologique. « L'histoire n'est pas ce qu'on subit, l'histoire est ce qu'on agit », dit Boulez et c'est fondamental. Et je trouve que cette réunion est magnifique parce que c'est une réunion d'acteurs agissants.

**Jean-Marie Borzeix**
*modérateur*

>Alors, on va prendre encore quelques questions. Il est tard ; on en prend trois, quatre, pas plus... Jean Blaise vous voulez encore ajouter un mot ...

**Jean Blaise**
*France*

>On peut prendre d'abord les questions...

**Jean-Marie Borzeix**
*modérateur*

>D'accord... Monsieur...

**Tahar El Qour**
*Maroc*
*dans la salle*

>Bonjour. J'ai une petite observation concernant la situation de la culture et de l'art en général, qui se trouve coincés entre deux feux, le feu de l'Etat qui essaie toujours d'orienter ou de donner une couleur politique à la culture ou à l'art en général et le feu du privé qui parfois utilise l'art comme un élément de consommation. Deuxièmement, se pose la question de l'importance des subventions de l'Etat : est-ce que l'art a toujours besoin de subventions ? On se trouve de ce fait face à d'autres types de problèmes pour la répartition. Là où on donne beaucoup d'argent, ne détourne-t-on pas le langage et le sens de la création. Au lieu de réfléchir du point de vue artistique, on réfléchit du point de vue financier, du point de vue matériel et pas seulement du côté artistique, ça je crois que c'est un vrai problème. Et aussi, la troisième remarque c'est : est-ce qu'on a besoin vraiment de techniciens, de médiateurs entre le producteur

d'œuvres d'art et le public ? C'est une question sur laquelle il faut réfléchir il me semble.

**Jean-Marie Borzeix**
*modérateur*

>Sur ce dernier point il me semble que Jean Blaise pourrait répondre. Sur le point précédent qui est : a-t-on besoin de l'Etat dans le domaine culturel, la réponse est qu'on a infiniment besoin de l'Etat dans le domaine culturel. Il y a des institutions culturelles qui ne seront jamais rentables et qui ne pourront jamais être prises en charge par le privé, je pense par exemple aux bibliothèques. En France on avait beaucoup de retard, on est en train, on construit beaucoup de bibliothèques. On construit actuellement une bibliothèque à Marseille, c'est un investissement de près d'un demi milliard de F., on en construit dans toutes les villes, ce sont des sommes énormes, ça ne rapporte pas d'argent, et c'est absolument indispensable pour nous, d'un point de vue culturel et social, je n'en dirai pas plus. Pour ce qui est du rôle du passeur, de l'intermédiaire, du truchement, Jean Blaise, qu'en dîtes-vous ?

**Jean Blaise**
*France*

>Je vais répondre « oui on en a besoin », sinon je me suicide, je m'assassine. Je vais répondre oui parce que je crois que c'est évident. Tout à l'heure après notre réunion, j'ai rendez-vous avec un artiste plasticien que nous allons produire dans le cadre d'une manifestation qui aura lieu à l'Ecole des Beaux-Arts de Paris. On va ensemble, pourquoi ? Parce que lui, il a besoin de repérer un lieu que je lui propose, pour créer une œuvre. Une fois qu'il aura été inspiré, qu'il commencera son œuvre, et qu'il la proposera, se poseront des questions de sécurité du lieu, des questions de production, c'est-à-dire qu'il faut des financements, de la technique, de la communication. ça ne servirait à rien que cette œuvre soit produite pour produire une œuvre si personne ne la voie. Parce que moi je pense effectivement qu'une œuvre est aussi valable si elle voit 15 personnes dans le public ou 1500, mais si elle voit zéro personne, elle n'existe pas pour moi. L'art doit rencontrer, à un moment donné, la société et le public, je ne me bats que pour ça. La question de l'intermédiaire après, c'est de comprendre ce qui se crée, il faut qu'il soit intelligent et bon c'est tout. Comme tout travailleur, et je pense qu'il faut qu'il ait aussi ce goût de

la provocation dont parlait Jack Ralite tout à l'heure. Notre problème aujourd'hui, c'est que ces groupes, ces grands holding dont on parlait, ils tuent le goût, le désir, l'excitation. On parlait du divertissement tout à l'heure, on n'en a pas suffisamment parlé. Le divertissement tue tout, tue l'art. Evidemment, moi aussi j'aime me divertir, mais bon... Notre problème aujourd'hui, aussi bien pour les artistes mais peut être plus pour nous, intermédiaires surtout, c'est celui de l'excitation, du désir à donner, de la provocation, pour que justement, des publics qui ne seraient pas venus naturellement vers des œuvres d'art qu'ils ne connaissent pas, viennent parce que tout à coup l'esprit de curiosité s'éveille. Et nous, notre travail à nous, intermédiaires c'est ça : comment susciter cette excitation, cet esprit de curiosité ? L'artiste fait son travail et nous, nous faisons le nôtre.

**Amadou Chab Toure**
*Mali*

>La première question que tu as à poser, c'est celle qui induit l'existence de l'intermédiaire. Tu posais la question de savoir : est-ce qu'il faut une subvention de l'Etat ? Dans un pays comme le mien par exemple le Mali, cette question est primordiale : est-ce que c'est l'Etat qui doit financer la production de la culture et sa diffusion, dans quel cas c'est l'Etat qui joue le rôle d'intermédiaire à tous les niveaux, ou bien faut-il trouver de l'argent ailleurs et où. Est-ce que l'artiste a les moyens et aussi le temps de pouvoir à la fois chercher l'argent pour créer, et produire en même temps ? L'intermédiaire est quelqu'un qui n'est pas seulement un intermédiaire matériel mais aussi intellectuel, c'est ce que dit Jean Blaise. Je travaille beaucoup plus à faire croire à l'artiste qu'il a le droit et le mérite d'exister, avec ce qu'il a au fond de lui, et qu'un jour il va exister et il y aura quelqu'un pour le voir . C'est ce que j'essaie de lui faire comprendre avant de trouver l'argent. Je me dis parfois, si je ne suis pas là, il va se dire ce n'est pas possible de le faire, parce qu'il n'aura jamais l'argent pour le faire.

**Jean-Marie Borzeix**
*modérateur*

>Si je comprends bien ce que vous dites c'est que vous ne vous êtes pas rallié au privé, de gaieté de cœur mais plutôt par défaut.

**Amadou Chab Toure**
*Mali*

>Oui. En fait je pense qu'il faut faire une précision. Là, on parle de privé et de public mais ce n'est pas aussi clair que certains le disent. Est-ce que l'argent d'origine privée ou publique conduit la culture ou est-ce l'acte de production et d'accompagnement qui est privé ou public. Moi je suis plus dans la situation où j'ai été fonctionnaire de l'Etat pour accompagner et mettre en œuvre quelque chose, faire exister, je ne parle pas d'argent là et j'ai échoué en tant que fonctionnaire d'Etat, à mettre en œuvre, à trouver une vraie raison à mon existence en tant que fonctionnaire, dans mon acte et ce que je fais tous les jours. Est-ce que c'est ça que j'ai envie de faire ? Je me suis rendu compte que non. Mon action privée, ce que je fais c'est plus une prise de position personnelle, je décide personnellement de ce que je veux faire et de comment je vais m'organiser pour pouvoir le faire. Je suis dans le domaine du privé, mais je ne suis pas loin d'Isabel parce que je le fais aussi avec l'Etat, avec la coopération, pour pouvoir arriver à le faire, c'est plus un état d'esprit, qu'une structure classée et fermée.

**Isabel Santelices**
*Chili*

>Moi je pense qu'en fait il y a deux dangers : un, que l'Etat te dise ce que tu dois faire, ça c'est un danger. Je trouve qu'il faut être en garde. Le deuxième danger, c'est d'avoir un responsable de lieu culturel, ça je trouve que c'est plus grave et c'est pour ça que moi, je me bats. En France on trouve moins de gens comme ça parce qu'ils ont l'habitude de la gestion, mais chez nous, on ne parlait pas de gestion culturelle il y a huit ans. Il m'arrive d'aller voir un projet et de demander au responsable de ce centre culturel pourquoi tu es là, est-ce que le théâtre t'intéresse ? Est-ce que tu connais les gens avec qui tu travailles, est-ce que tu connais ta région ? Ce n'est pas être fonctionnaire, je suis un fonctionnaire de l'Etat, mais je n'ai pas l'esprit fonctionnaire. ça ne vaut rien si j'ai un budget, si j'ai une programmation : pourquoi je veux avoir cette programmation là, parce que au fond, je veux arriver aux enfants ou aux jeunes ou aux vieux, ou je veux soutenir la création contemporaine ou pas. Je trouve que c'est dangereux d'avoir quelqu'un qui ne sait pas pourquoi il est là.

*La vitalité des pratiques. Entre art et culture, un supplément d'âme ?* / 3 décembre 2001

| | |
|---|---|
| **Jean-Marie Borzeix**<br>*modérateur* | >Une très bonne observation. Si vous voulez, deux questions encore et Jack Ralite aura le dernier mot. |
| **Katia Selezneva**<br>*Russie*<br>dans la salle | >Quand j'ai écouté Isabel, j'étais en train de penser la même chose... Je suis Katia de Moscou, je travaille au grand musée national de la Russie, la Galerie Tretiakov, au Département des affaires internationales, je suis donc fonctionnaire. Plusieurs se sont posés la même question. On est fonctionnaire d'une part, on est soumis aux législations du Ministère de la culture et on doit observer toutes les règles qui concernent par exemple la préparation des expositions internationales. Mais d'autre part, quand on est dans le domaine professionnel, c'est-à-dire dans le domaine de la préparation des expositions on est tout à fait privé, on est libre dans le choix et, à mon avis peut-être, c'est la chance de ceux qui sont là. Pour plusieurs il y a la même situation, qu'il faut oser, ça aussi je suis d'accord avec Jack Ralite, qu'il faut oser, être responsable d'abord, et d'autre part qu'il faut combiner toutes les possibilités pour arriver à ce que nous aimons faire, pour arriver à l'aboutissement du projet. A mon avis la seule chose qui menace cette histoire heureuse d'un projet réalisé, c'est l'instabilité politique et l'instabilité des législations, c'est pour ça, toute union est désirable. C'est pour ça, je suis tout à fait d'accord avec notre collègue chinois, qui dit que ce réseau est précieux. J'ai un exemple personnel qui le prouve, un bel exemple avec notre ami de Colombie qui n'a pas pu venir à Paris, Juan Camilo, commissaire d'exposition indépendant. Nous avons réalisé une belle aventure : nous avons monté une exposition à Bogota, au Musée de la Fondation Banco de la Republica sur *L'Art russe et soviétique de 1900 à 1930*. Pour la première fois, des tableaux de Malevitch, de Rodchenko, de Kandinsky et même de Chagall ont été présentés en Colombie. On a réalisé un magnifique catalogue. Si cela n'avait pas eu le label et la garantie de la Formation internationale culture et de Brigitte, je ne m'y serai pas risquée, je ne connaissais pas Juan Camilo qui était d'une autre section que la mienne. Cette confiance est née pendant le parcours, sinon ça n'aurait pas été possible. Les difficultés étaient nombreuses. A mon avis, il faut utiliser toutes les situations qui se présentent pour réaliser de |

beaux projets. Et nous, n'en restons pas là, nous avons un autre projet en cours qui présentera une exposition d'icônes à Bogota.

**Jean-Marie Borzeix**
*modérateur*

>Merci. Dans tous les cas, pour ce qui est du statut de fonctionnaire, beaucoup de choses ont été dites à ce propos, mais n'ayez pas honte d'être fonctionnaire. C'est une question d'esprit. Je vous en prie Madame, allez-y.

**Diana Martcheva**
*Bulgarie*
dans la salle

>Bonjour, je suis Diana, de Bulgarie, j'ai mon expérience et j'ai exercé dans mon pays pendant dix ans, mais depuis un an, j'habite à Montréal. Je voudrais reposer la question : est-ce qu'il y a réellement une telle tension, parce que j'ai cette impression-là qu'il y a une énorme tension, entre le privé et le public ? Il me semble que dans le contexte actuel des industries culturelles et des nouvelles politiques culturelles qui se développent et qui ne sont pas figées, il n'y a pas une tension si flagrante entre privé et public.

**Jean-Marie Borzeix**
*modérateur*

>Je pense que Jack Ralite pourra y revenir dans son intervention finale, une autre question et on termine.

**Marie-Claude Rivière**
*France*
dans la salle

>Oui. Marie Claude Rivière, je suis de l'Institut national de recherche pédagogique. Je voudrais demander aux différents acteurs des politiques culturelles qui nous ont été présentés, s'ils avaient le souci de donner à leur travail une dimension pédagogique auprès des jeunes, qui sont parfois éloignés des politiques culturelles proposées ?

**Jean-Marie Borzeix**
*modérateur*

>Là, c'est toute une affaire. Très bonne question, mais cela risque de nous prendre un peu de temps. Une dernière question. Oui, Madame…

**Yamina Benabbou**
*Maroc*
dans la salle

>Bonjour. Moi je suis actuellement la session de la Formation internationale culture, 2000-2001 donc. Je voulais revenir sur un point qui n'a pas encore été à mon avis, abordé, dans le rapport privé et public, culture et art. Je prends uniquement le point de vue et le côté artistique. Je rejoins mes collègues qui ont utilisé le verbe « oser » et monsieur le Sénateur Maire Jack Ralite qui a aussi insisté sur cette notion. Bien sûr, il faut oser, nous avons tous osé depuis que nous prati-

quons cette passion, il faut le dire. L'argent on en parle tout le temps de l'argent, du financement c'est vrai, mais si nous n'avions pas mis nous-même nos mains à nos poches pour commencer nos actions culturelles, on n'en serait pas à ce que nous faisons actuellement. Je voulais donc poser cette notion de critère artistique, qui n'a pas été mentionnée.

**Jean-Marie Borzeix**
*modérateur*

>Je crois que nous n'aurons malheureusement pas le temps de répondre à un certain nombre de questions, car le temps à tourner et nous serions encore là à minuit. Ce sont des questions tout à fait importantes évidemment. Je pense qu'il est trop tard pour y répondre, mais peut-être que Jack Ralite peut tenter une esquisse de réponse.

**Jack Ralite**
*France*

>Simplement, quelques petits mots pour finir, si vous le permettez. Je voudrais partir d'une expérience que j'ai vécue en 1988 au Chili, sous Pinochet. Les artistes chiliens s'inspirant des *Etats généraux de la culture*, ont organisé une manifestation qui s'appelait *Chile crea* pendant plus de dix jours, avec une manifestation d'inauguration au grand théâtre. Ça a réuni quatre mille personnes et le gouvernement Pinochet, qui commençait à faiblir, n'a pas pu empêcher que chaque café soit un lieu de contestation. On allait dans tous les quartiers à la Victoria et ailleurs, et on a, les Chiliens, ont remué leur pays avec la culture et les arts. Ils ne faisaient pas de discours politique, ils créaient : *Chile crea*. Je dis ça, parce que, dans un moment d'histoire comme le nôtre, où il y a des fissures, des évanouissements, des métamorphoses de sociétés, qui quelque fois nous laissent incapables de nommer l'actuel et créent des vertiges, des douleurs, le travail artistique, le travail culturel sont des lieux de référence auxquels on puisse accrocher et sa part individuelle et la part d'universel. Et je pense que l'exemple de *Chile crea* est tout à fait important.
Deuxième point c'est sur la question de Diana Martcheva : est-ce qu'il y a tellement de tensions ? Bien évidemment, dans le domaine disons de la presse en général, on ne fait pas vivre ces tensions, mais moi je connais énormément d'artistes qui les vivent douloureusement, ces tensions. Créer un film, en France on y arrive encore, mais si notre ami malien

Souleymane Cissé était là, il dirait que pour faire un film, mais c'est le chemin de croix. Et pourquoi il n'a pas le droit, alors qu'on lui connaît le talent ? C'est très difficile vous avez raison, les critères, mais Souleymane, on sait depuis quinze ans que c'est un grand artiste. Pourquoi il n'a pas le droit... J'ai pris Souleymane. Je vais prendre un américain, Merce Cunningham. Il vient de venir à Paris récemment, pour une manifestation. Il se trouve qu'en 1964, quand il est venu pour la première fois à Paris, au théâtre de l'Est Parisien j'y étais, il y avait des gens qui lui jetaient des tomates. Cunningham ! Mais ce sont les tensions vibrantes, c'est la vie ! Moi je les rattrapais les tomates et je les rejetais dans l'autre sens. Mais Cunningham, il vous explique que les grandes chorégraphies qu'il a montées, il ne les a pas montées avec l'argent d'Etat et pour cause, ni avec l'argent privé, aux Etats-Unis. Le long chemin artistique ébouriffant de Bob Wilson, passe par des apports financiers qui ne sont pas américains. Donc vous voyez, ce n'est pas du tout une petite question, elle se développe. Un jour j'étais à l'Unesco avec Alain Minc qui faisait une conférence commandée par des cadres de l'Unesco et ils s'étaient dit qu'il faudrait qu'il y ait peut-être à la fin, un contradicteur, et ils m'avaient choisi. Très franchement, j'avais un peu peur parce que je ne suis pas du tout économiste. Il commence comme ça : « Mesdames et Messieurs, si vous voulez me comprendre et comprendre la vie, vous devez prendre la phrase que je vais vous dire, comme fondamentale : « Le marché est naturel, comme la marée ». Cela me rappelait M. Madelin, homme politique français qui au Sénat disait : « Les technologies nouvelles sont naturelles, comme la gravitation universelle ». Ah ! je n'avais plus peur, parce que, où est l'homme, la femme, des êtres subsidiaires, des invités de raccroc ? Ce sont eux qui ont inventé le marché, qui ont inventé les nouvelles technologies pour s'en servir et pas pour leur servir. Mais, c'est la question fondamentale de notre monde : le statut de l'esprit et le statut du vivant, auquel en général, on est plus sensible parce qu'on voit bien le corps. D'où l'importance des chorégraphes d'ailleurs, en ce moment. Moi je suis plus pour parler d'Amérique latine avec un Octavio Paz lorsqu'il dit : « Le marché est efficace soit, mais il n'a ni conscience ni miséricorde ». Nous sommes une société, je l'espère, encore de conscience. Voilà une deuxième grande question. Je crois que là, la question qui nous est posée c'est : comment civiliser les nouveaux mondes issus de l'œuvre civilisatrice ? On a inventé l'incomparable et on ne sait pas s'en servir, parce qu'il y a quelque part quelqu'un, qui a mis son groin dans le potager. On est quand même bien capable de reconquérir le potager. Ça, c'est la deuxième remarque.

La troisième... Vous parlez du Canada. Nous avons eu une réunion avec la coalition pour la diversité culturelle. Les Canadiens qui étaient là, à l'ambassade de France, nous ont fait une peinture... Les officiels, et pas seulement les Québécois dont on sait qu'ils font toujours un peu cocorico à leur manière, je parle des Montréalais au sens canadien du terme. J'ai le document qu'ils ont édité. Très intéressant. Il y a aussi des crises. Je ne reviendrai pas sur les critères parce que c'est un problème très complexe c'est celui de l'œuvre que j'évoquais tout à l'heure. Est-ce que de créer une espèce d'animalerie de jeunes filles qui viennent gesticuler, on en choisit cinq sur quatre mille et on a inventé un groupe, c'est une œuvre... J'arrive pas... Peut-être que j'ai des freins intérieurs que je n'arrive pas à débrider ni à comprendre... Mais ce dont je suis sûr, c'est que cogne à la vitre de notre monde, la nécessité d'une sorte de rassemblement que j'appellerai un *Rio de la culture*, comme il y a eu un *Rio de l'environnement*. Bien évidemment, le *Rio de l'environnement* n'a pas donné tous les bonheurs qui furent énoncés mais, la première fois, ça a quand même avancé, on a débattu, mais je pense que le temps est venu parce que nos amis américains eux ils travaillent, ils ont assimilé l'échec du GATT et ils essaient de déréglementer. Et l'étape actuelle, réfléchissez-y, c'est une réglementation des fonctionnaires, une réglementation a minima de ce qui existe, et pas de réglementation pour l'avenir. Or une société, elle a besoin d'éthique, d'organisation et ça, ça n'est ni l'étatisme, ni la prison, ni rien. Une fois, j'étais à *La Cinq*, vous savez quand elle est morte *La Cinq* de Berlusconi, la journaliste m'a demandé : « Vous aimez la télévision ? Elle ferme, vous devez être triste ». J'ai dit « Non, parce qu'elle est née dans des conditions qui étaient au forceps ». Alors, elle me dit : « C'est l'écran noir ou il n'y a plus de réglementation et moi je lui réponds : « Je viens d'Aubervilliers en voiture, vous êtes en train de me dire ou je laisse ma voiture au garage ou il n'y a plus de code de la route. Le code de la route, c'est ma liberté de ne pas avoir d'accident. Essayons que les inventions culturelles n'aient pas trop d'accidents et aux côtés d'elles, les hommes et les femmes de nos chers pays.

**Jean-Marie Borzeix**
*modérateur*

>Merci. Merci à vous tous, et merci de nous aider, nous Français, à ne pas nous replier sur soi-même. Bonne séance de travail pour demain matin. Peut-être Brigitte Rémer a-t-elle un mot à vous dire pour la suite du programme.

**Brigitte Rémer**
*directrice de la Formation Internationale Culture*

>Oui, je voudrais exprimer tous mes remerciements aux intervenants, côté plateau qui avez accepté de venir débattre, à vous Jean-Marie pour l'animation de cette après-midi et aux participants côté salle, pour votre dynamisme et vos passions.
Je voudrais vous redire mon plaisir à ces retrouvailles. Les dix ans de la Formation internationale culture ne seront pas une photo sur un coin de cheminée mais une vie de réseau ; des projets à échanger. Merci d'être là et bonne semaine de travail avec le plaisir d'être à Paris pour vous rencontrer. Nous allons nous disperser dans les ateliers, sur les deux jours qui viennent, ateliers thématiques et ateliers géographiques. Ne partez pas sans prendre un document avec toutes les consignes techniques, afin que vous puissiez vous retrouver dans Paris et ne pas errer à la recherche de votre lieu. Petit S.O.S. à la promotion en cours, ne partez pas sans qu'on se voit s'il vous plaît, j'ai besoin de vous. Merci. Bonsoir à tous.<

>Rahul Vohra, *Inde*. Luisa Ulibarri, *Chili*.
Illya Oskokov Tsensiper, *Russie*.

*Les nouveaux lieux culturels*

## Ateliers par disciplines et champs d'expertises
*Studio-Théâtre de la Comédie française*
mardi 4 décembre 2001
9h30 / 13h

*Quels lieux pour quels publics ?*
*Nouveaux espaces culturels*
*et recherche de langages,*
*l'interdisciplinaire en question.*

## Participants

### >Modérateur

- **Brigitte Rémer**
  Directrice de la Formation internationale culture,
  membre du comité d'experts pour le théâtre à la DRAC Ile-de-France,
  auteur d'une thèse en sociologie : *Fragments d'un discours théâtral.
  Entre singulier et pluriel. De l'individualité créatrice à l'œuvre collective.*

### >Expert

- **Fabrice Lextrait**
  Chargé de mission, cabinet du Secrétariat d'Etat chargé du Patrimoine
  et de la Décentralisation, auteur du rapport : *Friches, laboratoires,
  fabriques, squats, projets pluridisciplinaire. Une nouvelle époque de
  l'action culturelle.*

« *Chez nous, la démocratie est arrivée*
*il y a douze ans, avant, c'était très difficile de faire du théâtre,*
*parce que... c'est dangereux, le théâtre...* »

**Isabel Santelices**, Chili

**Brigitte Rémer**
*modérateur*

>Bonjour à tous. Merci d'être venus nombreux à cet atelier qui se propose d'aborder la question du spectacle vivant sous différents aspects. Nous sommes dans un théâtre j'y tenais et Jacques Connort qui dirige ce *Studio Théâtre de la Comédie Française* nous l'a offert, un grand merci, Jacques. C'est un lieu hautement symbolique puisqu'il est l'espace des petites formes et de la recherche, une plate forme de lancement notamment pour les jeunes auteurs.
La journée sera divisée en deux parties : ce matin, nous aborderons la problématique des lieux culturels, disons des nouveaux lieux que sont notamment les friches industrielles réinterprétées en territoires culturels. Ces lieux, qui la plupart du temps travaillent en réseaux, permettent surtout semble-t-il plus de liberté dans la recherche de nouvelles formes, cherchent à s'approcher de nouveaux publics et dénotent un certain état d'esprit, nous verrons, d'après vos différentes expériences si cela se confirme ou non. A mes côtés, pour dialoguer avec vous, Fabrice Lextrait, expert en la matière puisqu'il est l'auteur du rapport intitulé : *Friches, laboratoires, fabriques, squats, projets pluridisciplinaire. Une nouvelle époque de l'action culturelle,* qui lui a été commandé par le cabinet du Secrétariat d'Etat chargé du Patrimoine et de la Décentralisation, et que je vous conseille vivement de vous procurer. Il prépare aussi un séminaire sur le sujet dont il vous parlera et il fréquente beaucoup à Marseille la *Friche Belle de Mai,* qui est assez exemplaire dans le paysage culturel français.
Je vous propose la méthodologie suivante : tout d'abord de vous présenter les uns et les autre, en indiquant là où vous en êtes de votre réflexion par rapport à ce sujet et aux problématiques que cela entraîne sur les publics et la difficulté de les mobiliser, enfin toutes les questions que vous vous posez autour de ce thème, d'une manière très libre, très souple. Je donnerai ensuite la parole à Fabrice Lextrait pour réagir par rapport à vos interventions et parler lui de son travail et de son observation. Nous aurons à la mi-temps une pause café ici sur place.
Quant à cet après-midi, nous y reviendrons, nous parlerons de l'organisation du spectacle vivant en France au regard de vos questions et de vos expériences dans vos pays, des critères artistiques autant que faire se

peut et du rôle de la critique dramatique. Voilà, je vous propose que nous débutions. Qui se lance ?

**Isabel Santelices**
*Chili*

>Bonjour, je travaille dans la commission chargée du recensement de l'infrastructure relevant de la Présidence de la République, au Chili, je peux dire d'emblée que je viens d'une région pauvre en termes d'infrastructure culturelle. Il ne s'agit pas de la même pauvreté qu'en France parce qu'ici le moindre petit village a un petit théâtre, une salle des fêtes, chez nous non ; ailleurs, je ne sais pas. Chez nous un théâtre doit servir pour le théâtre, la musique, la danse... donc je suis un peu partagée : comment, en région, cibler un public, parce que chez nous on doit servir de salle des fêtes, de théâtre pour la musique, le folklore, l'artisanat, pour se réunir, pour bavarder. Je ne sais pas comment ça se passe ailleurs pour cibler un public, quand il y a très peu d'infrastructure culturelle qui sert réellement à ça. C'est lié aussi aux mécanismes de sensibilisation à l'artistique, à l'éducation artistique.

**Brigitte Rémer**
*modérateur*

>C'est lié aussi évidemment aux mécanismes de sensibilisation à l'artistique, d'éducation artistique... c'est un sujet qu'on abordera jeudi avec le Ministère de l'Education Nationale...

**Daniela Ursu**
*Roumanie*

>Justement Brigitte, je voudrais ajouter sur les publics, la formation des publics, voilà ma réflexion, elle part de mon expérience comme directrice artistique au *Festival de Pietra Namt* en Roumanie et aussi de mes études ici : après la Formation internationale culture, je pensais que c'était à nous, avec nos qualités de travail, ce que nous avions appris, de former des publics ou de participer à la formation de publics. Est-ce qu'être bien formé suffit pour former de nouveaux publics, sachant que la qualité du public elle, ne change pas, c'est une question. Et je voudrais témoigner : j'ai réussi, après des luttes et des luttes, à inviter en Roumanie à mon Festival international de théâtre, la Mamma de New York, une grande compagnie et j'ai eu des demandes de gens qui venaient de Paris, pour venir voir cette célèbre compagnie. Ça a été la même chose pour une troupe venant de Budapest mais là on parle de la qualité du travail, c'est là-dessus qu'il faut discuter un petit peu plus me semble-t-il, si la qualité

du travail nous donne aussi la qualité du public.

**Dana Machackova**
*République Tchèque*

>Moi je pense, si je peux ajouter quelque chose, j'ai tendance à penser que c'est aussi une question de système de communication. Il faut informer le public qu'il se passe telle ou telle chose. A partir du moment où il aura une bonne expérience, il aura envie de revenir, d'en parler à des amis. Pour la première fois il faut bien que ça soit ciblé. Moi je suis chargée de communication au Château de Prague. On organise des expositions, des spectacles de théâtre, de danse, des concerts. Chaque fois, la question que je pose lorsqu'on monte un événement c'est : quel est le public ciblé ? A partir de là, je cherche les partenaires médias appropriés pour ce projet et on essaie de monter, sur le plan marketing, des actions, des jeux, des incitations en direction des publics, on communique sur le projet. On ne communique pas sur le lieu en général car ce qu'il propose est tellement diversifié que ça ne marcherait jamais. Il y a en fait très peu de projets où l'on puisse dire : c'est destiné à un large public ou alors c'est l'argent de la campagne de pub qui passe par la fenêtre parce qu'il faut choisir, décider, cibler, c'est très important pour ensuite fidéliser ce public. Il y a tout un débat qu'on peut avoir sur la communication, comment trouver le public, comment provoquer l'image mais là on part un peu ailleurs. Déjà rien que destiner et cibler, c'est très important fidéliser le public, ça va avec la qualité mais c'est pas la qualité en elle-même, c'est pas elle qui va apporter.

**Gerardo Bugarin**
*Uruguay*

>Je voudrai ajouter une chose sur ce même sujet : l'enjeu, dans l'actualité, la manière de communiquer, ce n'est peut-être pas seulement la création ou la qualité de la création, c'est aussi la qualité de la communication. On est plus en 1950, il y a aujourd'hui une grande sollicitation, une offre culturelle importante. Les gens chez eux peuvent écouter de la bonne musique, ils ont un ordinateur, ils ont beaucoup d'autres choses à faire, contrairement à il y a une cinquantaine d'années. On est passé d'un mode de vie social à un mode de vie individuel, on est de plus sur-saturé de communication. Alors comment trouver les bons supports pour annoncer un projet et intéresser les gens à ce projet, c'est là le problème. Comment trou-

ver une logique de communication efficace et qui touche ?

**Dana Machackova**
*République Tchèque*

>Si je peux ajouter sur un exemple concret qui s'est passé cette année à Prague : nous nous sommes trouvés face à deux projets d'envergure, deux expositions, en concurrence. L'un, sur l'architecture qui était au Château. Il se présentait sous forme de six expositions indépendantes, et se déroulait sur sept mois. L'autre, *Le triomphe du baroque* était administré par la Galerie Nationale. Les deux avaient un énorme potentiel et ciblaient large avec des ambitions grand public. En fait, la bataille s'est jouée sur la communication. On a poussé les limites habituelles de la communication, en tous cas pour Prague. On a osé faire, créer un slogan, ce qui était inhabituel, mobiliser vingt partenaires médias, créer des événements autour comme des séminaires, des rencontres, fait beaucoup de relations publiques, commander une analyse sociologique auprès d'une société professionnelle et, finalement, on l'a emporté sur le projet concurrent. On a eu 155 000 visiteurs tandis que les autres ont accueilli environ 60 000 visiteurs. C'est effrayant, ce n'est pas la qualité du projet qui avait déterminé le nombre de visiteurs, les deux étaient de très bons projets à égalité, c'est nettement la communication qui a tranché. C'est un peu fou parce que les deux projets étaient superbes au plan de la qualité, c'est la communication qui a fait la différence.

**Rahul Vohra**
*Inde*

>Je voudrais intervenir. Moi je suis parmi ceux qui ont fait la seconde promotion de la Formation internationale culture, en 1992-93. Professionnellement, je suis obligé de porter plusieurs chapeaux : je suis comédien à la base et acteur pour le cinéma et la télévision, en Inde. Je suis aussi metteur en scène, avec plusieurs artistes traditionnels classiques ou populaires et coordinateur d'une association qu'on a créée à New Delhi, il y a quasiment quinze ans, pour défendre la conservation des arts traditionnels et prendre en compte les besoins quotidiens des artistes au plan juridique, social, médical et de santé, de sécurité sous l'angle de la prévention etc.

Pour entrer dans le débat, je suis d'accord qu'on dise que la communication est importante, mais quand on parle d'un projet et de la qualité de ce projet, il ne faut pas en oublier le contenu. Sans contenu, la communication ne sert à rien. Il ne faut pas oublier non plus, ça c'est pour répondre à l'intervention d'Isabel, l'importance des résidences d'artistes. Au lieu de présenter juste un spectacle et de repartir, si la compagnie arrive dans un théâtre ou dans un village, — j'imagine que la situation au Chili est la même qu'en Inde, tout est centralisé dans les grandes villes, les petites n'ayant pas de théâtre ni de salles d'expositions importantes —, si une compagnie arrive et reste quinze à vingt jours et donne cinq représentations, elle peut proposer par exemple dans la journée des stages soit professionnels s'il y a une demande soit simplement de sensibilisation, pour les amateurs, ou bien dans les écoles. Si on travaille comme ça, il me semble qu'on agit automatiquement dans le sens de la formation de nouveaux publics. Moi c'est comme ça que je travaille en Inde et ça marche pas mal, cela me semble possible n'importe où, non ?

**Isabel Santelices**
*Chili*

>Moi je pense de la même façon, je suis tout à fait d'accord et au Chili on commence à prendre ce même chemin. Mais quand tu as un seul théâtre où tu dois tout faire, si moi je suis responsable de ce théâtre, je me dis : j'ai une population âgée, une population jeune et des enfants. Si j'invite une troupe dans ce cas, j'essaie qu'elle puisse servir tout le monde, que tous puissent y aller. D'un autre côté quand tu essaies de servir tout le monde tu peux tomber dans une espèce d'hybride. Moi je vois, dans les régions où je suis responsable, les régions du sud du pays, je vois que les gens ont cette envie d'inviter une troupe pour le jeune public, mais en même temps ils se disent : si j'invite une troupe jeune public, ceux de 20-25 ans, ou ceux de 40 ans ne vont pas être concernés. Donc je fais une moyenne et j'invite un spectacle pouvant toucher les 35 ans... mais ce n'est pas non plus un bon calcul... là on se perd un peu car de plus c'est une question d'argent. Notre problème aujourd'hui au Chili c'est bien cette question de comment diffuser pour un large public toutes catégories confondues, pour tous mais aussi, comment cibler ? Problème impossible à résoudre...

**Maria del Mar Hagerman**
*Mexique*

>Moi je crois que ça dépend du projet. Je fais partie de l'équipe d'un Festival qui se déroule dans la ville de Mexico. Nous par exemple, après le Festival on a eu un problème : on a fait une bonne communication, la diffusion a bien fonctionné, les spectacles ont été présentés dans de nombreux endroits, c'était quelque chose de très attirant pour les gens et tout le monde avait entendu parler du festival. Mais comme le projet n'était pas très clair, la communication finalement ce n'était rien, qu'un slogan. Il y avait de tout, de la musique, du théâtre, et les gens n'arrivaient pas à comprendre, à décoder. En fait, il était clair qu'il n'y avait pas de contenu, que le projet était mal défini et la communication trahissait en quelque sorte ça.

**Fabrice Lextrait**
*expert*

>Je voudrais qu'on parle de consommation culturelle, j'ai l'impression que la consommation culturelle est devenue une des valeurs sur laquelle s'assied la mondialisation, ce qui pose question : est-ce qu'en effet la consommation culturelle c'est-à-dire être public, venir s'asseoir dans une salle ou visiter un musée, c'est une valeur universelle, aussi bien sociale que nationale ? D'un coup, ça deviendrait quelque chose de l'ordre d'une des obligations sociales de n'importe quel citoyen du monde, que d'être un consommateur de produits culturels, quelle que soit leur qualité, d'ailleurs...

*Coupure...*

**Judith Lederer**
*Hongrie*

>Je suis manager et monte des tournées à l'étranger, ce qui n'est pas simple. Je travaille actuellement sur un projet de musiques du monde. On essaie d'organiser une série de concerts dans quatre capitales, à Belgrade, Moscou, Vienne et Budapest... je peux témoigner de mon expérience et de la difficulté de circulation des spectacles.

**Lubna Ghanayem**
*Palestine*

>Moi je travaille en Palestine. J'ai été formé comme danseuse pour la danse populaire palestinienne. J'ai travaillé au Théâtre national de Palestine, à Jérusalem, puis au Conservatoire national de musique. Actuellement, je suis dans le secteur privé, dans une agence de publicité mais je garde le contact avec les structures culturelles pour lesquelles je travaille béné-

volement. En Palestine on a tellement d'obstacles pour mobiliser un public. Il ne s'agit pas que du problème de communication c'est surtout la sensibilisation aux arts qui n'existe pas, dans les écoles pour commencer. D'autre part en raison des problèmes politiques et économiques, il n'y a pas de possibilité pour les gens de venir voir les spectacles. De plus les blocus partout dans les villes palestiniennes empêchent la libre circulation des personnes. On ne peut pas passer d'une ville à l'autre. En ce qui concerne la qualité, les thèmes abordés, les gens ne se déplacent éventuellement que si l'on parle de la politique, de leurs difficultés, de leur vie quotidienne etc. Si c'est quelque chose qui se trouve loin d'eux ils ne viennent pas. S'il s'agit de musique par exemple classique, il est évident qu'ils n'ont pas baigné là dedans et qu'ils ne se reconnaissent pas donc ils ne viennent pas, si c'est du luth, là ça change tout. Ils viennent pour les formes traditionnelles et sont alors très intéressés, pour la danse aussi, surtout si elle est traditionnelle, il y a beaucoup de groupes qui en font et présentent des spectacles, ça, les gens aiment beaucoup. Mais globalement, en raison des problèmes politiques et des problèmes financiers, il y a peu de public.

**Rahul Vohra**
*Inde*

>Moi je suis Rahul, je suis une des raisons pour lesquelles vous êtes bien traités parce que j'étais parmi les gens qui ont fait la deuxième promotion en 1992-93. Je suis comédien de base, acteur de télévision et de cinéma, en Inde, je suis metteur en scène et je travaille avec plusieurs artistes traditionnels que ce soit classiques ou populaires et le coordinateur d'une association qu'on a créée il y a quasiment quinze ans maintenant, pour lutter pour la conservation de ces arts et prendre en compte les besoins quotidiens des artistes, leurs besoins juridiques, médicaux, de sécurité, de santé etc. Voilà.

**Reka Csejdy**
*Hongrie*

>Bonjour, je suis de Hongrie aussi, de Budapest. Je suis actuellement à la maison avec mes enfants mais je reprends mes activités à *Traffö* à partir du mois de janvier, une friche industrielle reconvertie. J'ai écrit un mémoire ici, au cours de la promotion 1994/95 de la Formation internationale culture sur le thème : *Friches industrielles, lieux culturels*, j'ai travaillé à la

Friche Belle de Mai où j'ai connu Fabrice Lextrait et j'ai je crois une bonne connaissance de cette problématique, d'autant que j'ai travaillé sur le projet de *Traffö* à Budapest, j'en connais donc les complexités. En Hongrie, la spécificité par rapport aux friches c'est qu'il n'existe pas d'initiative privée dans l'artistique, donc lorsque naît un projet, il est déjà institution ou institutionnalisé. Nous pourrons en parler.

**Brigitte Rémer**
*modérateur*

>Merci. Après ce premier tour des présentations et l'évocation de quelques thèmes liés à la problématique des publics dont je vous remercie, je propose qu'on démarre sur ce magnifique sujet des friches industrielles d'autant que beaucoup d'entre vous sont sur cette même longueur d'onde. Est-ce que quelqu'un voudrait prendre la parole et témoigner, en expliquant un peu plus en profondeur ce qu'il y a derrière cette notion de projet, afin de permettre ensuite à Fabrice Lextrait, à partir des éléments que vous donnerez, de poser le problème tel que lui l'a perçu et analysé.

Carla, sur Recife par exemple, peux-tu nous dire quelle est l'ampleur du projet puisque c'est une énorme friche qui est en jeu, quelle est l'attitude des pouvoirs publics, quelle est la part de l'initiative privée ?

**Carla Gama**
*Brésil*

>Recife, c'est un peu le même cas que *Traffö* en Hongrie, évoqué tout à l'heure : c'est une initiative du gouvernement, ce n'est pas une initiative privée. *Atacaruna*, est une énorme friche d'environ 9000 m$^2$, un ancien bâtiment entouré de six grands dépôts de chacun 500 à 600 m$^2$ dont on ne sait pas encore ce qu'on va faire. On ne sait pas encore exactement ce qu'on va faire de tout ça, ce qu'on sait c'est ce qu'on veut faire fonctionner dedans : un centre de formation professionnelle pour le domaine culturel, quatorze stagiaires ont déjà été sélectionnés au cours de l'année et vont d'abord venir suivre une formation en France, quelques mois. On a réalisé une étude de faisabilité et de viabilité économique avec un consultant de Barcelone. On constitue actuellement le cadre administratif et ce n'est pas rien car chez nous, l'Etat ne peut pas porter ça à bout de bras longtemps. On essaie de répartir les choses entre l'Etat, le privé et la friche elle-même, ses ressources propres.

| | |
|---|---|
| **Isabel Santelices**<br>*Chili* | >Le friche appartient à qui ? |
| **Carla Gama**<br>*Brésil* | >Elle appartient à l'Etat. |
| **Isabel Santelices**<br>*Chili* | >L'Etat démarre les démarches mais ensuite va-t-il donner la friche à un privé, pour l'administrer ? |
| **Carla Gama**<br>*Brésil* | >On va créer l'équivalent de ce qui est ici un établissement public industriel et commercial, un EPIC, comme à la Villette, une situation de gestion à la fois publique et privée. L'administrateur sera indépendant de l'Etat, ce ne sera pas un fonctionnaire. Mais en même temps il lui faudra rendre compte à l'Etat, et au gouvernement. |
| **Rahul Vohra**<br>*Inde* | >C'est donc une structure appelée... autonome ?... |
| **Carla Gama**<br>*Brésil* | >On va voir. En ce moment, on essaie de trouver un architecte, ce n'est pas facile au Brésil. On cherche plusieurs cabinets d'architecture et un grand architecte pour coordonner tous les cabinets. La réhabilitation du bâtiment va débuter au mois d'avril prochain, cela va prendre beaucoup de temps. Ça ne vient pas de l'initiative des artistes. |
| **Isabel Santelices**<br>*Chili* | >Est-ce que cette friche doit s'autofinancer ou est-ce qu'il y aura un apport de l'Etat, en plus des recettes ? Comment cela va-t-il se passer ? Une friche comme celle-là aura des difficultés à conquérir des spectateurs et à fidéliser des publics, probablement. |
| **Carla Gama**<br>*Brésil* | >On pense la financer de trois manières : l'Etat participerait à hauteur de 1/3, la Mairie de Recife ainsi que celle d'Orlindo, puisque la friche est située entre les deux villes, financeraient à hauteur d'un autre 1/3 et les ressources propres et le privé, sponsors, publicité etc. apporteraient le dernier 1/3. |
| **Fabrice Lextrait**<br>*expert* | >Est-ce que moi je peux vous demander quel est le projet, le contenu de ce lieu culturel ? |
| **Carla Gama**<br>*Brésil* | >Sont prévus des espaces d'expositions ainsi qu'un centre d'interprétation pour l'Etat de Pernambouc où se situe Recife. On voudrait faire de ce lieu la porte d'entrée du Brésil et aussi celle de l'Etat de |

Pernambouc par rapport au pays.

Il y aurait donc le centre d'interprétation, les espaces d'expositions temporaires, un centre d'information, des studios, des ateliers, des boutiques notamment pour les produits dérivés liés aux expositions, mais aussi pour les produis artisanaux, régionaux, pour la restauration. La friche est située à côté d'un grand centre commercial, l'Etat a lancé par là un grand projet nommé *Ville stratégique* pour réhabiliter cet espace oublié. La friche entre dans cette même problématique. C'est aussi dans cet espace que le Guggenheim projette de créer un nouveau musée.

**Brigitte Rémer**
*modérateur*

>Merci. Qui parle d'un autre propos lié aux friches ?

**Rahul Vohra**
*Inde*

>Moi j'ai une question d'abord.

**Brigitte Rémer**
*modérateur*

>Vas-y, Rahul.

**Rahul Vohra**
*Inde*

>Quand tu parles d'un projet musée, du marché de l'artisanat, est-ce que vous allez donner aussi une partie des espaces à des commerces, je veux dire des commerces purement commerciaux, pour financer une partie de ce grand projet de friche ?

**Carla Gama**
*Brésil*

>Oui, c'est nécessaire. Au Brésil on ne peut pas vivre de financements publics. On va offrir des espaces à des boutiques complètement privées qui paieront un loyer à la friche.

**Brigitte Rémer**
*modérateur*

>Dana...

**Dana Machackova**
*République Tchèque*

>Moi je peux parler d'un autre exemple, à Prague où j'ai été associée, avant de travailler au Château. C'est un projet sur une friche, né de l'initiative d'un festival de danse contemporaine. Ce festival est indépendant, sans label institutionnel, tous les ans au bord du vide en train de chercher son financement pour l'édition de l'année à venir, déposant des dossiers là où il faut, auprès de l'Etat, des municipalités, des fondations, des institutions à l'étranger. Cette envie de trouver un lieu est partie du besoin de ceux qui créent des projets indépendants. Prague, comme je l'imagine toute l'Europe de l'Est partait avec un bagage de théâtres municipaux, de théâtres d'Etat où l'on avait un emploi

fixe, permanent, à vie et où les projets se construisaient à l'année. Depuis 1990, la scène indépendante a commencé à agir, petit à petit, des programmes de financements notamment internationaux l'y aidant. La danse était un peu le frère pauvre du théâtre et la grande difficulté était le manque d'espaces pour créer. Préparer le projet ça veut dire à tout le mieux obtenir une subvention qui couvre à peu près la préparation par le chorégraphe, les frais de costumes, la location d'un théâtre, la communication mais vous n'êtes jamais chez vous, la grande difficulté étant de réussir à avoir des locaux pour créer tout simplement, tranquillement, un peu à l'image de la *Ménagerie de Verre* à Paris. L'idée étant, au-delà du spectacle d'être un lieu ouvert aux danseurs indépendants qui souhaitent prendre des cours, qui veulent maintenir le niveau, rencontrer les professionnels et qui tournent.

Le but de cette friche est donc d'offrir aux danseurs la possibilité de rencontrer les professionnels étrangers qui sont en résidence et qui donnent des cours ; d'offrir dans la journée les locaux aux chorégraphes, leur permettant de préparer et de répéter leurs spectacles ; de programmer des spectacles chorégraphiques, de donner une identité au lieu et de constituer un public attentif, l'aider à se former. La rencontre avec les chorégraphes et professionnels étrangers nous semble capital. En ce qui concerne les financements, c'est la grande bataille. Il y avait eu un appel d'offre lancé par la ville. Dix porteurs de projets y avaient répondu, quatre avaient été pré-sélectionnés dont trois projets pour le rock et les musiques actuelles. C'est le projet danse qui l'a emporté mais la ville a dit : vous vous débrouillez pour la rénovation. On a alors lancé un appel pressant au privé, on a réussi à couvrir 1/3 des travaux, on est passé par un moment où le Festival de danse a failli perdre le lieu en raison des problèmes engendrés précisément par la réhabilitation et les desiderata de la ville. Finalement c'est la capacité de la directrice à se mobiliser sur le projet qui a fait pencher la balance, à savoir qu'elle a réussi à obtenir du Parlement une subvention spéciale pour la réhabilitation, ce qui était héroïque et hors du commun. Voilà je voulais témoigner auprès de vous : deux ans de luttes pour la réalisation du projet, deux ans de fort lobbying auprès de nombreuses instances mais au bout la possibilité de créer dans une friche réhabilitée à la force du poignet où une nouvelle aventure artistique a pu commencer.

**Brigitte Rémer**
*modérateur*
**Isabel Santelices**
*Chili*

>Merci Dana, Isabel…

>J'aimerais poser quelques questions à ceux qui ont des projets avec les friches. La première : les friches sont-elles reconstruites pour ce qu'elles étaient, par exemple une ancienne gare, une biscuiterie, un ancien cinéma, la friche est-elle reconstruite dans le même esprit, dans le même style ? La seconde : qui gère ou gèrera la friche ? Est-elle donnée à un collège, une administration d'artistes ou à un responsable chargé de la gérer ? A Québec, on a vu *Méduse* en voyage d'étude, qui était un des rares lieux gérés par des artistes, c'est passionnant mais ce n'est pas facile pour les artistes de se mettre d'accord sur un projet, de le gérer et de le développer. Si vous avez des expériences…

**Dana Machackova**
*République Tchèque*

>Sur ce cas concret, c'était un ancien cinéma qui a ensuite servi pendant trente ans comme dépôt. La réhabilitation ne cache pas que c'était un bâtiment industriel, un bâtiment des années 30, mais il n'y a pas eu de volonté spécifique de se dire, c'est un cinéma, gardons-en l'esprit, non.

**Isabel Santelices**
*Chili*
**Dana Machackova**
*République Tchèque*

>Pas même certaines choses ?

>C'est une question d'argent, mais il n'y avait pas d'obligation. Non maintenant c'est nettement un théâtre pour la danse et c'est géré par le Festival qui a un statut d'association.

**Reka Csejdy**
*Hongrie*

>Moi je peux parler un peu plus en détail de *Traffö*. C'était un ancien transformateur électrique, une grande salle avec d'énormes machines électriques. L'aventure culturelle a commencé avec des artistes français venus à Budapest. Ils ont commencé à le squatter, à y présenter des performances, des spectacles. Des artistes hongrois ont suivi puis tout ça s'est un peu dilué… Ce n'était pas dans la mentalité post-communiste, ce n'était pas une attitude normale : investir un lieu ça veut dire qu'il faut y travailler, le

nettoyer, faire des travaux, sans moyens. Donc ce lieu est resté comme ça, en semi-abandon, avec la programmation de quelques concerts, quelques spectacles, ponctuellement, puis le lieu a fermé. Et puis il y a un professionnel qui l'a repéré, il gérait la programmation de danse contemporaine dans une salle de rock. Il a commencé à travailler là-bas avec les danseurs, ce qui signifiait qu'il lui fallait entrer en contact avec la ville. Le lieu appartenait à une ancienne société d'Etat communiste, il était complètement abandonné ce qui signifiait que la ville devait en devenir acquéreur. Si la ville commence à s'y intéresser et à investir, cela signifie qu'elle va poursuivre, s'engager, il s'agissait d'un gros investissement. Il a donc fallu présenter un projet. Là il n'était donc plus question de l'initiative des artistes.

L'immeuble a donc été rénové, extérieurement non, on voit bien qu'il s'agit d'un bâtiment industriel, mais intérieurement, cette grande salle qui était magique au début, a fini par devenir une salle de spectacle presque normalisée, on a couvert les murs pour gérer le son etc. ça c'est le côté regrettable du projet, ça a perdu sa magie industrielle. D'autre part, ce lieu est maintenant devenu trop petit car on est très sollicités par les initiatives associatives artistiques de tous bords mais on manque d'espace. On a une belle salle de spectacle, un restaurant, une petite galerie, un petit foyer, une salle de répétition pour la danse et un bureau pour dix personnes. On fait une programmation très internationale mais pour promouvoir la création locale il faudrait d'autres conditions de travail et nous on n'y arrive pas. C'est un problème parce qu'en Hongrie, les compagnies indépendantes n'ont pas de lieu, même des compagnies connues déjà au plan international, celles qui ont déjà été programmées trois fois en Avignon, elles n'ont pas de lieu et donc les pires difficultés. Ni l'Etat ni la ville ne veulent s'engager. On est sur l'unique idée de l'économie de marché... Par ailleurs s'il existe une usine abandonnée elle appartient toujours à quelqu'un, à une société, à la ville et ils veulent pouvoir en tirer de l'argent... Donc la culture reste au dernier rang.

**Gordana Vnuk**
*Croatie*

>Je peux peut-être témoigner de ce qui va se passer. Je travaille actuellement en Allemagne, dans une structure qui fut squattée par les artistes pendant vingt ans, le théâtre *Kampnagel* à Hambourg. Avant, j'ai travaillé à Cardif dans une école squattée par les artistes. Le problème qui se pose pour quelqu'un qui fait une programmation, quand une structure bureaucratique se développe sur quelque chose qui était fondamentalement au démarrage une initiative des artistes locaux, c'est : comment s'inscrire dans ce paysage-là et défendre une qualité de programmes, le problème étant que les compagnies locales ne sont pas toujours à la hauteur des exigences de la programmation artistique mais que tout le monde pense qu'elles ont le droit de présenter leurs travaux là. Alors comment faire des choix par rapport au projet, à la politique élaborée ? *Kampnagel* c'est une équipe de cinquante personnes, trente techniciens, six salles de deux cent cinquante à huit cents places. Faire la programmation est un cauchemar, il faut la penser et viser de plus à attirer des publics non seulement locaux, le grand public, mais aussi proposer des spectacles étrangers de très grande qualité. Mon prédécesseur avait pas mal de problèmes avec les compagnies indépendantes de Hambourg, il avait fait des choix assez critiqués. Moi j'ai essayé d'ouvrir un tant soit peu, je pense qu'il faut donner une plate forme possible pour la création locale mais ce n'est pas un problème facile. Notre façon de travailler : sur ma table se trouve une cinquantaine de projets chaque année. On les lit tous, en comité et on choisit lesquels le théâtre pourra soutenir. Ces projets ont beaucoup plus de chance d'être aidé par la ville : un jury placé auprès du ministère de la culture de la ville les examine et en retient une douzaine. Les compagnies apportent l'argent de la production et la structure dans les salles de répétition : la scène le marketing, les cachets des acteurs ; on ajoute à ça les petits festivals, les plateformes de travail local surtout dans le champ de la danse et de la performance. Les friches ont beaucoup bougé dans leur fonctionnement. Quand j'ai commencé elles étaient jeunes et reposaient sur les artistes. Maintenant est-ce un développement naturel, est-ce lié à la bureaucratie, on se trouve face à une structure de diffusion qui doit avoir une logique de program-

mation et donc faire des choix qui ne sont pas toujours faciles ; cela n'a plus grand chose à voir avec les artistes du départ qui exposaient parce qu'ils avaient squatté les lieux.

**Dana Machackova**
*République Tchèque*

>Si je peux poser une question c'est : le but de ta programmation, c'est quel public tu vises et qui tu veux avoir essentiellement dans ton lieu ? Est-ce que tu veux être un théâtre de prestige dans la ville ou quelle est l'identité recherchée du lieu que tu diriges. Où te situes-tu dans le passage à la programmation ?

**Gordana Vnuk**
*Croatie*

>J'aimerais m'adresser à un public le plus large possible, parce que jusqu'à présent, *Kampnagel* était considéré comme un lieu pour les jeunes, pour les intellectuels, cette base est très étroite. On ne peut pas remplir une salle de huit cents places avec un public du théâtre d'avant-garde. J'ai commencé par des spectacles non européens de danse, un opéra du Japon avec cinquante cinq artistes, une troupe du Vietnam, une du Brésil, c'est avec ce style de spectacle que j'arrive à remplir la salle de huit cents places. J'essaie aussi d'attirer le public qui n'est pas forcément celui du théâtre expérimental vers d'autres spectacles, après je programme un Festival assez iconoclaste, un théâtre très spécialisé, très dur, qui se coupe de l'idéologie de l'image, un théâtre qui nécessite un travail de formation des publics pour aider à sa compréhension. Chaque jour pendant dix jours on a proposé deux spectacles, la moyenne du public s'est située entre cinquante et cent personnes. En fait je me base sur ce qu'on appelle un *rythme d'alternance*, c'est un concept qui vient de Jean-Louis Barrault lorsqu'il a créé son théâtre avec Madeleine Renaud, c'est-à-dire une alternance entre la modernité et quelque chose de plus classique, un rythme de spectacles différents qui vont attirer différents publics, mais ce n'est pas facile.

**Dana Machackova**
*République Tchèque*
**Brigitte Rémer**
*modérateur*

>J'imagine. OK. Merci

>Rahul, et puis après on demandera à Fabrice Lextrait de réagir ou de voir si ce que vous apportez, les manières dont on pose les problèmes, lui parlent.

**Rahul Vohra**
*Inde*

>Je vais essayer d'ajouter par rapport à ce que vous disiez et puis à ce qu'Isabel demandait : est-ce qu'il y a, parmi nos expériences une gouvernance de structures culturelles par les artistes eux-mêmes. Donc je voudrais juste brièvement parler d'une association qu'on avait créée en 1978, ça fait pratiquement vingt-trois ans : *L'association des artistes oubliés et perdus* qui travaille essentiellement avec les marionnettistes traditionnels en Inde. Il faut rappeler que les arts en Inde se transmettent de père en fils, de mère en fille, et donc il y a des siècles dans vos pays comme dans le mien que l'on a des artistes équivalents, traditionnels. Ces marionnettistes, en désespoir de cause étaient venus s'installer à New Delhi dans un bidonville et n'arrivaient pas à s'en sortir. Comme le marionnettiste est un artiste le plus complet, parce qu'il est poète, il est écrivain, il est chanteur, il est musicien, il est sculpteur, et il est peintre, il est en effet un artiste total. Nous avons donc essayé de les aider, en élargissant le champ de leurs possibilités en termes de débouchés et leur avons proposé de travailler avec un designer pour créer des meubles en bois puisqu'ils sont artistes et artisans, en travaillant selon les méthodes de travail du bois pour la marionnette. On a créé avec eux une association qu'ils pilotent eux-mêmes. Ils ont commencé tout petit. En 1978, un chiffre d'affaire ridicule genre cent roupies c'est-à-dire dix francs, ils ont maintenant un chiffre d'affaires de près de un million de francs par an. C'est trois cent cinquante familles d'artistes et c'est à travers la fabrication des meubles qu'ils réussissent à créer ce qu'on nomme des programmes en tant que marionnettistes, chanteurs ou danseurs.

**Brigitte Rémer**
*modérateur*

>Merci Rahul. Alors Fabrice, que pensez-vous de tout ce qu'on a entendu, est-ce que toutes les friches du monde se ressemblent, est-ce que les mêmes questions reviennent ? Un certain nombre de thèmes ont été évoqués de manière assez récurrente comme le statut juridique, les modes de financement, le développement ou non de l'idée originelle, le soutien ou la récupération par les pouvoirs publics... Qu'en pensez-vous ?

**Fabrice Lextrait**
*expert*

>Je voudrais dire deux choses : d'abord que j'ai été très excité par tout ce que vous venez de raconter,

parce que dans le cadre de la mission que j'effectue actuellement pour le Ministre, on a décidé de faire, au mois de février prochain, les 14, 15 et 16 février à Marseille, une grande rencontre internationale de toutes ces expériences autour de ces friches, on va d'ailleurs revenir sur le terme lui-même un petit peu. Ce dont vous témoignez, par la richesse de ces apports, me laisse espérer qu'à Marseille dans deux mois, on va pouvoir commencer à travailler, à avancer notamment sur le thème : qu'est-ce que ça veut dire développer des réseaux de coopération entre ces différents espaces ?

La deuxième raison qui m'enthousiasme, ce sont les thèmes que vous soulevez qui sont ceux que les différentes structures que j'ai pu rencontrer en France ont soulevé. Brigitte, il n'y a aucune friche qui ressemble à aucune autre, c'est la grande spécificité, c'est le principal point commun, c'est l'affirmation de la singularité de chaque expérience, de chaque démarche. Quand on dit ça, parfois on peut être mal compris, parce que normalement on pourrait s'attendre à ce que toute aventure culturelle ou toute aventure artistique se manifeste par sa singularité. En effet, qu'est-ce qu'il y a de plus spécifique qu'une démarche qui amène que ce soit un opérateur culturel, que ce soit un artiste, que ce soit une collectivité, à faire que l'art et la société entretiennent un rapport. Normalement, lorsqu'on travaille là-dessus, lorsqu'on y réfléchit, on peut imaginer que chaque chose devrait s'inscrire dans ce contexte. Pour parler d'une façon un peu centrée sur la France, ce que l'on a pu voir par contre, dans le cadre d'une politique que paraît-il le monde entier nous envie, c'est qu'il y a eu un processus de normalisation absolument terrible et que ce processus de normalisation a sans doute permis à des grandes œuvres de naître, à des grandes œuvres de rencontrer le public. Mais il a aussi empêché sans doute qu'un certain type de travail se fasse dans ce rapport entre art et société.

Ce que j'ai retrouvé aussi dans l'ensemble de ces expériences, ce sera intéressant d'en parler avec vous, c'est que, en même temps, malgré ce constat-là, ces expériences ne se posent pas contre, ne se posent pas en alternative ou en marge. Elles se posent véritablement comme étant au cœur de ce système social, et elles se posent comme étant des expériences, des initiatives qui peuvent contribuer à la transformation des sociétés, ce qui est à la fois ambitieux et peut-être en même temps la moindre des choses qu'on peut attendre d'elle.

Alors, pour commencer, moi je voudrais revenir sur le terme de *friches*, un petit moment. Lorsqu'on a dû titrer sur le Rapport, on a beaucoup hésité. En fait, lorsqu'on m'a demandé de venir travailler au Cabinet pour réaliser cette recherche, on m'avait donné un nom de code qui était le terme *d'espace intermédiaire*. C'est un terme emprunté à un ouvrage de Peter Handke, qui, dans un livre d'entretiens avec un journaliste, explique, parle de son travail et de son œuvre et qualifie l'espace intermédiaire finalement comme cet espace, ce moment dans lequel l'artiste arrive à s'infiltrer, à se faufiler et il emploie une image très belle, il dit : « C'est comme quand vous avez deux grands porte-avions qui vous arrivent dessus et que, malgré tout, entre les deux grands porte-avions, vous pouvez réussir à vous faufiler et entrevoir le ciel, l'horizon et travailler à partir de ça ». Moi j'ai travaillé avec ce nom de code, ce nom poétique, le refusant en même temps, tout comme on a refusé le terme de *friche*, tout comme on a refusé le terme de *fabrique*, tout comme on a refusé le terme de *laboratoire*, tout comme on a refusé le terme de *nouveau* et de *lieu*. C'est-à-dire qu'on a employé tous ces termes dans le Rapport pour surtout n'en utiliser aucun, de peur d'être trop vite enfermés, parce que ça aussi c'est une manie que nous connaissons bien ici, d'être immédiatement enfermés dans une case et dans une nouvelle strate de l'action culturelle.

Donc, en France, après les centres dramatiques nationaux, les scènes nationales, les compagnies conventionnées, les théâtres conventionnés, les cafés musique, etc. on aurait eu une nouvelle catégorie qui se serait appelée *friches* et dans laquelle on aurait immédiatement plaqué un certain nombre de référents et notamment un cahier des charges qui, à ce moment-là n'est plus l'expression de ce qui se fait réellement sur le terrain mais qui devient en fait un modèle, fabriqué certes à partir du terrain, mais un modèle qui devient d'un coup un modèle figé et qui hélas souvent laisse après les expériences dans des carcans, des camisoles, desquels elles ont beaucoup de mal à s'échapper.

L'élément qui, moi, m'a marqué dans tout ce que vous avez pu exprimer, c'est justement qu'il y a une singularité extrême entre Budapest, Hambourg, Recife, à chaque fois vous exprimez des projets qui sont de nature très différente. Pour revenir aussi sur une grande difficulté que l'on a eue, c'est de dire : si on ne veut pas de vocabulaire, si on ne veut pas de terme, ou si en tous cas on veut un vocabulaire extrêmement varié, si on veut éviter les critères, nous c'est aussi quelque chose qui ne nous intéressait pas, sur quoi est-ce que l'on va pouvoir fonder l'identification de ces démarches ? Qu'est-ce qui va pouvoir les relier ? Qu'est-ce qui va pouvoir les interroger, puisque la commande que l'on m'avait faite c'était : quel type de politique publique peut-on faire ? Est-ce qu'il en faut une ? Comment faut-il la faire ? Avec qui ?

On a eu une méthode de travail, ça peut vous intéresser, en tous cas ceux qui travaillent sur l'élaboration des politiques culturelles : on a mis en place un groupe de travail composé d'intellectuels, d'opérateurs culturels, d'artistes et de responsables administratifs des institutions publiques, de l'Etat essentiellement mais aussi des collectivités locales. On a travaillé pendant quatre mois, des journées thématiques sur les sujets comme ceux que vous avez soulevés là, par exemple, la question de la transformation architecturale d'un lieu lorsque l'on passe d'un territoire délaissé, d'une architecture abandonnée à un espace dédié à la culture, comment faire ? On a travaillé sur la question de l'espace de travail : qu'est-ce que cela signifie un lieu de répétition, un atelier pour un plasticien et ces questions-là on les a élaborées à partir d'un travail de terrain très important puisqu'on a fabriqué, en allant voir les gens, des monographies donc des fiches qui font à peu près dix pages chacune et qui expliquent en détail comment le lieu s'est fait, comment le lieu fonctionne, comment la relation à l'artistique, à la population, se fait ; c'est donc ça, pour le dispositif.

Ce que moi j'ai pu constater, c'est que ce qui était le plus intéressant à analyser dans l'ensemble de ces espaces, une fois de plus, pas pour dire ça c'en est un, ça c'en n'est pas, c'est d'ailleurs la question qu'on m'a le plus souvent posée quand j'allais sur un territoire, je rencontrais l'institution, les maires, etc., ils me disaient, la fabrique du vélodrome par exemple, est-ce que ça en est ? est-ce que c'en est une de ces friches fameuses ? Moi je leur disais : mais la question c'est moi qui vous la pose : est-ce que pour vous, c'en est une ? Est-ce que pour les gens qui la fabrique c'est est une ? et lorsqu'on dit *c'en est une* c'est-à-dire *une*, unique et singulière, comment est-ce que vous décrivez le projet ? On a malgré tout essayé d'analyser ça au travers de trois fondements communs qui se regroupent en un seul qui est : à un moment, des personnes, souvent collectivement, décident de se doter de moyens pour vivre leur temps, en réel. Le temps que eux, vivent, leurs contraintes, leurs envies, leurs énergies, leurs urgences, de façon à ce que ce soit détaché des modes automatiques de la production artistique et ça on a pu voir que c'était au travers de trois fondements : il y avait un premier fondement qui était le problème du temps, que vous avez évoqué ; il y a un second fondement qui est le fondement de l'espace et il y a un troisième fondement que vous avez moins évoqué mais on pourra y revenir, c'est la question du rapport aux populations.

Sur le premier élément, la question du temps : un peu partout dans le monde, à la fois dans le champ institutionnel public, mais encore plus dans le champ institutionnel privé, parce que souvent, lorsque l'on parle des politiques publiques on a tendance en France à ne pas tenir compte de ce qui se passe dans le domaine privé, mais en particulier pour tout ce que sont les arts industriels, par exemple pour les musiques, on se rend compte du poids que ça a sur la manière dont on peut former les politiques publiques, on s'est rendu compte d'un problème majeur, celui du formatage, au niveau du temps. Pour prendre un exemple dans le domaine du spectacle vivant : aujourd'hui on est dans un système de production, en France, où l'auteur, dans la majeure partie des cas, ce qui est dominant aujourd'hui, l'auteur a un projet, une idée, il met à peu près un an pour monter sa production. Il va voir tous les coproducteurs possibles en France dans le réseau labellisé, ensuite il travaille à la table en même temps qu'il monte sa production, il réfléchit à sa distribution, à qui il va mettre aux éclairages, il réunit l'équipe, au début... Il les met dans une salle de répétition. Au mieux ils répètent deux mois et au terme de deux mois, ils ont le plateau au moins quelques jours pour mettre en place les lumières qu'il a commandées ailleurs et puis ils jouent, dans le pire des cas, ils jouent quelques jours, dans le meilleur des cas ils jouent quelques mois, et puis voilà, c'est fini. C'est une situation que je caricature à l'extrême car, encore une fois, ce réseau-là permet de produire des choses essentielles à l'activité culturelle d'aujourd'hui et si en France aujourd'hui on peut s'intéresser à de nouvelles formes, c'est parce que ce réseau-là existe d'une façon forte. Donc il ne faut pas faire table rase du passé d'une façon facile, mais c'est vrai que les gens que j'ai rencontrés, pratiquement deux cents, c'est vrai que l'ensemble n'est plus à l'aise dans ce système de temps là. Ce sont des gens qui veulent se voir par exemple pendant un mois et travailler avec un groupe d'acteurs, un auteur, quelqu'un qui travaille sur la lumière, quelqu'un qui travaille sur le décor, peut-être qu'il n'y a pas de texte au début du processus, peut-être que c'est un texte qui va naître du rapport d'improvisation des comédiens etc etc. et ça aujourd'hui, ce sont les projets les plus durs à monter, surtout quand vous n'avez pas de notoriété, mais même quand vous avez de la notoriété, c'est quelque chose qui est extrêmement difficile que de faire éclater ce schéma du temps qui est en gros : réflexion, production, répétition, diffusion, c'est valable pour toutes les disciplines.

Le second fondement commun sur lequel on a travaillé, c'est la question de l'espace. On est, en France, comme très souvent dans le monde, en tous cas dans les pays où il y a les moyens pour qu'il y ait des politiques publiques fortes, dans un système où les lieux ont été normés : on est dans un rapport frontal ici au Studio-Théâtre, qui n'est pas du tout idéal à la conversation que l'on a, mais en dehors de cela, c'est un rapport qui ne convient plus à un grand nombre d'artistes, à un grand nombre de créateurs, même pour venir faire une lecture ce qui je crois est un des objets de cet espace-là. Et les artistes, une fois de plus, les plus méconnus et les plus notoires, les plus jeunes et les plus vieux, emploient des termes comme par exemple le terme de *décadrer*. Il y a une danseuse, directrice d'un centre chorégraphique national, qui dit : « moi je veux décadrer » ça veut bien dire ce que ça veut dire : sortir du cadre de la scène. Elle dit : « Aujourd'hui, le cadre de scène, en particulier par exemple pour ce qui se passe dans la danse contemporaine en France et dans beaucoup de pays, n'est plus satisfaisant. Donc en effet, on a un travail déambulatoire, on a un travail dans lequel on passe son temps à déshabiller les théâtres de leurs cintres, de leurs pendrions, pour essayer de faire voir le plus de mur possible, le plus de fer. On dépouille les dispositifs scénographiques etc etc. Donc un problème d'espace, évident pour l'artiste, pour son œuvre. C'est valable dans le domaine du théâtre avec le rapport frontal à l'italienne, mais c'est aussi valable dans le domaine de l'art contemporain avec les outils les plus récents qui ont été produits. Combien d'artistes rencontrés vous disent aujourd'hui : « La white box, ça va, ça suffit ». Le nombre de boîtes blanches qu'on aura partout dans le monde pour diffuser l'art contemporain va être impressionnant, les lumières vont être zénithales, de côté, travaillées, mais peut-être qu'il y a possibilité d'investir l'art contemporain autrement » — et les démarches de grands artistes le montrent, des gens aussi différents et notoires que Buren ou Claude Lévêque par exemple en France —, et de dire : « on a envie d'aller ailleurs ».

Le troisième fondement, par rapport à ces lieux, à ces espaces, c'est le rapport aux populations. Les espaces que l'on a produits l'ont été dans un grand objectif de démocratisation culturelle, mais si l'on a réalisé une partie du chemin, et là j'exprime un propos personnel, on se trouve sans doute aujourd'hui dans une impasse ; la démocratisation culturelle n'arrive pas à pousser les limites que l'on a aujourd'hui des pratiques culturelles et les pratiques culturelles des français, même si elles évoluent, se heurtent à des catégories sociales, même si dans les marges, par le travail d'action culturelle, notamment dans les grandes institutions, on arrive à rapprocher les publics les plus éloignés de l'art contemporain, de certaines de ces institutions. L'effet reste quand même extrêmement marginal, ce qui n'est d'ailleurs peut-être pas mal, mais ce qui est contradictoire avec l'objectif que l'on s'est fixé ou que l'on dit se fixer. Il y a dix mille raisons à cela et on ne prétend pas, dans ce travail-là, y répondre, simplement, on s'est rendu compte d'une chose assez simple, c'est que les lieux culturels aujourd'hui en France ont un caractère discriminatoire et que, en effet, il y a un grand nombre de personnes qui ne franchissent pas les portes d'établissements qui, normalement, ont été faits pour eux. Si on en revient aux bases et aux fondements de ce qui a par exemple fait la décentralisation culturelle en France, les pères de cette décentralisation culturelle ont manifesté clairement et fermement cette envie d'ouverture, cette notion de théâtre populaire par exemple, tandis qu'aujourd'hui, on est en but à un processus de représentation symbolique aussi qui indique que ces espaces ont un caractère discriminatoire. On constate que, quand on va dans des espaces moins définis, ce caractère discriminatoire saute, ce qui ne résout pas tout, bien entendu, mais ce qui est déjà un premier point par rapport à la diffusion des œuvres.

L'autre élément très important dans le rapport aux populations, qui est souvent recoupé par les problématiques du temps et de l'espace, c'est que, de plus en plus, les artistes veulent sortir de la *fabrique à œuvre* et que la consécration de l'œuvre comme finalité unique du travail artistique, a peut-être aussi vécue, en tous cas, dans notre temps ; ou en tous cas, à côté de cette finalité principale, peuvent exister des démarches artistiques reposant plus sur ce qu'on appelle ici les processus, plutôt que sur l'œuvre en tant que telle ; et souvent, dans ces processus, les populations sont associées. Je donnais l'exemple tout à l'heure de démarche dans laquelle le metteur en scène, les comédiens, les techniciens, souhaitaient produire l'œuvre ensemble beaucoup plus, mais il arrive de plus en plus maintenant aussi que des populations soient associées à ces processus de création ; qu'ils soient parfois même la matière première du travail de l'artiste, ce qui est aussi fondé et ce qui implique un rapport très différent entre l'art et la société. On voit en ce moment en France, un grand nombre d'expériences, une fois de plus dans le cinéma, dans le spectacle vivant, musical ou théâtral, dans les arts plastiques, où des questions de société, urgentes, sont traitées par les artistes avec une relation très forte aux populations. C'est, par exemple, des gens qui sont victimes de certains effets de la mondialisation qui font qu'une entreprise ferme dans un département du nord de la France, eh bien en effet, il y a un artiste qui se saisit de cette question pour la transformer en art et pour que l'art aussi à ce moment-là rentre dans un processus de transformation de la société, directement.

Donc, voilà, on pourrait parler, à partir de ce moment-là, assez longuement, du rapport entre les disciplines parce que, souvent, dans ces espaces, ça aussi vous avez eu tendance à le développer, c'est un élément que vous avez commencé à évoquer, les disciplines sont représentées simultanément. On pourrait parler aussi du fait que, dans ces espaces-là, il y a souvent simultanéité, c'est-à-dire qu'il y a des gens en répétition, des gens en formation, il y a des classes de danse contemporaine à côté d'un spectacle de danse hip hop. Toute cette mixité qui est retrouvée dans ces espaces, reconfigurent complètement le travail de politique qui est à faire. On pourrait parler aussi de la manière dont des artistes connus et des artistes inconnus sont dans un même espace en même temps, pas dans une alternance mais dans une simultanéité, ce qui produit et ce qui a des effets très importants.

**Brigitte Rémer**
*modérateur*

>Pour la transmission

**Fabrice Lextrait**
*expert*

>Pour la transmission bien sûr et puis pour l'interrogation permanente de ce qui est en train de se jouer. Et puis vous avez évoqué les problèmes économiques, bien entendu ils sont très différents en fonction de chaque situation, nationale ou régionale, mais qui sont des questions qui sont soulevées, par exemple : quels rapports aujourd'hui entre la sphère publique et la sphère privée, c'est une question qui, dans le réseau labellisé en France ne peut pas souvent se poser. Même dans les lieux qui sont les plus confrontés à ces problèmes-là. Je pense par exemple au dernier lieu que la France ait labellisé : les scènes de musiques actuelles ou les espaces culturels multimédias ou... Cette question du rapport au privé est essentielle pour réfléchir, ou alors à la question des cofinancements de ces projets. Donc on a parlé des subventions, on a parlé de ce qui pouvait venir du commerce et de l'industrie, il y a le partenariat, on pourrait aussi parler de tout ce que, Rahul je crois, a qualifié de l'économie

sociale, c'est-à-dire tout ce qu'on appelle le tiers système, le tiers secteur, qui combine des modes de production différents.

Puis vous avez beaucoup insisté sur les questions urbaines et architecturales, c'est central, c'est essentiel, parce que l'époque que l'on vit, là en ce moment, et en tous les cas, le travail que l'on a fait sur le Rapport concerne quand même des espaces, concerne des dynamiques qui sont assez différentes de celles qui ont eu lieu depuis quinze ou vingt ans en France aussi en même temps, qui était de réutiliser la gare d'Orsay pour en faire un musée ou de réutiliser La Villette pour en faire La Villette, ou de réutiliser Lu pour en faire *Lu*. Ce n'est pas à moi de dire si le Musée d'Orsay, La Villette ou Lu sont des espaces intermédiaires, des friches, ça n'a pas d'intérêt, ce que par contre moi je peux savoir en analysant le projet, c'est que par exemple à *Lu* il n'y a pas ce que je considère moi comme essentiel dans ces espaces-là, c'est-à-dire la permanence artistique ; ça veut dire qu'il y a des gens qui ne sont pas là que pour la diffusion, pas que pour la répétition, mais des gens qui sont là, des artistes qui sont là pour faire vivre un lieu, ce qui ne veut pas dire forcément qu'ils dirigent ce lieu, mais des artistes qui font que, on renoue avec le rapport entre l'artiste et la ville, entre l'artiste et le territoire, rapport qui a été petit à petit balayé parce que l'œuvre a été consacrée comme étant la seule finalité. Voilà.

**Brigitte Rémer**
*modérateur*

>Oui Rahul, on prend ta question. Je propose qu'on fasse ensuite une petite pause café et qu'on reprenne le débat autour de thèmes comme les langages artistiques et le rapport aux populations, qu'a lancé Fabrice.

**Rahul Vohra**
*Inde*

>C'est plutôt rhétorique ces questions. Est-ce qu'on est d'accord sur le fait qu'on est actuellement, partout dans le monde, dans une époque du pluridisciplinaire, chaque théâtre a une salle d'exposition, une de répétition, un café théâtre ou quelque chose de cet ordre, un espace commercial en bas, est-ce bien ça, le système du lieu unique, un théâtre ou une galerie seulement n'est plus dans l'air du temps ?

**Brigitte Rémer**
*modérateur*

>Je peux dire... Je pense qu'on affiche effectivement ça et qu'il y a une recherche, une volonté effective mais que le système de production ne le permet pas toujours, ici les systèmes sont relativement cloisonnés. Un projet pluridisciplinaire c'est souvent par le « ni...ni » qu'on essaie de le construire, vous n'étiez ni danse, ni théâtre, ni musique donc le chargé de mission sur le secteur concerné avait tendance à vous renvoyer chez le voisin. Les choses commencent à bouger, lentement, les déclics viennent aussi de travaux comme l'est le Rapport Lextrait. Il faut déconstruire les systèmes en tenant compte de toutes les susceptibilités et d'un système qui était profondément ancré depuis longtemps. Je ne sais pas ce que vous en pensez, Fabrice...

**Fabrice Lextrait**
*expert*

>Oui, enfin, les maisons de la culture avaient vocation à la pluridisciplinarité. Il y avait déjà cette idée-là. La question est de savoir de quoi on parle quand on dit pluridisciplinarité. Moi je me méfie beaucoup en ce moment des projets d'équipements culturels. Le bouleversement il est aussi dans la préhension de ce qu'on appelle un équipement culturel. On a été en France, mais c'est partout dans le monde, même dans les pays qui sont dans des situations les plus difficiles, je crois que quand on dit : on va faire une politique culturelle, on crée un musée, on crée un théâtre national, on crée d'abord un équipement et parfois au mépris de réelles dynamiques, des réels processus de travail qui sont en cours dans la société. Pour les politiques culturelles de ces pays, il serait bien entendu souvent beaucoup plus important et beaucoup plus riche en termes de production de valeurs, de s'interroger justement sur : comment est-ce que l'art se fabrique et comment est-ce que l'art pourrait se fabriquer un peu mieux. Je prends l'exemple d'une maison de la culture actuellement en cours de rénovation en France, le *Cargo* à Grenoble : on voit apparaître un nouveau modèle d'équipement culturel qui est que, on crée en fait une espèce de petite cité de la culture, mais je ne suis pas sûr moi que ça apporte beaucoup de réunir... un théâtre pour machin... une salle pour truc... à chaque fois c'est le nom des grands créateurs que je respecte beaucoup et puis il y aura une cafétéria, un centre de ressources dans lequel tout le monde se

retrouvera. C'est un modèle mais, — une fois de plus je parle en mon nom propre et ça n'engage que moi —, que je critique ouvertement avec vous. Parce que je pense que c'est tout ce qu'on ne doit pas prendre comme point de référence en France. Ce qui est en cours aujourd'hui et en jeu, c'est que, en effet, les choses sont beaucoup plus transdisciplinaires et que, ce qui est intéressant, c'est qu'il y ait des outils, des lieux de répétition, des lieux d'exposition, des lieux de diffusion qui puissent être utilisés par le plus de projets possibles. Et si ça peut servir l'après-midi pour un repas avec les personnes âgées et le soir pour une représentation d'une troupe d'une catégorie internationale, je pense que c'est tant mieux. Parce que le frottement qu'on va pouvoir essayer de produire a des chances de travailler la question de la mixité, la question de l'échange, la question du rapport qui est quand même la question des frontières, une des questions centrales de notre société d'aujourd'hui. Je caricature en parlant du repas des personnes âgées et de la représentation le soir quoique... Je peux vous donner l'exemple d'un petit village, au fin fond de la Gironde, à Uzeste, où Bernard Lubat, pianiste, batteur de jazz, un grand musicien de jazz en France travaille dans ce sens-là. Il dit : moi je m'en fiche, ça m'intéresse d'aller jouer sur les grandes scènes nationales bien sûr et j'en vis, mais lui quand il fabrique quelque chose sur son territoire, ce dont il a envie, ce n'est pas de créer la salle dans laquelle il va pouvoir jouer ses œuvres dans les meilleures conditions. Pour lui les meilleures conditions c'est le rapport à la population et si l'après-midi il a pu faire en sorte que le repas des personnes âgées soit moins sinistre que dans la salle sociale du lieu... il pense qu'il a aussi fait œuvre de travail d'artiste. Ça repose aussi pour nous en France des questions qui sont depuis longtemps en jeu qui est la question du rapport entre le socioculturel et le culturel dans tout le combat que l'art a mené pour être autonome, des questions qui ne sont pas simples, on n'évacue pas ça d'un revers de mains, il y a eu des combats menés et gagnés par des artistes, des intellectuels et des politiques qui ont défendu ces positions, mais aujourd'hui dans tous les cas par rapport au temps dans lequel on vit, on voit que le transdisciplinaire est pratiquement impossible. Il n'y a pas d'espaces adaptés, pas de modes de production adaptés. Si aujourd'hui vous êtes un chorégraphe, que vous avez envie de travailler avec un auteur dramatique, que vous avez envie de travailler avec une start-up qui travaille sur le multimédia et que vous avez envie de travailler avec une école qui fait de la photographie, et un lycée d'enseignement technique, vous ne pouvez pas. Enfin, vous pouvez mais il vous faut...

**Brigitte Rémer**
*modérateur*

>Une telle énergie...

**Fabrice Lextrait**
*expert*

>Des capacités d'énergie, des équipes qui sont capables de tirer sur les multiples ficelles qui existent... Voilà.

**Brigitte Rémer**
*modérateur*

>Moi je vous suis tout à fait quand vous preniez l'exemple de Grenoble, mais l'idée de la cité de la culture, c'est l'idée du multiplexe dans toute sa splendeur, c'est-à-dire une juxtaposition là pour le coup de projets, qui sans doute ne se croiseront jamais. Il ne suffit pas de décréter les choses. C'est toute la différence entre faire émerger un projet réellement, finement, sensiblement de croisement des disciplines. Je propose qu'on fasse la pause café et on reprend, vous rebondissez arès, il y a une très jolie matière de travail. Merci.

*Pause café*

**Brigitte Rémer**
*modérateur*

>On en était resté à l'état des lieux qu'avait partagé avec nous Fabrice Lextrait dans son Rapport, qui résonnait sur beaucoup de questions que vous aviez vous-mêmes lancées en fonction de vos expériences dans un certain nombre de lieux *nouveaux*, avec des guillemets. On avait proposé de parler des langages et puis du rapport aux publics, ce que nous avions déjà commencé à faire au début de la rencontre. Est-ce que ces lieux indiquent des formes nouvelles, quelles sont-elles dans vos expériences, dans les compagnies qui sont dans vos pays ? Quel rapport aux populations induisent-ils et donc, quelle est la redéfinition des rapports entre art et société ?
Qui souhaite prendre la parole ? Oui, Jean-Claude.

**Jean-Claude Dioma**
*Burkina Faso*

>Moi je peux dire que tout ça est assez nouveau pour nous, pour les africains, c'est une expérience dont il faut peut-être s'inspirer. La situation dans nos pays et particulièrement le mien, le Burkina Faso, celui que je connais le mieux, est assez différente. Nous n'avons pas cette tradition d'industrialisation qui a permis de dégager des espaces de ce genre, si bien que ce problème de friche ne se pose pas de la même manière, comme je l'ai entendu pour la France et ailleurs. Par contre, si industrialisation il n'y a pas eu, nous avons quand même des vestiges de la colonisation et ce que nous appelons chez nous un certain nombre de bâtiments, d'anciennes structures que le colonisateur avait occupées, qui sont des bâtiments qui ont été délaissés. Ce ne sont pas les arts du spectacle qui s'y intéressent mais le domaine du patrimoine et l'exemple que je connais chez nous ce sont des musées régionaux, un à Bobo Dioulasso, la seconde capitale, et un dans le sud ouest, à Gawa, ce sont d'anciens espaces, des bâtiments qui ont été laissés là par les anciens occupants, qui ont été restaurés pour en faire des musées. Le problème ne se pose donc pas chez nous de la même manière, si ce n'est que c'est très difficile pour le public de céder facilement effectivement un bâtiment pour des activités culturelles. Donc j'apprends beaucoup des échanges que nous avons ici.

**Brigitte Rémer**
*modérateur*

>Merci, il s'agit bien de la réinterprétation de lieux, d'autres manières. Qui développe le sujet, Rahul ?

**Rahul Vohra**
*Inde*

>Je voudrais parler de notre expérience plus récente, je crois que Brigitte est au courant mais pas les autres : quand je suis venu faire la formation, je m'occupais d'une association qu'on avait créée en 1987 investie, comme je l'avais dit précédemment, par les besoins quotidiens des artistes. A un moment donné, en rentrant d'ici, je me suis trouvé à la porte car je travaillais de façon bénévole avec cette association que j'avais créée. Je n'étais ni employé, ni dans le conseil d'administration, donc, à un moment donné, quand j'ai convoqué le conseil d'administration pour des questions banales d'augmenter les salaires, on m'a demandé ce que je faisais là dedans car je n'avais pas de statut juridique avec ça. Du coup, j'ai créé une compa-

gnie sur le mode 1901 comme vous avez ici et on a pris une position radicale : j'ai dit, d'accord on n'a plus besoin des fonds du gouvernement, on n'a plus besoin d'aides d'ailleurs. Si le gouvernement nous aide tant mieux, mais dans tous les cas on commence à travailler en se produisant nous-mêmes. Par exemple, on est allés dans une grande société et au lieu de juste proposer un spectacle sur lequel ils peuvent toujours mettre la main, on a proposé des stages de communication avec les artistes au sein de ces sociétés, en expliquant aux gens, aux cadres, comment prendre la parole en public, comment piloter une réunion etc. Des artistes, des artisans ont travaillé avec des administrateurs de cette société. On a fait le projet de créer un village des artistes à Delhi, avec des artistes traditionnels comprenant des danseurs et musiciens classiques, des artistes traditionnels, des tisserands, artisans, tous au même endroit pour créer une sorte de lieu justement pluridisciplinaire où on pouvait avoir des spectacles, acheter de l'artisanat, se divertir, manger la cuisine venant de toutes les régions de l'Inde. Et ça fait pratiquement trente ans qu'on essaie d'obtenir du gouvernement un terrain pour concrétiser ça. On a eu plein de promesses des premiers ministres successifs et on n'a jamais eu de terrain. Là on est lancé dans une optique où on se dit : bon on n'a plus besoin de chercher des fonds, on va créer avec nos fonds propres suite à la vente de nos spectacles. On en est là. Je ne sais pas si quelqu'un ici a eu ce même genre d'expérience...

**Dana Machackova**
*République Tchèque*

>Pour bien comprendre, ce travail avec les sociétés privées vous donne des ressources, c'est juste pour trouver des financements ?

**Rahul Vohra**
*Inde*

>Oui c'est bien ça.

**Miguel Issa**
*Venezuela*

>Je suis directeur d'une troupe qui s'appelle *Dramo*, dramaturgie du mouvement, à Caracas. C'est une troupe de danse-théâtre. Nous avons commencé sans argent, rien, c'est une grande école pour nous, nous avons développé de nombreuses manières de trouver de l'argent. A côté de la création elle même, nous avons travaillé avec des artistes comme des créateurs costumes, des graphistes, qui se sont investis dans le

projet, ça a été génial. Petit à petit nous avons commencé à trouver de l'argent dans des entreprises privées. Parallèlement, on peut dire qu'il y a beaucoup d'argent de l'Etat pour la culture et nous avons eu la chance d'en avoir un peu, il y a une sorte de respect par rapport à notre démarche, à notre travail. La grande question qui se pose c'est qu'à Caracas il y a beaucoup de mouvements artistiques, en théâtre, danse. La grande question est la recherche des publics. Au début j'ai pensé qu'il fallait effectivement aller chercher le public, où le trouver ? J'ai pu voir en France, lorsque j'ai fait mon stage, dans le cadre de la Formation internationale culture, au Centre national de la Danse, plus précisément à la Maison des compagnies et spectacles, il y a deux personnes qui travaillent sur la recherche des publics. Jamais je n'avais pensé qu'on pouvait travailler comme ça. J'ai commencé à réfléchir à ce que nous pourrions faire. Nous avons proposé un opéra pour les enfants des écoles, gratuitement, mais tout le monde disait : mais tu crois, pour les enfants ce n'est pas une discipline adaptée etc, etc. Mais ça a été superbe. J'ai parlé aux enfants, je leur ai souhaité la bienvenue et j'ai parlé de l'histoire de l'opéra ; ça a très bien marché, tout le monde était bouche-bée, étonné. Et il y a une autre sensation, je me suis dit : si tout le monde attend l'argent, l'argent, qu'est-ce qui se passe avec l'argent... La quantité d'argent ne réagit pas forcément sur la qualité, il ne faut pas confondre, je pense qu'il faut travailler sur nos possibilités, dans l'immédiat. Par exemple je suis professeur, je travaille avec des élèves, il faut leur donner petit à petit une nouvelle formation parce que si on attend l'argent, dans nos pays latino-américain, jamais on en aura, en tous cas jamais suffisamment. Aujourd'hui je suis ici mais demain je ne sais pas ce qui peut se passer.

**Isabel Santelices**
*Chili*

>Je viens d'un pays latino-américain, le Chili, j'ai dit hier pourquoi j'étais là, c'est parce que j'en ai marre d'attendre de l'argent d'un côté et aussi de convaincre les responsables du centre culturel que c'était nécessaire que le théâtre ou la danse ou la musique soient à la portée des gens, de tout le monde et pas seulement d'une élite. Comme artiste, on ne peut pas passer son temps à attendre de l'argent mais on doit aussi com-

prendre que ce n'est pas en apprenant le théâtre ou la danse que les gens vont venir. C'est à nous de nous former, pour les former. De plus en plus au Chili, la gestion culturelle intéresse, certains artistes sont en train d'étudier le sujet, pourquoi, parce que ce n'est pas seulement avec un bon projet que je vais convaincre le directeur d'un centre culturel, mais en parlant le même langage que lui. Pour parler avec les mêmes termes, il faut aussi que je sache aussi parler d'argent, voilà ça me semble important.

**Fabrice Lextrait**
*expert*

>Moi je m'interroge, à vous entendre tous… Qu'est-ce qui fait par exemple qu'en Palestine, on décide que c'est important d'écouter de la musique classique ? Moi je m'interroge sur les systèmes de valeurs qu'on est en train de produire autour de la consommation culturelle, qu'on souhaiterait imposer à tout le monde et je crois qu'un certain nombre d'élites, soyons clairs dont nous faisons partie, sont en train de reproduire, tout ça mérite questionnement. Vous avez beaucoup employé par exemple, mais c'est peut-être juste une question de langue, le terme de *qualité*, sérieusement il n'y en a pas un seul de vous qui ait la même approche en termes de qualité, pas un seul. Cette question de la qualité qui est souvent liée à la question de la professionnalisation, qui est souvent liée à la notion d'excellence artistique : qu'est-ce que ça veut dire dans nos sociétés où il y a la souffrance dont tu parles, les violences dont tu parles, et alors une fois de plus ce n'est pas chasser un modèle pour en reconstruire un autre mais c'est en tous cas, s'interroger sur ça, parce que par rapport aux publics, je pense que c'est quand même une question essentielle.

**Reka Csejdy**
*Hongrie*

>Si je peux ajouter à ça… Moi je suis convaincue que l'art est élitiste, la culture n'est pas élitiste mais l'art, l'artistique est élitiste et le public de l'art est une élite. Il n'y aura jamais quatre vingt dix pour cent de la population qui ira voir une pièce de recherche ou une pièce tout court. Pour moi ce qui est important, c'est de créer un public de qualité, pas créer mais…. Nous, on y réfléchit en faisant une programmation très contemporaine tout en sachant qu'en Hongrie l'éducation artistique, soit dans les écoles d'art, soit dans l'éducation classique, s'arrête en 1945. Donc le

contemporain n'est pas du tout dans l'esprit des gens. Pour nous, c'est ça la problématique et je sais que nous on dit créer, pour notre programmation, notre public *d'élite*, ce qui ne veut pas dire qu'il n'y ait pas d'autres consommateurs culturels du grand public, mais j'ai l'impression qu'on appelle maintenant *culturel* tout, en fait, n'importe quel groupe. Il faut bien séparer l'art et la culture en fait. C'est vrai que dans un lieu comme le nôtre, *Traffö*, il faut travailler des deux côtés, ce qui est de l'art et ce qui est de la culture, mais séparément.

**Maria del Mar Hagerman**
*Mexique*

>Je crois que c'est très intéressant ce que vous dites parce que, dans nos pays latino, c'est quelque chose, une question qu'on se pose toujours : la culture, pourquoi ? Ce sont des pays très pauvres, alors mettre de l'argent dans la culture, qu'est-ce que ça veut dire, surtout si c'est tellement élitiste. C'est le financement privé qui devrait entrer dans la culture, ce sont les gens un peu riches, dans nos pays c'est très marqué ce fossé entre les riches et les pauvres. Ce sont forcément ceux qui ont les moyens, ceux qui ont le temps aussi, qui ont accès à la culture. C'est une question primordiale pour nous : pourquoi va-t-on faire des activités culturelles, qu'est-ce que ça va apporter dans les pays pauvres ?

**Rahul Vohra**
*Inde*

>Deux petites réflexions. Je ne serai pas d'accord avec vous, Fabrice, quand vous dîtes que la question de la qualité n'est pas la même pour chacun d'entre nous. On parle d'une qualité absolue. On parle d'un niveau esthétique que nous partageons tous je crois de la même façon…

**Fabrice Lextrait**
*expert*

>Tu crois vraiment que le niveau esthétique que toi tu défends comme étant un label de qualité en Inde et celui de mon éducation occidentale, sont les mêmes ? Moi j'espère que non, franchement.

**Rahul Vohra**
*Inde*

>Je parle en termes absolu de niveau esthétique, oui, bien sûr que oui, mais ce n'est pas la même chose qu'on défend. Si tu me parles d'une représentation de la Comédie française et que moi je te parle de la musique classique indienne, en termes d'absolu on parle de la même esthétique, je veux dire que vous

défendrez la meilleure esthétique française et je défendrai la meilleure esthétique indienne.

**Brigitte Rémer**
*modérateur*

>Ce n'est pas une question d'esthétique, là, c'est une question de recherche d'excellence, chacun dans sa partie, c'est aller au bout d'un processus, ce n'est pas la même chose. Au niveau des critères esthétiques et artistiques, on est à des stratosphères différentes. Cet après-midi on parlera peut-être des critères d'évaluation qui, ici, orientent la répartition des subventions. Là je pense qu'on se heurte à une question de vocabulaire.

**Isabel Santelices**
*Chili*

>Juste un petit mot. Pour moi, heureusement qu'on n'a pas la même appréciation de la qualité parce que sinon, on serait tous aplatis. Je veux dire : toi tu vois une pièce tu trouves qu'elle est superbe, moi je la vois et je dis : je la trouve nulle, mais j'en vois une autre et je dis : elle est superbe et pour cette pièce il y aura un public, c'est mon projet j'y crois et je vais le défendre et il est aussi valable que le tien, mais heureusement, qu'on n'a pas la même esthétique sinon je meurs.

**Rahul Vohra**
*Inde*

>Je crois que je me suis mal exprimé, ce n'est pas ce que je voulais dire par rapport à la qualité. Je ne veux pas dire qu'il faut qu'on soit d'accord sur le même spectacle ou sur la même chose. On a tous cette recherche d'excellence, là où nous nous situons, c'est pour ça qu'on parle de qualité, je ne parle pas du partage des idées esthétiques.

**Fabrice Lextrait**
*expert*

>La question c'est que si on prend ce terme d'excellence comme une valeur de la mondialisation, personnellement, pour moi, ce n'est pas une valeur de mon engagement, professionnel et humain, parce que je pense que cette excellence d'aujourd'hui, elle se fonde sur des critères en effet de professionnalisme, sur quelque chose qui, en effet, est respectable, mais qui est quelque chose qui, à mon avis, ne correspond pas à la question principale qui est la question du sens. Moi j'ai vu cette année des spectacles qu'on pourrait qualifier de parfait, d'excellent, au sens de la représentation, de la production, et qui ne m'ont entre guillemets rien fait, si ce n'est, dans le meilleur des cas, fait passer une heure et demi, sans m'ennuyer,

mais la plupart du temps, en m'ennuyant. Ce qui a transformé ma vie cette année, dans ce que j'ai pu voir comme œuvres finies, c'est plutôt des choses imparfaites et impures, c'est-à-dire des choses qui sont en marche, avec mon temps. C'est pour ça, par rapport à ce que disait Reka sur cette question de l'art nécessairement pour une élite, moi je sais, mon combat politique, c'est de nier ça. Même si je peux faire des constats et être réaliste, je n'ai pas envie d'être réaliste dans mon combat politique, j'ai envie d'être utopiste et de penser en effet que, s'il y a un sens, c'est un sens pour l'art populaire, l'art le plus exigeant possible, pas le plus excellent le plus exigeant possible et un art qui soit partagé par le plus grand nombre, parce que je pense que la seule place de l'art dans la société, c'est de faire en sorte que les individus soient sujets de leur vie. Et, que ce soit à Bamako, Montevideo, ou à Marseille. Et que, pour que l'art soit sujet de la vie, soit un sujet de la vie des gens et permette aux gens d'être plus sujet de leur vie, je ne pense pas que ce soit l'excellence qui soit la clé de ça.

**Adriana Cavani**
*Pérou*

>Justement, je voudrais partager avec vous quelque chose. J'ai parlé avec un metteur en scène il y a quelques jours. Il me disait, on n'est pas vraiment formé pour être des créateurs, on est formé malheureusement pour être des gens qui répétons les choses, mais c'est ça la question. On peut voir un spectacle super bien fait mais qui n'apporte rien. On forme des gens qui savent répéter ce qu'on a déjà vu, tous les modèles de l'histoire du théâtre, de la danse, même de la gestion culturelle. Il nous est difficile de créer des choses vraiment nouvelles, qui soit en accord avec notre réalité à nous au Chili, au Pérou, au Mexique ou en Croatie. On a du mal au Pérou, à s'accepter soi-même. Nous sommes un mélange infini de peuples, de cultures, d'expressions et là, à Lima le théâtre indépendant est mort. On essaye toujours de répéter le modèle européen, de répéter les modèles occidentaux et on n'arrive pas à créer quelque chose, vraiment, qui nous appartienne, qui soit à nous.

**Gordana Vnuk**
*Croatie*

>Je voudrais dire encore quelque chose. Je peux ? Je pense qu'être artiste de théâtre aujourd'hui, c'est devenu une notion un peu... déflatoire... dévaluée...

J'ai l'impression qu'aujourd'hui tout le monde pense qu'il peut être artiste. Il y en a qui n'ont pas grand chose à faire là mais obtiennent de l'argent, ont du temps libre et se disent : maintenant on va faire de l'art, je ne juge pas sur les autres formes d'art, je parle du théâtre, c'est là qu'est mon expérience. Moi comme programmatrice, je veux seulement travailler avec des gens qui ont des visions artistiques, un potentiel créatif qui m'intéresse mais qui intéresse aussi le public. Alors faut-il que je soutienne aussi ceux qui prétendent avoir envie de faire quelque chose mais n'ont pas d'idées ? Je parlais des compagnies locales, à Hambourg où je suis située en ce moment, mais réellement je ne vois pas grand monde qui m'excite et pour lesquels on peut se dire : oui il faut soutenir, ils vont arriver à quelque chose. Ils n'ont pas d'idées artistiques, pas d'idées créatives... Alors, quel est le critère ? On peut parler des critères, moi j'ai découvert des artistes qui ensuite ont été très connus, très reconnus. J'ai présenté leurs premiers spectacles au début de leur carrière, des compagnies comme Jan Fabre, la Furia del Baus, etc. Je peux imaginer qu'avec mon expérience de voir et de suivre le théâtre depuis une vingtaine d'années, je peux sentir bien sûr si l'artiste a quelque chose ou non à dire, c'est bon comme critère... ?

**Isabel Santelices**
*Chili*

>Ton critère, l'expérience, puisque tu as de l'expérience, est aussi valable qu'un autre critère, mais il y a...

**Gordana Vnuk**
*Croatie*

>Je parle de choses qui vont rester dans l'histoire du théâtre. Mes ambitions aussi, avec le festival et tout ça... Les impulses qui changent l'histoire du théâtre, les impulses qui changent quelque chose dans la perception qui défient les habitudes de perception, des gens qui ne répètent pas, qui ne remplissent pas seulement... Ce sont des critères très *hauts*, très exigeants. Il n'y a pas tant de monde qui se situe là.

**Fabrice Lextrait**
*expert*

>Mais l'histoire du théâtre nous montre que l'on a intérêt à être extrêmement modestes sur ce chemin-là, c'est-à-dire : qu'est-ce qui change, qu'est-ce qui reste, par exemple, dans l'histoire du théâtre, un an, deux ans, trois ans, vingt ans, cent ans après... Moi, la

question que je pose, c'est pas le fait de dire : tout le monde est artiste, ou bien : il ne faut pas de professionnels. Je crois que l'art c'est d'abord *je* et qu'il faut qu'il y ait des *je*, aussi chez les programmateurs. La question qui se pose je pense : dans un certain nombre d'élites qui se sont constituées à travers le monde, autour de l'art, ces *je* ont confisqué, ont tout confisqué, et non seulement ils décident ce qui fait valeur, ce qui en effet monte, en termes de valeur dans la bourse de l'art et en même temps, ils refusent ou ils dénient, à toutes formes nouvelles d'exister. Pour prendre l'exemple de la France, même si on a un système qui, une fois de plus, est ouvert, je ne fais pas le procès de ce système, je l'interroge seulement. Sur les dernières années, la danse contemporaine, toutes les formes nouvelles de danse contemporaine, les arts de la rue, tout ce qui s'est passé dans le domaine du rap, tout ce qui s'est passé dans le domaine de la techno, quatre domaines, les quatre derniers mouvements importants, quelle a été la place de l'institution dans l'émergence et le développement de ces disciplines ? Moi, ma vision en tant qu'opérateur, c'est qu'elle a été nulle. C'est qu'elle a été une place de récupération, pas une place de développement et personnellement, ça m'interroge. Parce que, normalement, dans sa fonction, il était prévu dans ses missions qu'il y ait cette nécessité de veille. Et ensuite, ce qui m'interroge encore plus c'est que, en laissant par exemple la danse contemporaine se développer comme elle pouvait peut-être se développer, en appuyant les initiatives on les prend, on les récupère et on les installe comme de nouvelles valeurs. Résultat on donne aux quinze ou vingt excellents danseurs contemporains des lieux, c'est formidable, c'est un luxe exceptionnel dans notre société occidentale, mais en même temps on se rend compte, ces gens-là en témoignent : on assèche en même temps leur dynamique de création. On le fait dans le domaine public. On le fait encore plus dans le domaine privé. Si on regarde dans le domaine des musiques actuelles, c'est un processus qui est terrifiant. La manière dont on prend, dont on tort une écriture, dont on l'empêche de s'exprimer, dont on ne lui donne pas le temps de la maturation et dont on la transforme en produit. Ça ne veut pas dire qu'il faut abandonner ce système-là, je crois qu'il faut quand même s'interroger sur les endroits où, à un moment, dans les pratiques, il y a, moi quelque chose que j'aime beaucoup dans la pensée contemporaine, ce que Habermas appelle *la confiscation de l'espace public* et c'est, véritablement, un processus de confiscation de l'espace public, c'est-à-dire qu'à un moment, en effet, tout est récupéré et en général par ceux qui, aujourd'hui constituent les élites c'est-à-dire la bourgeoisie, une fois de plus dont je suis, qui est mon statut social, ça me semble très inquiétant pour l'avenir du monde.

**Ligia Petrucci**
*Brésil*

>Je vais juste raconter une histoire, par rapport à l'utopie dont vous avez parlé. Je coordonnais, avant de participer à la Formation internationale culture, un projet culturel à l'Université de Rio Grande del Sur, qui a été créée il y a vingt ans, à Porto Alegre, c'est déjà un peu vieux. Le projet est pluridisciplinaire. L'année passée, on a organisé une édition thématique sur la paix et pour cette édition j'ai invité une jeune actrice qui avait travaillé avec un metteur en scène. C'est toute une histoire qui s'enchaîne : cette femme avait étudié à la Fac de théâtre de l'Université et elle a décidé de suivre un cursus d'étude en théâtre après avoir suivi le travail que je faisais dans la coordination de ce projet. Elle a suivi ce cursus, est devenue actrice, est venue à Paris suivre l'école de Philippe Gaulier et a créé un superbe spectacle sur le thème des *bouffons*, à partir de l'observation de clochards de Porto Alegre. On l'a programmé dans cette édition sur la paix pour faire le contre point sur la question : la paix est-elle possible dans un monde de tant d'inégalités ? C'était superbe, il y avait huit cents personnes, le spectacle a été suivi d'un débat. Quelqu'un de la Mairie m'a ensuite appelée pour me dire que ce spectacle l'avait bouleversée ainsi que la vingtaine de femmes clochardes qui étaient venues avec elles et que cela avait changé leur vie. Elles sont venues ensuite à toutes les activités proposées, en cinéma, danse, musique, théâtre, je discutais avec elles, elles sont devenues un public fidèle. Cela pour parler de ce pourquoi on travaille dans ce milieu culturel et artistique, même dans des pays pauvre il y a des liens insoupçonnés, parfois on ne sait pas pourquoi on le fait, on le sent comme ça et le sens se construit en che-

min, il faut regarder pour voir ce qu'on a déclenché, ce qui reste.

**Isabel Santelices**
*Chili*

>Comme vous posiez la question : faut-il que tout le monde consomme du culturel, bien sûr que non. Il y a ceux qui ne veulent pas aller au théâtre et c'est leur droit, mais il faut que ce soit une option de ne pas aller au théâtre. Chez moi je suis allée dans un village où jamais personne n'avait vu un film il n'y avait pas de cinéma, n'était allé au théâtre, n'avait pas rencontré une compagnie musicale, ça moi ça me touche, même si supposons après avoir vu une pièce de théâtre ils pourraient dire : moi je n'en ai rein à foutre... Mais ils n'ont pas même l'occasion de savoir. Le foot moi peut-être je n'irai jamais mais c'est une option. C'est pour ça que je me bats dans la culture, pour offrir une possibilité à ceux qui le souhaitent.

**Reka Csedjy**
*Hongrie*

>Oui c'est aussi ça que je voulais dire quand je parle d'art élitiste. Il faut que l'offre existe pour que les gens puissent choisir et décider.

**Gerardo Bugarin**
*Uruguay*

>Il faut peut-être bannir le mot élitiste : c'est un groupe qui apprécie certaines formes d'art, comme il y a des groupes qui aiment le rugby. C'est vrai que quand on parle d'élite on voit un groupe là en haut de la pyramide. Il faut se placer de manière plus horizontale, qu'il y ait des groupes différents aux goûts différents. Il faut se battre pour que tout le monde ait l'information et puisse choisir, au-delà de la télévision ou du football, en fonction de ses envies, de son éducation, de son passé, de son contexte historique.

**Fabrice Lextrait**
*expert*

>Excusez-moi, simplement un petit contrepoint pour qu'on essaie aussi de... Moi ce que j'essaie de dire c'est que pour moi ce n'est pas un choix parmi une carte où on pourrait plutôt avoir du foot ou de la télé. Je pense que l'art c'est nous, que cette démarche-là qui amène à être sujet de soi, c'est quelque chose qui est constitutif de l'humanité et que la manière du rapport par exemple au sport, au rugby ou au football, je pense que ça peut être appréhendé comme un art d'être à la vie dans une relation à une passion, à quelque chose qui transforme sa vie. J'interroge autant la manière dont on consomme l'art que la

manière dont on consomme le football. Je pense qu'on est sur les mêmes systèmes et que ce qui fait qu'on développe l'un plutôt que l'autre ce sont les modes d'appropriation ; ça veut pas forcément dire jouer au football ou ça veut pas forcément dire jouer de la guitare, c'est peut-être tout simplement aller au stade ou aller au théâtre mais dans une posture active qui fait qu'à mon avis on est d'abord des citoyens et pas des consommateurs et que je pense qu'une grande partie des politiques culturelles aujourd'hui nous considère d'abord comme des consommateurs et pas comme des citoyens, c'est ça que moi j'interroge.

**Brigitte Rémer**
*modérateur*

>On va prendre la dernière remarque ou question et peut-être fermer le débat parce que le temps avance ; c'est une magnifique matière qu'on pourrait développer encore longtemps.

**Rahul Vohra**
*Inde*

>Je voudrais juste citer Oscar Wilde, c'est pour répondre à la question : est-ce que la culture est importante dans un pays où l'agriculture l'est encore plus, Wilde disait : « un pays dans lequel on peut se demander, on peut se poser la question de savoir si l'artiste est une personne spéciale, est un pays en péril, la culture c'est l'identité d'un peuple, c'est l'identité de chaque être » et donc on comprend que c'est essentiel pour la vie, pour l'affirmation de l'identité, l'affirmation de soi et c'est pour cela qu'on le fait.

**Brigitte Rémer**
*modérateur*

>Merci Rahul. Que l'on parle des nouveaux lieux ou de l'infrastructure plus classique, le vrai problème qui se pose c'est le projet culturel qui le définit, c'est : quel est le contenu ? Je voudrais poser une question à Fabrice : est-ce que les nouveaux lieux impriment une nouvelle manière de travailler, est-ce que les équipes travaillent de façon différente ou est-ce que l'on est toujours en verticalité avec un directeur qui, en son âme et conscience, choisit ou, est-on dans un type d'organisation plus collégiale ?

**Fabrice Lextrait**
*expert*

>Il y a de nouvelles formes d'organisation, de management, mais il y a aussi les formes plus traditionnelles. Là aussi, le critère de l'organisation n'est pas

un des critères exclusifs. Dans certains endroits il y a des programmateurs et des systèmes hiérarchiques, en général il est vrai on est sur des systèmes de management plus modernes, en groupe, en collectif, en équipes projets. Il y a des équipes qui sont dans l'intergénération, dans la parité, ce qui n'est pas toujours le cas ailleurs. Ce sont en effet des équipes qui sont plus en relation avec le monde tel qu'il est aujourd'hui, plus mixte, dans lequel les communautés ont aussi le droit de cité à des postes de responsabilité et pas seulement à des postes subalternes. Ce sont en effet de nouveaux modes d'organisation qui sont en jeu.

**Brigitte Rémer**
*modérateur*

>Moi ce qui me fait un peu peur dans l'histoire de ce Rapport avec ce coup de projecteur mis sur les nouveaux lieux culturels, c'est que dès qu'on érige quelque chose en système, on le détruit en même temps, en cela, l'Etat récupérateur est très doué.

**Fabrice Lextrait**
*expert*

>C'est toujours possible, vous l'avez évoqué aussi. Moi de dix ans d'expérience que j'ai de la *Belle de Mai* à Marseille, je sais que non seulement ils n'ont pas détruit mais ce qu'on a fait et qui continue à essayer de se faire, c'est être véritablement dans le contrepouvoir ou en tous cas dans le rapport de force, pas forcément le contre pouvoir, en tous cas dans l'instauration d'un rapport de force qui soit un rapport de force aussi plus démocratique, c'est-à-dire dans lequel on puisse mieux entendre les voix de chacun, c'est-à-dire que ce ne soit pas qu'une démocratie consultative, mais véritablement participative, que ce qui est en jeu en l'occurrence là, en France, c'est qu'il y a malgré tout une combinaison entre l'Etat central, les collectivités locales où il y a des élus locaux avec des moyens et des pouvoirs plus importants et des groupes dans la société civile qui sont plus constitués et je crois qu'il y a plein d'exemples dans les pays que vous avez cités aussi, dont vous venez où on a ces nouveaux arbitrages, ces nouvelles combinaisons qui se font, c'est-à-dire qu'on n'est pas dans un système administré complètement tel qu'on a pu le connaître dans certains pays pendant longtemps, on n'est pas dans un système complètement livré à la régulation du marché, on est dans des systèmes beaucoup plus

mixtes qui laissent peut-être entrevoir que... On dit bien haut et fort que ce n'est pas un nouveau système que ce n'est pas un nouveau label, que ce n'est pas une nouvelle mode, on parle beaucoup nous, d'expérimentation d'une politique publique c'est-à-dire qu'on dit : les lieux, les projets, depuis vingt ans expérimentent donc on va leur demander d'expérimenter, ils le font. Ce qu'on va, nous en tant que puissance publique, faire, c'est par contre, tenter d'expérimenter des politiques publiques par exemple à l'intérieur de l'Etat français, des politiques publiques qui soient plus transversales ? Ce ne sont pas que des espaces qui concernent le ministère de la Culture mais aussi les ministères de l'Agriculture, de l'Industrie, de la Justice, de la Ville, de l'Intérieur, des Affaires sociales etc etc. C'est-à-dire que la culture, l'art n'est pas une chose en soi, ça peut l'être, ça l'est mais c'est aussi un processus actif, un principe actif comme diraient les gens de la revue *Cassandre*, qui est un processus complètement transversal à l'action publique aussi.

**Brigitte Rémer**
*modérateur*

>Voilà je crois que l'on va garder ça comme conclusion de notre journée, conclusion provisoire il va de soi. Je vous remercie beaucoup, Fabrice.

**Fabrice Lextrait**
*expert*

>Merci. Moi je voudrais seulement faire un petit appel à ceux qui sont là pour ce colloque de février, on fait en sorte d'être là aussi sur une démarche très participative. Donc si vous, par rapport aux villes, aux pays dans lesquels vous êtes, vous pensez qu'il y a des expériences qui sont intéressantes, vous pensez qu'on peut faire témoigner un certain nombre de ces acteurs, de ces metteurs en scène ou parler de ces friches qui naissent ici ou là, je vous laisse mon mail pour pouvoir être informés et aussi vous informer.

**Brigitte Rémer**
*modérateur*

>Je vous rappelle, pour ceux qui auraient envie de creuser le sujet que le Rapport piloté par Fabrice Lextrait a été publié à la Documentation française sous le titre : *L'état des lieux des nouveaux lieux*. C'est un outil de travail bien intéressant.

**Fabrice Lextrait**  
*expert*

>Vous pouvez aussi le télécharger sur le net…

**Brigitte Rémer**  
*modérateur*

>Merci Fabrice de votre présence, merci à tous. Vous avez votre ticket pour aller au restaurant du Ministère de la Culture. Je vous souhaite un Bon appétit. On se retrouve à 14 heures 30 pour notre seconde table ronde.<

>Christian Randrianampizapy, *Madagascar.*

*Regard institutionnel et regard critique
sur les arts du spectacle*

## Ateliers par disciplines et champs d'expertises
*Studio-Théâtre de la Comédie française*
mardi 4 décembre 2001
14h30 / 17h30

*Regard institutionnel et regard critique.* / 4 décembre 2001

*Les comités d'experts, quels critères artistiques :
La position du Ministère de la Culture.
Les pleins et les déliés de la critique dramatique.*

## Participants

### >Modérateur

- **Brigitte Rémer**
  Directrice de la Formation internationale culture,
  membre du comité d'experts pour le théâtre à la DRAC Ile-de-France,
  auteur d'une thèse en sociologie : *Fragments d'un discours théâtral.
  Entre singulier et pluriel. De l'individualité créatrice à l'œuvre collective.*

### >Intervenants

- **Pierre Chambert**
  Inspecteur général, Direction de la musique, de la danse,
  du théâtre et des spectacles, Ministère de la Culture
  et de la Communication
- **Jean-Pierre Han**
  Critique dramatique, directeur de la publication
  et rédacteur en chef de la revue *Frictions théâtres-écritures*,
  membre du comité d'experts à la DRAC Ile-de-France

*Regard institutionnel et regard critique.* / 4 décembre 2001

« Il y a un fossé énorme entre les journeaux et la presse professionnelle incapable de changer de langage et de faire un article lisible par tous. »

**Dana Machackova**, *République Tchèque*

**Brigitte Rémer**
*modérateur*

>On démarre si vous le voulez bien cette après-midi, pour essayer de tracer la route de ce qui peut encore nous agiter dans le domaine du spectacle vivant. Je vous présente Pierre Chambert, à côté de moi qui est Inspecteur général à la Direction de la musique, de la danse, du théâtre et des spectacles au Ministère de la Culture. Il va nous aider à réfléchir sur les critères artistiques, dans le prolongement de la réflexion que nous avons ouverte ce matin sur la qualité artistique et la notion d'excellence, sujet délicat s'il en est. Je vous présente le second intervenant, Jean-Pierre Han qui est je ne sais comment tu souhaites être nommé : critique, professeur, exégète...

**Jean-Pierre Han**
*France*

>Je suis critique essentiellement, critique dramatique...

**Brigitte Rémer**
*modérateur*

>Critique, et qui est directeur d'une revue qui s'appelle *Frictions*, une revue qui réfléchit, qui essaie de réfléchir. On va engager le débat en cette première partie d'après-midi. Tous deux ont été informés de nos échanges du matin sur le thème des nouveaux lieux. La question des critères artistiques est un sujet délicat, nous pourrons, quoiqu'il en soit, tous trois témoigner de notre manière de raisonner et d'agir, en tous cas dans les comités d'experts puisque nous en faisons tous les trois partie au sein de la Direction régionale des affaires culturelles en Ile-de-France. Est-ce que quelqu'un veut lancer une première question ? S'il s'agit des critères artistiques il s'agit donc de la répartition des financements, quelle est la capacité de création que l'on va donner à untel plutôt qu'à untel et pourquoi ? Quel est l'effort de rationalisation, l'effort de lecture ? Existe-t-il des critères et lesquels ? Oui, Miguel.

**Miguel Issa**
*Venezuela*

>Bonjour. Je suis Miguel Issa, je suis danseur et directeur d'une compagnie de danse et je vous expliquerai son fonctionnement tout à l'heure, un peu plus tard. Actuellement, se pose au Venezuela, la question de la restructuration du Conseil national de la culture, nous n'avons pas en effet de Ministère de la culture, et de savoir si nous allons rassembler la musique, la danse, les arts scéniques en un grand département, comme en France en fait. C'est la grande question que tout le

monde se pose : faut-il garder l'autonomie des départements ou unifier l'ensemble ? Je vous pose la question : comment fonctionnez-vous ici depuis le regroupement des différentes disciplines en un même département depuis... deux ans... ?

**Brigitte Rémer**
*modérateur*

>Trois ans je crois...

**Pierre Chambert**
*France*

>Trois. Je vais vous répondre, même si on dévie un peu de l'objet de notre rencontre : jusqu'à il y a trois ans, le Ministère de la culture avait un certain nombre de directions dont, pour ce qui nous concerne, la direction de la musique et de la danse et la direction du théâtre et des spectacles. Il y a quatre ans, le ministère a demandé d'analyser comment faire pour regrouper les deux en une seule. Il commençait à y avoir beaucoup d'endroits, du côté des professionnels, où les spectacles devenaient transdisciplinaires, c'est une première raison : les danseurs utilisaient le texte, de plus en plus, le théâtre intégrait des musiciens, des chanteurs etc. La seconde raison éventuelle relevait de la simplification administrative.

Par ailleurs notre mouvement de déconcentration, dans le droit fil de celui de décentralisation, nous permettait d'imaginer que les Directions régionales des affaires culturelles (DRAC), représentation de l'Etat en région, étaient plus proches du terrain et donc mieux à même de travailler sur le regroupement des disciplines.

Il s'agissait donc de faire fusionner deux départements l'un, celui de musique et de danse avait une centaine de personnes, l'autre celui du théâtre et des spectacles, une quarantaine et de déterminer des secteurs pluridisciplinaires, ce que nous avons fait. Il est évident que si pour certains domaines c'est un progrès, pour d'autres cela a complexifié le jeu. C'est pour cela qu'on a gardé un corps d'inspecteurs thématiques, certains sont musiques, d'autres danse, d'autres encore théâtre, voilà. Moi je suis théâtre.

**Jean-Pierre Han**
*France*

>Je sais que vous avez parlé ce matin des nouveaux lieux dans lesquels on traverse toutes les disciplines, ce qui valide parfaitement ce choix de regroupement au sein du ministère.

| | |
|---|---|
| **Brigitte Rémer**<br>*modérateur* | >Qu'en est-il dans les Directions régionales des affaires culturelles, au niveau des conseillers ? |
| **Pierre Chambert**<br>*France* | >Le raisonnement a été le suivant : dans les DRAC, le directeur couvre tout le champ, du livre au patrimoine, en passant par la musique, les archives, la danse etc., elles sont donc à même de travailler dans l'interdisciplinaire. Pour cette raison-là justement, on a préféré conserver des conseillers spécialisés, pour qu'ils soient les interfaces entre les artistes et l'administration tout en créant des sortes de services du spectacle vivant, dans lesquels le conseiller théâtre, le conseiller musique et le conseiller danse échangent au maximum sur leurs dossiers. |
| **Dana Machahova**<br>*République Tchèque* | >Une question : vous êtes une compagnie travaillant sur un mode pluridisciplinaire, pour les DRAC vous êtes amenés à poser trois dossiers ? |
| **Pierre Chambert**<br>*France* | >C'est une question... ça nous permet d'en venir à l'évaluation après tout... Nous avons dans les Directions régionales des comités d'experts : la DRAC demande à des gens de tous horizons de venir siéger en tant qu'eux-mêmes et non pas en tant que représentant d'une institution. Ils y viennent parce que ce sont des passionnés de théâtre ou des gens qui vont beaucoup au théâtre, ou des gens qui ont un avis sur le théâtre. Ils viennent donner un avis artistique sur les compagnies. Il y a quelques années, ils n'analysaient que les compagnies de théâtre. Ils couvrent maintenant des champs très ouverts comme les marionnettes, le cirque, le mime, les arts de la rue. On est dans une situation déjà beaucoup plus large. On est parfois obligé d'analyser au cas par cas notamment si le projet touche à des secteurs comme le spectacle mais aussi les arts plastiques. Avant, on se renvoyait souvent la balle d'un secteur à l'autre. C'est le cas par exemple d'une compagnie qu'on connaît tous les trois, *Alice*, qui travaille la parole non par la voix mais par les lettres et les mots qu'ils présentent sur scène. Ils ont un travail visuel, des projections très complexes avec deux acteurs qui sont neutres c'est-à-dire qui se contentent de manipuler les lettres et objets sur scène. C'est un travail d'une grande précision et d'une grande poésie. Mais pour autant, on peut très bien dire et |

les comités l'ont dit, c'est des arts plastiques. Il n'en demeure pas moins qu'aujourd'hui elle est suivie par le comité d'experts de la DRAC Picardie, c'est une compagnie conventionnée dans sa région et ça fonctionne plutôt bien. Mais on est obligé d'analyser chaque cas.

**Jean-Pierre Han**
*France*

>Ce qui est drôle, c'est qu'à l'intérieur de ce comité d'experts, se reforment malgré tout des petites cellules autour des arts de la rue, des spectacles pour enfants, d'autres pour le cirque et on se retrouve encore malgré tout avec une sorte d'émiettement assez étonnant. De ce point de vue, en tant que spectateur je dirais que nous sommes en retard par rapport à l'institution, pour une fois.

**Brigitte Rémer**
*modérateur*

>On pourrait dire aussi, pour répondre à Dana, qu'on multipliait ses chances par trois, en frappant à trois guichets... Est-ce que ces aides peuvent se cumuler ?

**Pierre Chambert**
*France*

>Si on ne le voit pas, ça peut se cumuler...

**Jean-Pierre Han**
*France*

>Certaines compagnies ont été démasquées, heureusement à l'intérieur du comité ; elles déposaient plusieurs demandes en espérant avoir plusieurs réponses favorables.

**Pierre Chambert**
*France*

>D'où l'intérêt de la mise en place pour nous de ces fameux *services* spectacle vivant qui obligent les conseillers à se concerter et à travailler ensemble, permettant de repérer les compagnies qui tenteraient d'émarger à un double guichet. Par contre, sur un même spectacle on peut recevoir l'aide à l'écriture par exemple et l'aide à la production mais ce n'est pas de même nature.

**Jean-Pierre Han**
*France*

>Il y a effectivement des possibilités de doublons, prenons le cas d'une compagnie des arts de la rue qui a une commission spécifique, on avait repéré que certaines posaient aussi une demande auprès du comité général sans que l'on s'en rende compte et pouvaient obtenir de l'une et de l'autre, donc une double subvention.

**Reka Csedjy**
*Hongrie*

>Une question. Chez nous en Hongrie, la décentralisation n'est pas encore vraiment faite, mais comme le pays n'est pas très grand, on se connaît ; la situation est la suivante : il y a le Ministère qui a ses institutions, qui a certains organismes inscrits dans son programme budgétaire, pour le fonctionnement surtout mais aussi pour la production parfois. Le Ministère a créé le Fonds national de la culture qui a charge de distribuer l'argent de la production. Les institutions ainsi que les organismes indépendants doivent présenter leurs dossiers, leurs projets, et ceci chaque année. Il n'y a pas de comité d'experts pour le spectacle vivant. Tout est séparé, la danse d'un côté mais toutes les formes de danse, la danse contemporaine, la danse traditionnelle, le ballet etc., le théâtre d'un autre côté etc. Mais souvent ceux qui siègent dans les comités sont juges et parties, la personne concernée a beau sortir au moment où on parle d'elle, c'est une espèce de lobbying qui est derrière la négociation... Ce sont des lobbyings, des intérêts différents et finalement on arrive à des décisions de qualité très moyenne et peu risquée car les plus traditionnels ont du mal à accepter le choix de projets très radicaux et vice versa. Comment cela se passe en France et ailleurs ?

**Pierre Chambert**
*France*

>Qu'il y ait des influences des uns ou des autres, je pense qu'on ne peut guère l'empêcher. Le problème devient quand ces influences l'emportent ou deviennent prioritaires sur le bien général en quelque sorte. Nous avons une règle pour composer les comités d'experts théâtre c'est de ne pas prendre ceux qui sont justement juges et parties, par exemple les directeurs de compagnies, ni les metteurs en scène ou comédiens susceptibles de demander une subvention, mais forcément nous avons quand même des exceptions, des gens entre deux. Si le dossier de l'un d'entre eux est présenté, généralement, la personne concernée se retire pendant le débat sur son dossier, mais ça ne résout pas toutes les questions c'est vrai. Pour la danse, nous avons des comités d'experts qui couvrent des régions beaucoup plus larges parce qu'il y a moins de compagnies de danse en ce moment en France. Leur fonctionnement est un peu différent du nôtre dans la mesure où eux, dans leur règlement, ont choisi d'y associer des danseurs. Ceci pour vous montrer que dans un

même Ministère nous avons des modes de fonctionnement différents, ce qui indique bien un certain désarroi et une hésitation sur ce que nous devons faire.

**Jean-Pierre Han**
*France*

>C'est vrai que la question est assez complexe. Sans parler des artistes, il y a dans ces comités d'experts des directeurs de théâtre qui vont programmer les compagnies dont on parle et qui demandent des subventions. Par ailleurs dans certaines régions plutôt petites, on trouve moins de personnalités évidentes et on tombe toujours sur le même groupe de personnes qui connaît le spectacle, donc le choix est nettement plus restreint. Ce n'est pas le cas de l'Ile-de-France.

**Pierre Chambert**
*France*

>Pour compléter, dans nos débats internes au Ministère, suite à certains remplacements que nous avons opérés dans le comité d'experts, certains ont trouvé que nous avions mis trop d'enseignants. Je fais partie de ceux qui ont défendu le fait de ce trop d'enseignants, car je pense qu'ils ont une parole plus libre que les directeurs de structures et que, quand on a des directeurs de structures en trop grand nombre, ça devient une réunion de producteurs et ce n'est pas bon. Les enseignants apportent la contradiction d'une voix forte et différente parce qu'ils parlent en tant que spectateurs éclairés plus que comme coproducteurs. La diversité me semble plus équitable.

**Jean-Pierre Han**
*France*

>Dans le même temps, ce qui est vrai également c'est qu'il y a une très forte demande de la part des compagnies elles-mêmes pour être représentées au sein de ces comités afin d'avoir un droit de regard sur leur fonctionnement. Effectivement, le comité d'experts peut sembler être quelque chose de très opaque dont on ne connaît pas le fonctionnement.

**Brigitte Rémer**
*modérateur*

>Je ne sais pas si je suis d'accord avec toi, Pierre, au sujet des enseignants, on va voir à l'usage. Moi je serai plutôt partante avec le schéma québécois qui invite dans ses collèges et autres conseils des arts, des artistes, beaucoup et des opérateurs, des gens vraiment en action sur ces territoires.

**Pierre Chambert**
*France*

>En même temps, c'est une question de dosage.

| | |
|---|---|
| **Jean-Pierre Han**<br>*France* | >En même temps il faut dire qu'un certain nombre de profs sont aussi des praticiens de théâtre, notamment à l'*Institut d'études théâtrales*, ils finissent aussi par avoir une double casquette. |
| **Brigitte Rémer**<br>*modérateur* | >Oui, Yahya, à toi…Présente-toi d'abord s'il te plaît, pour nos deux interlocuteurs.. |
| **Yahya N'Doye**<br>*Sénégal* | >Oui, merci. Je travaille à la ville de Dakar comme conseiller culturel du Maire en ayant aussi à côté un parcours particulier. Je suis de la promotion 1993-94 de la Formation internationale culture. Je ne voudrais pas me tromper Brigitte, le thème de l'après-midi c'est sur les critères d'appréciation n'est-ce pas ? |
| **Brigitte Rémer**<br>*modérateur* | >On va toucher à ce sujet, entre autre, oui. |
| **Yahya N'Doye**<br>*Sénégal* | >Parce que j'ai comme eu l'impression qu'on était dans l'environnement des critères et que… |
| **Brigitte Rémer**<br>*modérateur* | >Les critères je crois qu'il faut bien comprendre qui essaie d'y réfléchir : il y a certes le Ministère de la Culture, quand même un peu éloigné de la création mais c'est par le filtre des comités d'experts des Directions régionales des affaires culturelles, qu'il a un retour d'informations. C'est pour ça qu'on a redonné le schéma et la structure de base de l'institution avant d'aborder la réflexion sur les critères. |
| **Jean-Pierre Han**<br>*France* | >Et des inspecteurs d'ailleurs… |
| **Yahya N'Doye**<br>*Sénégal* | >D'accord donc je vais attendre parce que je voulais décrire une expérience de chez nous… |
| **Brigitte Rémer**<br>*modérateur* | >Vas-y, au contraire ça va nous permettre d'avancer… |
| **Jean-Pierre Han**<br>*France* | >Ça lancera le débat. |
| **Yahya N'Doye**<br>*Sénégal* | >Disons, pour le soutien aux artistes et aux projets, il y a quatre niveaux que je voudrais aborder : le premier niveau, c'est lorsque les artistes, sachant que l'argent ne court pas chez nous, essaient, par certaines voies, d'avoir des exonérations par rapport à la fiscalité, par rapport à certaines charges qu'on pourrait demander au niveau de certaines institutions, qu'elles |

soient publiques ou privées, en général ça passe si l'institution y trouve également son compte, ça on le voit au niveau des collectivités locales où j'exerce, en l'occurrence la ville de Dakar. La demande artistique et culturelle passe par là, par la demande d'exonération.

Le second niveau se passe au niveau du Ministère de la Culture : nous avons là un fonds qui s'appelle *Le fonds aux artistes*, modeste, mais qui existe et sert au financement des projets des artistes, là nous avons un problème sur les clés de répartition, selon les projets, selon les domaines et par rapport aux acteurs également. C'est en fait un calcul arithmétique que l'on fait, mais il y a beaucoup de subjectivité dans la répartition des subventions et dans leur destination. Les agents du Ministère ne sont pas outillés, n'ont pas les moyens d'aller voir à l'autre bout du pays ce qui se fait sur le plan de la création ; c'est vrai qu'il y a une sorte d'équivalent des DRAC au Sénégal, ce sont des directions régionales même si elles n'en ont pas le statut, elles n'ont pas non plus les moyens pour aller à une certaine distance pour apprécier les projets. C'est d'ailleurs par une sorte de complicité entre les directeurs de centres culturels régionaux qu'ils réussissent à monter des projets au niveau national. Là non plus les critères ne sont pas précis, nous avons ces problèmes de détermination des critères.

Le troisième niveau, qui commence à apporter un peu de réflexion sur l'appréciation des critères se passe chez nous au niveau des *Projets de Soutien aux Initiatives Culturelles, les PSIC*, ce sont des fonds européens disponibles depuis quelque temps au niveau de certains pays d'Afrique. Là un sérieux effort a été fait au niveau des critères pour le financement des projets, selon les domaines artistiques et selon les fonctions, disciplines : théâtre, musique, danse, arts plastiques, patrimoine etc. fonctions : la formation du patrimoine etc. Il y a un comité comme vous l'avez souligné, un comité qui est commis, on change souvent de membres pour essayer de garantir la transparence et l'impartialité. J'ai été moi-même souvent appelé par ce comité pour essayer de valider les critères, les déterminer le plus objectivement possible les critères qui permettent de financer. J'ai d'ailleurs aussi présenté moi-même des projets pour un Festival. On nous demande d'abord, le premier critère c'est la maîtrise du projet : savoir ce qu'on veut faire, où est-ce qu'on veut aller, quels problèmes on veut résoudre, quel niveau de financement on cherche, quels sont les partenaires, avec qui on travaille, le projet est porté par qui, il est soutenu par qui. Donc il y a un ensemble de critères qui sont donnés et il faut nécessairement essayer de se retrouver dans ces critères. On vous oblige à un exercice qui part du général au particulier et du particulier au général. Parce que, si vous vous adonnez à cet exercice, si le projet n'est pas maîtrisé, obligatoirement vous passez à côté parce qu'il y aura des incohérences qu'on retrouvera au sein du projet. Je crois que c'est vraiment un effort qui a été fait et, au niveau de ces projets-là, le suivi après est assuré. Et ils ont aussi des possibilités de contrôle a-posteriori. Ces fonds servent principalement à la production, le reste transport, restauration, peuvent être pris en charge par d'autres, disent-ils.

Le quatrième niveau est un fonds qui est mis à la disposition des jeunes, porteurs de projets. C'est un prêt d'argent, comme une avance sur recettes. Il faut qu'ils maîtrisent le projet et qu'ils répondent à un certain nombre de critères notamment techniques et financiers assez précis. J'ai le privilège, en ce qui concerne la culture, d'être leur expert entre guillemets, pour analyser les critères d'attribution, la viabilité du projet, le niveau de financement etc.

Dans ces quatre niveaux-là, rien n'est encore acquis, on est à la recherche. Et c'est pourquoi d'ailleurs le travail de cet atelier m'intéresse, j'étais ce matin au niveau de l'atelier développement et politiques culturelles et j'ai voulu venir cet après-midi entendre un autre son de cloche et glaner d'autres expériences. Je vous remercie.

**Brigitte Rémer**
*modérateur*

>Merci de nous honorer de ta présence, ça enrichit forcément le débat, tant mieux pour nous. Est-ce qu'on peut dire où nous en sommes ici par rapport aux critères ?

**Jean-Pierre Han**
*France*

>Merci j'ai appris beaucoup de choses, à vous entendre mais je pense qu'il faut distinguer deux choses, les critères administratifs et financiers d'une part, les critères artistiques d'autre part. Les critères

administratifs, Pierre vous en parlera, la véritable difficulté touche aux critères artistiques.

**Pierre Chambert**
*France*

>Je pense qu'il faut se dire au moins une chose : analyser un spectacle ou *juger* entre guillemets un spectacle c'est quand même une drôle de situation parce que le premier qui va, non pas analyser mais avoir un avis, c'est le spectateur, mais le spectateur n'a pas la même position que celui qui doit analyser le projet ou le résultat en vue de donner de l'argent ou pas. Les premiers qui analysent un spectacle ce sont les spectateurs, ça ne veut pas dire qu'on attribue une importance absolue à tout ce qui marche avec les spectateurs, car parfois les spectacles qui marchent peuvent être de pur divertissement, qui flattent les choses faciles. Oui, il y a les deux niveaux, administratifs et artistiques. Quand une compagnie monte un dossier on peut l'aider, éventuellement, on lui demande en tous cas un montage financier solide, que le projet soit bien décrit, qu'on voit les objectifs, que l'on comprenne bien où veulent aller le directeur et le metteur en scène, que les participations artistiques soient bien définies, avec le metteur en scène, le scénographe, celui qui fait les costumes, à qui la compagnie va faire appel pour envisager de vendre, de tourner ou de rencontrer le public, à quelles structures. Au-delà on considère toujours que notre priorité c'est quand même l'artistique, d'autant que certains artistes pourront avoir quelque chose à dire dans leur art mais seront assez nuls pour monter un dossier. Dans les comités d'experts on traite d'abord de la question artistique mais on peut parfois prendre un pari sur une démarche, une personne dont on n'a pas vu un travail fini mais qui nous semble avoir un parti-pris fort, nos règles nous le permettent.

**Reka Csedjy**
*Hongrie*

>Quel est le pourcentage des dossiers acceptés, des dossiers refusés ? Chez nous il y a une vision, celle de ne pas faire de choix par rapport aux jeunes compagnies, mais de donner un peu d'argent à tout le monde, ce qui ne veut rien dire car ensuite elles n'arrivent pas à trouver les compléments de financement et ça joue sur la qualité du travail. Donc est-ce que vous refusez et dans quelle proportion ?

| **Brigitte Rémer**  
*modérateur* | >Il faut dire qu'en Ile-de-France il y a environ six cents compagnies répertoriées. |
|---|---|
| **Pierre Chambert**  
*France* | >Actuellement, six cents compagnies sont subventionnées par le Ministère de la Culture mais on répertorie environ deux mille compagnies professionnelles en France, quoique ce soit très difficile à définir. Les ratios, par contre... Je viens de recevoir les dossiers pour l'aide à la production de la région Midi Pyrénées, il y en a quatre vingt dix, le comité d'experts se réunira, on en subventionnera environ une vingtaine. |
| **Jean-Pierre Han**  
*France* | >Le critère ne se fait pas sur le nombre de compagnies mais sur l'enveloppe budgétaire qui répartit. S'il y a beaucoup de demandes il est évident que chacun aura un peu moins, mais le choix se fait sur la qualité des projets de chacune des compagnies. |
| **Pierre Chambert**  
*France* | >Pour répondre à la question du saupoudrage de l'argent, on s'est aperçu ici de la même chose, qu'on saupoudrait souvent. Pour éviter ça nous avons donné comme directive, mais rien d'obligatoire une directive seulement, de remonter la somme minimum attribuée à 60, 70 ou 80 000 F au lieu de 10 000 F parfois avant, donc d'aider moins de projets mais d'une manière plus conséquente. |
| **Brigitte Rémer**  
*modérateur* | >Il y a une chose qu'il faut que vous sachiez : le comité d'experts est consultatif, le directeur régional décide. |
| **Pierre Chambert**  
*France* | >Il y a des différences selon les régions. Dans certaines régions avec lesquelles je travaille, en fin d'année, on affiche officiellement les aides exactes attribuées, mais c'est vrai qu'on a l'habitude de dire : le comité d'experts ne découpe pas l'argent, ce n'est pas son rôle, et ça lui laisse plus de liberté. Son rôle est d'analyser les projets, artistiquement, le directeur régional et son équipe décide, après avoir entendu l'avis, de la répartition financière. |
| **Jean-Pierre Han**  
*France* | >C'est vrai qu'il y a eu une réforme des aides aux compagnies il y a trois ans et cette réforme était contre le saupoudrage, du moins dans les textes, dans la réalité c'est un peu plus compliqué. Il était donc ques- |

tion, dans cette réforme, d'aider les équipes repérées qu'on estimait effectivement excellentes.

**Gordana Vnuk**
*Croatie*

>Comment assurez-vous la continuité du travail, je veux dire est-ce que vous pouvez décider de soutenir une compagnie sur un temps donné ou seulement projet par projet ? Je travaille en ce moment en Allemagne et je vois que c'est un problème, toutes les compagnies se plaignent qu'elles ne peuvent pas survivre.

**Jean-Pierre Han**
*France*

>Je dirai que sur le papier, tout est fantastique. Nous avons une double forme de financement, il y a l'aide à la production et ce que nous appelons le conventionnement des compagnies, c'est-à-dire une aide sur trois ans. Là, il y a un suivi effectif qui est opéré.

**Gordana Vnuk**
*Croatie*

>Est-ce que c'est une aide pour la structure, pour le fonctionnement ou une aide pour l'artistique ?

**Jean-Pierre Han**
*France*

>Les compagnies qui demandent le conventionnement ne peuvent pas demander l'aide à la production. Elles ont une somme globale qu'elles utilisent comme bon leur semble par rapport à leurs besoins.

**Brigitte Rémer**
*modérateur*

>Cette réforme date d'il y a trois ans. Bien sûr cela pose le problème de la sortie des compagnies, qui ont été importantes à un moment donné mais sont au bout de leur processus artistique et cela pose le problème des nouveaux entrants et des critères d'entrée. L'idée de base de la réforme était de donner plus pour l'aide à la production, sur des projets plus ambitieux.

**Pierre Chambert**
*France*

>Nous avons en Ile-de-France un peu plus de cent dix compagnies conventionnées, on signe une convention de trois ans avec ces cent dix compagnies, qui s'engagent à accomplir un certain nombre d'activités listées dans le document, elles ont un certain nombre d'obligations telles que : créer un minimum de spectacles, de les tourner un minimum etc.

**Rahul Vohra**
*Inde*

>Je suis de New Delhi et je suis de la promotion 1992-93. J'ai une question un peu pointue : j'ai le projet de créer un spectacle co-réalisé avec une compagnie française en utilisant par exemple une vingtai-

ne d'artistes indiens. Qu'en est-il des charges sociales, je suis obligé de payer les charges sociales en France dont ces comédiens-là ne pourront pas bénéficier. Est-ce qu'il y a une convention avec la DRAC par exemple pour éviter cette double taxation ?

**Pierre Chambert**
*France*

>Je vous avoue que je suis incapable de vous répondre avec précision, parce qu'on a des cas particuliers. Le *Footsbarn* par exemple, une troupe anglaise installée depuis longtemps en France. Je crois me souvenir qu'ils ont négocié avec les financeurs pour revoir les taxes à la baisse, en raison justement de leur double appartenance. La plus grande difficulté reste encore le problème des entrées et des sorties, variable selon les périodes, on a eu le cas récemment pour des artistes africains qui ont eu des problèmes pour venir, mais ça c'est d'une autre nature. On essaie d'avoir une action dans ce cas auprès de l'Ambassade de France dans le pays concerné. La circulation des artistes, selon les moments, pose problème.

**Rahul Vohra**
*Inde*

>En ce qui nous concerne, ce n'est pas la circulation qui pose problème, c'est l'aspect financier.

**Pierre Chambert**
*France*

>Ce qui est sûr c'est qu'artistes ou pas, nous sommes tous soumis à la législation générale et quelquefois cette législation générale nous bloque.

**Dana Machackova**
*République Tchèque*

>Est-ce que je peux revenir sur les critères ? Un projet peut être génial sur papier, les gens qui travaillent pour peuvent être géniaux, le résultat est minable, ça peut arriver. Quels comptes doit rendre la compagnie pour justifier de la subvention, autrement dit quels sont ses engagements par rapport au Ministère ou à l'institution qui la soutient, au plan artistique, au plan financier ?

**Yahya N'Doye**
*Sénégal*

>Autrement dit, est-ce qu'on peut savoir si les comités d'experts tiennent compte de la critique ?

**Jean-Pierre Han**
*France*

>Ce n'est pas à moi de répondre puisque je suis critique, mais si on tente de la faire : disons qu'il ne me semble pas qu'il y ait obligation pour la compagnie qui a présenté son projet qui a été accepté, de rendre des comptes au niveau artistique. En revanche, elle est

obligée de jouer un certain nombre de fois, il y a des obligations dans la recevabilité du projet. Ceci dit la compagnie a tout intérêt à ce que son projet soit réussi car deux ans après elle va présenter un nouveau projet pour avoir une nouvelle subvention et elle sera évaluée aussi par rapport à ce qu'on a vu. Notre jugement s'appuie sur ce critère-là c'en est un pour le coup, donc si la compagnie rate son spectacle ce n'est peut-être pas grave sur le moment mais pour la suite des événements ça risque d'être très grave.

**Pierre Chambert**
*France*

>Les obligations minimum sont écrites dans le contrat qui est signé. Il est demandé par exemple de créer au minimum deux spectacles sur les trois ans de la durée de la convention ; d'avoir un certain nombre de représentations, pour une compagnie conventionnée c'est cent vingt représentations sur trois ans ; d'appliquer la loi, c'est-à-dire la législation du travail pour les artistes ; mettre le logo du Ministère de la Culture sur tous les documents officiels, voilà les obligations. Après même si l'on a vu parfois un spectacle raté, on sait aussi faire la part des choses. Le droit à l'erreur en matière artistique est la moindre des choses et d'ailleurs, que veut dire raté ? Dans nos réunions d'experts, je peux avoir parfois ma voisine de droite à cent pour cent pour, et ma voisine de gauche à cent pour cent contre. On a d'ailleurs des débats tout à fait passionnants.

**Dana Machackova**
*République Tchèque*

>Est-ce que vous tenez compte du public, vous pouvez avoir des critères de travail excellents mais une salle qui se vide à moitié en cours de spectacle ?

**Pierre Chambert**
*France*

>Moi je considère que c'est un des éléments, le succès public ou le fait de rencontrer une population, un élément qui doit entrer en ligne de compte, mais pas plus qu'un élément. Quant à la critique elle entre obligatoirement en ligne de compte parce que les professionnels qui discutent dans le comité d'experts lisent un peu de la critique donc sont influencés plus ou moins. La critique est une forme de jugement aussi. Oui le fait qu'un spectacle marche auprès du public, que ça touche un nouveau public ou pas, le fait que ça secoue des choses en matière d'innovation artistique, esthétique, littéraire, le fait que les professionnels s'y

intéressent, que beaucoup de professionnels du réseau achètent le spectacle et qu'il tourne à travers tout le territoire, c'est quand même un signe, pas suffisant certes mais un signe. Pour moi c'est la convergence de tout cela qui peut faire un avis global relativement objectif, une objectivité toute relative quand même.

**Jean-Pierre Han**
*France*

>L'objectivité est simple : après l'examen de chaque dossier, nous votons, nous sommes une vingtaine ou une trentaine d'experts en Ile de France, sur chaque dossier, nous votons. Ceux qui vont ensuite décider de l'attribution de la subvention, car le comité ne décide pas mais propose, tiennent compte évidemment du résultat du vote. Lorsqu'on présente un dossier, la première question c'est : est-ce que quelqu'un connaît le travail de cette compagnie, donc vous voyez on revient toujours à ce qui a été fait auparavant.

**Brigitte Rémer**
*modérateur*

>Oui mais ça reste ambigu puisqu'on vote y compris pour les compagnies que l'on ne connaît pas, il y en a tellement en Ile de France et la région est si étendue. Ceci dit on essaie aussi de voir où se situe le spectacle ou le projet dans le parcours du metteur en scène, dans la cohérence du parcours, dans le processus de création. En chemin il peut y avoir un raté, on ne s'arrête pas là-dessus exclusivement.

**Jean-Pierre Han**
*France*

>On ne peut effectivement pas voir tous les spectacles, dans les mois les plus importants, il y a une centaine de créations en Ile de France, il n'y a que trente ou trente et un jours dans le mois.

**Reka Csedjy**
*Hongrie*

>J'aurai une question sur les compagnies conventionnées, car c'est une question chez nous. Notre système est basé sur le répertoire, que ce soit en théâtre ou en danse, le système des compagnies indépendantes existe. Pour l'instant il y a trois compagnies qui sont conventionnées pour trois ans, deux en danse, une en théâtre. Dans le meilleur des cas, une compagnie qui travaille bien demande à nouveau le conventionnement, mais il y a de plus en plus de compagnies qui devraient être conventionnées et on arrive à nos limites. En Hongrie, la limite c'est trois chez vous c'est cent. La philosophie est toujours la même, la question est toujours la même : comment un comité

d'experts peut dire à un moment, on a donné beaucoup d'argent à cette compagnie, pendant six ou neuf ans, maintenant c'est fini. On n'ose pas dire ça à un créateur bien connu, repéré par l'institution, on ne peut pas.

**Jean-Pierre Han**
*France*

>C'est une excellente question. Elle se pose de manière très forte au sein du comité d'experts. Il y a des compagnies qui sont là depuis très longtemps et que l'on n'ose pas, que l'on n'osait pas faire sortir de la convention. C'est difficile effectivement de dire a une compagnie qui a reçu une certaine somme d'argent, de dire, du jour au lendemain : désormais c'est terminé. L'institution réfléchit au problème : comment accompagner ces compagnies pour ne pas les jeter à la rue, complètement. C'est pour cela qu'il y a eu cette réforme. Autrefois il y avait l'aide aux compagnies ré-envisagée chaque année. On s'est aperçu qu'au bout de vingt ans certaines petites compagnies avaient toujours les mêmes petites sommes minimales mais qui étaient toujours là.

**Pierre Chambert**
*France*

>C'est là où on a peur des lobbies. La question ne se pose pas si la compagnie fait un bon travail, qu'on a un avis global positif et qu'on a vraiment envie de poursuivre, pour l'instant on le fait, donc on passe une autre convention. La question se pose lorsqu'on a un avis négatif et si jamais l'ensemble du comité d'experts, des inspecteurs du Ministère et des conseillers de la DRAC à l'unanimité, a un avis négatif. Je n'aurai pas la langue de bois pour vous dire que parfois le lobby va l'emporter et que nous n'arrivons pas à arrêter la convention, même progressivement. Bon voilà c'est une réalité ça…

**Yahya N'Doye**
*Sénégal*

>Qu'est-ce qui est prévu dans les conventions ?

**Brigitte Rémer**
*modérateur*

>Le micro, Yahya, mais avant Isabel voudrait la parole.

**Isabel Santelices**
*Chili*

>Bonjour Je suis comédienne, je viens du Chili, j'ai été à la Formation internationale culture en 1999-2000. Chez nous, la démocratie est arrivée il y a douze ans, avant c'était très difficile de faire du théâtre parce que c'est dangereux. A l'arrivée de la démocratie,

nous avons eu une explosion de compagnies de danse, de théâtre, musique etc. et on a créé le *Fondart*, le Fonds national d'aide à l'art. Avec très peu d'argent, les jeunes compagnies déposaient un dossier, parce qu'à ce moment-là tout était inconnu, il n'y avait presque rien au niveau du théâtre etc. Les compagnies déposaient un dossier et recevaient une somme par exemple pour un an. Mais la question se pose au bout de cinq, six ou sept ans. Le *Fondart* c'est un comité d'experts, un peu plus simple et plus petit que le vôtre. Au bout d'un certain temps, certaines compagnies qui ont été soutenues dans leur première puis deuxième année, qui au bout de cinq ans ont eu du succès, continuent à déposer un dossier. Alors, quels sont les critères pour donner de l'argent à certaines compagnies, est-ce que vous considérez qu'au bout d'un certain temps cette compagnie doit s'autofinancer ? Ou est-ce que l'aide doit aller aux petites compagnies ? Le comité d'experts est parfois très critiqué parce qu'on dit : encore une fois ils ont soutenu une compagnie qui a du succès. En tant que comédienne je sais que l'on peut avoir du succès mais que quand cesse un spectacle tout est remis en question, tu dois tout recommencé, rien n'est prouvé. Quels sont les critères pour soutenir une compagnie qui a déjà un trajet ? Faut-il soutenir uniquement les jeunes compagnies ? Autant de questions que nous nous posons.

**Brigitte Rémer**
*modérateur*

>Moi je dirais qu'il y a une notion de service public qui entre en jeu et la notion d'accompagnement dans la durée. C'est dans cet esprit-là qu'on essaie de réfléchir. On ne privilégie pas certaines compagnies qui ont un franc succès mais se trouvent à la frontière du théâtre privé, qui pourraient avoir d'autres types de relais financiers. Ce qui pose problème c'est quand on a conscience de laisser une compagnie dans le vide., même si le travail artistique commence à être daté.

**Isabel Santelices**
*Chili*

>Ariane Mnouchkine ou le Royal de Luxe perçoivent-ils l'aide des pouvoirs publics par exemple ?

**Jean-Pierre Han**
*France*

>Ils reçoivent l'aide de l'Etat, entre autre.

**Isabel Santelices**
*Chili*

>Tout le temps ? De temps en temps ?

**Pierre Chambert**
*France*

>Dans les faits, les six cents compagnies subventionnées vont, des deux plus subventionnées, Ariane Mnouchkine ou Peter Brook, aux moins subventionnées, c'est-à-dire une compagnie aidée au projet et percevant environ 60 à 70 000 F à 7 millions de F chez Peter Brook. Je ne sais pas si vous voyez l'écart. Aujourd'hui personne ne peut prétendre qu'un théâtre comme celui d'Ariane Mnouchkine peut vivre sans aide publique. C'est impossible. A partir de là, qui oserait dire, pour elle comme pour Peter Brook, ils sont déjà très connus donc on arrête les subventions d'Etat ? C'est impossible et je prétends que c'est plutôt juste que ce soit impossible. Mais il arrive il est vrai que l'on donne une forte subvention pour une compagnie dont on pense qu'elle a vieilli, que ce n'est pas très bon. Là s'installe le jeu du lobbying et on ne peut quasiment pas les laisser tomber ou en tous cas il nous faut procéder très progressivement, très en douceur. On a parfois réussi mais c'est très délicat. L'objectif de l'aide de l'Etat a toujours été de dire, je favorise la création artistique, je favorise la rencontre des publics donc l'élargissement des publics. Depuis que le Ministère de la Culture existe en France on a quasiment toujours défendu ces deux choses. Dans ce cadre-là c'est logique d'aider Ariane Mnouchkine. Voilà.

**Isabel Santelices**
*Chili*

>Merci.

**Jean-Pierre Han**
*France*

>Je trouve, pour conclure là dessus que la distinction qu'a opérée Brigitte tout à l'heure est tout à fait juste, entre le théâtre privé et le théâtre de service public. Il est clair qu'un théâtre public, quelle que soit sa notoriété, ne peut pas faire commercialement de bénéfice. Donc la réponse est simple, elle est claire. Il est normal dans ces conditions que l'Etat continue à aider même ces *super vedettes* si je puis les appeler ainsi.

**Jean-Claude Dioma**
*Burkina Faso*

>Je vais profiter de la proximité du micro, au détriment de mon grand frère là-bas, pour prendre la parole. Je crois que l'aide de l'Etat, nous l'avons compris dans le cadre de son rôle de service public est plus que jamais une nécessité et ça se sent très fort dans nos pays africains qui ont très peu de moyens. Dans le cas de mon pays, le Burkina Faso, l'ami du Sénégal l'a

dit, cela prend plusieurs formes, nous avons plusieurs tentatives. La perception même de la chose culturelle n'est pas même une évidence aux yeux de nos hommes politiques, loin s'en faut. Pour qu'au niveau du débat budgétaire on puisse consacrer une part pour l'art et la culture il faut déjà un Ministre de poids pour être entendu, pour pouvoir arracher quelque chose. Depuis 1997, nous avons la chance d'avoir un ministre à poigne, ça nous a permis de mettre en place un certain nombre de lignes et de fonds budgétaires : fonds de soutien, fonds à projets, très modestes mais quand même, cela permet d'aider un tout petit peu certaine compagnies, certaines structures y compris des associations traditionnelles qui ont des projets, mais c'est vraiment infime. Là se pose toujours le critère de choix, on est en train d'y réfléchir. Il y a aussi le *Projet de Soutien aux Initiatives Culturelles* dont parlait le collègue du Sénégal à partir des fonds européens. Mais vu la demande et le nombre de groupes artistiques, de compagnies etc. on sait qu'on allait être taxé de favoritisme, comment éviter cela ? Quand on donne à l'un on ne donne pas à l'autre. Alors on a résolu le problème en centralisant les fonds pour créer des Prix nationaux. On organise des sortes de rencontre, tout au long de l'année, sous forme de compétition. Les artistes, selon les disciplines, se retrouvent pendant cinq à dix jours pour faire une œuvre qui est mise en compétition. C'est une récompense à celui qu'on juge le plus méritant, qui est attribuée. On a pensé que sous cette forme, les tensions et rivalités liées à l'attribution d'aide à la création se calmeraient. C'est un problème très aigu que la répartition de subvention dans un pays qui a si peu de moyens à disposition de l'art et de la culture. Nous n'avons pas de politique de subventionnement bien pensée, bien déterminée qui soutienne l'aide à la création. Mon frère du Sénégal a dû traverser ce type de problèmes dans une étape antérieure car le Sénégal est beaucoup plus avancé dans la reconnaissance de la chose culturelle.

**Yahya N'Doye**
*Sénégal*

>Je suis tout à fait d'accord avec mon frère du Burkina. C'est vrai que nous sommes frères et qu'il y a le droit d'aînesse, mais que l'on soit du Burkina ou du Sénégal, il y a des valeurs qui se partagent, qui ne

sont pas liées aux frontières. Nous avons chez nous ce qu'on appelle le cousinage à plaisanterie qui traverse les frontières je ne sais pas si vous connaissez : je peux, à travers mon nom, prendre en dérision quelqu'un qui se nomme par exemple Diop parce qu'il a le nom de N'Diaye. Ça se passe aussi au niveau des communautés et au niveau des Etats. Vous avez souvent compris la difficulté qu'il y a à donner un nom fixe à un africain, il va être Diop au Sénégal, Traoré au Mali ou au Burkina. C'est pour vous dire que nos frontières n'ont pas de sens du point de vue culturel, nous sommes encore un peuple uni.

Par rapport au problème dont il vient de parler, c'est aussi notre problème, au Sénégal où il y a cette pratique des grands Prix du chef de l'Etat, pour la musique, pour la littérature, pour les arts, tout est Prix du chef de l'Etat. Personnellement je n'ai jamais été d'accord avec ça. En fait je voyais un peu la main du prince : l'artiste et le prince. Le prince qui dit le beau, qui dit le bon. C'est de soutien réel à la création qu'ont besoin les compagnies, les groupes artistiques, au plan horizontal, non pas vertical. La notion de confrontation n'est pas une bonne notion, on cherche à être le meilleur, ça crée de la rivalité, en tous cas dans le cadre de mon pays.

Si on reprend le thème des conventions, est-ce que vous avez des avenants, car si j'ai bien compris d'une convention de trois ans on peut rester trente ans...
Est-ce qu'il y a des précautions qui sont prises pour éviter la rente à vie : certaines compagnies je suppose peuvent avoir des problèmes de création, d'autres de gestion, d'autres de lieu, de logistique. Si on ne fait pas d'effort d'évaluation et qu'on est dans un statuquo permanent, je ne crois pas que cela fasse avancer les conditions de travail ou la qualité des productions.
Finalement, si je comprends bien, vous n'avez pas de compagnies privées, vous avez les scènes nationales, les centres dramatiques nationaux, bref les différents cercles, qui dépendent exclusivement du financement des pouvoirs publics, notamment de l'Etat. Demain il y aura les financements européens, est-ce que vous allez continuer à subventionner ? Il faudrait peut-être commencer à dire la vérité, que l'art et la culture ne seront pas forcément prioritaires. On en arrivera peut-être là.

**Pierre Chambert**
*France*

>Au sujet des conventions, il y a une césure au bout de trois ans. Il n'y a effectivement pas d'article particulier qui dise on peut faire un avenant. Si la compagnie ne peut pas faire face à son cahier des charges, il lui faut venir en informer la DRAC et y réfléchir ensemble. Mais, à la fin des trois ans, on ne signe pas une nouvelle convention sans le respect d'un certain nombre de règles : une auto évaluation de la compagnie qui fait un bilan, une analyse et une discussion du comité d'experts, une courte analyse de l'inspecteur chargé de ce domaine, l'avis du directeur régional et de ses conseillers. C'est avec tout ça qu'on décide de refaire une convention ou non, mais pas forcément dans les mêmes termes que la première. Il y a bien une césure tous les trois ans.
Sur le débat public/privé, on a eu de grandes discussions et des rapports très compliqués. Je dois dire en ce qui me concerne que je n'ai pas les idées absolument claires là-dessus. En tous cas on peut dire qu'il y a des présomptions de théâtre privé ou des présomptions de théâtre public. Quand une équipe fait des bénéfices, ou bien joue sur le vedettariat, payant manifestement ses comédiens ou ses techniciens bien au-dessus de la moyenne, c'est de l'ordre du théâtre privé. Quand une tournée se fait dans un système bénéficiaire on peut se dire attention là on est en train de basculer dans le privé. C'est à cette frontière que se situent les choses. Du côté public, il s'agit de se donner une mission par rapport à la création, par rapport à la recherche des publics, c'est respecter des tarifs en dessous du seuil de rentabilité. C'est le rassemblement de ces critères qui peut nous faire dire là on aborde le privé ou là on est bien situé.

**Brigitte Rémer**
*modérateur*

>Je vous propose qu'on en reste là pour la première partie de notre rencontre et qu'après une pause café d'une vingtaine de minutes, nous abordions le thème de la critique dramatique.

*Pause café.*

**Brigitte Rémer**
*modérateur*

>Nous allons donc passer cette dernière heure à réfléchir sur les publications, la presse et la critique dramatique, la place du spectacle dans l'actualité. Jean-Pierre, veux-tu nous présenter le travail que tu fais

avec ta revue *Frictions*, quel est son objectif, comment s'inscrit-elle dans le paysage théâtral en général ?

**Jean-Pierre Han**
*France*

>Vaste question... *Frictions* est en fait une revue de réflexion, trimestrielle, qui est quelque peu dégagée de l'actualité, c'est un peu un rêve, le rêve de tout journaliste de théâtre que j'ai réalisé. Ceci dit ce n'est pas la première que je crée. C'est une sorte d'utopie dans la mesure où créer ce genre d'outil est extrêmement compliqué pour des raisons évidentes, des raisons financières évidentes, le tout n'étant pas de créer la revue mais de la faire durer un certain temps. Le vrai problème est là.

Je vous disais que cette revue était un peu décalée par rapport à l'actualité, il est évident que sur un trimestriel, il est impossible de rendre compte et de faire de la critique comme on pourrait en faire dans un quotidien ou un hebdomadaire ou même un mensuel. J'ai mis l'accent sur le fait que cette revue était une revue de réflexion, non pas menée par des intermédiaires que sont les journalistes, je suis le seul journaliste mais j'ai voulu faire en sorte que la parole soit donnée et soit prise par les artistes eux-mêmes. Vous pourrez le vérifier en regardant les quelques exemplaires que j'ai apportés. Il y a par exemple une comédienne qui écrit très bien, Christiane Cohendy, je lui ai donné ma parole, elle a écrit de manière tout à fait libre. Je veux qu'on retrouve aussi dans cette revue le plaisir de l'écriture. Quand on a travaillé comme moi dans des quotidiens, des hebdomadaires on sait qu'au niveau de la forme on n'a pas le temps, on écrit très vite. Ici je tiens à ce qu'on retrouve ce plaisir de l'écriture et que chaque article soit comme un petit objet d'art, si possible. Dans le comité de rédaction on a un metteur en scène, Robert Cantarella, un auteur, Eugène Durif, un cinéaste, André Labarthe. On ne veut pas cloisonner dans un monde théâtro-théâtral mais donner la parole à des intervenants sachant parler d'autres domaines artistiques et intellectuels. On a ainsi des philosophes, des personnes qui travaillent dans les sciences humaines etc. C'est à tout cela que j'essaie de donner une certaine cohérence. On a choisi de plus de ne pas faire de dossier, contrairement à d'autres revues qui le font, vraisemblablement par obligation commerciale. Effectivement ça se vend beaucoup mieux auprès des étudiants, des enseignants. On a choisi de partir sur un autre projet et de vagabonder à travers différents thèmes qui s'entrecroisent. Malgré tout, au fil des numéros on peut tirer des fils rouges, il y a des thèmes qui surgissent parfois. Au plan de la charge de travail, c'est énorme, c'est un pari insensé mais en même temps c'est un plaisir inouï, c'est le plaisir qui guide tout ça. De même si j'exerce la profession de critique dramatique, c'est au départ pour le plaisir, accentué par l'aventure de la représentation, d'aller voir le spectacle. C'est vrai que c'est très utopique car si vous faites le tour des revues de théâtre qui existent et il est vite fait, vous verrez comme il est difficile de s'inscrire dans la durée. Les unes après les autres, elles disparaissent, elles tiennent un an ou deux, sauf celles qui appartiennent directement à un théâtre, ce qui est le cas d'une très belle revue comme *Théâtre/Public* qui est l'émanation d'un Centre dramatique national, le Théâtre de Gennevilliers. Ça n'empêche pas d'avoir des difficultés financières mais elle a un pilier sur lequel s'appuyer. C'était le cas, jusqu'à tout à fait récemment, des *Cahiers de la Comédie Française* mais qui se terminent. Il y a *Ubu* qui est axé vers les scènes européennes qui fait appel à des journalistes donc qui est dans une autre dynamique que la nôtre. Et puis c'est tout. D'autres doivent se créer l'année prochaine mais ce n'est pas ça qui va remplir le paysage théâtral au niveau des publications. Moi je pense que plus il y a de revues plus la pensée est susceptible de circuler. Je voudrais que cette revue crée des débats d'idées, que des artistes émettent un certain nombre d'opinions, fermement, quitte à se tromper, mais que ça suscite des discussions, d'où son nom : *Frictions*. Au niveau de la pensée il faut que ça frictionne. Voilà le but de cette revue que j'ai créée il y a maintenant deux ans.

**Brigitte Rémer**
*modérateur*

>Vous tirez à combien, Jean-Pierre et vous diffusez comment ?

**Jean-Pierre Han**
*France*

>On tire à mille exemplaires, ce qui est un tirage moyen. C'est à la fois ridicule et énorme. Quant à la diffusion c'est un problème très compliqué, c'est le problème majeur de toutes les revues et pas seulement

de théâtre. Jusqu'à présent nous avons diffusé nous-mêmes mais on ne pourra pas le faire longtemps, on va être obligés de la mettre dans les mains d'un diffuseur mais ça coûte extrêmement cher. Un diffuseur prend, pour une revue comme pour un livre, entre soixante à soixante cinq pour cent du prix de vente. Donc faites le calcul.

**Dana Machackova**
*République Tchèque*

>Qui sont exactement vos lecteurs ? Est-ce que les lecteurs que vous avez sont ceux que vous espériez ?

**Jean-Pierre Han**
*France*

>Oui, tout à fait.

**Pierre Chambert**
*France*

>Tu es un homme heureux, tu as les lecteurs que tu veux ?

**Jean-Pierre Han**
*France*

>Je ne les ai pas tous c'est ça le problème. Il y a un gros déficit de ce côté-là. Non moi je suis un amoureux des revues en particulier de ces vieilles revues littéraires qui existaient dans les années 50/60. C'était la *Nouvelle Revue Française*, c'était *Esprit*, *Europe*, *Les temps modernes*. Donc je lis pratiquement tout ce qui se fait en la matière. Et ce que je trouve drôle dans la déclaration d'intention générale de l'équipe en place c'est qu'on explique toujours qu'on s'adresse à un vaste public, qu'on veut rassembler absolument tout le monde, ceux du public, ceux du privé, qu'on est une grande famille en fin de compte. Moi j'ai pris le contre pied de tout ça. Je sais qu'avec ce genre de revue on touche un certain public simplement. On y trouve des articles assez aigus en plus qui ne peuvent s'adresser qu'à une frange de population et même de spectateurs, là-dessus je suis très clair, je n'ai pas d'illusions donc je n'ai pas de déception. C'est vrai que c'est une petite frange de personnes qui lit cette revue, mais elle a été très bien reçue dans le milieu professionnel. Je leur ai d'ailleurs dit : intervenants, n'hésitez pas à intervenir, cette publication est faite pour vous. Ce que je cherche à faire c'est croiser des regards d'artistes. Par exemple je vois bien un metteur en scène suivre pendant huit jours le travail d'un autre metteur en scène et écrire sous la forme qu'il veut : journal, lettre, poème, ça peut être un article analytique peu importe mais qu'il écrive sur ce qu'il a vu afin qu'il y ait une proposition de dialogue qui s'éta-

blisse. C'est un pari assez difficile parce que les artistes sont très pris d'une part, d'autre part regarder le travail de quelqu'un d'autre et prendre la liberté d'écrire sur ce quelqu'un d'autre, ce n'est pas évident il y a une réserve, une grande timidité. Un metteur en scène m'a par exemple répondu : je ne veux me fâcher avec personne. Vous voyez la manière dont on peut juguler soi-même la parole. J'aimerais qu'il y ait des regards critiques très aigus de la part de praticiens sur certains spectacles, non pas des journalistes mais des metteurs en scène, des scénographes qui peuvent parler éventuellement d'un aspect du spectacle, ce compte-rendu pourrait nourrir notre réflexion et être très éclairant. Je me rends compte, au fil de mes discussions, de l'acuité du regard des metteurs en scène.

**Gordana Vnuk**
*Croatie*

>J'ai une question. Je dirige un Festival de théâtre en Croatie depuis quinze ans et un théâtre à Hambourg depuis cette année. On peut dire que mon travail est directement touché par les critiques qui peuvent remplir ou vider les salles. J'ai donc une question : finalement, qu'est-ce qu'un critique de théâtre, quel est son champ d'action, car la responsabilité est très grande pour un critique qui peut interférer avec le politique notamment par rapport à l'argent, dans la gamme : comment peut-on donner de l'argent public à telle expérience, telle provocation ? Ils sont aussi membres de commissions ad hoc, des comités d'expertise ce qui est bien ils sont des experts de théâtre. En Croatie certains dirigent même des théâtres, des festivals et sont en fait passés de l'autre côté. Vous pensez que c'est un métier comment dire... modeste... ? Alors quel est le champ d'activité d'un critique dramatique, pour vous ?

**Jean-Pierre Han**
*France*

>Non ce n'est pas forcément le terme *modeste* qui convient. C'est une question très importante et très vaste que vous posez. La position du critique en fait est très inconfortable parce qu'il est toujours assis entre deux chaises comme on dit, c'est-à-dire qu'il est à la fois dedans, à l'intérieur du système de production théâtrale, il en est partie intégrante tout en restant dehors, il est complètement rejeté de ce système-là en même temps. Sa position est toujours très inconfortable, quelqu'un comme Georges Banu expliquait que

la position du critique était celle de l'écartèlement. Je pense en fait que c'est à chaque critique à se déterminer soi-même et à dire pourquoi. C'est le même cas pour chaque artiste, de dire pourquoi il a fait ce métier et qu'est-ce qu'il entend en faire. Je sais qu'il y a une poignée de critiques qui prétende influencer de manière très modeste la marche du théâtre, parce qu'on a quelque chose à défendre, parce qu'on est engagé dans cette chose-là à laquelle on tient énormément. Donc oui moi je prétends être dedans et je prétends influer un petit peu à ma manière très modeste le cours des événements, c'est-à-dire défendre ce qui m'intéresse de défendre. Il y a une autre catégorie de critiques, ceux qui se revendiquent comme journalistes c'est-à-dire en dehors du système théâtral, ils ne sont là en fait qu'en observateurs. Ils regardent les spectacles, ils ne participent soi-disant à rien, je dis bien soi-disant, et ils sont, disent-ils, relativement objectifs, relativement libres. C'est donc à chacun de se déterminer et de dire quelle est sa position par rapport au phénomène théâtral. A partir de là on peut discuter ou ne pas discuter. C'est un choix tout à fait individuel. A chaque fois qu'on parle de la critique on emploie des mots très antinomiques comme le dedans le dehors et ça se retrouve au niveau même du système, il y a grosso modo deux catégories :

Ceux qui appartiennent à un journal, qui sont journalistes avant d'être critiques dramatiques, c'est-à-dire qu'ils sont employés dans un journal comme n'importe quel autre employé. Ils ont la chance ou la malchance de tomber sur la rubrique théâtre et deviennent critiques dramatiques. Ceux-là ont des avantages, ils sont payés régulièrement. Si votre directeur qui est un chef d'entreprise décide de vous changer de rubrique il en a parfaitement le droit. Ce sont des carrières de journalisme, vous êtes un temps critique dramatique puis vous exercez ensuite une autre fonction puis encore une autre. L'un des grands critiques dramatiques des années 70 au journal *Le Monde*, Bertrand Poirot-Delpech, avait débuté dans la rubrique Education. Après il s'est occupé de la rubrique Justice, puis il est devenu critique dramatique. Poursuivant son ascension il existe aussi une hiérarchie, il est ensuite devenu critique littéraire, c'était le grand critique littéraire en titre du journal *Le Monde*,

désormais il a une chronique, même s'il est à la retraite, dans laquelle il écrit à peu près ce qu'il veut. Ça c'est la catégorie des journalistes qui ne sont pas forcément impliqués dans la vie théâtrale.
Ceux qu'on appelle *les pigistes*, les collaborateurs extérieurs, qui choisissent délibérément de parler de théâtre parce que ça les intéresse. Leur activité ne leur permet pas de vivre. Ils sont obligés de multiplier les collaborations dans tous les journaux, tous les magazines féminins, tous azimuts. C'est le cas pour moi en ce moment d'ailleurs. J'écris dans dix, quinze journaux à la fois pour pouvoir vivre de cela. D'autres se cassent moins la tête et continuent à exercer la profession, la fonction de critique dramatique mais ont à côté un autre métier. Vous trouvez là beaucoup de retraités, notamment de l'enseignement, ce qui vous renseigne sur l'âge moyen des critiques. Vous avez des professeurs, des avocats, des chirurgiens dentistes, des médecins, des architectes. Toutes les professions sont représentées. C'est très drôle à voir. Mais les pigistes ne peuvent pas suivre l'activité réelle du théâtre car ils doivent gagner leur vie pour manger. Ce qui fait que sur la place de Paris on est très peu à vivre de notre métier de critique. Par exemple Gilles Costaz qui écrit pour de nombreux supports, vient de prendre une place dans une maison d'édition à mi-temps. Moi je vis encore de cela mais je multiplie les autres interventions, des débats, des ateliers pour pouvoir subvenir à mes besoins en exerçant cette profession. Ce qui explique que les critiques pigistes et même les autres à demeure, acceptent de collaborer à des journaux qui sont l'émanation de théâtres et les institutions ont même vite compris le système. C'est très facile de faire un journal surtout avec les techniques modernes, la PAO, donc tous les théâtres pratiquement ont leur propre journal, leur propre publication dans laquelle il ne saurait être question de critique. Ce sont des articles où on présente les spectacles, dans ces journaux-là vous retrouvez les noms de tous les grands critiques car c'est là où nous sommes le mieux payé. Vous voyez cette ambivalence extraordinaire dans cette activité-là et ce mélange des genres...

**Gordana Vnuk**
*Croatie*

>J'aimerais encore vous posez une question : est-ce que dans votre travail, vous défendez une idée de

théâtre spécifique par exemple, parce que je me suis toujours demandé comment un critique qui a un regard intéressant sur le théâtre de recherche peut aussi écrire positivement sur une pièce conventionnelle qui n'excite personne ? Je pense qu'on doit défendre une idée de théâtre, non ?

**Jean-Pierre Han**
*France*

>Oui, complètement, moi c'est mon cas.

**Gordana Vnuk**
*Croatie*

>Et quelle est la vôtre ?

**Jean-Pierre Han**
*France*

>Je m'aperçois qu'avec l'âge, je deviens de plus en plus sectaire. Par exemple je constate que je ne mets plus jamais les pieds dans le théâtre privé, ça ne m'intéresse pas. Et étant extérieur aux journaux dans lesquels je travaille, je n'ai pas d'astreinte particulière. Quand vous dépendez d'un journal vous êtes obligé de parler de spectacles que vous n'aimez pas forcément, simplement parce que votre hiérarchie vous a dit : il faut que tu parles de tel spectacle. Quand vous faites un article de présentation, vous ne pouvez pas émettre de critiques à l'encontre du spectacle, c'est pour ça aussi qu'il y a deux genres, le genre éminemment critique, vous voyez un spectacle et vous dites ce que vous en pensez. Et puis vous avez ce que nous appelons *les avant-papier*, ce sont des articles de présentation de spectacles, des avant-premières, où on interviewe des metteurs en scène, des auteurs. De plus en plus ces articles-là prennent le pas sur les articles critiques, d'autant que les directeurs de théâtre les préfèrent plutôt que de courir le risque d'un article critique négatif. Il m'arrive de dire le plus grand bien, dans ces articles de présentation, de spectacles de metteurs en scène ou d'équipes de théâtre que je n'apprécie pas. En revanche, dans les articles critiques, je garde toute ma liberté de penser. Il est vrai que je m'intéresse davantage à un théâtre de recherche, aux auteurs contemporains, mes choix sont clairs, je ne les cache pas, je les affirme clairement.

**Reka Csedjy**
*Hongrie*

>Comment est-ce qu'un critique d'art peut se considérer comme compétent dans la matière ? Ce que vous dites pour les quotidiens... Chez nous, il apparaît que les critiques d'art, les critiques de théâtre, ne comprennent pas grand chose à ce qu'ils voient. Donc c'est un gros problème.

**Jean-Pierre Han**
*France*

>Il n'existe pas en France de formation à la critique dramatique, contrairement à d'autres pays en Europe centrale et orientale notamment. Alors cela revient à poser la question : comment devient-on critique dramatique ? On le devient par le plus pur des hasards. Si en sortant d'ici tout à l'heure, vous tombez sur Serge July, directeur de *Libération* et que le courant passe entre vous, il peut très bien vous proposer la rubrique de critique dramatique dès demain. Il peut faire cette proposition à des personnes qui ne connaissent strictement rien au théâtre. Du coup on s'aperçoit, dans les articles, qui sont de qualité de plus en plus faible, qu'il y a des erreurs monumentales au niveau même de l'histoire du théâtre. Ce sont les attachées de presse qui parfois en font la remarque, disant que les nouveaux journalistes qui arrivent sur le marché, sont de plus en plus ignards... ça arrive y compris dans un journal comme *Le Monde* par exemple, qui possède un service de documentation extrêmement bien fait, l'un des meilleurs en France où l'on vous sort dans le quart d'heure qui suit tout ce qui a été écrit sur x ou y. Donc là c'est la question du journaliste qui n'a pas jugé bon de travailler.

**Brigitte Rémer**
*modérateur*

>A l'Académie de théâtre de Varsovie, comme je suppose dans un certain nombre de pays voisins, on trouve trois sections : interprétation, mise en scène et dramaturgie/critique dramatique. Trois à cinq ans d'étude dans chacune des sections, avec certains troncs communs au départ.

**Jean-Pierre Han**
*France*

>Oui un tronc commun dans lequel tout le monde faisait tout pendant trois ans, voire quatre ans et au bout de ce temps, chacun choisissait son option. Ceci dit ce n'est pas ça qui va faire les bons ou les mauvais critiques, mais au moins il y a un certain nombre de notions de base qui sont acquises.

**Dana Machackova**
*République Tchèque*

>Moi je suis à Prague, responsable de communication, je rejoins ce que disait Reka et ce que vous dites. Il y a un fossé énorme entre les journaux et... ce ne sont plus des critiques, c'est plutôt une référence et puis la presse professionnelle. On a demandé déjà que les journaux engagent les critiques en free lance pour les articles. Ces gens-là sont trop dans la matière, ils

sont incapables de changer de langage et de faire un article lisible par tous.

**Jean-Pierre Han**
*France*
>Je suis complètement d'accord avec vous

**Dana Machackova**
*République Tchèque*
>Les gens qui lisent la presse classique cherchent de l'information, mais ils reçoivent soit des informations basiques, soit une critique tellement élaborée qu'elle est incompréhensible. On a beaucoup de mal.

**Jean-Pierre Han**
*France*
>C'est là où une formation à la critique dramatique serait très nécessaire, qu'est-ce qu'on y apprendrait ? On apprendrait à faire en sorte que le message passe, sachant qu'au quotidien se dégage deux tendances : la critique journalistique et quotidienne, on va très vite on n'analyse rien car on n'a pas le temps, on écrit à l'emporte pièce ; ça se fonde uniquement sur l'humeur. La critique que je qualifierai d'universitaire qui a pris racine dans les revues mais à force cela donne des papiers quasi illisibles, dans un jargon épouvantable. Petit à petit elle se coupe du public, c'est d'ailleurs un peu le cas de *Théâtre/Public* dont je parlais tout à l'heure et que j'aime bien. De plus en plus ils font appel à des universitaires qui finissent par se parler entre eux et on ne comprend plus du tout de quoi il est question. Les universitaires on ne les paye pas puisqu'ils ont un salaire et que ce qui les intéresse c'est d'avoir leur signature au bas d'un article. C'est d'ailleurs le cas aussi d'un journal que j'aime bien, *La Quinzaine littéraire* dans laquelle personne n'est payé. C'était très bien quand c'était des écrivains qui écrivaient dans les premières années, petit à petit vous voyez le corps professoral arriver et au fur et à mesure qu'il arrive, les choses deviennent de moins en moins compréhensibles.
Ecrire une critique c'est très passionnant parce que vous êtes obligé de concilier des choses qui sont difficilement conciliables. C'est ce que j'apprends à mes étudiants de l'Institut théâtral de la Sorbonne : il faut un côté informatif pour donner un certain nombre de renseignements à votre lecteur et en même temps il faut une véritable analyse. Il y faut des éléments d'information et en même temps de la subjectivité. En même temps il ne faut pas perdre de vue qu'on écrit pour des gens qui ne connaissent pas le spectacle, qui

ne l'ont pas vu et qui, éventuellement, n'aiment même pas le théâtre. En fait c'est comme si vous écriviez une lettre à un ami pour le convaincre d'aller voir ou de ne pas aller voir un spectacle. Il faut que vous soyez le plus clair possible et en même temps, convaincant.

**Pierre Chambert**
*France*

>Est-ce qu'il n'y a pas une autre catégorie, qui n'existe presque plus, le critique lyrique ? Je me souviens que Jean-Pierre Léonardini, critique à *L'Humanité* dit avec une verve extraordinaire : « Moi je pense que la critique est une œuvre d'art. C'est une œuvre littéraire ». Et il ajoute : « Je veux bien écrire sur un sujet si je me sens capable de faire œuvre littéraire ». Ce qui s'ajoute à tout le reste encore.

**Jean-Pierre Han**
*France*

>Oui, je suis complètement d'accord avec toi. Je suis en train de vous décrire l'état de la critique dramatique d'une manière très sombre, mais je pense qu'elle peut se sauver, continuer à fonctionner, grâce à sa qualité littéraire.

**Pierre Chambert**
*France*

>Dans ce cas, il y a une contradiction avec ce que tu disais tout à l'heure, il peut arriver à nos critiques qui font œuvre littéraire de ne pas être informatifs ou très peu.

**Jean-Pierre Han**
*France*

>Non en général ceux auxquels je pense sont aussi très informatifs sur le spectacle d'une autre manière, littéraire et poétique presque, quand c'est réussi. Ceci dit il y a des spectacles sur lesquels on a envie d'écrire, d'autres non, il y a des spectacles sur lesquels il est très facile d'écrire et d'autres sur lesquels il est très difficile d'écrire. Par exemple tout à l'heure je vais voir un spectacle de François Tanguy sur lequel il est difficile d'écrire : *Les Cantates*. Ce qui est drôle c'est de lire ensuite les critiques, on repère les détours par lesquels doivent passer ceux qui écrivent pour ne pas parler du spectacle, parce qu'ils n'en sont pas forcément capables et parce que c'est difficile d'écrire dessus. C'est pareil par exemple pour les spectacles de Gatti. Les compte-rendus des spectacles de Gatti par les critiques, c'était toujours des morceaux assez ahurissants, parce qu'on parlait de tout sauf du spectacle. Ce sont des spectacles difficilement compréhensibles

par le commun des mortels et je m'amusais à regarder les détours opérés par les uns et les autres. L'un de ces détours était que Gatti avait à un moment beaucoup travaillé avec les jeunes des banlieues, les loubards, et tout le monde y allait de son refrain : Gatti travaille dans les cités etc. même si ce n'était pas l'objet, ce n'était pas grave, on occupait la place si je puis dire.

**Reka Csedjy**
*Hongrie*

>Est-ce que vous pensez qu'il faille écrire sur tous types de pièces, de spectacles, donc du bon, du mauvais, de la moyenne qualité. Chaque pièce mérite-t-elle d'avoir une critique ?

**Jean-Pierre Han**
*France*

>C'est un peu ce que je vous disais tout à l'heure, comme il y a une centaine de créations par mois dans les meilleurs mois, en France, il est impossible de tout voir, vous êtes obligé de faire des choix. En plus, comme vous n'avez pas la place dans les journaux, de parler de tous les spectacles, vous êtes d'autant plus obligé de faire des choix. Et faisant des choix il va de soi que vous préférerez, en tous cas c'est mon cas, je préfère dire du bien d'un spectacle qui m'a intéressé pour essayer de lire aux lecteurs : allez-y, plutôt que de descendre un spectacle si on trouve que ce spectacle est vraiment malhonnête. C'est une sorte de tactique mais on est obligé d'opérer de cette manière parce qu'on n'a pas la place de s'exprimer, et de plus en plus dans les journaux, on a de moins en moins de place pour faire de la critique.

**Reka Csedjy**
*Hongrie*

>C'est aussi un moyen pour le critique de se défendre parce qu'il est dans le système, alors il ne veut pas se confronter, et en même temps une critique, même négative peut aussi être instructive.

**Jean-Pierre Han**
*France*

>Complètement. Ça dépend de qui vous parlez, de quel spectacle : il y a des spectacles que je qualifie de spectacle événement, on ne peut pas ne pas en parler dans les journaux, c'est le dernier Chéreau, c'est le dernier spectacle de la Comédie Française, là effectivement les critiques peuvent être négatives. Ce qui est de votre propre choix, vous préférez bien sûr parler des spectacles que vous aimez. C'est aux critiques de se battre pour. Je vous assure, assistez à des comités de rédaction, vous serez assez surprise, on est vérita-

blement dans un western et chacun a ses pistolets sur la table. C'est à celui qui tirera le plus vite. Si par hasard vous hésitez ou que vous commencez à bégayer, votre voisin qui ne s'occupe pas forcément de théâtre mais de cinéma ou d'arts plastiques qui dira : ah mais moi j'ai un sujet très important. Vous êtes obligé de convaincre votre rédacteur en chef de parler de ce spectacle parce que lui ne connaissant rien au théâtre, ne s'y intéressant pas, sauf cas exceptionnel, vous êtes obligé de le convaincre comme quelqu'un qui ne va jamais au théâtre, qui ne connaît rien. Vous êtes déjà, au niveau de la parole, obligé d'argumenter, comme un critique j'allais dire. Vous savez on se bat réellement d'une manière quotidienne dans tous les journaux, pour pouvoir écrire ne serait-ce que trois lignes, parfois.

**Brigitte Rémer**
*modérateur*

>Je me demande si le pire n'est pas le silence de l'indifférence et si, comme tu le disais, il ne vaut pas mieux avoir une critique y compris négative qui peut quand même amener du monde pour l'art du contre point, mais le silence est redoutable.

**Jean-Pierre Han**
*France*

>Complètement.

**Brigitte Rémer**
*modérateur*

>Il y avait une question par là haut, Carolina, c'était toi ?

**Carolina Pina**
*Venezuela*

>Vous avez dit qu'une des fonctions du critique était de faire avancer les choses, je me demande si une critique négative, aussi ne contribue pas à faire avancer les choses.

**Jean-Pierre Han**
*France*

>Complètement. Tout à fait. Moi je pars du principe que toutes les opinions sont bonnes, négatives ou positives, pourvu qu'elles soient étayées, qu'on puisse les démontrer. A partir de là il peut effectivement s'engager une conversation, un dialogue avec l'équipe en place. Ce qui est magnifique dans ce métier c'est effectivement que l'on peut discuter, ça nous arrive à tous, avec des gens avec lesquels on n'est absolument pas d'accord ou qu'on finit par suivre et avec lesquels on est capable de dire : ce spectacle est raté pour telle et telle raison, mais on continue à le suivre et c'est ça que je trouve passionnant.

Malheureusement on le fait trop dans la presse, on prend un spectacle après un autre spectacle, comme s'il était tout seul en soi. En fait non. D'abord il appartient éventuellement à tout un courant. Il fait partie de l'itinéraire d'un artiste aussi. Donc c'est tout ce qu'il faut mettre en lumière et qu'il est intéressant de suivre pour le journaliste et pour le critique.

**Brigitte Rémer**
*modérateur*

>Oui, Gordana.

**Gordana Vnuk**
*Croatie*

>Ça m'intéresse beaucoup ce que vous venez de dire sur François Tanguy. Sur certains spectacles, sur certaines esthétiques, on n'a pas encore créé un discours critique et théorique pour en parler. J'ai l'impression qu'en ce moment, le critique théâtral est en retard avec la création, est-ce que vous êtes d'accord ? Si on parle d'un théâtre de recherche, il y a des auteurs qui ont créé un langage qui n'est pas encore saisi par les critiques, qui n'est peut-être pas, jusqu'à maintenant, maîtrisé. Le théâtre de Robert Wilson, on l'avait vu comme avant-garde il y a une vingtaine d'années. On sait comment il faut écrire, décrire le théâtre d'images. Je parle d'une sorte de théâtre que j'appelle iconoclaste, qui s'occupe de l'idéologie de l'image qui, à partir d'une critique de théâtre visuel est complètement transféré dans un autre champ de non spectacularité, de passer le temps sur la scène, qui agit sur toutes les notions de *bon* théâtre, de théâtre professionnel. Il ironise les notions de *bon* théâtre, je crois que les critiques n'ont pas encore compris.

**Jean-Pierre Han**
*France*

>Je suis complètement d'accord avec ce que vous dites à ce niveau-là, la critique est un petit peu en retard, je dis un petit peu par gentillesse, et que nous n'avons pas forcément tous les outils, dans cette recherche là, d'une nouvelle écriture critique en faisant intervenir des personnes qui viennent d'autres milieux : de la philosophie, du cinéma, des sciences humaines, des arts plastiques et qu'à ce niveau là il y a toute une recherche effectivement à effectuer. Ce que vous dites est tout à fait intéressant, ça rejoint ce qui a dû être dit ce matin, et ce dont on parlait tout à l'heure, il y a désormais des spectacles qui ne sont plus des spectacles de théâtre pur mais où différentes formes artistiques sont mises en jeu, alors, comment

en parler ? Là ça pose un réel problème. La réponse à ça dans les journaux malheureusement c'est une catégorisation encore plus forte et si vous regardiez de près comment sont faits les journaux : vous avez les critiques dramatiques qui ne parlent que des pièces de théâtre et à la limite des pièces de théâtre traditionnelles, sur des formes classiques, c'est un autre journaliste qui parle des arts de la rue par exemple et puis il y a des spectacles on ne sait pas, ça varie, c'est soit le critique dramatique, soit le critique danse, soit une troisième personne qui sort d'on ne sait où du journal, parce que l'on ne sait pas où placer ces spectacles. Pina Bausch par exemple, c'est du théâtre c'est de la danse, qui va en parler dans le journal ? Qui surtout est en capacité d'en parler ? Non seulement il faudrait une formation initiale à la critique dramatique mais il faudrait aussi une formation continue. Moi je connais des critiques dramatiques et là je joue sur les mots...qui ne voient que du théâtre, qui ne regardent pas plus loin, qui ne vont pas au cinéma, qui ne vont pas dans les musées, qui lisent à peine c'est réellement dramatique de ce point de vue. Pierre, tu voulais dire ?

**Pierre Chambert**
*France*

>Je voulais dire que c'est désolant pour certains domaines que l'on appelle *marginaux*, par exemple ce que je suis, pour ce qui me concerne, c'est le domaine du théâtre de marionnettes, de théâtre d'objets. Ce domaine là est un endroit en plein bouillonnement, ce n'est pas nouveau il faut du temps pour que ça bouillonne et que ça avance, mais ça fait vingt ans que c'est en pleine effervescence. Maintenant on a un nombre de compagnies non négligeables qui ne sont plus des compagnies destinées aux jeunes enfants, on a un public aussi qui a compris qu'il se passait des choses là. On a un mélange des arts là-dedans parce que les marionnettistes sont souvent des artisans de génie, du point de vue du travail manuel de la fabrication, des couleurs et des formes. Il serait bien que les artistes de scène *traditionnelle* entre guillemets viennent les voir parce qu'ils savent mieux que les autres utiliser la vidéo par exemple. Quand on est dans les comités ou qu'on représente le ministère, on a à la fois des équipes anciennes qui font un théâtre traditionnel, parfois fondé sur le geste issu éventuellement des méthodes de Jacques Lecoq, des domaines très inté-

ressants mais qu'on a un peu oublié car ils ne sont plus à la pointe de la recherche des équipes qui font pourtant un vrai travail en direction des publics ; on a, dans une banlieue, un hangar où on a un travail de recherche pure où ce ne sont pas les gens de théâtre qui viennent c'en est d'autres ; on a le travail des marionnettistes qui travaillent autour de la vidéo, des arts plastiques, on en a quelques-uns qui font des choses très intéressantes ; on a, dans les arts de la rue, des gens qui travaillent sur des images forces qui sont en soi un langage et on passe d'image en image comme on passe de parole en parole. Comment faire pour tenir compte de tout ça ? Comment faire pour que tout cela vive, comment faire pour en parler ? J'avoue que j'ai souvent des doutes sur notre capacité à appréhender tout. Ce dont je suis sûr c'est qu'il est du rôle d'un Ministère de la Culture de tout appréhender mais ce qu'on sait aussi c'est qu'on n'y arrive pas parce qu'on a nos codes et qu'on n'arrive pas à s'ouvrir à cette multitude d'esthétiques. Plus personne ne peut dire *le beau*, chacun a *son* beau, et donc suivant l'endroit où l'on se trouve, son état de fatigue, le milieu avec lequel on est et le type d'artistes que l'on rencontre, on a certains critères ou d'autres, donc ça devient drôlement compliqué. On est nombreux à douter maintenant sur les questions esthétiques.

**Jean-Pierre Han**
*France*

>Oui c'est bien de douter quelque part et en tous cas je crois qu'il faut y aller voir. Moi ce que je constate dans les rédactions de journaux, c'est qu'on vit encore sur d'anciens schémas, ça veut dire qu'il y a celui qui s'occupe du cirque, celui qui s'occupe des arts de la rue, celui qui s'occupe du théâtre et tout ça est étanche. Ça ne passe pas de l'un à l'autre et c'est très dommage. C'est pour cela que je parle de recyclage permanent de la part de quelqu'un qui serait curieux tout simplement des arts vivants et qu'il faut y aller voir.

**Brigitte Rémer**
*modérateur*

>On ne va pas tarder à fermer la discussion si vous le voulez bien. J'aimerais poser une question à ceux qui dirigent des lieux comme Gordana, Reka et les autres, est-ce que vous avez eu l'envie dans vos théâtres de créer un support écrit qui soit comme une plate forme de débats ? Toi Gordana, avec les manifestes que tu

écris, tes engagements, qu'en est-il ?

**Gordana Vnuk**
*Croatie*

>Ce que j'ai réussi en Croatie, mais c'est un travail de quinze ans, c'est qu'on a vraiment créé une génération de jeunes critiques qui suit le théâtre de recherche et maintenant, en Allemagne où je suis nouvelle, je regarde ce qui se passe dans la critique et je suis étonnée avec le discours. Ce que je vois, c'est que le théâtre en Allemagne, est très important. J'ai aussi travaillé trois ans en Grande Bretagne, là on ne pouvait pas même obtenir... J'ai organisé un Festival de danse d'une semaine, j'ai eu seulement un article. J'ai l'impression en Allemagne que c'est plutôt le journaliste que le critique, profond et théorique. Le *Kampnagel* de Hambourg est subventionné par l'Etat à forte hauteur, c'est un journaliste qui vient et dit oui c'est intéressant ou non ça ne l'est pas. Il y a des opinions très différentes et j'ai l'intention de présenter un panorama très large et très ouvert de la création contemporaine, les langages nouveaux. Mais qu'est ce que le nouveau aujourd'hui, c'est la question. Je m'appuie sur les théories de Boris Kreuz sur le neuf et l'autre. Pour moi c'est plutôt l'autre que je cherche, dans des langages qui sont totalement en dehors des circuits de théâtre et de festivals en Europe parce que j'ai un diagnostic spécifique sur la situation de la danse surtout et aussi du théâtre et je cherche les voies de sortie. Je sens que j'ai besoin d'une plate forme de débats qui me manque pour l'instant et une attention pas seulement en Allemagne, à l'extérieur aussi. En Croatie il était difficile de faire venir les critiques, d'autant que nous avons continué pendant la guerre, c'est encore difficile.

**Reka Csedjy**
*Hongrie*

>En ce qui me concerne, nous, on a été beaucoup plus confrontés à la critique de danse, ce qui est un sujet intéressant. Pour le théâtre au moins il y a une tradition donc un point de départ et quelques critiques à l'esprit assez ouvert, qui s'engagent et qui s'intéressent à ce qui se passe. Ils peuvent élaborer un langage qui inclut les nouvelles recherches, les nouveaux courants ; ça peut arriver, même si ça reste rare.
En ce qui concerne les nouvelles pièces transversales qui appellent ce mélange des arts, j'ai remarqué qu'un journaliste disons plus superficiel, dont la dominante

n'est pas le théâtre, comprend souvent beaucoup mieux les nouvelles démarches, justement par son regard plus horizontal, plus ouvert. Chez nous un critique de théâtre fait aussi beaucoup d'autres types de critiques, il a donc un esprit, de fait, plus ouvert. En ce qui concerne la danse, il n'y a pas du tout de critique, pas de langage critique, on a donc invité des artistes d'autres disciplines comme des écrivains, des plasticiens, pour écrire sur la danse. Leur réaction était la même : je ne veux pas me fâcher avec qui que ce soit. Même si on leur demandait leur opinion, ce n'était pas évident. On a donc envoyé quelques journalistes voir ce qui se passait à l'étranger, mais souvent ils ont quitté ensuite le domaine. Sans un langage critique, c'est très difficile aussi pour le public de s'orienter, sans lecture critique, le public qui n'a pas de formation artistique est perdu. Il va de soi que pour nous, en tant qu'organisateur, l'existence de la critique est très importante.

**Jean-Pierre Han**
*France*

>Complètement, nous sommes d'accord.

**Brigitte Rémer**
*modérateur*

>Merci. On prend une dernière question… Yahya…

**Yahya N'Doye**
*Sénégal*

>Oui c'est juste pour rappeler la promesse de départ, qu'on puisse nous parler des arts de la rue.

**Brigitte Rémer**
*modérateur*

>Je crois qu'on n'a plus le temps, on le fera pendant les deuxièmes rencontres *Cultures au Faubourg…*

**Yahya N'Doye**
*Sénégal*

>Alors, une question : finalement, est-ce que le travail ne vous donne pas des états d'âme ?

**Jean-Pierre Han**
*France*

>Dans quel sens ? C'est-à-dire ?

**Yahya N'Doye**
*Sénégal*

>En fait en faisant le travail, vous ne vous dîtes pas que vous êtes en train de décapiter un groupe, une personne, un créateur ou à l'inverse, dans le sens positif, est-ce que vous n'êtes pas en train de la promouvoir ?

**Jean-Pierre Han**
*France*

>Promouvoir oui, décapiter non. Je n'y pense jamais. Promouvoir, oui à tel point que parfois je me pose la question si je continue à être critique ou si je m'engage encore davantage dans la profession. Là oui, il y a de véritables états d'âme mais au niveau de la décapitation, non.

**Yahya N'Doye**  
*Sénégal*  
**Jean-Pierre Han**  
*France*  
**Brigitte Rémer**  
*modérateur*

>Le mot est très fort, je m'excuse.

>Non non, je vous en prie.

>Voilà, je crois qu'on va en rester là. Désolée de ne pas tenir mes promesses mais c'est un tellement vaste sujet aussi en soi qu'il nous faudrait une autre après-midi. Je propose donc qu'on le fasse lors des deuxièmes rencontres *Cultures au Faubourg*, dans un an ou deux.
Merci à Pierre et à Jean-Pierre qui ont accepté cette invitation à débattre et merci à vous tous. Je crois que cette interaction entre tous est salutaire et donne quelques pistes pour poursuivre nos routes.
Merci à l'équipe du Studio-Théâtre qui nous a abrités aujourd'hui avec beaucoup d'attention. Je vous souhaite une fort bonne soirée parisienne et vous dit à demain, avec une autre répartition dans les ateliers cette fois géographiques. Je retrouverai ici, dans ce même Studio-Théâtre demain, ceux de l'Atelier Afrique.<

*Synthèse*

# Développement et politiques culturelles
# De la conception à la mise en œuvre
# La dynamique des partenariats

## Ateliers par disciplines et champs d'expertises

*Théâtre national de la Colline*
mardi 4 décembre 2001
9h30 / 17h30

*Développement et Politiques Culturelles* / 4 décembre 2001

## Participants

### >Modérateur

- **Jean-Michel Guy**, ingénieur d'étude au département des Etudes et de la Prospective, Ministère de la Culture et de la Communication

### >Intervenants

- **Dominique Barré**, consultant pour le partenariat et le mécénat
- **Jany de Chambrun**, chargée des projets culturels, Office Franco-Québécois pour la Jeunesse, section de Paris
- **Monique Dairon-Vallières**, chargée des projets culturels, Office Franco-Québécois pour la Jeunesse, section de Montréal
- **Claire Durieux**, attachée culturelle près l'Ambassade de France au Chili
- **Bernard Gournay**, consultant en politiques culturelles pour l'Unesco
- **Alain Herzog**, administrateur, Théâtre national de la Colline
- **Pierre Moulinier**, consultant en politiques culturelles
- **Jean-Claude Pompougnac**, directeur régional des affaires culturelles, Région Centre
- **Michel Rabaud**, conseiller auprès du Délégué au développement et à l'action territoriale, Ministère de la culture et de la communication

### >Rapporteurs

- **Mohamed Traore**, *Mali*
- **Tahar El Quour**, *Maroc*
- **Antoniy Galabov**, *Bulgarie*

« *Plus proche des citoyens et de son quotidien, l'administration municipale est plus sensible aux demandes et aux pressions de la population et de l'électorat, qui a un rôle fondamental dans ces enjeux.* »

**Isaura Botelho**, *Brésil*

## Introduction

>La problématique de la politique culturelle a une position exceptionnelle dans les débats sur la comparaison de nos différentes cultures. C'est un point d'intégration professionnelle commun à tous les participants et ex-participants de la Formation Internationale Culture. Grâce à la Formation nous sommes tous initiées au système de la politique culturelle française. Une grande partie des nos pays sont influencés par ses grands principes et son mode de régulation dans la politique institutionnelle française, depuis la seconde guerre mondiale. Le rôle de l'Etat et la dynamique d'une politique publique dans le champs culturel touchent au cœur des débats sur la création, la diffusion et les retombées de l'action culturelle.
Le public culturel est en plein changement. Sous l'influence des médias et du développement des nouvelles technologies de l'information et de la communication, notre civilisation des images est en perpétuelle recherche d'une nouvelle provocation visuelle et sensuelle. La perception de l'œuvre artistique se décale et change. Les préférences culturelles du public se partagent entre la fréquentation des œuvres classiques et traditionnelles d'une part, la connaissance de la création artistique contemporaine, dominée par la mode, la communication et le règne des stars d'autre part. La publicité et la tendance dirigent plus souvent qu'avant la consommation culturelle.
Devant les nouveaux faits sociaux dans le champ culturel, la politique culturelle reste fortement chargée par des attentes publiques pour la préservation du patrimoine culturel et historique d'un côté, et le soutien et la protection de conditions durables et nécessaires pour le développement artistique et culturel, d'autre part. La politique culturelle fait partie d'un processus d'humanisation des politiques publiques, orientées contre l'exclu-

sion sociale. C'est le cas de la politique culturelle de la ville, dans un milieu pas toujours bien défini, mais aussi devant des comportements sociaux inhabituels. Dans ce contexte, les ressources de la politique culturelle d'Etat sont souvent insuffisantes, la figure du partenariat entre les représentants des différents intérêts, publics et privés, s'impose comme un des moyens d'atteindre le but de démocratie culturelle.

Le sens et les obstacles, la nature et la nécessité de la décentralisation administrative et artistique, les ressources et les contradictions du processus dans différentes situations politiques et les traditions étatiques sont au coeur du débat actuel : comment assurer un développement durable et une certaine continuité dans le système de la culture, quels sont les points de départ qui sous-tendent la politique culturelle actuelle et assureront son avenir, est-ce que la politique doit toujours rester dépendante des systèmes de financement, y a-t-il des approches beaucoup plus flexibles et effectives de la réalisation d'une volonté politique de la démocratie culturelle ?

## Les débats dans l'atelier

>Les participants, 26 représentants de 20 pays différents, dans cet atelier sur la politique culturelle des Rencontres *Cultures au Faubourg*, sont tous impliqués dans le processus d'élaboration, d'application et de représentation publique de la politique culturelle de leurs pays. Malgré des similitudes visibles entre des pays liés à la tradition française, nous avons tous besoin d'échanges d'informations pratiques concernant le chemin de nos pays, du point de vue administratif et politique, dans le processus de réalisation d'une politique culturelle.

### • *La politique institutionnelle*

>D'abord, c'est la situation institutionnelle et le caractère d'engagement public sur des questions culturelles. L'existence ou non d'un ministère de la Culture autonome étant l'indicateur le plus significatif pour la formation d'une politique culturelle au niveau de l'Etat.
Il est bien évident qu'il y a deux grandes vagues dans le processus de l'établissement des ministères de la Culture :
- dans les pays d'Europe, c'est l'époque des années 50 et le début des années 60. Dans la période qui a suivi la seconde guerre mondiale, ce sont les pays d'Europe occidentale, mais aussi d'Europe centrale et orientale, — sauf dans les pays à structure fédérale comme la Suisse et l'Allemagne — que sont établies ces structures gouvernementales dans le champ culturel. C'est une époque de mobilisation nationale assez forte dans laquelle la réalisation d'une politique culturelle par l'Etat a eu un caractère significatif. La préoccupation des structures gouvernementales, avec, en premier lieu la conservation du patrimoine et la diffusion des

oeuvres artistiques, sont autant de signes du prestige et d'obligation publiques. L'Etat devient, à l'époque, la plus forte figure du soutien et de la sauvegarde de la culture. Ce rôle de l'Etat renforce les tendances du centralisme et, presque partout, on peut observer, dans les ministères de la Culture. la même structure d'organisation en départements
- Deuxième vague dans le processus de l'institutionnalisation de la politique culturelle d'Etat, les années 60-70. C'est l'autonomisation des pays d'Afrique après le choc du colonialisme. Les structures d'Etat sont créées, comme un trait important de la souveraineté et de l'identité nationales des pays. Entre les deux époques il y des liens. Le modèle européen est montré comme un exemple positif de l'intervention de l'Etat dans le domaine culturel, même si les résultats ne sont pas toujours les mêmes.
- Beaucoup plus récentes sont les structures et les institutions de la politique culturelle d'Etat dans certains pays d'Amérique du Sud et d'Asie.
Puis la question de la viabilité politique et administrative du ministère donnant les moyens d'intervenir dans le champ artistique et culturel, est évoquée. L'existence d'un ministère de la Culture sans aucune autonomie financière ne signifie pas qu'il y ait une volonté politique pour le développement d'une politique culturelle. En Colombie par exemple, le ministère de la Culture a été créé en 1997, mais entre 1997 et 2001, le pays a connu 5 ministres de la culture. Après la création du ministère de la Culture au Sénégal en 1966, une sorte d'instabilité s'est installée : en 2 ans, le pays a connu 5 ministres de la Culture. Ces exemples montrent bien qu'elle n'y a pas une logique culturelle dans ces incessants changements, mais seulement les intérêts politiques des différentes élites. On peut pas penser une politique culturelle autonome si les décisions politique sont effectuées sur l'angle de la parto-cratie autrement dit de la politique des partis

• **La politique de décentralisation**

>L'obstination par laquelle l'Etat met en pratique la décentralisation, présente une autre caractéristique importante de la politique culturelle. S'il n'y a pas de décisions législatives par lesquelles les initiatives locales peuvent se réaliser, elle restent toujours dépendantes de la volonté centralisatrice. Dans ce cas là, la politique culturelle n'est rien de plus qu'une annexe décorative.
La décentralisation et la répartition des compétences sont les éléments principaux de la démocratie culturelle. L'expérience française confrontée à des pratiques et à des politiques étrangères présente les différentes phases d'un même processus. La base législative de la décentralisation n'existe pas partout. Dans certains pays, le rôle de l'Etat reste dominant et le centralisme provoque tous les effets pervers que nous connaissons. La pratique de déconcentration est beaucoup plus souvent utilisée, mais sans le mécanisme de décentralisation, reste une forme cachée d'étatisme.
La preuve, pour la volonté politique, d'une décentralisation réelle est

l'existence du processus de contractualisation entre l'Etat et les collectivités territoriales. Dans les pays où existent des conventions entre le ministère de la Culture et différents sujets locaux, le processus de décentralisation devient beaucoup plus réel.
En même temps, l'expérience française montre que le vrai dialogue administratif et politique existe entre l'Etat et les départements ou encore avec les villes, plus directement. Les régions restent plus ou moins isolées de la responsabilité publique dans le domaine culturel. La prédominance des questions financières dans le débat change le point de vue sur la décentralisation et présente ce processus, fondamental pour la démocratie culturelle, seulement sous l'angle de financements partagés, croisés dit-on. Pour établir une vrai logique politique dans les rapports Etat-culture, il faut élargir le champ du débat et trouver les différents niveaux de la responsabilité publique des sujets administratifs. La région, le département et la ville partagent, non seulement le financement, mais aussi leur propre vision politique et sociale sur le rôle de la culture dans le processus d'un développement régional et local durable. La spécificité régionale et locale des besoins culturels et les ressources propres du développement restent jusqu'à présent en dehors de l'attention des structures administratives d'Etat, dans la plupart des cas comparés.

- *La politique du financement et la nécessité du partenariat*

>Les conditions du financement public sont à la base de chaque évaluation des politiques culturelles, mais la pratique montre bien que ce financement public, est rarement suffisant. La politique centralisatrice menée depuis les années 60 a provoqué presque partout les mêmes effets : construction de grands établissements, structures et institutions extrêmement coûteuses, dépendantes des subventions. Cette tendance a connu un grand développement pendant les années 80 et elle a fixé des sortes de réflexes envers des subventions devenues obligatoires. Il est maintenant inconcevable, pour un certain nombre de pays faisant face à d'importants problèmes économiques, d'imaginer un financement bloqué. C'est une situation problématique nécessitant la révision de la politique culturelle d'un pays.
Ce point-là de notre débat fut le plus discuté, le plus polémique. Deux tendances se sont fait face : la première selon laquelle, l'Etat et les collectivités territoriales se doivent de trouver les moyens de prolonger la politique de subventions publiques par une nouvelle législation et des programmes de financement prioritaires. L'argumentation d'un tel point de vue repose sur la nécessité publique, mais aussi sur les problèmes sociaux-économiques des artistes et des institutions culturelles.
Le second point de vue est basé sur l'apport dynamique requis des associations, la nouvelle dimension de la société civile et la complexité des partenariats. Au cœur de cette argumentaire se trouve un modèle de recherche de financements croisés, publics et privés. Le rôle des associations et des

organisations non-gouvernementales dans le champ de la conquête des publics est bien connu, mais leur capacité à être un partenaire pour les initiatives culturelles, de manière durable, reste à prouver dans les conditions spécifiques de chacun des pays.

La définition de ces deux tendances n'est toujours pas claire. Souvent, les participants utilisent les éléments de différentes argumentations, mais le dilemme est bien présenté. La vraie fonction, le vrai cahier des charges de la politique culturelle contemporaine serait d'apporter une réponse concrète. Dans notre débat, c'est le point de vue étatiste qui prédomine, malgré des exemples de partenariat présentés autant du côté du public que du privés et en dépit de résultats concrets. La figure du sujet privé dans le domaine culturel reste le plus souvent associée au rôle des sponsors et d'un modèle de marché sévère.

• *Le processus d'évaluation*

>Enfin, l'atelier a réfléchi aux moyens d'observation et d'évaluation de l'efficacité de la politique culturelle : la manière de définir des résultats satisfaisants et d'apprécier le degré de satisfaction et les résultats du projet, dans le cadre de l'intérêt public.

Le rôle d'une institution comme l'Observatoire culturel de Buenos Aires, dans le processus de l'élaboration d'une politique a mis l'accent sur la nécessité de créer une banque de données, une bibliothèque spécialisée sur la recherche, la formation des cadres et la diffusion des analyses auprès des pouvoirs publics, des associations, des entreprises et syndicats des artistes. La tâche de chaque politique repose sur la combinaison optimale des intérêts différents, qui ne peut se réaliser sans une bonne connaissance des différents acteurs publics au niveau national, régional et local. Mais la compétence des cadres souvent restent fortement dépendante des intérêts politiques.

## Conclusions

>Ici sont les quelques pistes et principaux résultats de notre réflexion dans cet atelier portant sur la politique culturelle, proposé dans le cadre des Rencontres *Cultures au Faubourg*. Pendant cette journée de débat, nous avons réussi à controverser les photos et le film de la politique culturelle de nos pays. Les photos de chaque pays sur les cas de financement et d'organisation des différents intérêts restent seulement comme un point de comparaison. Mais la politique et plutôt le film dans lesquels le processus de financement, de contractualisation, de diffusion et d'analyse des préférences du public sont perpétuellement croisés. Dans le film le partenariat devient un des moyens par lequel on a peut garantir une certaine durabilité du processus, mais seulement dans une perspective plus large. Quand il y a des besoins financiers pressants, la stratégie du partenariat de longue durée reste à l`arrière-plan.

Il n`y a aucun modèle d'une politique culturelle d'Etat valable pour tous les pays, dans tous les contextes politiques. A travers la richesse des cas concrets évoqués, on a pu observer certaines approches similaires et des tendances globales comme la nécessité du partenariat et du principe de contractualisation entre les différents acteurs publics, dans le domaine de la culture.

Au-delà de notre débat, reste à voir beaucoup d'éléments intermédiaires comme les différents types d'agences de communication, les médias et la publicité. L'approche macro ne nous permet pas d`évaluer leur portée dans le processus culturel, qu'elles soient publiques ou privés. La question de la formation initiale et professionnelle est aussi restée en dehors des controverses échangées pendant les heures de nos vigoureux débats, mais nous étions tous d'accord sur le fait que le rôle de la globalisation dans le processus de formation, par son effet comparatif, devient un des facteurs les plus importants pour notre domaine de recherche et dans la pratique culturelle de nos pays.

Le rôle des collectivités territoriales s'agrandit. Elles ne sont pas seulement les donneurs de subventions complémentaires. Un des effets les plus visibles de la déconcentration joue sur la concurrence réelle dans laquelle les représentants d'Etat sont inclus dans le cadre régional. C'est un changement profond de contexte et de comportements. La réalisation de la politique d'Etat devant la réalité locale change profondément aussi la manière d'élaborer la politique culturelle. C'est un véritable espoir pour la décentralisation et pour l`avenir de la démocratie culturelle.<

*Synthèse*

# Coopération internationale.
# Nouveaux enjeux, nouveaux défis

## Ateliers par disciplines et champs d'expertises
*Maison européenne de la photographie*
mardi 4 décembre 2001
9h30 / 17h30

*Coopération Internationale, Nouveaux enjeux, nouveaux défis* / 4 décembre 2001

## *Participants*

### >Modérateur

- **Boris Marcq**, consultant, LX International, au Portugal

### >Intervenants

- **Dorina Bodea**, administrateur pour les projets Stages et évaluation des politiques culturelles, au Conseil de l'Europe, promotion Formation internationale culture 1997-98
- **Jacques Fauconnier**, délégué général, Office Franco Québécois pour la Jeunesse
- **Juliette Leygues**, directeur de projets, Agence Sedona, spécialisée en communication et nouvelles technologies
- **Bernard Pelletan**, Chef de bureau, chargé des Politiques culturelles, DGCID, Ministère des Affaires Etrangères
- **Jean Solito**, chef du Département Europe, Centre National des Œuvres universitaires et scolaires
- **Michel Tosca**, chef adjoint, Département des Affaires Internationales, Ministère de la Culture et de la Communication.

### >Rapporteurs

- **Jonathan Lopez Perdomo**, *Venezuela*
- **Tang Ruimin**, *Chine*

« *Le parcours, ce processus d'explication,
c'est-à-dire arriver à comprendre et à convaincre.* »

**Zhongwei Hao**, *Chine*

>L'atelier s'ouvrit sur l'histoire de la Formation internationale culture retracée par Boris Marcq, dont il fut, en tant que directeur des affaires internationales du Ministère de la Culture, en 1991, l'initiateur.

• Bernard Pelletan, pour le Ministère des Affaires Etrangères a présenté les objectifs de son Ministère en mettant en relief la volonté et la stratégie de la France au plan culturel en développant la position de la France au regard des pays en développement : l'appui prodigué est basé sur une longue tradition et expérience dans le champs culturel. Il peut notamment prendre la forme de conseil, de soutien technique et de formations, d'aide à l'élaboration et à l'analyse de projets dans la construction de programmes communs, très peu ou pas de soutien financier. C'est ainsi qu'au Vietnam, la France a mis en œuvre différents types de formation : formation artistique, formation d'ingénieurs culturels et formation de techniciens. Si la culture est un outil de développement spécifique pour chaque pays, il est rappelé, avant de chercher un soutien économique extérieur, l'importance de bien connaître les ressources de son propre pays, dans ce champ.

L'année 2002 débloquera des fonds sur deux axes : un fonds pour la promotion des débats sur les sciences humaine et un fonds d'accueil pour les artistes sur une base d'hébergement de six à douze mois. Le rapport d'activité du Ministère précise ces projets.

Après cette introduction, s'ensuivit une discussion au cours de laquelle Yamina Benabbou, metteur en scène et responsable du service Animation Culturelle à l'Université de Kénitra au Maroc, actuellement accueillie dans le cadre de la Formation internationale culture insiste sur la nécessité pour le secteur culturel des universités d'être mieux soutenu et mieux reconnu par la coopération française ce à quoi il lui est conseillé de ne négliger aucun contact en faisant transiter ses demandes y compris par l'ambassade du Maroc à Paris.

• Dorina Bodea, a parlé, par sa fonction au Conseil de l'Europe, de la diversité et de l'identité culturelles de l'Europe ainsi que du processus d'un projet, entre conception, expertise et financement. Elle a évoqué l'importance de la langue comme premier palier vers de bons résultats au moment de la présentation d'un projet culturel au Conseil de l'Europe. Pour elle, la Formation Internationale Culture est un très bon instrument pour la réflexion. Elle synthétise un certain état d'esprit par ce constat : « La politique dirige le monde, l'économie divise le monde, la culture unit le monde ».

• Jacques Fauconnier, délégué général à l'Office franco-québécois pour la Jeunesse a développé surtout la notion de projet : pour lui, il est important de choisir les projets faisables et spécifiques, des projets bien ciblés avec une problématique définie et claire. Les projets s'inscrivant dans la coopération multilatérale ne peuvent venir qu'ensuite, d'une part en raison de leur complexité, d'autre part en raison de leurs enjeux de portée forcément plus politiques. Il ne suffit pas de penser un projet, encore faut-il le traduire en moyens de financement.

• Le débat s'est instauré de manière très dynamique avec la salle : Iveta Dimova, expert en chef au Ministère de la Culture en Bulgarie et participante de la Formation internationale culture en 1994-95, souhaite que la Francophonie devienne un instrument supplémentaire pour l'intégration européenne, une valeur ajoutée et participe au forum de l'Europe multilatérale. Elle annonce une conférence de la Francophonie programmée à Sofia au mois de mai 2002. Sara Valdès, première secrétaire à l'Ambassade du Mexique en Belgique et participante de la Formation en 1997-98, s'interroge sur la manière de repérer et saisir des projets valables, et de concilier la réciprocité entre l'offre et la demande.

• La notion de contraintes de territoire fut évoquée, c'est à dire, pour la France ou pour n'importe quel pays d'Europe, le fait d'être attentif et d'aider un pays voisin c'est-à-dire au plus proche de son territoire, plutôt qu'un pays de l'autre bout du monde. Les ambassades de France dans ce cas, voire l'Association française d'action artistique chargée des échanges culturels dans le monde deviennent des relais d'autant plus importants.

• Enfin une discussion sur le rôle possible du réseau *Ubiquité Culture(s)*, reconnu comme un pôle nécessaire, a mené à certaines propositions comme : établir un site internet comme outil de communication et force de proposition ; inviter chaque année trois à quatre ex participants de la

Formation Internationale Culture pour parler de leur expérience tant en France que dans leur pays afin de continuer à faire évoluer la formation ; devenir une ONG liée à l'Unesco, et chercher des ressources dans le cadre international. L'association doit vivre hors de la Formation internationale culture et demeurer une plate-forme des échanges culturels internationaux, très nécessaire car à visage humain.<

>Amadou Chab Touré, *Mali*

## *Afrique*
### Ateliers par régions géographiques
*Studio-Théâtre de la Comédie française*
**mercredi 5 décembre 2001**
**9h30 / 17h30**

*Les ateliers géographiques ont pour objectif,
au regard des responsabilités et des engagements professionnels de
chacun des membres du réseau Ubiquité-Culture(s) d'affirmer la vitalité
et la dynamique du travail en réseau, en termes de collaborations
interrégionales et interdisciplinaires, à l'échelle des grands espaces
géographiques du monde, de coopérer entre pays voisins, de mettre en
place des passerelles prospectives d'opérations culturelles
et d'échanges artistiques entre continents,
de fédérer des projets mobilisateurs.*

## Participants

### >Modérateur

- **Olivier Barlet**, *France*
  Rédacteur en chef de la revue Africultures

### >Intervenants

- **Hamady Bocoum**, *Sénégal*
  Archéologue, directeur du patrimoine culturel au Sénégal.
- **Maïmouna Coulibaly**, *France*
  co-directrice de l'association *Fest'Africa*, à Lille
- **Bernard Gilman**, *France*
  Consultant pour l'Afrique
- **Sophie Hoffelt**, *France*
  Universitaire, spécialiste du cinéma africain
- **Philippe Lavorel**, *France*
  Chargé de mission Afrique, Département des affaires internationales, Ministère de la Culture et de la Communication
- **Henri Lopès,** *France*
  Ecrivain, ancien sous-directeur chargé de la Culture à l'Unesco, ambassadeur du Congo en France
- **Théophile Mbouma Bissa**, *Cameroun*
  Coprésident de *Fémin'Art*, directeur de Massao,
  *Festival international des voix de femmes* à Douala, Cameroun
- **Dominique Mondoloni**, *France*
  Rédacteur en chef de la revue des littératures du Sud, *Notre librairie*
- **Brigitte Rémer,** *France*
  Directrice de la *Formation Internationale Culture*,
  coordinatrice des *Rencontres Cultures au Faubourg*
- **Jean-Louis Sagot-Duvauroux,** *France*
  Philosophe et dramaturge

« Parce qu'il ne s'agit pas de dire que le livre ne va pas,
qui peut aider au développement du livre ?
C'est nous qui sommes là.
Si le théâtre ne va pas, qui peut faire que le théâtre marche ?
C'est nous qui sommes là.
S'il y a quelque chose qui ne va pas ?
C'est nous qui sommes là. »

**Mohamed Traore**, *Burkina Faso*

**Olivier Barlet**
*modérateur*

>Est-ce que vous m'entendez ? Oui ça marche... impeccable...Comme je le disais, on n'a pas la salle idéale pour l'échange, on est face à un écran, mais on va essayer de faire avec.
Je me présente rapidement : Olivier Barlet, je suis rédacteur en chef de la revue *Africultures* que vous connaissez sans doute. Je trouve que c'est intéressant de se retrouver au Studio Théâtre aujourd'hui, parce que la Comédie française est un lieu qui a été investi par l'Afrique, il y a une dizaine d'années. Idrissa Ouedraogo y a monté la *Tragédie du Roi Christophe* et nous voilà tous réunis, pour une nouvelle prise de paroles à l'intérieur de la Comédie, il n'y en a pas eu beaucoup depuis, au niveau de l'Afrique.
L'idée de cette rencontre est d'échanger, de façon très large, échanger sur les enjeux, les projets, les collaborations et surtout les collaborations interrégionales, interdisciplinaires, de s'écouter et de penser des synergies. L'idée aujourd'hui, c'est ça, c'est d'essayer d'écouter ce que fait l'autre, et quels sont les enjeux possibles, quelles sont les synergies possibles.
Quand Brigitte Rémer m'a proposé de participer à cette réunion et de jouer les modérateurs, j'ai été tout de suite séduit par cette idée, parce que c'est ce qu'on essaie de faire à *Africultures*. On essaie de faire une revue critique sur les cultures africaines, de la manière la plus large possible mais surtout on essaie de mettre des synergies en place, et du coup on fait des choses qui s'appellent des réseaux. Par exemple, le réseau d'information culturelle en Afrique et en Europe, qui va donner un site Internet appelé Afrique info, jouera un peu le rôle d'une agence de presse culturelle générale sur l'information africaine. On fait un site Internet qui s'appelle *Afriphoto.com* qui met en synergie les photographes africains pour leur permettre d'avoir une véritable commercialisation de leurs photos, le montage d'expositions etc.
On est en train de monter avec les éditeurs africains ensemble un projet qui s'appelle *Afrilivres* qui a pour but de permettre la commercialisation en Europe et au nord des livres des éditeurs africains alors qu'elle est aujourd'hui difficile. Il y a d'autres projets, sur le théâtre, la BD, donc c'est ça notre rôle et je suis particulièrement sensible à ce qui se passe aujourd'hui, parce que cette mise en synergie des différents

acteurs, c'est le sens de notre action et notre fonction. Je crois que le mieux c'est qu'on commence avec le petit groupe qu'on est, d'autres vont nous rejoindre, sans doute qu'ils se trouvent bloqués comme je l'ai été tout à l'heure sur la ligne 1 du métro, le mieux c'est que nous commencions tout simplement à nous présenter, de façon très simple, en mettant justement l'accent sur ce type de projets, d'enjeux, de synergies dans lesquels nous sommes impliqués par notre travail. Alors si vous voulez, de façon très simple et sans protocole, en commençant à droite ou à gauche... peut-être monsieur qui avez déjà le micro et puis ensuite on fait passer le micro.

**Jean-Claude Dioma**
*Burkina Faso*

>Moi mon nom c'est Dioma, Dioma Jean-Claude, du Burkina Faso. Avant la Formation internationale culture dans laquelle je suis en ce moment, donc promotion 2001-02, je m'occupais des arts du spectacle et de la coopération culturelle dans mon pays.

**Mai Mustapha**
*Niger*

>Bonjour, je m'appelle Mai Mustapha, je suis du Niger, promotion Formation internationale culture 1995-96, quand je suis arrivé j'étais responsable d'un centre culturel et aujourd'hui je suis directeur du livre, des lettres, de la littérature et de la lecture publique au Niger.

**Arlindo Isabel**
*Angolais*

>Bonjour à tous, je m'appelle Arlindo Isabel, je suis Angolais, avant de venir à la Formation internationale culture session 1998-99, j'étais directeur de l'Institut national du livre et du disque en Angola. Après mon retour je suis devenu directeur de cabinet du ministre de la Culture, maintenant je travaille au secrétariat du conseil des ministres, je suis directeur de service. Je suis éditeur aussi, j'ai une petite maison d'édition qui a été créée après mon retour de Paris, il y a un an et demi.

**Alioune Ifra Ndiaye**
*Mali*

>Je suis Alioune Ifra Ndiaye, de la, promotion 2000-2001, je dirige une agence de production au Mali qui s'appelle *Blomba* ça veut dire le grand vestibule, je crois que vous allez découvrir l'un de nos travaux, le 7. Merci.

**Jean-Louis
Sagot-Duvauroux**
*France*

>Jean-Louis Sagot-Duvauroux, je suis philosophe, également dramaturge et scénariste. J'ai beaucoup travaillé au Mali, je suis associé avec Alioune Ifra Ndiaye dans *Blomba*.

**Ousseynou Gueye**
*Sénégal*

>Bonjour, je suis Ousseynou Gueye du Sénégal, ayant participé à la Formation internationale culture en 1998-99. Au Sénégal je suis, à l'image de Alioune Ifra Ndiaye, dans le secteur privé également de la culture, après avoir travaillé comme la plupart ici de mes ex condisciples dans le secteur public, notamment sur la Biennale de l'art contemporain de Dakar, occasion à laquelle nous avions beaucoup échangé avec *Africultures* qui était partenaire de l'événement, merci. En ce moment je suis conjointement sur trois domaines différents : la musique avec le studio d'enregistrement qui appartient au musicien Youssou N'Dour, au Sénégal. Il y a une déclinaison de ce studio qui est un festival associatif, *DK 24* pour *Dakar 24 heures* dont je m'occupe également et, enfin, un quotidien, *Tract*, dont je suis directeur de publication. Mon intérêt par rapport à votre intervention, on y reviendra certainement : sur tous ces domaines culturels, artistiques dont vous avez parlé, le livre, la photo, l'édition, le théâtre, je trouve qu'il y a une particularité spéciale de la musique en tous cas en Afrique de l'ouest et au Sénégal qui est que c'est un domaine artistique en tous cas en Afrique de l'ouest et au Sénégal, qui est que c'est un domaine artistique qui se prend en charge et qui réussit par lui-même, qui est commercialement viable. Nous notre intérêt c'est de travailler à ce que la législation en vigueur prenne en compte cet aspect-là des choses, alors que sur la photographie, sur l'édition, on est plus encore dans une économie culturelle assistée, ce qui n'est pas le cas en ce qui concerne la musique. Il y a là, à rebours de ce qui se passe dans ces domaines dont vous avez parlé, une avance de ce qui se passe dans les faits, par rapport à la prise en charge de cette réalité là par la législation et par les pouvoirs publics. J'ai été un peu long, excusez-moi, merci.

**Bernard Gilman**
*France*

>Bernard Gilman. Tout le monde parle au présent je suis, moi je vais vous dire, j'étais. Je suis retiré des affaires, pas tout à fait. J'ai été…rapidement, un élu

culturel, pendant deux mandats à la ville de Grenoble pour les problèmes culturels, et ensuite au Ministère de la Culture, entre autre au cabinet de Jack Lang. Aujourd'hui, comme je l'ai dit je suis retiré des affaires mais nous travaillons quand même à quelques-uns, dont ici Dominique Mondoloni et aussi Brigitte Rémer, un groupe de réflexion et nous réfléchissons justement sur l'enjeu du partenariat, est-ce que pour la France, c'est un véritable enjeu ou c'est simplement un à-côté, quelque chose qu'on fait parce qu'il faut le faire ? Voilà notre interrogation.

**Maïmouna Coulibaly**
*France*

>Maïmouna Coulibaly, je suis journaliste de formation mais aujourd'hui je ne pratique presque plus, je suis cofondatrice d'un festival qui s'appelle *FestAfrica,* qui a lieu chaque année à Lille et dont la neuvième édition vient de prendre fin. Le but est de faire connaître la création artistique africaine et de la diaspora, sachant que le festival est pluridisciplinaire avec une identité qui reste la littérature, merci.

**Sophie Hoffelt**
*France*

>Bonjour, je suis Sophie Hoffelt, je viens de soutenir une thèse au centre d'études d'Afrique noire de Bordeaux sur *Les cinémas d'auteur sur la zone Côte d'Ivoire, Mali, Burkina Faso.* J'ai réalisé un film sur le cinéaste malien Cheik Oumar Sissoko et je suis en train de réaliser un documentaire sur le Général Lamisana au Burkina Faso.

**Dominique Mondoloni**
*France*

>Oui bonjour Dominique Mondoloni, je suis rédacteur en chef d'une revue qui s'appelle *Notre librairie*, qui s'intéresse principalement aux littératures d'Afrique, de la Caraïbe et de l'Océan Indien. J'ai été précédemment en poste en Afrique, notamment au Congo, au Bénin et en Haïti.

**Hamady Bocoum**
*Sénégal*

>Bonjour, je suis Hamady Bocoum, je suis archéologue de formation et chercheur. Je suis directeur du patrimoine culturel au Sénégal. Je suis arrivé ici presque par effraction mais j'avoue que la compagnie risque d'être très agréable. Je pense qu'il y a beaucoup d'interfaces et de lignes de cohérence qu'on pourrait scruter, parce que, comme l'a dit mon compatriote tout à l'heure, il y a certains secteurs culturels qui parviennent à être autonomes, à vivre à partir de leurs

dynamiques propres et d'autres qui sont presque sous perfusion. Probablement, l'avenir de la culture et l'avenir de notre tradition de manière générale se trouvent dans la découverte ou la réhabilitation de moteurs qui leur permettront de vivre de leur propre production, cela est extrêmement important, ça arrive pour la musique, pour la presse aussi il faut le dire. Je pense on peut le dire que *Trac*t a fait des affaires très intéressantes chez nous, je pense qu'avec toutes les réflexions, les jeunes qui se lancent dans ces métiers de la culture, on peut espérer arriver à des synthèses culturelles intéressantes dans un monde de plus en plus ouvert, de plus en plus global, où les cultures qui gagneront demain seront les cultures qui accepteront de s'ouvrir et de mettre sur le marché ce qu'elles ont de meilleur, et probablement les perdants seront ceux qui vont se recroqueviller sur eux-mêmes. Je pense que l'idée de réseau c'est l'idée d'ouverture, c'est l'idée de combat, je pense que nous serons tous des gagnants, merci.

**Henri Lopès**
*Congo*

>Je m'appelle Henri Lopès, j'ai longtemps été à l'Unesco. A l'heure actuelle je suis retraité de l'Unesco et en même temps je suis en activité en tant qu'ambassadeur de mon pays, le Congo. Mais je crois qu'on m'a invité ici essentiellement en tant qu'écrivain, donc artisan dans la culture.

**Christian Randrianampizapy**
*Madagascar*

>Bonjour, Christian Randrianampizapy, de Madagascar. Je suis un participant de la Formation Internationale Culture session 1999-2000. Je travaille dans le vaste réseau des alliances françaises. Je suis directeur de l'Alliance française dans une ville de Madagascar, Antsirabe. Si la vocation première d'une Alliance, ce sont les cours de français, en province, une alliance se comporte comme un centre culturel qui a pour activité je dirai secondaire la promotion de la culture.

**Théophile Mbouma Bissa**
*Cameroun*

>Je suis Théophile Mbouma Bissa je viens du Cameroun, je ne suis pas un ancien de la Formation Internationale Culture, j'espère un futur, mais j'ai sollicité le fait d'être là qui m'a été accordé par les personnes qui ont organisé cette magnifique manifestation, parce que j'ai tout de suite vu, dans les préoccupations exprimées à travers les thèmes proposés, un

lien entre les soucis que des organisateurs isolés comme moi avons sur le terrain. Je suis promoteur d'un festival au Cameroun, le *Festival Massao*, le festival international des voix des femmes, qui s'est donné pour mission de promouvoir le potentiel artistique féminin, qui est très souvent laissé en marge alors qu'il est à la base d'un grand nombre de choses culturelles du moins en Afrique, qui sont véhiculées à travers le monde. Je fonde beaucoup d'espoir dans les discussions ici, j'espère que j'apprendrai beaucoup et que cela m'aidera sur le terrain.

**Brigitte Rémer**
*France*

>Je suis Brigitte Rémer, je pilote la *Formation internationale culture* depuis sa création, en 1991. Je suis sociologue mais aussi liée à l'artistique, particulièrement par le théâtre. La Formation internationale culture, grand générique institutionnel mais fragile esquif qui se bagarre depuis dix ans et qui espère renforcer le développement par son réseau *Ubiquité Culture(s)*, composé de cent quatre-vingt professionnels de la culture de tous les continents. C'est une grande force, ils sont ici cent dix pour une semaine en France de réflexion. Je suis coupable de ces Rencontres *Cultures au Faubourg* et j'espère que nous pourrons développer d'autres partenariats. Ma liaison avec l'Afrique passe par le Centre régional d'action culturelle, le CRAC de Lomé où je suis formateur ponctuellement et où je fais partie du comité scientifique.

**Blaise Etoa**
*Cameroun*

>Je m'appelle Blaise Etoa je viens du Cameroun où je suis chargé d'études au cabinet du Ministre en charge de la Culture. A titre personnel je suis un peu touche à tout, m'intéressant au patrimoine, pour avoir dirigé un espace à Yaoundé qui s'appelle *Africanlogic* ; la musique, parce que travaillant avec les Rencontres musicales de Yaoundé et une association qui s'appelle l'Association pour la promotion et le développement des nouveaux talents ; la télévision, parce que chargé de la communication internationale du festival *Africantélévision*, dont la troisième édition se déroulera à Yaoundé du 1er au 8 mars de l'année prochaine ; et puis les nouvelles technologies, parce que journaliste, j'appartiens à un réseau qui s'appelle *Anaïs*, qui a été mis en place à l'initiative du canton de Suisse, du président Konaré et du Président Mandela,

en anglais : *Advising in neetwork for the African Information Society*, on pourrait dire Réseau consultatif pour la société Africaine de l'information. Je suis actuellement le cursus de la Formation internationale culture.

**Mohamed Traore**
*Mali*

>Moi c'est Mohamed Traore, je suis du Mali, je viens du Ministère de la Culture. Je suis actuellement directeur adjoint au Palais de la Culture de Bamako qui est un centre culturel multidisciplinaire, s'occupant du spectacle vivant, des expositions et autre.

**Yahya N'Doye**
*Sénégal*

>Bonjour, je m'appelle Yahya N'Doye, je suis Sénégalais, participant à la Formation internationale culture promotion 1993-94. Au Sénégal, il faut d'abord dire que je suis agent du Ministère de la Culture, mis à la disposition de la ville depuis une bonne décennie. A la ville, je suis conseiller culturel du maire, je crois que je le demeure encore, parce qu'on ne sait pas ce qu'on va retrouver au Sénégal, il y a des remous par rapport aux collectivités locales. En dehors de ça, depuis environ quatre mois, on m'a confié le projet de la petite enfance au niveau de la ville de Dakar, ça c'est au niveau institutionnel. Au niveau personnel et associatif, je suis initiateur d'un festival qu'on appelle le *Festival des Peuples de l'eau à Dakar*. Au niveau associatif je suis dans un réseau, qu'on appelle le CIOF, c'est le *Conseil international des organisations des festivals de folklore et d'art traditionnel*. A ce niveau-là, j'interviens au niveau des cultures populaires et traditionnelles. Au Sénégal, je représente cette association qui a le statut B de l'Unesco et qui vient de tenir son congrès il y a un mois et demi, au Portugal. Je m'arrêterai là, merci.

**Olivier Barlet**
*modérateur*

>Merci. Au niveau de la structure de la journée, Brigitte m'a demandé de déterminer quatre sous-thèmes mais tout est très large. Dans l'ensemble des représentations que nous sommes, il me semblait pouvoir tourner d'une part autour de la question que vous souleviez tout à l'heure du partenariat, de la coopération, de la relation nord/sud ; ensuite, de poser la question aussi de l'aide des nouvelles technologies, par rapport au développement culturel global ; dans un troisième temps, peut-être de s'intéresser spécifi-

quement aux problématiques des festivals, des expressions, des festivals dans leur possibilité sud/sud ; et dans un quatrième temps, de s'intéresser de façon large à tout ce qui est télévision, cinéma, presse, médias, c'est à dire l'expression des choses. Ce serait un petit peu une structure pour la journée, on peut la critiquer éventuellement et je vous proposerai volontiers de partir en écoutant vos interventions, peut-être demander d'abord à monsieur Gilman, qui était sur ces questions de partenariat et des enjeux... vous disiez que vous avez une réflexion là-dessus en ce moment, peut-être pourriez-vous nous préciser quelques termes de cette réflexion pour lancer le débat.

**Bernard Gilman**
*France*

>Bien, je pense que l'idée du partenariat... c'est une réflexion personnelle plutôt des interrogations, donc pas de réponse ni de certitudes. L'idée d'un véritable et authentique partenariat se fait à peine jour, me semble t-il, en France. Moi je parle en tant qu'ancien élu, en tant que formateur d'un centre de formation et directeur de projets culturels, et puis, d'agent du ministère de la Culture. L'idée de partenariat est partie, est encore alourdie par l'idée de jumelage chez nous. C'est à dire que, à la fois pour les pouvoirs publics, mais je dis aussi pour les institutions culturelles, le rapport je dirais aux autres, le rapport à l'étranger est un peu, si je peux prendre l'image de l'individu, un peu le voyage qu'on fait de temps en temps à l'étranger, qui est une fenêtre ouverte, qui est souvent aussi de l'exotisme, mais qui n'est pas placé je dirais au cœur de notre, à la fois de la pratique et de notre politique. C'est toujours un à-côté. Exemple dans une ville que je connais bien, Grenoble, la Direction des affaires internationales est une direction je dirais presque annexe et je dirais presque la même chose du ministère de la Culture ; c'est annexe, c'est pas au cœur de la politique et du ministère ou d'une ville ; et j'en dirais tout autant des institutions culturelles. J'ai eu l'occasion de diriger une Maison de la Culture, l'apport de l'étranger c'est... c'est un ajout, c'est pas le nœud et personnellement, je pense aujourd'hui, que le rapport aux autres, le rapport à l'international est l'enjeu prioritaire et que nous ne nous en sortirons pas en France, tant dans le domaine artis-

tique que dans tous les autres domaines, si nous ne le mettons pas au cœur de cet enjeu.

La deuxième chose que je voulais dire, c'est un peu cette... au niveau... moi je pense que le partenariat, c'est un échange de civilisation, de richesses de civilisations et que nous avons de la peine, je parle toujours du côté français, à le saisir, parce que nous abordons les continents étrangers que par les petits bouts, que par des morceaux, que ce soit par la culture, que ce soit par le côté sanitaire, que ce soit par d'autres aspects, alors que, de mon point de vue, le rapport notamment avec l'Afrique que je connais un peu mieux, c'est véritablement une demande, un apport de civilisation à civilisation. Il me semble être à la fois le passé, ce qu'est l'Afrique aujourd'hui et ses perspectives, c'est ce qu'elle peut nous apporter de mieux, alors que nous nous situons autrement, on l'a dit mille fois mais je le répète, nous pensons le partenariat : nous savons, nous avons, nous avons un savoir-faire que nous voulons partager avec nos amis africains, ce n'est pas un rapport d'égalité. Ce que nous avons tenté dernièrement avec la ville de Grenoble, pour essayer de rompre un peu je dirais une connaissance parcellaire, c'est se placer au niveau d'une population. Je m'explique un peu, j'ai l'air de divaguer un peu mais je reviens à mon propos. Je ne suivrai pas tout à fait Jack Ralite qui disait l'autre jour, avant-hier : au début est l'artiste, un peu comme une parole biblique, au commencement était le Verbe et le Verbe était Dieu et c'est si vrai qu'on ne dit plus l'artiste mais le créateur. Et j'ai beaucoup aimé quand monsieur Lopès a dit qu'il était écrivain, il n'a pas dit qu'il était créateur, il a dit qu'il était un artisan. On replace l'artiste là où il doit être, c'est à dire au milieu d'une population, moi ce thème... et moi je dirais au début, est le peuple, et les artistes sont, espérons, dedans ; et les médiateurs aussi. Ce que nous avons tenté, c'est une chose tout à fait modeste mais il me semble que c'est une ligne, avec Grenoble, c'est non pas un rapport d'artiste à artiste, de docteur à docteur, d'infirmier à infirmier, mais de quartier à quartier, avec une richesse de ce que le quartier contient, avec un quartier, deux quartiers de Ouagadougou, avec toute la diversité, la complexité et la richesse d'un quartier. C'est une approche qui paraît pour moi importante, parce que l'Afrique est riche de cette diversité que nous avons de la peine à percevoir, parce nous allons sur des endroits un peu ciblés et par trop précis. Je ne sais pas si je me suis bien fait comprendre mais je pense que le véritable enjeu pour nous est une priorité, au cœur d'une politique et non pas l'international après que nous ayons réglé nos propres petits problèmes.

**Olivier Barlet**
*modérateur*

>Qui veut réagir à ça ? Effectivement, ce côté annexe, je le partage complètement, on a en Afrique une nécessité que cela ne soit pas une annexe. On ressent, à chaque fois qu'on est en relation avec un événement culturel, ils cherchent à ne pas être marginalisés, à avoir une ouverture sur le monde etc..

**Bernard Gilman**
*France*

>Je peux donner un tout petit exemple : la dernière fois que je suis allé au Mali, les amis maliens m'ont montré tout le tragique, et je suis content qu'il y ait un archéologue parmi nous, des fouilles archéologiques au Mali et tous les problèmes qui se posent autour. Et je me dis en France, nous n'avons pas compris ce que c'est que les richesses universelles, quand je vois ce que nous consacrons, la Direction archéologique, aux fouilles gallo-romaines qu'on connaît depuis... il y en a tant et plus alors qu'il y a des priorités ailleurs. On devrait nous, concevoir qu'une de nos priorités, en tant que pays ouvert à l'universel, justement ce qui se passe dans des pays d'une façon tragique comme ça, mais, de temps en temps, on fait un petit geste et puis...

**Alioune Ifra Ndiaye**
*Mali*

>Qu'est-ce que vous entendez en disant que le partenariat s'alourdit par le jumelage ?

**Bernard Gilman**
*France*

>Le jumelage en France, au départ, ça se passait d'élus à élus, ce n'était pas le partenariat je dirais à la base pour employer un mot un peu commun : on se recevait, on faisait des petits voyages, des banquets, on recevait les élus de l'autre pays et en gros ça s'arrêtait là. Tandis qu'aujourd'hui, je pense que ce n'est plus dans l'esprit de la plupart des villes françaises, du moins je l'espère, c'est vraiment la recherche d'un authentique partenariat et non pas des cérémonies.

**Alioune Ifra Ndiaye**
*Mali*

>Justement, entre villes. Je viens de vivre deux magnifiques expériences avec la ville d'Angers. Personnellement en tant que privé. D'abord grâce à la Formation internationale culture, j'ai pu prendre contact avec le Centre dramatique national d'Angers, avec Claude Yersin qui le dirige et avec qui *Blomba*, l'agence que je dirige à Bamako, est entrée en partenariat et en coproduction, pour monter un spectacle issu de l'adaptation des lettres de Sophocle, entièrement avec des comédiens maliens, c'est aujourd'hui même la création au nouveau théâtre d'Angers. En plus de cela, j'ai organisé avec Monique Blin qui a pensé une résidence d'écriture, qui a lieu actuellement la *Ruche Sony Labou Tansi*, soutenue par la ville d'Angers qui a mis à notre disposition un lieu, La maison du partenariat d'Angers, qui est presque un hôtel. Cela fait un mois que ces auteurs africains francophones et des écrivains chevronnés comme Daniel Besnéhard qu'Angers a mis à notre disposition pour pouvoir piloter cette résidence, ou plutôt la conseiller, travaillent. Moi je trouve formidable des expériences comme ça et pourtant moi je suis un privé.

**Bernard Gilman**
*France*

>C'est presque une exception Angers. Angers a très bien compris ce qu'était le partenariat, et de longue date. D'une part, la ville a inscrit dans son budget une ligne concernant le partenariat, il le fait au niveau d'une ville, non seulement au niveau culturel mais aussi sur les centres pour la petite enfance, les bibliothèques, tout ce qui concerne la formation de techniciens pour la voirie et autres. L'échange entre Angers et Bamako est exemplaire, parce qu'il a été poussé dans tous les domaines.

**Alioune Ifra Ndiaye**
*Mali*

>Il ne reste pas de maire à maire, il est descendu dans la rue.

**Bernard Gilman**
*France*

>Oui… oui…ça c'est bien.

**Mustapha Mai**
*Niger*

>J'aimerais juste réagir à certains propos de l'élu… par rapport aux jumelages. C'est vrai que certaines villes ont compris que le jumelage ce n'était plus les petits fours et autres. Mais le jumelage en tant que tel, il faut voir, et la remarque de notre ami malien est pertinente, parce que tant que cela se passe de maire à

maire, d'élu à élu, ça ne porte pas. Il faut que ça descende dans le domaine culturel, dans le domaine de l'éducation, vraiment sur le terrain. Par contre, dans le secteur du patrimoine, votre remarque me va droit au cœur. Il n'y a pas longtemps, nous étions à la conférence des Ministres francophones de la Culture à Cotonou et ça a été l'objet soit d'une incompréhension, en tous cas d'un débat houleux entre le nord et le sud. A titre d'exemple : quand des chercheurs du nord, que ce soit des Etats-Unis ou d'un autre pays, viennent chez nous au Niger pour faire de la recherche, il y a une chaîne qui n'est pas linéaire. C'est le Ministère de l'enseignement supérieur qui donne l'autorisation de recherche, elle n'associe pas le Ministère de la culture chargé de la conservation. C'est le tourisme qui vend le produit. On s'est retrouvé plusieurs fois dans une situation où des chercheurs, notamment américains et français, et même italiens, parce que nous avons une zone dans le désert que nous avons surnommée le cimetière des dinosaures. A chaque fois, ils embarquent des dinosaures entiers. Le dernier choc en date, on l'a appris par RFI, on apprend qu'un caïman qui date de deux cents millions d'années a été découvert mais qu'il est aux Etats-Unis... au Niger. Nous Nigériens nous ne sommes pas au courant, c'est RFI qui annonce qu'il est aux Etats-Unis. Et maintenant, c'est le ministre du tourisme et quelques universitaires nigériens qui sont invités aux Etats-Unis, pour aller voir ce patrimoine qui est mondial, je suis d'accord, mais avouez que cela pose un sérieux problème au niveau archéologique et patrimonial.

Dans le secteur des livres aussi, c'est le secteur qui m'intéresse, la Déclaration de Cotonou a insisté, à la demande des partenaires du nord, pour la coédition. Mais le problème de la chaîne du livre, est un problème crucial en Afrique. Tous les produits qui interviennent dans la fabrication d'un livre, en tous cas nous Niger pays sahélien désertique avec le Ténéré, aucun des produits n'existent au Niger. Tout doit venir de l'extérieur. A ce moment, nous on a un problème. Les auteurs y sont féconds. On a des manuscrits à la pelle, mais comment produire, comment amener ces auteurs qui doivent participer à cette nouvelle vision du monde, qui doivent apporter leur grain de sable dans la marche du monde, comment les éditer ? Nous avons pu convaincre les autorités pour réunir un séminaire national sur la définition d'une politique du livre. Ceci sous-entend livre, littérature, lecture publique etc. C'est vrai je suis directeur nommé par le conseil des ministres, fonctionnaire et tout, mais j'ai l'intime conviction que dans la chaîne du livre, l'Etat doit se désengager, c'est un secteur commercial et l'Etat en principe ne doit pas directement faire de l'argent. Mais il faut, dans le cadre d'une coopération, véritable et sérieuse, qu'on puisse aider les libraires, qu'il y ait des librairies. En Afrique, vous voyez librairie, vous rentrez, les trois-quart de l'espace c'est de la bureautique, juste une table c'est des romans policiers et le reste c'est de la papeterie et des ouvrages scolaires et universitaires. Ce n'est pas une librairie. Les imprimeurs ont des charges très lourdes pour accéder aux nouvelles technologies et aujourd'hui chez nous, c'est des imprimeurs qui se disent éditeurs. Alors qu'en réalité, moi, Mai Mustapha, j'ai mon manuscrit, je vais chez l'éditeur, mais l'éditeur, il me fait la facture, comité de lecture et tout ça non non, c'est pas son problème. Alors il édite mon livre, je prends mon livre, je cours au Ministère de la culture : moi j'ai édité un livre à compte d'auteur, il faut que vous me payez tel nombre d'exemplaires. On dit : oui, on veut bien mais nous si on l'achète c'est pour le distribuer dans un réseau de centres de lecture publique ou de bibliothèques publiques. Et ton ouvrage, on est désolé, par exemple *Quinze ans de règne du Président*, ça ne nous intéresse pas. Ça, la population l'a vécu dans sa chair.

Donc moi, une de mes préoccupations, c'est la chaîne du livre et une possibilité de coopération à quelque niveau que ce soit, pour pouvoir mettre en place des structures solides. Vous envoyez votre manuscrit à n'importe quelle maison d'édition et même à certaines institutions de la République française, en fait c'est vous le financez, car c'est à partir du énième disons millième ouvrage que vous avez des droits, pour moi ce n'est pas de la coopération, c'est du commerce. Par contre s'il était possible d'identifier des gens, des personnes sérieuses qui ont cette ambition et qui ont des dossiers au niveau du sud, et venir former ces gens, les accueillir chez vous, qu'ils comprennent ce qu'est une maison d'édition, ce qu'est une librairie, qu'ils puissent constituer un lobby auprès des élus qui votent le budget, il y a tout un mécanisme auquel nous avons pensé, qui devrait être mis en place ; c'est pour cela que l'expérience des éditeurs, des auteurs, moi j'avoue c'est surtout ça qui m'intéresserait dans le cadre d'une coopération, non seulement d'une coopération et la mise en place d'un réseau.

Pour conclure, je viens de la Foire du livre du Burkina Faso, ils ont mis en place le FOSEP, Dioma, c'est bien ça... le Fond de soutien pour le livre ou la publication du livre : 20 millions, ça fait 200 000 FF pour tous les auteurs du Burkina Faso et Dieu seul sait qu'ils sont féconds. Il a fallu trois ans pour que l'Etat débloque les crédits, entre temps les auteurs sélectionnés... sont décédés. J'y étais je vous affirme. On nous présente les ayants droit, les héritiers, pour rendre hommage à tel auteur qui est décédé... non ; il faut, il aurait fallu que ces auteurs, que leur manuscrit puisse être édité. Donc le réseau, un réseau en tous cas de l'expérience de notre ami dramaturge parce que, côté théâtre ça il n'y a pas de problème, au Niger nous avons des troupes qui sont dans les festivals et tout ça, mais le secteur du livre, il est laissé pour compte, donc c'est un appel que je lance, merci.

**Olivier Barlet**
*modérateur*

>Il y a plusieurs mains qui se lèvent dans tous les sens, monsieur vous aviez la parole d'abord, ensuite monsieur Lopès, ensuite monsieur Mondoloni, monsieur Sagot-Duvauroux...

**Ousseynou Gueye**
*Sénégal*

>Oui, je vous remercie. Pour commencer, dans la foulée de l'intervention de monsieur Gilman, qui, à mon sens, a souhaité poser les principes de ce qui pourrait permettre une diffusion et un échange réciproques, j'aimerais moi intervenir sur deux points : ce qu'il a qualifié d'apport de civilisation à civilisation, et ensuite son souci, qui serait qu'on replace l'artiste au milieu d'une population.

Mon premier problème par rapport à cet échange idéal qui pourrait exister de civilisation à civilisation que ça passe par l'institutionnel ou que ça passe par un institutionnel investi par les populations ici je parle des jumelages, c'est, que de mon point de vue, on amalgame ici, la culture et les pratiques artistiques comme quelque chose qui serait naturel à une population sur une base ethnologique, et non pas la culture et les pratiques artistiques comme quelque chose qui procéderait aussi beaucoup et de plus en plus, dans quelque partie du monde qu'on se situe, de la liberté individuelle. J'ai un problème par rapport à ça. Et, quand vous dites qu'il est important de replacer l'artiste au milieu d'une population, moi la question et la préoccupation que j'ai à ce niveau-là, c'est : est-ce que, en identifiant une fois de plus l'artiste d'abord à une population, comme pourrait l'être un artisan, on ne le met pas dans la dépendance d'avoir à légitimer sa pratique artistique, par le lieu d'où il parle, par le lieu auquel il appartient ? J'ai un vrai problème par rapport à ça. Et, en termes de circulation, de diffusion et d'échanges des cultures, moi j'aimerais évoquer ici ce qui, pour le moment en Afrique noire, est physiquement ce qui s'apparente le plus à un réseau, ce sont les centres culturels français, ce sont, à un niveau un peu moindre mais tout aussi fort, les alliances françaises. Jusqu'en 1998, à Saint Louis du Sénégal, j'étais directeur d'une alliance, que je me faisais un devoir d'appeler Alliance franco-sénégalaise, avec Pierre Tissot qui a d'ailleurs été longtemps à Madagascar, qui lui était dans le centre culturel français d'à côté à Saint-Louis toujours, l'on se rend compte, à voir la pratique de circulation et de diffusion dans les centres culturels français, en Afrique, qu'il y a peut-être un malentendu, qui consisterait à ce que, de ce côté-là du monde dans le sud, en Afrique, ce que les artistes attendent plus de cet échange-là et de cette diffusion, c'est un soutien qui pourrait être financier, c'est un soutien qui devrait être moral, c'est une légitimation de leur pratique artistique et culturelle, alors que de l'autre côté ce que les artistes du nord, de l'occident pris dans un sens générique, attendent eux, c'est plus un enrichissement de leur source d'inspiration. Je crois que l'intervention de notre ami du Niger est assez emblématique de ce point de vue-là, en ce que, pour la chaîne du livre par exemple on attend systématiquement...

*Coupure... Défaillance technique... L'intervention d'Henri Lopès ne peut, de ce fait, être restituée. Nous nous en excusons.*

**Dominique Mondoloni**
*France*

>... et génèrent une culture dont on aurait tout intérêt je pense au nord, à suivre les évolutions, pour y trouver des réponses. Donc je crois que, même si on plaçait ça sous l'angle du strict pragmatisme, les pays du nord auraient tout intérêt à écouter, ce qui se passe au sud, j'en suis intimement persuadé. Je pense même que beaucoup de réponses, d'ordre philosophique ou autres, peut-être même dans le domaine des sciences, risquent de venir de logiques qui n'ont pas encore épuisé leur historicité, mais qui ont encore à générer des formes nouvelles de rationalité, de rapport au réel. Donc, l'écoute de l'autre, c'est quelque chose qui, à mon avis, est précieux, est précieux à tout point de vue. Bon ça c'est une remarque un peu générale, pour compléter ce que dit Bernard Gilman, maintenant sur la nature du partenariat et le mode de fonctionnement : je crois que, il faut vraiment que chacun sache à quelle place il est, qu'on essaie d'éviter la substitution notamment, ça a été évoqué dans plusieurs interventions, la substitution c'est quelque chose qui a pu, à une certaine époque, avoir sa raison d'être, qui aujourd'hui n'est plus de mise. Donc je crois qu'on ne pourra pas faire, je pense à Paris, à Angers, à Grenoble, à Ajaccio ou que sais-je, on ne pourra pas faire ce qui doit être fait ailleurs.

Par exemple au niveau de la revue *Notre Librairie* et je pense qu'*Africultures* connaît bien ce genre de problème du fait qu'il ne faut pas se substituer à l'autre mais essayer de le percevoir tel qu'il est, là où il est, je crois que, depuis trente ans, la revue Notre librairie s'intéresse à la littérature africaine, génère des inédits, des études, fait des sélections, des *Vient de paraître*, des notes de lectures, je crois que c'est son rôle, elle n'a pas à imprimer à la place de. Sa fonction, est dans cette valorisation de la création littéraire, de cette manière. Il y a la responsabilité des uns qui doit être assumée là où ils sont. Je vous dis pour la revue *Notre Librairie*, actuellement par exemple, nous faisons une exposition sur une nouvelle génération d'écrivains Olivier vous en avez vu un aperçu, nous faisons un numéro tiré à dix mille exemplaires sur vingt deux auteurs mal connus dans leur propre pays. Nous préparons, pour le premier trimestre, une sélection de quinze cents titres de littérature africaine dont quarante pour cent des titres viennent d'éditeurs africains : il faut aller les chercher, il faut les répertorier, il faut donner la possibilité de savoir que cela existe, parce que souvent le drame c'est qu'on ne sait même pas que cela existe. Au niveau de la revue, on essaie non pas de faire à la place de... mais là où on est, de tirer le meilleur parti de ce que nous avons comme responsabilité au niveau du réseau culturel français à l'étranger. Je crois que les institutionnels en France, petit à petit, bougent. Sur ces problèmes de la chaîne du livre par exemple, je crois qu'il est révolu maintenant le temps où l'on proposait, comme au Mali en 1978, une opération de lecture publique où il n'y avait que les bibliothèques de lecture publique qui étaient bien positionnées, avec une fonction socioculturelle. D'après ce que j'en sais, je crois savoir que la nouvelle génération de projets de promotion du livre et de la lecture, essaie de prendre en considération toute la chaîne du livre, c'est-à-dire d'avoir deux ou trois composantes au moins, sur la valorisation de la création littéraire de l'édition locale, sur les bibliothèques et également sur la distribution auprès des libraires. Je crois que c'est des évolutions qui ne sont peut-être pas encore perçues ou encore effectives dans certains pays, mais je crois que ce sont des choses qui vont dans le bon sens.

Je pense également qu'il y a une évolution des réflexions, par exemple, on n'a pas encore parlé de ça mais pour rester dans le domaine du livre, la question des dons : à un certain, moment, ça a été vraiment effrayant, de voir la manière dont les dons résultant du désherbage de bibliothèques, ou résultant de bonnes volontés diverses et variées, arrivaient en Afrique et compliquaient la vie, au lieu de faciliter les choses. Et je me souviens d'une remarque d'un de mes collègues au lycée qui disait « Tu vois Dominique, après les déchets toxiques, les déchets pédagogiques. » Je n'ai pas oublié la formule. Je crois que tout le travail de réflexion que notamment une structure comme *Culture et développement* mène, pour le don raisonné de livres, pour la manière dont il faut savoir aussi utiliser ces ouvrages, c'est vrai qu'en France on pilonne plus de soixante millions de livres par an. La question du don et le fait qu'il ne faille pas traumatiser les économies locales et perturber des réseaux parfois émergeants de libraires, je crois que tout cela évolue et qu'il y a une maturation des réflexions. Je crois d'ailleurs que *Culture et développement*, dans le domaine de l'édition, prépare pour janvier un petit séminaire pour essayer d'approfondir ces questions-là. Donc je crois qu'il y a un cheminement, que petit à petit les mentalités évoluent, ça ne va peut-être pas assez vite et l'Afrique n'est pas une entité homogène, chaque pays... je rentre d'Abidjan, il est évident que pour certaines librairies d'Abidjan et de Fana au Mali, on ne parle pas de la même chose, voyez et pourtant il y a deux librairies dans les deux cas... J'arrête là parce que j'ai dû dépasser...

**Hamady Bocoum**
*Niger*

>Je vais me servir avant de laisser passer... Je voudrais dire que je vais terminer par ce que vous avez dit tantôt...Il y a un certain nombre de changements qui s'opèrent et je pense qu'ils sont imposés par le contexte... Moi personnellement par exemple, je suis consultant des affaires étrangères pour l'archéologie en Afrique subsaharienne. Il y a un certain nombre de changements qui s'opèrent et qui sont imposés par le contexte. L'archéologie en Afrique subsaharienne, était auparavant gérée dans la confidentialité la plus totale, par le ministère de la Coopération. C'était l'archéologie des copains, les Africains était gérés dans ces réseaux-là. Maintenant, on est dans une commission où l'on retrouve le Collège de France, les dossiers de ceux qui veulent aller travailler en Afrique sont strictement traités de la même manière que ceux qui veulent aller travailler en Egypte, à Karnak, ou ailleurs. Ce qui montre qu'il y a un certain nombre de changements qui sont en train de s'opérer.

Maintenant je pense aussi que le problème il est en fait à plusieurs niveaux. De toutes façons, on a dépassé le stade où il faut trouver des coupables ou des responsables, tout le monde est responsable d'une manière ou d'une autre. Par la force des choses, le problème de l'édition est revenu à plusieurs reprises, de la diffusion du livre, des problèmes de marché critique, est-ce qu'au sud réellement on peut trouver des tailles de marchés raisonnables pour pouvoir lancer certaines entreprises ? Le problème en fait, il faut le poser à deux niveaux : je crois que les livres comme produits culturels se diffuseront d'une certaine manière, naturellement, pour autant que le contenu qu'ils véhiculent trouve des réceptacles, donc le problème se posera en partie, au moins en termes de réceptacles, si le produit proposé trouve un terrain favorable. Naturellement, nous avons deux obstacles, au sud, les francophones en particulier : d'abord nous sommes une langue assez minoritaire, le français et quand on est au sud, c'est multiplié par deux, ça pose c'est vrai des difficultés, mais le problème de la collaboration peut être vu de deux manières : je crois qu'il faut essayer de trouver des formules entre des diffuseurs ou des éditeurs du nord et du sud, peut-être qu'au niveau régional il est possible d'envisager des choses. Récemment il a été envisagé des maisons d'édition africaines ou ouest africaines, ou régionales. Je pense que ce sont des formules vers lesquelles il faut essayer d'avancer pour mettre en synergie les moyens disponibles à l'échelle d'une région, pour essayer d'avoir une taille critique qui puisse nous permettre de nous battre ou de renforcer les partenariats. Par ailleurs ici, il y a des maisons d'édition qui sont presque spécialisées sur l'Afrique. Je pense qu'il y a des choses sur lesquelles on peut travailler. Je sais que ma collègue du livre et de la lecture travaille beaucoup là dessus, et que, de toutes façons, même si vous pensez qu'il faut confier la plupart de ces choses au privé, il n'en demeure pas moins que dans nos pays, je crois que les Etats ont des rôles à jouer. Des pays où il n'y a pas d'archives nationales, où il n'y a pas de bibliothèque nationale, cela pose un certain nombre de problèmes de souveraineté, et je pense qu'on est obligé d'être un peu conservateur dans certains domaines, même si la tendance aujourd'hui est à la disqualification de l'Etat.

Je voudrais terminer sur deux points qui me paraissent importants : le premier c'est les droits d'auteurs et les droits voisins, je pense que c'est un problème général, les producteurs ont ce problème, les musiciens, les écrivains. Quand on photocopie à cent ou deux cents exemplaires un roman, ça devient une forme de piraterie, ce n'est plus pour l'enseignement. Les cassettes, c'est pareil. Il y a tout un travail de réflexion et d'initiative sur les droits d'auteurs et sur les droits voisins, qui doivent être harmonisés en Afrique. Il faudrait aussi d'une certaine manière, protéger le folklore et les traditions. On sait qu'il y a des ethno-botanistes qui sillonnent l'Afrique et d'autres continents, qui discutent avec les peuples, qui capitalisent un certain nombre de savoirs et ensuite qui les transforment en produits pharmaceutiques et les commercialisent. Ceux qui ont donné le secret n'en sauront rien du tout. Je pense que ce sont des formes de protection qu'il faut aussi envisager.

Il y a enfin, le patrimoine, je le dis parce que mon collègue du Niger a parlé des dinosaures qui sont partis, mais là, c'est un problème qui est quasi général, même si certains pays se débrouillent mieux que d'autres. Le Mali à mon avis est l'un de ceux qui se débrouille le mieux dans la sous-région parce que, il s'est passé dans ce pays un certain nombre de choses parfois assez burlesque qui nous ont obligé à prendre des décisions assez drastiques. L'autre problème est un problème interne à nous autres, Africains. S'il n'y a pas d'interface entre le tourisme, la culture, l'éducation, donc l'enseignement d'une manière générale, il y a des vagues curiosités dans lesquelles peuvent s'engouffrer un certain nombre de missions et d'initiatives. Cela pose aussi je crois le problème de l'expertise locale. Au Niger, les archéologues ne sont pas nombreux mais je les connais bien. Si, au niveau de la loi, il était dit et appliqué que les missions archéologiques ne peuvent pas aller sur le terrain, sans être accompagnées, et si à la sortie des frontières comme dans tous les pays civilisés, on contrôle ce qui sort et ce qui entre, ce caïman ne se serait pas retrouvé je ne sais où. Je le dis pour le Niger, c'est aussi valable pour le Sénégal. On s'est rendu compte récemment par exemple que pour la sortie des objets d'art, il n'y a aucune taxe, aucun contrôle obligatoire posé par la loi. Donc je crois qu'effectivement il y a des problèmes, le peu de choses qui nous reste dans notre patrimoine, on doit se battre pour le préserver, et il faut créer des filtres, on est en train de créer des lois qui vont permettre aux musées de vendre des choses, parce qu'il y a beaucoup dans les magasins, chez nous c'est le contraire, nos réserve sont vides et nos objets sont ici. Ce sont des réflexions locales qu'il faudrait initier, sinon dans dix ans, nos enfants vont nous demander des comptes parce que tout le patrimoine sera à l'étranger. Je vous remercie.

**Olivier Barlet**
*modérateur*

>Monsieur Sagot-Duvauroux qui attend depuis un moment, et puis monsieur là-haut, tout de suite après.

**Jean-Louis Sagot-Duvauroux**
*France*

>Oui moi je voudrais dire deux mots à propos du théâtre déjà et puis sur l'effet, à l'intérieur même de l'acte artistique, des partenariats nord/sud qui sont marqués par un déséquilibre énorme, sur le plan financier, il y a un déséquilibre phénoménal. Nous, on a une expérience un peu particulière avec Alioune dans ce domaine. Je crois qu'il y a trois choses qui se passent :
- La première. Au Mali, il y a une production d'œuvres de représentations à travers les mana, dans les mariages etc, souvent de très haute qualité, totalement à l'écart des circuits internationaux. Il y a là de la grande poésie, de la grande littérature qui peuvent se produire dans ces occasions, complètement financées, on pourrait dire professionnalisées, si le mot n'était pas tiré par l'Europe dans un sens de profession telle qu'elle se pratique en Europe. A l'écart des grands circuits culturels et artistiques internationaux, avec un danger assez fort de provincialisation, le fait que ce soit à l'écart, que sa base se réduise, ça a évidemment des effets sur la qualité artistique elle même.
- Il y a une deuxième partie de l'activité théâtrale, l'activité de représentation, qui est elle complètement excentrée vers l'Europe, liée au projet, c'est à dire de l'argent arrive avec tels critères, telles conditions, et l'œuvre d'art se construit en fonction de cette somme. Là on a quelque chose souvent de qualité médiocre parce que ce n'est pas l'urgence artistique qui a été au départ de cette affaire mais c'est un certain rapport à ce qu'on appelle le projet, telle commission qui finance sur tel critère, il faut trois pays, deux continents, etc. Et il y a telle chose qui marche en ce moment, tel thème, donc quelque chose qui provoque un excentrement très fort dans l'acte artistique lui-même. Nous notre expérience est un peu particulière, on a monté deux spectacles dont une adaptation d'*Antigone* mise en scène par Sottiguy Kouyayé et là, *Le retour de Bougognéré* que certains d'entre vous verront vendredi soir. On prépare un prochain spectacle qui s'appellera *Segou Fasa* qui sera présenté au mois de mars, autour du héros du royaume de Ségou, au Mali. On a fait ça quasiment sans subventions, en établissant des partenariats avec des structures artistiques en Europe.

Dans ces partenariats, on rentre dans le marché, on a des gens qui coproduisent ou en fait préachètent des spectacles, au prix où ils achèteraient n'importe quel spectacle français, anglais, allemand. On est dans une économie relativement saine. On a essayé et c'est volontariste, d'ancrer au maximum dans les urgences artistiques du Mali notre travail, en travaillant sur le Koteba pour le *Retour de Bougougnéré* sur le mana pour Segou Fasa, c'est-à-dire des traditions théâtrales qui existent dans le Mali contemporain. Néanmoins, même dans cette configuration, il est évident que pour monter un spectacle, le poids financier des partenaires européens infléchit forcément l'œuvre d'art, même si on est, comme c'est notre cas, dans une situation où l'on ne dépend pas d'une commission administrative puisque c'est essentiellement par vente de nos spectacles. Les spectacles qu'on a faits jusqu'à présent ont très bien marché à Bamako mais avec une diffusion très réduite, donc on essaie de voir comment ancrer notre travail auprès du public malien et si possible des pays voisins, notre travail, ce qui est évidemment un élément déterminant. Alors que sur Bamako la billetterie, les achats par le Centre culturel français permettent de le faire, dès qu'on sort de Bamako, ça devient extrêmement périlleux financièrement. Il faut que l'on trouve des formes de partenariats financiers qui permettent de le faire.

• Mon troisième point, ce sur quoi je voudrais attirer l'attention, c'est qu'on ne peut pas penser la question des partenariats nord/sud sans voir ce qu'elle produit à l'intérieur même de l'acte artistique. Il y a là une responsabilité des créateurs, des artistes, de façon très volontariste, sur un travail à long terme d'avancer forcément pas à pas pour créer une production artistique ouverte sur le monde, c'est indispensable, ouverte sur le nord, sans que ça pèse de façon trop forte sur l'autonomie artistique en Afrique. Il y a un chantier sur lequel personne n'a de réponse, c'est du pas à pas, c'est de l'exigence morale des créateurs, etc, dans une situation qui n'est pas propice pour ce que j'en connais. Puisqu'il y a dans beaucoup de sociétés africaines, dans les couches dirigeantes, beaucoup de gens qui ont baissé les bras sur ce plan-là et ça ne facilite pas cette exigence, mais il me semble que ce sont des questions qui ne touchent pas simplement à l'argent et à la production mais qui touchent au cœur de la capacité des artistes et des créateurs africains à dire ce qu'ils ont à dire, un point c'est tout. La question des partenariats sud/sud est absolument fondamentale mais pour l'instant, ils passent quasiment tous par ici. Donc en fait, c'est plus ou moins bidon.

**Olivier Barlet**
*modérateur*

>Monsieur et puis ensuite on va faire une pause c'est ce qui est prévu, un petit quart d'heure rapide et puis on reprendra les débats

**Yahya N'Doye**
*Sénégal*

>Merci, je m'en veux d'intervenir en ce moment, parce que j'aurais dû le faire depuis le début, depuis que le problème du partenariat a été souligné, pour rappeler que le concept des jumelages, au niveau des collectivités locales, a subi des mutations. C'est vrai qu'au début on a parlé de jumelages, qui en fait étaient consécutifs souvent des rapports personnels comme vous l'avez dit, entre autorités politiques et quelquefois même imposés au niveau des autorités de l'Etat, compte tenu des relations intergouvernementales et autres. Il y a toujours, dans la question des jumelages, quelque chose de tout à fait sentimental, on en a des exemples dans les collectivités locales où nous officions actuellement. Ce jumelage-là a subi une certaine forme de mutation, on a parlé après de jumelage-coopération. Comme vous l'avez souligné, cela concerne des secteurs à la fois de la santé, de la logistique ou autre et en général, ça s'arrête là. Le problème c'est que dans ces jumelages-là, rarement sont pris en compte les problèmes culturels, rarement, sinon jamais.

Il y a une autre acception qui reste vraie à l'heure actuelle et qui est acceptée au niveau des collectivités locales, c'est la notion de coopération décentralisée. De jumelage je crois qu'on est passé à jumelage coopération, de jumelage coopération à coopération décentralisée. De ce point de vue, même au niveau des Etats, ce concept est accepté, il passe même au niveau des lois. Si l'on prend l'exemple du Sénégal, le jumelage coopération est une disposition de la loi de la décentralisation. Je crois qu'à ce niveau-là, il faut souligner qu'il y a eu une mutation et qu'on n'en est pas resté au stade des sentiments. Le problème c'est, comment faire accepter le projet culturel au niveau des collectivités locales dans le cadre des coopérations décentralisées, c'est là où réside le problème, et rarement au niveau des collectivités locales, des projets culturels, artistiques sont réfléchis, menés et proposés, en termes de coopération. Je pense que, tout dépendra des acteurs culturels, qu'ils soient privés ou publics, il y a un champ qui est là qu'on doit occuper, qu'on doit vraiment investir. Moi je ne crois pas, du point de vue de la culture, des résultats dans le cadre de la collaboration entre les collectivités locales qu'elles soient du sud et du nord ou sud et nord, qui donneraient des résultats. L'exemple de notre frère du Mali il est là, je crois qu'il faut qu'on travaille au niveau des initiatives, privées, peut-être publiques, individuelles pour mettre les responsables des collectivités locales à nos côtés parce que rarement ils se seront substitués à nous. Je voudrais souligner la mutation à ce niveau, on n'en est plus au concept de jumelage, mais que ce concept de jumelage a évolué dans le temps.

**Olivier Barlet**
*modérateur*

>Merci. Si vous voulez on va faire une petite pause et puis on se retrouve tout à l'heure pour poursuivre.

*Pause café.*

**Olivier Barlet**
*modérateur*

>On redémarre s'il vous plaît. On va continuer la discussion sur la lancée, sur la question des partenariats dans les deux directions, sud/sud et nord/sud, et puis peut-être y ajouter, dans cette deuxième partie de la matinée, qui va être courte puisqu'il faut qu'on soit à l'heure au déjeuner qui est à treize heures quinze au Ministère de la Culture, pas loin, la question rajoutée dans cette deuxième partie : les enjeux et les possibilités qui nous sont offertes aujourd'hui avec les nouvelles technologies de l'information et de la communication, comme on dit les NTIC, de voir si, justement dans ces partenariats, il y a des possibilités nouvelles qui s'ouvrent à nous et qui permettent de débloquer certaines choses.
On a évoqué un certain nombre de questions tout à l'heure, je ne vais pas toutes les reprendre, juste insister sur la problématique entre le privé et l'institutionnel, entre le fait qu'on est toujours à la recherche d'un marché au nord souvent, mais se pose la question de l'émergence véritablement d'un marché au sud, on

parlait du livre, on pourrait parler des autres expressions artistiques. Toutes ces questions se posent et me semblent fondamentales dans les problématiques qu'on soulève. Si vous voulez tout de suite reprendre la parole, monsieur…

**Mustapha Mai**
*Niger*

>Merci. En termes de coopération et de partenariat, je pense que la Formation internationale culture offre des perspectives. Il nous appartient de voir comment. Je sais qu'au niveau sud/sud, en 1999, moi j'étais invité aux *Nuits atypiques* de Koudougou. Nous avons jeté les bases, suite aux discussions, pour créer une structure vraiment sud/sud, par rapport aux créateurs, aux artistes, aux productions et autres, ça a été appelé le *ROC*, et normalement en ce moment je devrais être à Koudougou pour l'adoption des statuts, règlement et autre en tant que membre fondateur. Ce genre, le *ROC* c'est le *Réseau des opérateurs culturels*, parce que, tout à l'heure, un de nos collègues parlait du réseau des centres culturels français, moi je suis membre du conseil d'administration du centre culturel franco-nigérien, c'est vrai, avec le budget dont il dispose c'est le seul centre où il y ait une forme de vie véritablement artistique et culturelle, mais le problème c'est qu'il existe aussi des centres culturels, dans les pays africains, qui ont souvent une plus grande capacité, mais très peu de moyens. Tout dépend du responsable. Les produits proposés soit en régional, après le festival d'Avignon quand ils achètent leur produit, ne répond pas au public, tout ce qu'ils proposent, la majorité des choses, ne répond pas aux publics, c'est des publics d'expatriés, ou d'intellectuels…. Par rapport à la diffusion des œuvres, que ce soit le cinéma, le livre, la musique, le théâtre, pour ce qui est du Niger, nous avons bénéficié, grâce aux animateurs qui ont fait Léo Lagrange, de ce qu'on appelait à l'époque les Maisons des jeunes et de la culture, qui sont des structures de proximité : petits théâtres de verdure, salles de bibliothèques, espaces de spectacles et autres ; aujourd'hui, on les appelle des maisons de la culture.
Depuis qu'on a signé une convention avec l'Agence de coopération culturelle et technique, actuelle *Association internationale de la Francophonie*, je peux vous affirmer que nous avons un réseau compo-

sé de douze centres culturels, la population s'est appropriée la gestion de ce réseau et la circulation des produits se fait spontanément parce que le public est là. Au point de vue institutionnel, quand l'Etat achète entre guillemets un produit ou soutient un produit que ce soit le livre ou autre, il est distribué à travers ces centres culturels, ce qui permet aux créateurs d'avoir une reconnaissance d'abord nationale. Le problème commence au niveau de cette coopération, ne serait-ce qu'au niveau des pays limitrophes, parce que ça coûte excessivement cher et il n'y a pas de répondant, quand ça passe d'Etat à Etat, c'est très lourd. Les charges récurrentes pour une salle de spectacles, en Afrique, rien que l'eau et l'électricité, c'est un cauchemar, parce que ça ne se négocie pas.

D'un côté, le réseau *Ubiquité*, de l'autre des réseaux sud/sud qui existent, de l'autre la coopération décentralisée régionale, moi l'interrogation que j'ai c'est sur cet éparpillement des synergies. Il faudrait peut-être que les uns et les autres réfléchissent à quelque chose. Mais l'institutionnel comme quelqu'un l'a dit, est incontournable, parce qu'il faut veiller aux réglementations. Aujourd'hui, quand un créateur du sud veut venir en France, pour le visa, c'est la croix et la bannière. A Cotonou nous avons demandé à ce qu'une formule soit trouvée pour les visas, les pays européens nous ont dit : question de souveraineté. Quand il s'agit de venir c'est une question de souveraineté mais quand il s'agit de problèmes de patrimoine « ah non ce n'est pas nous, c'est l'Unesco ». On ne peut pas continuer comme cela : ou on est francophone, et il y a le respect mutuel, la reconnaissance. En matière de création, vous pouvez avoir un diplôme planétaire, pas d'Etat mais planétaire, si vous n'avez pas le génie, vous n'intéressez pas les gens. L'œuvre, vous pouvez la mettre sur le marché, mais si il n'est pas bon, vous vous direz : j'ai créé une œuvre et ça s'arrête là. Il y a donc tous ces problèmes, l'Etat, les collectivités, les créateurs, les producteurs, il y a à faire.

Pour conclure, j'aimerais préciser qu'il existe des maisons d'édition, par exemple au Niger, il existe des librairies, des imprimeurs. Le problème, c'est qu'ils ne sont pas librairies, ils ne sont pas éditeurs. Ils éditent soit les trucs des ONG, soit il y a un financement, une ligne de crédit, par exemple pour développer la démocratie. Alors untel crée une maison d'édition, il a cette ligne de crédit et puis… Ce ne sont pas des œuvres de l'esprit, ce n'est pas de la création littéraire, je voulais juste préciser cela. Mais il faut faire une mention spéciale aux centres culturels français ou Alliance, nous c'est franco-nigérien, qui participent alors véritablement, à ce que tous on voudrait faire, à ce qu'on voudrait voir dans nos pays. Un centre qui fonctionne en professionnel entre guillemets, avec une programmation calée et tout ça, ça c'est qu'ils ont un budget. Voilà ce que je voulais dire, je vous remercie.

**Olivier Barlet**
*modérateur*

>La question des mises en réseaux me paraît importante, il y a toute une série de réseaux qui émergent basés sur les nouvelles technologies. Vous citez *ROC*, il y a *Ocre*, les opérateurs culturels en réseau qui est plus un réseau mis en place par l'Association française d'action artistique. On est dans un problème de collaboration entre réseaux déjà, il y a une sorte de toile qui se tisse et commence à devenir complexe, avec un problème d'information à la clé. Chab Touré…

**Amadou Chab Toure**
*Mali*

>Merci Olivier, tu as commencé à dire ce que je voulais dire. D'abord, excusez-moi d'être arrivé en retard ce matin, je n'ai pas encore pu saluer grand monde. Moi je suis Amadou Chab Touré, je suis du Mali et j'ai fait la Formation internationale culture en 1992. Je vous avoue quand même que je suis assez surpris depuis trois jours, je m'attendais à autre chose que ce qu'on est en train de faire. Pour la simple raison, je me disais qu'en tant qu'acteurs ou opérateurs culturels que nous sommes, les problèmes dont nous parlons depuis trois jours, nous en parlons déjà entre nous tous les jours en tous cas pour ceux qui se rencontrent de temps en temps et que l'analyse elle est faite déjà, à nos niveaux, personnels. Et que en fait si on se rencontre, on a l'occasion aussi belle que celle-ci de se rencontrer tous, c'est d'aller au concret, c'est de construire quelque chose. Vous voyez, on se rend compte tout d'un coup, entre ce qu'a dit Jean-Louis avant la pause café, ce que vient de dire Mai, et ce que dit Olivier C'est que des réseaux, il y en a déjà, il en existe beaucoup. Chacun faisant ce qu'il peut. Mais le besoin du réseau continue à exister, ça veut dire quoi, cela veut dire qu'il faut trouver le moyen de faire

quelque chose, de travailler sur les réseaux qui existent et déjà la connaissance des réseaux... Moi j'ai entendu aujourd'hui parler de *ROC*, c'est la première fois que j'entends qu'il existe un réseau qui met en lien Mustapha du Niger en liaison avec les *Nuits atypiques* de Koudougou au Burkina. Je suis au milieu, au Mali, je n'en ai jamais entendu parler. Vous vous rendez compte, le réseau *Ocre*, il s'est passé, il y a eu une réunion de ce réseau à Bamako au mois d'octobre. C'est apparemment un réseau d'opérateurs culturels africains, mais ce réseau, je ne le connaissais pas, je ne savais pas qu'il allait se réunir à Bamako et j'étais à Bamako au mois d'octobre. Les centres culturels français quelqu'un l'a dit, c'est un réseau extraordinaire, moi je reçois du courrier à Bamako, j'ai deux boîtes postales personnelles et il arrive du courrier sous couvert du Centre culturel français de Bamako. Je me dis, c'est un réseau, c'est un moyen de pouvoir mettre en rapport des gens de par le monde. Comment, dans chaque pays, les réseaux qui existent, les points de réseaux qui existent peuvent se mettre en réseau local déjà dans un même pays ? Sagot-Duvauroux vous a parlé du projet théâtre, c'est vrai que le partenariat quand on en parle on en parle entre le nord et le sud mais moi je vais vous dire là où il faut que ça commence le partenariat, c'est localement. Il a fait un projet théâtre, le projet théâtre est heureux, il marche, il est bien, mais ce que je reproche à un projet comme celui d'Alioune et de Jean-Louis, c'est qu'au Mali, il y a des opérateurs culturels dans le domaine théâtral, je connais l'exigence artistique d'Alioune et de Jean-Louis, je connais l'exigence artistique des autres opérateurs dans le domaine du théâtre mais je dis qu'il faut d'abord qu'on réfléchisse pour que nos exigences artistiques nous permettent de faire des choses ensemble, déjà localement. Le *Festival du théâtre des réalités* existe à Bamako et je pense franchement, sincèrement, qu'un projet théâtral fort est un projet théâtral qui localement met toutes les forces qui existent en lien, il faut des alliances locales. Après, les alliances locales peuvent permettre des alliances sous régionales et après, on peut parler de partenariat avec le sud, avec le nord. Déjà il faut que nous nous soyons capables d'être partenaires. Je pense qu'on n'est même pas capable d'être partenaires entre nous, c'est ce qui pose notre problème de possibilités de force pour être partenaires des gens du nord qui ont l'avantage d'avoir organisé et pensé les choses. Nous, quand on se rencontre, on n'a même pas travaillé à ce qu'on va se dire dans la rencontre il faut déjà qu'on ait réfléchi et qu'on ne perde pas de temps à s'expliquer pendant des jours : on va faire ça, tu fais quoi ? On doit s'organiser et avoir des projets, quand on se rencontre. Et moi je pensais vraiment que là, on allait se dire, au niveau du Mali, au niveau de chaque pays, on allait dire quels sont les domaines dans lesquels on peut créer un réseau local sénégalais, que ce réseau soit en lien avec un réseau au Mali ainsi de suite, pour qu'on utilise toutes les forces qui existent déjà. On ne va pas créer un énième réseau qui va fonctionner dans son coin.

**Olivier Barlet**
*modérateur*

>Juste Jean-Louis Sagot-Duvauroux puisque c'est la réponse sur le Mali, ensuite vous, monsieur.

**Jean-Louis Sagot-Duvauraoux**
*France*

>Je suis vraiment très content que tu aies abordé ces questions, parce qu'elles sont pour moi absolument fondamentales, ce sont les choses que je vis depuis maintenant un certain temps avec Alioune. Je crois qu'il est toujours difficile, dans tous les pays du monde, de faire travailler des artistes ensemble parce que, même à l'intérieur d'un groupe, le théâtre est un travail collectif, il y a souvent des tensions. Je ne suis pas totalement étranger au Mali, même si je suis né en France, et que je le vois aussi un peu de l'extérieur. Vraiment, notre volonté c'est d'essayer de faire en sorte que les choses convergent, c'est pas facile. C'est pas facile chacun pense aussi, à juste titre, qu'il faut construire son petit territoire, pour exister d'abord. Il y a des fragilités, il y a, ça c'est mon avis personnel, une situation politique générale, très grave en Afrique aujourd'hui, qui est l'affaissement éthique des couches dirigeantes, qui se traduit dans certains pays, par l'arrivée de bandits déclarés au pouvoir, je pense à la Sierra Leone, au Libéria, sans que la société ait trouvé la force de résister. Cette situation crée des méfiances très fortes, très puissantes qui ne peuvent pas s'effacer en un jour. Moi c'est rare que je vienne à Bamako sans aller voir Adama Traore, je crois qu'il y a une estime réciproque entre nous, mais je crois que

le moment où vraiment une collaboration va se faire, vraiment, il faut du temps, il faut que les gens sachent que c'est pas pour faire un croche-pied, je crois que tout le monde doit comprendre ce dont je parle. Mais évidemment que c'est une tension qu'on doit obligatoirement avoir, sinon c'est complètement ridicule de parler de réseaux et on a ces systèmes de réseaux qui viennent d'ailleurs...

L'autre chose que je voudrais dire sur le réseau c'est que, à un moment donné le réseau se fera, le jour où les gens viendront à leurs frais en disant : tiens, je sais qu'à Koudougou il se passe un truc très bien, je vais à Koudougou. Et ce jour là, quelque chose peut se passer, se construire, qui ne sera pas pensé en fonction d'un financement, mais en fonction d'une urgence artistique. Evidemment c'est plus facile à faire à l'intérieur même de Bamako, c'est plus facile et en même temps, je crois que c'est très difficile parce qu'il y a ces questions de méfiance, d'histoires souvent lourdes entre les artistes. On est bien obligé de vivre avec, souvent de passer sur beaucoup de choses. C'est parfois un champ de tir aussi, il faut dire la vérité, et ça je crois que c'est lié, à mon avis mais peut-être que je me trompe, c'est lié profondément à la situation politique actuelle de l'Afrique. C'est pour ça que, dans ce que vous disiez tout à l'heure, je crois que c'est important, moi je pense que l'art c'est le lieu de la construction de l'image de soi. Et c'est vraiment quelque chose qui a une importance absolument déterminante dans les sociétés africaines aujourd'hui, est-ce que oui ou non des artistes vont trouver la force, avoir la puissance, avoir les moyens, trouver les interstices, les forces de donner ces images autour desquelles des peuples peuvent se dire et parler, c'est ça l'essentiel de la chose. Je ne sais pas trop quoi dire, mais presque prier Dieu que ça soit possible de se réunir et de travailler ensemble.

**Alioune Ifra Ndiaye**
*Mali*

>Tout ce que je peux dire, c'est que nous, personnellement moi je me suis investi pour toute la communauté artistique du Mali. Que ce soit au niveau de la télévision où c'est extrêmement difficile de parler artiste parce que, au niveau de la télévision malienne, pour produire pour qu'on arrive à mettre en valeur un artiste, il faut qu'il paye. Et les techniciens voient

d'un mauvais œil, on me traite de blanc parce que j'essaie de faire du boulot sans être payé alors que nous sommes payés par l'Etat même si ce n'est pas beaucoup. Moi je m'investis personnellement dans ce cadre. Déjà avec Chab il y a une série de collaborations qu'on fait, même sur *la ruche* il a mis un photographe qui est en train de faire un travail merveilleux et dont les expositions seront pilotées par la galerie Chab, ça c'est je crois une forme de collaboration qui revient régulièrement. Même les musiciens, nous, nous essayons de les aider, modestement, mais j'interviens personnellement, activement, dans toute la promotion qui se fait autour d'eux, sans le déclarer officiellement. Comme le dicton le dit chez nous : « celui qui sue sous la pluie, on ne le saura jamais ».

**Mustapha Mai**
*Niger*

>Il faut qu'on s'entende sur la notion de réseau, car moi par exemple, je suis sur la même longueur d'onde que Chab. Nous avons déjà *Ubiquité*. *Ubiquité* existe, et tous on peut y participer, il suffit d'envoyer un mail, il est là à Paris. Le problème, c'est que moi je veux savoir ce qu'il fait lui, je suis au Niger, il est au Mali, je ne sais pas ; je ne sais pas ce que mon ami du Sénégal fait. Il faut déjà susciter un intérêt dans les différents secteurs de la création artistique, littéraire et patrimoniale. Si nous réussissons déjà ce premier pas, on peut applaudir.
Le deuxième pas c'est que le réseau puisse, entre Europe de l'Est-Europe de l'Ouest, Afrique de l'Ouest-Afrique Centrale et Afrique de l'Est, tisser une toile d'information d'abord et on revient au fond du problème : pour qu'il y ait réseau il faut qu'il y ait un minimum d'accessibilité aux nouvelles technologies. Quelqu'un qui ne dispose pas d'un PC avec modem il est hors réseau. Et je vous signale qu'un ordinateur avec modem que ce soit au Sénégal, en Côte d'Ivoire, au Niger ou ailleurs, c'est 1,2 ou 1,5 MF pour ne pas dire 2 MF, c'est 20 000 FF et le SMIC est de 250 F. Donc il faut nécessairement qu'on démarre comme ça, que je sache que Chab il fait ça, que je sache qu'Alioune il fait ça et là ça va aller, c'est une dynamique qu'il faut mettre en place sur la base de projets. Moi j'ai créé une structure qui s'appelle *NC2 Niger Culture Communication* eh bien j'ai arrêté. On me demande une caution de 3 MFCFA ici pour

m'envoyer des films qui datent de deux ans, donc déjà passés à Canal +, c'est pas ça mais dans l'immédiat qu'on sache qu'Alioune a un projet, qu'untel a un projet et puis chacun apportera ce qu'il peut.

**Olivier Barlet**
*modérateur*

>J'ai la difficile tâche de gérer la parole alors que tout le monde veut parler. Il y a deux personnes qui attendent là... il y a là monsieur, puis Brigitte Rémer et puis ensuite on revient à toi Maïmouna ? Excuse-moi...

**Ousseynou Gueye**
*Sénégal*

>Olivier, je me sens un peu coupable de mettre à mal ta galanterie, en prenant le micro à Maïmouna. Voilà, j'aimerais effectivement également réagir sur toutes ces questions des réseaux et des nouvelles technologies, mais avant cela, revenir sur ce qui était mon propos quand je parlais des alliances françaises et des centres culturels français en Afrique, pour dire que, au nom d'un principe qui voudrait qu'il existe quelque chose plutôt que rien, il y a ces centres culturels et ces alliances, beaucoup de monde s'en félicite ici. Moi je suis très préoccupé par la place que prennent, en termes de diffusion et de circulation des artistes et des oeuvres d'art, ces centres culturels-là et ces alliances. Je m'explique : je pense d'abord qu'en termes de légitimation des artistes et des oeuvres d'art, il y a là un travail qui est fait par ce réseau-là, qui est un réseau qui finalement ne peut pas s'identifier à ce qu'est l'attente et la demande nationale et populaire, mais on en arrive à ce que le photographe — je parle justement surtout des arts qui n'ont pas une diffusion populaire immense —, les photographes, les sculpteurs, les gens qui sont dans l'imprimé, prennent une stature nationale et internationale sans pour autant être diffusés auprès de leurs concitoyens, simplement parce que, quelque part, ils ont été cooptés, ce qui est le fonctionnement naturel d'un réseau, et mis en valeur par ce réseau-là. Je crois qu'il y a un problème à mettre en lumière de ce point de vue-là, d'autant qu'on est passé à une normalisation de ce que sont les rapports de souveraineté de la France à l'Afrique noire : il n'y a plus de ministère de la coopération, il y a un ministère des affaires étrangères comme il en existe partout ; il n'y a plus de chefs de mission sur place, mais il existe ces centres culturels-là. Ça ne poserait pas problème,

puisqu'il existe des centres culturels français partout dans le monde, si la place qu'occupent — dans le paysage national artistique et culturel des pays d'Afrique Noire — ces centres culturels-là, n'était pas aussi importante, parce qu'ailleurs ce n'est pas le cas. Et je pense effectivement que, pour reprendre ce qui a été dit également sur l'édition et le livre, on est — parce qu'on veut favoriser une production nationale partout — on est peut-être en train de pousser paradoxalement à l'uniformisation.

Sur l'exemple qui a été cité ici, par Dominique Mondoloni, du *Programme Plus* qui permet aux gens d'accéder aux livres : on achète ces ouvrages-là dans nos pays, parce qu'il y a une raison forte aussi à les acheter. On en est bien obligé parce qu'ils sont au programme. Si les gens ne les achètent pas, ils les photocopient. Il n'existe rien de tel pour le livre de fiction. Et quand on veut, une fois de plus, mettre en place un système qui, à mon sens, est coercitif, d'obligation d'achat ou de consommation, je trouve qu'il y a un problème. On a fait le parallèle avec la musique en disant que, quand il s'agit de musique dans nos pays, les gens sortent de l'argent pour acheter des disques : ce n'est pas le cas. Je suis assez bien placé pour savoir que ce n'est pas le cas. Ils sortent peut-être de l'argent pour acheter des cassettes, mais pas pour des disques. C'est piraté. Pourquoi tous les ouvrages pédagogiques du *Programme Plus*, s'ils ne sont pas achetés sont photocopiés, donc piratés ? Pourquoi ces différents livres dont on parle, même s'ils sont imprimés et édités, ne sont pas photocopiés ? Ils pourraient l'être. C'est-à-dire qu'on se place peut-être un peu trop du point de vue du créateur et pas du point de vue du consommateur. Donc, là également, il y a un problème.

Pour en venir maintenant aux réseaux. Je crois que les réseaux démarrent tous, je pense vraiment, de façon sentimentale, parce que des gens ont des choses en commun, ont des parcours communs, mais à un moment il faut qu'on en vienne vraiment à une sorte de réglementation et de formalisation de tout réseau quel qu'il soit, et le premier problème en termes de proposition artistique et culturelle, c'est que les mêmes, qui sont les artistes ou les agents culturels, se proposent d'être les animateurs du réseau. Or, dans beaucoup de domaines, dès que ça passe à de l'industriel — ça on le fait de plus en plus en ce qui concerne la musique au Sénégal — on se rencontre qu'il faut découpler la structure et les gens qui animent cette structure-là, de réseau, de leur travail d'acteur ou d'agent artistique et culturel. Ce que je veux dire : tant qu'*Ubiquité* ne passera pas à cette étape-là, je crois que, pour des années et des années, on se rencontrera encore ici à Paris et on posera les mêmes problèmes. Je veux dire, j'attends le moment où on me demandera une cotisation annuelle que j'espère pas très élevée, le moment où on saura qu'on est obligé, contractuellement, d'envoyer des informations sur ce qu'on fait et, en retour, d'attendre qu'il y ait une synthèse de ces informations-là qui soit envoyée à tout le monde.

Les gens parlent de réseaux qui sont mis en place. Or ils identifient tous, les moyens de fonctionnement comme le principal problème, et ils ne font rien par rapport à cela. Avec un autre studio de musique au Sénégal, ce qu'on a fait, c'est qu'on a décidé d'affecter une portion très peu importante de toute vente de cassette ou de CD, à l'animation du réseau de défense des producteurs audiovisuels du Sénégal et il faut bien qu'on en arrive à la même chose pour ce réseau si c'est un réseau qui continue. Sinon on se retrouve dans la situation qui est celle d'Ifra, d'Alioune Ifra ici, qui en toute bonne foi, pense défendre l'intérêt de tous, mais tant qu'il n'y a pas formalisation du fonctionnement, il y aura toujours des oublis et des laissés pour compte. Mais si on met en place des statuts, si on met en place des moyens d'obtenir de l'argent, c'est par la cotisation — la subvention d'Etat pour moi n'est pas la panacée — mais c'est d'abord par la contribution de chacun. Ici il y en a beaucoup qui viennent par eux-mêmes, il y en a qui viennent par une tutelle administrative ou publique, ils trouvent cela normal. Mais peut-être, comme quelqu'un l'a dit, il faudra bien qu'on en arrive à ce que les gens viennent par eux-mêmes. Mais il faut qu'on parle d'argent, il faut qu'on parle de moyens de faire fonctionner un réseau, d'obligations des uns et des autres par rapport à un réseau auquel ils ont pris part, et que ça ne reste pas juste sentimental. Voilà. J'en arrête là.

| | |
|---|---|
| **Olivier Barlet**<br>*modérateur* | >Merci ! Monsieur, excusez-moi, voyez, il faut respecter un ordre de parole : Monsieur tout au fond, ensuite on passe à Brigitte Rémer, ensuite Maïmouna Coulibaly... Et, de nouveau c'est libre. |
| **Yahya N'Doye**<br>*Sénégal* | >Vous allez être surpris, mais finalement je n'ai plus rien à dire. Parce qu'en réalité, mon frère et ami a déjà sorti le maître-mot, c'est la formalisation. En venant ici, avec naturellement la complicité de Brigitte, partout d'ailleurs, pour appuyer, quelquefois même emmerder les autorités diplomatiques et politiques... Donc je suis là, par ce biais-là, mais je pense en plus, que cette occasion qui nous est donnée sera utilisée pour vraiment formaliser ce réseau-là, en toute sincérité. Peut-être qu'elle va intervenir pour voir ce qu'on va y dire, ce qu'on va y faire, mais comme il dit aussi, je me sens sentimentalement aujourd'hui, plus proche d'un réseau comme *Ubiquité*, que d'autres réseaux. Parce que d'autre part je me sens cloné partout dans le monde et représenté partout dans le monde.<br>Je suis dans deux réseaux, au moins : le réseau des CIOF — *conseil international des organisations de festivals* —, parce que mon dada depuis quelque temps c'est les cultures traditionnelles et populaires ; et je suis dans un autre réseau, le *Festival des Peuples de l'Eau*, qui a été créé l'année dernière en Auvergne, à Clermont Ferrand. C'est des réseaux plus ou moins formalisés. On sait ce qu'on va faire, on connaît nos obligations, nous sommes également une internationale, au niveau du Sénégal, donc nous représentons ces réseaux-là, qui comprend à peu près quatre vingt pays. Mais je m'en voudrais de rentrer sans que ce réseau-là soit formalisé. C'est vrai qu'*Ubiquité* donne des informations. Je crois que, quelque part, nous devons nous reprocher en fait de ne pas contribuer suffisamment à faire marcher, ne serait-ce qu'en donnant des informations émanant de nos pays. Ça je m'en veux, parce que je n'ai jamais pratiquement envoyé d'informations et de nouvelles. Mais si ça devait s'arrêter là, on comprendrait qu'*Ubiquité* c'est vraiment un réseau d'information tout simplement sur la formation et sur la situation des anciens participants à la formation.<br>En tout cas, moi j'ai un projet tout à fait précis et j'aimerais là que, au niveau africain, au niveau asiatique, |

américain ou autre, des collègues m'aident à le réaliser de manière très concrète : c'est-à-dire que je voudrais l'année prochaine, dans le thème de mon festival, que chaque collègue puisse m'envoyer soit un proverbe, soit une maxime, soit un conte, soit une légende autour de l'eau (les peuples de l'eau). J'ai été très saisi tout à l'heure, quand notre ami Ifra a parlé de l'eau : « Celui qui sue sous la pluie, on ne le saura jamais. » Voilà un type de proverbe, de dicton, que j'aimerais bien avoir de la part de tous nos collègues de tous les pays, parce que c'est ça le thème de mon festival prochain, en 2002. Donc je voudrais vraiment compter sur ce réseau-là pour un certain nombre de problèmes, un certain nombre d'informations pour, peut-être participer également à faire avancer les choses dans nos pays.

**Olivier Barlet**
*modérateur*

>Brigitte Rémer.

**Brigitte Rémer**
*France*

>Je pense que je vais vous décevoir. J'aime le réseau quand il est clandestin, quand il est dans son sens littéral originel et original, justement dans cette clandestinité et ces chemins de traverse. Sinon on s'institutionnalise très vite. Je vais vous décevoir. Mais on va parler *réseau* vendredi, au cours de notre assemblée générale. Donc, nous y reviendrons.
Par quoi commencer ? D'abord j'ai envie de dire qu'il est devenu difficile de travailler avec l'Afrique, vu d'ici, vu de France. C'est un terrain qui est verrouillé par des figures-totems, dans une sorte de jeu politique qui vous empêche d'entrer en fait, en connexion fine avec un certain nombre d'artistes, d'opérateurs, etc.
Ensuite par rapport au réseau : pour moi, on ne décrète pas un réseau. Un réseau, ça se construit par des rencontres, finement, sensiblement, pas à pas, par étapes. On ne le décrète pas. J'appartiens à plusieurs réseaux au niveau européen, les *centres de formation européens d'administrateurs culturels, Informal european theatre meeting* etc. C'est trop institutionnalisé maintenant. On y fait son business, mais on n'y fait plus guère de vraies rencontres, on n'est plus très créatif. De plus on a une importante pollution par le courrier électronique, on reçoit la même information en double, en triple et en quadruple par des sources différentes. Je pense qu'il faut essayer de se

construire et de s'inventer en permanence. Comment, telle est la question. On a un très beau terreau de travail : vous tous, tout simplement. Vous êtes cent dix à être venus pour ces Rencontres, sur cent quatre-vingts, c'est vraiment une magnifique démonstration. Se structurer oui, mais modérément et surtout que tous et chacun remplisse son rôle de passeur pour l'art et la culture, de médiateur, d'opérateur. C'est justement cette latitude de créativité, cette chose à inventer en permanence. Pour moi, le réseau est un état de vigilance permanent, de désir de recherche de l'autre, de volonté de tisser des partenariats.

Vous savez très bien que, pour la formation, j'aime à dire qu'on travaille dans le cousu main : c'est garder cet état d'esprit-là. Je pense que c'est ça. Sinon on se fait laminer dans la moulinette des grosses institutions. En fait, on est tous en réseaux : moi, ma famille, qui ne me voit jamais, est un réseau. Mon quartier, où je n'habite pas, est un réseau, etc., etc. on est tous plus ou moins en réseau mais le mot est un peu vidé de sa substance.

**Olivier Barlet**
*modérateur*

**Maïmouna Coulibaly**
*Sénégal*

>Maïmouna Coulibaly...

>Je vais prendre la balle au bond. Moi je pense que, pour réagir par rapport à ce qu'ont dit les uns et les autres, il y a des avis que je partage, d'autres que je ne partage pas. Je ne vais pas m'étendre là-dessus. Il y a certaines réflexions qui ont été lancées. Quand Brigitte Rémer dit que réseau-institution elle s'en méfie, moi je partage son avis. Je prends un exemple tout simple : monsieur là derrière qui reconnaît ne pas avoir envoyé d'informations pour l'élaboration du bulletin *Ubiquité*. Je prends cet exemple à un niveau aussi simpliste, si je peux appeler les choses comme ça. Comment voulez-vous, si chacun d'entre nous – enfin d'entre vous moi je ne suis pas de la Formation internationale culture, si chaque personne ne s'investit pas de façon concrète, comment voulez-vous qu'un tel projet puisse continuer à vivre ? Il ne faudrait pas voir les choses en grand et s'organiser au niveau local. C'est là que je rejoins, c'est Chab Toure je crois. Je pense que si on s'organise, si les cultureux — on va dire ça comme ça — s'organisent de façon locale, ou même au niveau Sud-Sud, je pense qu'à partir de là,

au niveau Nord-Sud il y a certaines choses qui suivront d'elles-mêmes.
Je ne connais pas trop... Monsieur a parlé du réseau *Roc*. Comme dit Chab Toure, il est au Mali : Niger, Burkina Faso se rencontrent. Il y a certains pays autour qui ne sont même pas informés. Je ne m'y connais pas très bien en nouvelles technologies, je ne crois pas qu'on ait besoin de moyens énormes pour faire passer un certain nombre d'informations. Il y a quand même un minimum d'investissement et de bonne volonté pour mettre en place des choses. Et là j'ai l'impression — je me trompe peut-être, et j'aimerais bien qu'on me corrige — qu'il y a plus d'initiatives qui viennent de l'extérieur. J'aimerais bien que ce type de rencontre se fasse aussi... Il y en a combien en Afrique ? Je ne sais pas... Pas organisées de cette façon. L'année dernière il y a eu une grosse opération Afrique en création à Lille, un colloque de trois jours. Qu'est-ce qui n'a pas été dit... Et on a entendu parler du réseau Ocre, à l'AFAA. Je ne remets pas en cause, pas du tout, les initiatives qui viennent de l'Europe, qui viennent de la France, mais je pense qu'au niveau africain, il y a un minimum de prise de conscience à avoir... C'est M. Mondoloni qui parlait de partenariat et qui parlait de la place que chacun occupe. Je pense que là on pourra parler... il y a peut-être un rapport de forces je n'en sais rien, mais on pourra, les uns les autres pourront parler, je pense, à égalité. On parle des centres culturels français. Moi je n'ai rien contre les centres culturels français, c'est bien. Comme le disait Ousseynou, on ne va pas cracher là-dessus. Il n'y a rien qui existe et ça, ça existe, tant mieux, on l'accepte.
Il y a des pays, il y a des capitales africaines où ce sont les centres culturels français qui accueillent les spectacles, parce qu'il n'y a pas d'autre salle. Il n'y a pas de bibliothèque nationale digne de ce nom. Moi je ne crois pas trop non plus à l'implication de l'Etat, mais il y a quelqu'un qui disait qu'il faut quand même mettre les institutions politiques à côté. Je pense que oui. Mais je pense que l'initiative privée est à promouvoir.
Il faudrait aussi que les créateurs — il faut s'inspirer de certaines choses qui se passent à l'extérieur, mais ne pas plaquer, ne pas copier tel que c'est, mais les

adapter au contexte local —. Je parlais tout à l'heure avec notre ami de Madagascar par rapport à *Lire en fête* et tout ça. Il me dit : « Lire en fête ou la Fête de la musique c'est bien. On le fait à Madagascar. Mais le 20 juin pour nous, ça n'a pas de sens, on est en plein hiver ». *La Fête de la musique* ici, c'est le début de l'été, on est dehors, il fait beau, etc., on s'éclate dehors. Je veux dire qu'il ne faut pas copier bêtement ce qui se fait à l'extérieur et ignorer ce qu'on peut faire sur le terrain tout en adaptant les choses, les idées.

On parlait de l'édition. Je pense que, dans certains pays, je prends le cas de la Côte d'Ivoire que je connais en tout cas. Il y a des choses qui se font, même si... Les Nouvelles Editions Ivoiriennes, c'est vrai, c'est le groupe Hachette.

Henri Lopès est parti, c'est dommage, qui demandait au Seuil de publier ses livres en poche pour que ce soit plus accessible et tout. Moi je sais qu'au niveau des Nouvelles Editions Ivoiriennes, il y a des choses qui se font. Bon, c'est vrai que les maisons d'édition, je ne connais pas trop le domaine, mais je pense qu'il y a toute une chaîne et il faut prendre en compte... c'est quand il y a un maillon de la chaîne qui ne marche pas, c'est tout le système qui explose et puis... Voilà.

Je pense que les uns et les autres ont dit beaucoup de choses par rapport aux livres, aux arts plastiques, etc. c'est un tout et il ne faut pas négliger certains aspects. Je répète en tout cas qu'il faut un minimum d'organisation au niveau des hommes de culture en Afrique. Il ne faut pas toujours attendre les choses de l'extérieur. C'est vrai que, très souvent, il n'y a pas de moyens. Mais il y a souvent certaines choses qui sont faisables sans grands moyens. Je crois qu'il faut en prendre conscience également et essayer de se battre pour ça. Je ne sais pas, taper sur la table pour interpeller les politiques. Ici on voit bien, les créateurs descendent dans la rue faire des choses. Il ne faudrait pas que chacun reste non plus dans son petit coin de façon isolée. C'est le Monsieur de Bamako qui était là, qui parlait de méfiance. C'est vrai, je pense qu'il y a souvent de la méfiance. On ne veut pas travailler avec celui-ci, ou celle-là. On a peur peut-être de se faire asphyxier. Oui, il faut discuter, se faire confiance et, comme disait Brigitte, se construire et s'inventer.

**Olivier Barlet**
*modérateur*

>Juste un mot au passage et puis je donnerai la parole ensuite aux personnes qui ne se sont pas exprimées dans le débat. Je crois que, sur la question de réseau, il y a peut-être une différenciation à faire entre deux termes qui sont d'une part le réseau d'information et d'autre part le réseau vital, le réseau de gens qui se mettent ensemble et qui font spontanément quelque chose ensemble. Je crois qu'on est sur deux terrains différents là. L'un est forcément centralisé si on veut qu'il soit efficace et l'autre, si on veut qu'il reste la vie, n'est surtout pas à institutionnaliser. On est sur deux terrains qui sont différents. Alors, quand il y a non transmission d'information comme on en parlait tout à l'heure, effectivement là il y a un problème de structuration, qui est un problème assez délicat. On était réunis à Kinshasa au moins de juin, il y avait une rencontre des réseaux. Il y en avait cinq ou six sur place, *Afrique Synergie*, le *Reprosac*, le *Ricaf*, *Ocre*, etc. Et la question qui était posée c'était justement : comment peut se transmettre cette information ? Elle n'est pas spontanée l'information. S'il n'y a pas quelqu'un qui est rémunéré pour faire cette activité-là, il n'y aura pas d'information. Parce qu'on peut avoir dans des réunions comme ça, une bonne volonté. On repart chez soi et on est repris dans le cycle de la vie et plus rien ne se passe. Donc s'il n'y a pas une structuration des choses... Je sais qu'au *Ricaf* on est en train d'essayer de vraiment mettre une personne rémunérée par pays, de manière à ce que les choses puissent exister à ce niveau-là. Bien sûr, cela demande tout un problème de financement, de comment le réseau peut s'autofinancer par la revente de ses contenus, etc. Voilà. C'était une précision sur la question des réseaux. A vous, monsieur.

**Mohamed Traore**
*Mali*

>Je vous remercie. Moi, vous me trouverez peut-être un peu idéaliste, mais ce que je veux faire connaître, c'est que je suis un peu mal à l'aise : qu'est-ce que nous sommes ? Nous sommes tous des responsables culturels, soit des conseillers techniques auprès du ministre, soit des conseillers culturels auprès de la présidence, soit des directeurs de service, soit de grands opérateurs culturels privés qui opèrent dans des festivals. Mais tout un chacun de nous, à une échelle déterminée, est capable d'infléchir une situa-

tion culturelle de son pays. Alors, ce qui est clair aussi, c'est que, quand moi je suis venu à la Formation internationale culture, je me suis dit : voilà une formation qui peut m'intéresser. Pourquoi ? Parce que je sais que je suis dans la politique culturelle, que je conçois la politique culturelle, mais je n'ai pas reçu de formation sur ça, je n'ai pas une notion claire de la conception culturelle. Et pourquoi ? Parce que je sais qu'il y a des choses qui sont là qui ne vont pas bien, parce que moi je n'ai pas cette conscience claire de ce qui doit se faire. Je viens, je veux apprendre.

Mais, en retour ce qui serait intéressant, c'est qu'entre nous tous, qui sommes là, les quelques cent cinquante agents culturels qui sommes là, qui, eux, ont fait cette formation et qui ont eu la chance d'avoir un outil que les autres n'ont pas, que nos ministres, que nos conseillers ou autres, qui sont dans nos pays, n'ont pas, alors qu'est-ce que nous en avons fait, et qu'est-ce que nous en faisons ?

Parce qu'il ne s'agit pas de dire que, bon, le livre ne va pas. Qui peut aider au développement du livre, c'est nous, qui sommes là. Si le théâtre ne va pas, qui peut faire que le théâtre marche ? C'est nous qui sommes là. S'il y a quelque chose qui ne va pas, c'est nous qui sommes là. Il ne s'agit pas de venir faire une formation aussi merveilleuse que ça et de retourner dans le train-train quotidien et dire que ça va pas parce que c'est ça... Je trouve qu'au contraire, nous devons... et c'est ça l'intérêt d'être là, et que s'il y a un réseau que ce soit un réseau entre nous, d'échanges d'expériences et d'échanges d'expériences, de ce que nous faisons au quotidien sur le terrain.

Par exemple moi j'appartiens au ministère de la culture, je suis agent, fonctionnaire du gouvernement. Alors, qu'est-ce que je peux faire pour que, justement, entre moi et Chab qui est dans le privé, qu'est-ce que nous pouvons faire ensemble pour que ça change au niveau de la base, c'est ça qui est important. Parce qu'il faut élaborer une politique culturelle, il faut élaborer des stratégies culturelles pour que justement, tout ce qui ne va pas à la base, puisse aller. Ça ne sert à rien de faire des livres, ça ne sert à rien de financer des livres, s'il n'y a pas une politique qui amène le public à lire les livres. Ça ne sert à rien !

Cette politique-là c'est nous qui pouvons la faire. Et

tant que nous ne ferons pas une politique, tant que nous n'élaborerons pas une politique, tant que nous n'échangerons pas nos expériences, tant que nous n'entamerons pas cette démarche, cela ne servira à rien de faire des livres ou de faire du théâtre, sinon par exemple on sera obligé de faire du théâtre pour l'Europe et non pas pour l'Afrique, parce que le public africain ne s'intéresse pas à notre théâtre. Et ainsi de suite. Moi je crois que, justement, le problème doit se situer d'abord à ce niveau, principalement à ce niveau.

**Théophile Mbouma Bissa**
*Cameroun*

>Merci, mes préoccupations ont été exprimées par beaucoup de gens. J'ai été rassuré par l'intervention de Mme Rémer et du frère qui m'a précédé, Mohamed, mais je profite quand même de l'occasion pour insister sur ce point-là, cette interpellation que je voulais poser avant que ces interventions ne surviennent, à savoir : quel est l'impact réel, parce que pour arriver à cette interpellation, la question à se poser c'est : quel est l'impact réel de tout ce dont on a fait le constat ici qui existe, les réseaux *Roc, Ocre, Ubiquité* ? Parce que moi j'ai été impressionné, quand j'ai reçu ce document, de voir la diversité, la qualité des personnes qui faisaient partie du réseau *Ubiquité*. Et comme il l'a dit, on constate que ces gens-là ont une formation pointue, travaillent dans des postes plus ou moins stratégiques, donc peuvent influencer le quotidien des activités que nous menons. Mais si ça ne marche pas... On sait, par exemple que la plupart de ces gens travaillent dans des ministères de la culture et quand on est sur le terrain, on sait ... Le cas de mon pays, par exemple, le Cameroun — je m'excuse de le dire, le ministère de la culture est beaucoup plus un obstacle pour nous qu'autre chose — Je cite un exemple concret : nous venons de clôturer une édition du *Festival Massao* en mai dernier. Six mois avant nous avons demandé rien que la caution de notre ministère. Nous n'avons même pas eu une lettre d'usage stéréotype, pour nous dire... Et nous avons failli au dernier moment... Si nous avions réussi à avoir la caution de notre ministère, ça n'aurait été que grâce aux efforts personnels de mon compatriote qui est là derrière, qui ne le faisait pas à titre officiel, mais qui personnellement, s'est investi, a

appelé le ministre à domicile, a essayé de — excusez le mot — peut-être même essayé de le bluffer quelque part, pour tout simplement obtenir sa caution. Il n'a pas réussi, mais je le remercie pour les efforts qu'il a faits.

J'ai voulu insister là-dessus — je crois que ça a été dit, mais ce n'est pas inutile de le répéter, c'est dans ce sens-là, pour essayer d'infléchir les choses, que des personnes qui ont la compétence, qui ont des opportunités, essaient, sans que ce soit institutionnel, fassent tout ce qui est en leur pouvoir pour que les choses qu'on a du mal à obtenir par des voies officielles justement, des réseaux de ceci de cela, qu'on obtient jamais.

Moi j'ai été à Lille l'année dernière à cette réunion de *Ocre*. Je crois que c'était là les fondements, les bases, j'ai assisté comme tout le monde. On nous a fait remplir des papiers, des adresses et tout ça. Je n'ai jamais reçu les Actes qui devaient nous informer sur les objectifs de ces réseaux-là. Finalement, à chaque bout de rue, on vous en parle, mais, dans la réalité, c'est retourner dans un cercle, dans un clan de personnes qui sont connus à l'avance. Jusqu'à présent, quand j'ai été dans une réunion, j'entends parfois parler d'eux, mais je ne peux pas vous dire quels sont ses objectifs, ni ce qu'il fait concrètement sur le terrain. Donc je pense que les réseaux, ça existe, mais il faudrait qu'on insiste sur l'impact des choses qui sont énoncées, la manière dont elles sont traduites sur le terrain. Mon avis est qu'il n'y a pas un impact réel sur le fonctionnement des projets qu'on a sur le terrain, et il faudrait comprendre pourquoi cela n'est pas possible.

**Olivier Barlet**
*modérateur*

>Amadou Chab Toure, ensuite Ousseynou Gueye, et ensuite Bernard Gilman.

**Brigitte Rémer**
*France*

>Je peux juste dire au passage que la transformation des structures est parfois périlleuse, je pense là à *Afrique en Création*.

**Olivier Barlet**
*modérateur*

>Oui, moi j'ai été très frappé par le passage de la Coopération aux Affaires Etrangères. A partir du moment où ils étaient dans les Affaires Etrangères, il n'y avait plus la possibilité d'envoyer un papier à l'extérieur sans qu'il soit contresigné, etc. C'est-à-dire

que c'est une machine, effectivement, qui enferme complètement. Il y a derrière aussi la problématique réseau, enfin ce que vous disiez à l'instant, le fait qu'on a des opérateurs culturels qui sont identifiés dans un pays, qui vont faire partie du réseau, et qui ensuite, il y a une sorte de phénomène logique un peu naturel, qui est : je phagocyte les choses de mon côté et du coup le reste du milieu culturel n'en profite pas. Donc on a un certain nombre d'élus. Et ça c'est un phénomène humain quelque part, parce qu'il y a toujours du fric à la clé, et donc il ne faudrait surtout pas que les autres puissent être concurrentiels. On est quand même toujours dans cette problématique-là, et *Ocre* n'y échappe pas, malgré toutes les bonnes intentions du réseau qui se veut le plus large possible.

**Amadou Chab Toure**
*Mali*

>Je vais rassurer Brigitte. Tout à l'heure, ma grosse révolte, ce n'était pas du tout ... Je suis d'ailleurs l'exemple typique du refus de s'enfermer, j'en ai horreur. Je suis claustrophobe mais ce que je pense quand même, sincèrement, c'est qu'il faut un minimum de structures. Parce que quand vous dites là... Olivier : on se connaît ! Le réseau il existe. Je suis en réseau avec Olivier. Je fais des choses avec *Africultures*, je fais des choses avec des tas de personnes qui sont dans un réseau ou dans un autre ou dans dix réseaux. Mais ce que je pensais moi sincèrement, c'est que le réseau *Ubiquité* soient autre chose que tout ce qui existe, justement par ce qu'elle notre capacité d'invention et d'adaptation ... Mais, la seule chose que je voulais vraiment, c'est que notre vigilance nous permette de commencer à y travailler dans les pays où nous sommes chacun, d'abord.

Parce que le besoin de structurer... Olivier a dit quelque chose. Moi, tous ceux qui sont dans les milieux culturels au Mali je les connais. Ce sont des amis. Je sais très bien comment sont les choses, je connais chacun d'entre eux. Mais qu'on passe au-delà de ça, il a parlé des intérêts personnels, c'est vrai. On peut défendre nos intérêts personnels, mais qu'on ait quand même l'intelligence, quand on sait qu'on est dans des secteurs et que ces secteurs ont besoin des appuis les uns des autres... Moi je parle de force. La chose qui m'intéresse c'est la force, c'est pas l'argent. Parce que je sais qu'il y a des choses qu'on peut faire chez nous sans argent. C'est la force, mais la force c'est aussi ce que dit Théo : qu'il puisse avoir l'appui, même si ça n'aboutit pas, qu'il puisse savoir, qu'au Cameroun, il a l'appui de son collègue qui est au ministère pour pouvoir lui apporter quelque chose. C'est cela qu'il faut, qu'on arrive à structurer ça. Qu'on se dise qu'au Mali le réseau *Ubiquité* va fonctionner parce qu'il y a trois personnes du Mali qui ont fait la formation et qui eux, vont essayer, chacun dans un secteur, d'aller voir ce qu'il y a, les projets qu'il y a, informer ceux du Cameroun ou ceux du Sénégal des projets que nous avons, qui tournent là. Et quelles sont les possibilités pour que nos projets soient en relation ? Et puis après, chacun se démerde pour trouver l'argent. Les cotisations dont parlait Gueye, c'est simplement une roue de secours ... On sait dans quelles conditions certains d'entre nous sont arrivés à Paris pour ces Rencontres. Que ce soit possible, pour ceux qui ne peuvent pas avoir un billet d'avion par l'ambassade ou je ne sais pas par qui, qu'on puisse leur trouver les moyens de venir, parce qu'on juge qu'ils doivent venir, qu'il faut que celui-là vienne et il n'a pas les moyens de venir. C'est tout. C'est simplement qu'on ajoute, à notre spontanéité et à la souplesse qui fait notre force, un autre point de force, nos liens propres, localement. C'est ça que je trouve regrettable qu'on n'ait pas pu trouver ça jusqu'à présent. On est quatre au Mali à avoir fait la formation. On ne se voit jamais. On n'est jamais au courant les uns des autres, c'est dans notre relation personnelle qu'on se voit.

**Olivier Barlet**
*modérateur*

>Monsieur Gueye, puis monsieur...

**Ousseynou Gueye**
*Sénégal*

>En parlant de formalisation d'*Ubiquité*, je dois quand même souligner que ça partait d'un bon sentiment qui aurait consisté, entre autres choses, à enlever un surcroît de travail, Brigitte, à ce que tu fais et qui est formidable, avec cette formation-là, ça je tiens effectivement à le souligner. Et tout d'un coup, je réalise quand même qu'on est tous là, à se parler, alors que dans un autre contexte, notamment le contexte national, on aurait plutôt tendance à avoir des intérêts divergents. Je veux dire, que je me retrouve amicalement et que je m'identifie avec des gens qui ne sont pas du secteur privé, je suis obligé de le dire... Ce

n'est pas souvent que ça arrive quand je suis dans mon propre pays. Je ne jette pas la pierre à ceux qui s'occupent de réglementation, je n'ai rien contre la fonction publique à laquelle j'ai appartenu pendant un moment, mais je pense aussi que nous, quand on est dans le contexte de nos pays, on est plus en train de s'arracher le bout de gras, en train de vouloir se convaincre de faire ceci plutôt que cela, et pas nécessairement de se considérer comme ici, comme des amis, comme des confrères. Et ça, effectivement, je trouve, Brigitte, que c'est formidable, qu'*Ubiquité* puisse réussir ça, il faut que ça continue ; mais d'un point de vue concret, peut être que cela serve de bassin, que cela serve de tremplin à des actions, je répète, plus formalisées. Je ne vois pas pourquoi tous ces gens qui font du théâtre ne se mettraient pas ensemble dans un réseau dans le réseau pour, je ne sais pas, décréter que chaque année, quand l'un organise un festival chez lui, il est obligé au moins dans les six troupes d'en prendre une et de la faire venir chez lui et ainsi, de façon itinérante, que ces gens qui sont dans des ministères dans différents pays africains, mais qui souvent sont régis par un même espace économique et monétaire, quand c'est l'Afrique de l'ouest, ou quand c'est l'Afrique centrale c'est autre chose, qu'ils se mettent aussi en réseau pour échanger les informations, que quand on fait circuler un artiste d'un pays à l'autre, il a beau être frontalier, la législation en vigueur, la taxation des instruments, tout ça ce n'est pas la même chose. Je veux dire, quand on se retrouve au Sénégal avec le Président qui, dans un moment d'euphorie, décrète qu'il va faire passer la taxation des instruments de musique de 45 % à 18 %, pour se rendre compte qu'on appartient à l'Union économique monétaire ouest africaine et qu'il ne le peut pas, si les autres pays ne marchent pas ensemble. C'est vraiment ce genre de chose-là que je souhaitais évoquer.

J'ai un ami, parce qu'ici on parle beaucoup de global puis de local, j'ai un ami avec qui l'autre fois j'ai parlé pendant deux heures, qui m'a arrêté et m'a dit : « Bon, on va arrêter de parler de global et de local, on va parler de glocal. » Sur le coup ça m'a fait beaucoup rire....

On a parlé de la piraterie ici et là également, par le lobby et les nouvelles technologies on commence à arriver à faire quelque chose, au niveau du Sénégal, simplement parce que, depuis deux ans, on a refusé que le bureau sénégalais du droit d'auteur, qui est l'un des premiers bureau de droits d'auteur qui ont existé sur le modèle de la Sacem d'alors en Afrique, on est en train de refuser qu'ils soient nos interlocuteurs et on s'est retrouvé dans une situation où eux, ceux dont ils étaient les correspondants au niveau sénégalais, c'est-à-dire l'Organisation mondiale de la propriété intellectuelle, a dû nous dire : « Mais qu'est-ce qui se passe ? » On leur a expliqué et là, moi je reviens de Johannesburg ce vendredi, raison pour laquelle j'ai pas pu être là au début de ces Rencontres, mais on leur a dit : « On en a assez que vous invitiez à ces assises de l'Organisation mondiale de la propriété intellectuelle des gens qui, quand on est sur place au Sénégal, les seuls rapports qu'on ait avec eux sont des rapports de suspicion. C'est-à-dire qu'ils ne passent pas les lois, donc nous on perd de l'argent. Effectivement, au rebours de beaucoup d'entre nous ici, nous on a des préoccupations passablement commerciales, mais je pense aussi qu'on fait de la culture et de l'art. Et là, ils nous ont fait venir, simplement parce qu'ils n'avaient pas de chiffres sur ce qu'était l'industrie musicale. Bon, je peux le dire ici, on m'appelle n'importe où ailleurs je le nierais, mais les déclarations de pressage de compacts disques et de cassettes qu'on fait à ce bureau sénégalais du droit d'auteur ne sont pas celles qu'on fait effectivement, parce qu'à un certain niveau de production, on considère qu'ils nous font perdre de l'argent, parce qu'ils ne nous rémunèrent pas, nous, ce qui serait nos droits d'auteur. Ils ne les perçoivent pas auprès des radios, donc là ils nous ont fait venir, quand on a dit à l'OMPI : « Ecoutez, vous n'aurez jamais les bons chiffres parce que les chiffres de vente ne sont pas les chiffres d'édition qu'ils vous ont communiqués, donc parlez avec les gens qui sont sur le terrain et ça, on l'a fait avec les nouvelles technologies. Je crois qu'à un moment c'est important d'être visible et de pouvoir, à côté de ce qui est la parole officielle, diffuser une parole qui peut-être, à un moment, devient institutionnelle.

J'en finis en disant que... Et ça, Brigitte, je te pose la question : « Est-ce, j'allais dire comme dans le cycle de vie d'un individu, le destin normal de tout réseau, ce n'est pas... d'accord, de commencer entre copains et puis de s'institutionnaliser et de mourir de cette institutionnalisation et puis, il y a autre chose qui naît dessus ? Moi, je pense que ce serait un beau destin pour *Ubiquité*. Bon, on ne partage pas forcément le même point de vue là-dessus et, tant qu'il y a la possibilité de faire des réseaux dans les réseaux - moi je suis content de rencontrer tout ce monde ici - on le fera. Merci à tous.

**Brigitte Rémer**
*France*

>Est-ce que j'ai le droit de réponse ? Très vite... Simplement l'essai de ces Rencontres, pour moi, serait transformé si, dans chaque région du monde, pris en relais, il y a de prochaines Rencontres, tout simplement. Ça voudrait dire effectivement que dans chaque région, les pays voisins aient envie de se connaître mieux et de collaborer mieux. Et vous pouvez être des médiateurs à votre tour, extrêmement efficaces.

Et, bien sûr, il faut une espèce d'organisation de base, de formalisation, mais avec une grande prudence. Je vois le réseau européen des centres de formation d'administrateurs culturels : on était subventionné par le Conseil de l'Europe — je dis « on était » parce qu'il a stoppé. Non, je ne pense pas que le destin soit d'être institutionnalisé et mourir. On peut aussi se créer d'autres routes et je crois que ces routes passent par vous, votre dynamique, votre curiosité, votre désir, dans les régions du monde, vous en Afrique, les autres en Amérique latine, les troisièmes en Asie et j'espère bien que, si un jour, vous me dites... D'ici, de Paris, nous accompagnerions cette démarche puisque c'est ça qui ferait notre lien à tous et ce pourquoi on aurait une espèce d'identité commune et de cadre de référence commun.

**Olivier Barlet**
*modérateur*

>Il y a encore Monsieur Gilman .... Oui ?

**Mustapha Mai**
*Niger*

>C'est la réaction de notre ami sénégalais qui me fait penser que, de plus en plus, le débat Etat-privé tend à disparaître, parce que le problème des bureaux nationaux des droits d'auteur, je crois que c'est un peu partout le même problème. On prend des fonctionnaires, on les nomme par décret et les artistes, les créateurs n'ont pas leurs droits. Votre expérience m'intéresse,

j'espère l'occasion d'en discuter avec vous.
Pourquoi j'ai dit que le problème tend de plus en plus à ne pas se poser. L'Union européenne actuellement, n'intervient plus dans les pays africains, dans le secteur culturel. Je m'explique : avant, vous faisiez une requête, il y avait soutien ... Maintenant elle exige que vous ayez un programme. Au Burkina Faso, ils en sont à leur deuxième édition du *Programme de soutien aux industries culturelles*. Ça a démarré au Sénégal, le Togo a son programme... En fait, dans l'Afrique de l'Ouest, il n'y a que le Bénin et le Niger. Moi j'ai assisté à la réunion de Dakar à titre d'observateur et je suis maintenant en train d'essayer de convaincre le gouvernement nigérien de l'intérêt qu'il y a à signer ce programme, c'est extraordinaire. Avec le 7$^{ème}$ *Fonds européen pour le développement* on avait de l'argent, avec le 8$^{ème}$ on avait de l'argent à cause du coup d'Etat. Un mois après le moment où j'ai parlé du Programme de soutien aux industries culturelles, on m'a dit : « Il n'y a plus rien sur le 7$^{ème}$ Fonds européen pour le développement, il n'y a plus rien sur le 8$^{ème}$ ». Où cela est-il passé ? Maintenant on se bat pour le 9$^{ème}$ Fonds européen pour le développement, parce que ce programme permet au créateur de déposer son œuvre, évaluée par un comité. Bon, ceux qui sont intéressés, le Sénégal, le Burkina peut leur en parler. Mais ce système, par exemple nous au Niger, on aurait bien voulu que nos amis sénégalais ou béninois ou togolais qui nous ont devancés à la Formation, nous en parlent. Parce que mon ministre me dit : « Pourquoi est-ce que tu viens m'en parler seulement maintenant ? » Je dis : « Parce que c'est maintenant que j'ai été informé. » Alors qu'il signait des lettres au représentant du Fonds européen pour le développement de l'Union européenne, qui répondait non. Alors cette année, carrément ils disent : « Vous n'avez pas de programme avec nous, vous n'avez pas fait de Programme de soutien aux industries culturelles. On ne donne rien pour la culture ». C'est là où, par rapport à ce réseau, ou je ne sais pas comment l'appeler, il faut qu'on communique et qu'on échange.
Et de l'autre côté, quelqu'un a fait une remarque pertinente : nous, nous sommes quatre à avoir fait la *Formation internationale culture*. Quand je suis rentré, je les ai contactés, le leur ai dit : « Ecoutez,

essayons au moins une fois par mois de se voir et de discuter. » Le premier à l'avoir fait était le Directeur de cabinet adjoint du Président de la République, pôle de décision. Le deuxième était dans la rue, le troisième c'était moi, fonctionnaire et la quatrième, bon, était fonctionnaire, mais elle est mariée à un expatrié... On n'a jamais pu se réunir pour échanger des informations. Pourquoi ? Je n'en sais rien.

**Olivier Barlet**
*modérateur*

>Juste une dernière intervention, car il faut qu'on aille déjeuner. Il y avait Bernard Gilman, mais peut-être est-ce que vous voulez intervenir en début d'après-midi ?

**Bernard Gilman**
*France*

>Si vous voulez, j'interviendrai au début de l'après-midi. Je voudrais revenir sur ce qu'a dit Brigitte, sur l'importance du réseau et donner des exemples, en ce qui nous concerne.

J'aimerais beaucoup approfondir également, entendre ce que les uns et les autres pensent des centres culturels français, pour avoir fait, pour le ministère de la coopération, le bilan de ce que doit être un centre culturel français. Nous imposons à l'Afrique et aux pays étrangers des structures qu'aucune ville en France n'accepterait.

Et puis également, une proposition : comment pourrait-il y avoir une formation commune, qui ne serait pas seulement des colloques ou autres, mais qui serait de longue durée, entre des intervenants africains, étrangers et des intervenants français.

**Olivier Barlet**
*modérateur*

>D'accord. Si vous voulez, on reviendra là-dessus tout de suite en début d'après-midi, après le déjeuner puisque vous êtes attendus au restaurant Montesquieu du Ministère. Nous reprenons à 15 heures. Bon appétit à tous.

*Pause déjeuner*

*Afrique* / 5 décembre 2001

*Reprise de l'après-midi*

**Olivier Barlet**
*modérateur*

>Voilà on reprend. Par rapport au thème, ce matin, on a abordé, dans un premier temps, toute la question des partenariats, des coopérations, et ensuite on a rajouté cet élément des nouvelles technologies.
Cet après-midi, je vous propose de poursuivre sur cette lancée, en continuant toujours un petit peu cette démarche, en l'ayant en tête ... et en ajoutant, peut-être la problématique des festivals, de toute cette question des festivals africains qui ont du mal à se faire connaître au niveau international ; toute la question des connexions entre festivals, la circulation des spectacles, etc. et de la visibilité des expressions artistiques africaines.
Et puis dans un deuxième temps, je vous propose d'arriver sur l'aspect des médias, de la télévision et du cinéma dans la deuxième heure. Voilà.
Donc peut-être clarté et concision, essayer de faire des interventions pas trop longues. Il faut absolument qu'on libère la salle à 5 heures très exactement, parce qu'il y a une représentation théâtrale, donc on a juste deux heures devant nous.
On s'était interrompu sur l'intervention de Bernard Gilman qu'on va peut-être laisser s'exprimer, ce qui nous permettra de relancer les choses pour le débat.

**Bernard Gilman**
*France*
**Moustapha Mai**
*Niger*

>On y reviendra après, Mustapha voudrait parler.

>Merci. Par rapport à la problématique que vous avez posée sur les centres culturels, chez nous c'est un centre culturel franco-nigérien. Il est clair que si la France met 100 F, le Niger met 1 F ou 10 F. Mais le problème c'est que ça fait vingt cinq ans que l'Etat du Niger ne paie plus sa participation. Par contre, la structure est toujours restée la même. Il y a un directeur français et un co-directeur nigérien, nous nous trouvons que la formule est bonne, mais elle est biaisée, parce que la programmation des spectacles qui viennent du nord, on n'y est pas associés. Les directeurs des centres culturels français se réunissent lors du Festival d'Avignon et achètent les spectacles, soit en régional comme ils disent, soit individuellement, il y a plusieurs formules.
Le Niger a par contre une expérience des maisons de

la culture, depuis 1960. Ces maisons n'ont pas de statut ni de subventions de fonctionnement conséquentes, mais elles disposent de professionnels. Les premiers se sont formés au contact de la Fédération Léo Lagrange, les autres, au Sénégal, au Mali, au CRAC de Lomé — Centre régional d'action culturelle —, qui sont des écoles de référence. Mais en 1985, le gouvernement a pris un décret où il restituait aux collectivités des sept régions la gestion des centres culturels, des centres sportifs, de tout ce qui est jeunesse, sport et culture.

Le centre culturel franco-nigérien joue un rôle important au Niger, qu'on le veuille ou pas, c'est une référence. On y trouve des spectacles de qualité. On y voit, dans nos cafés-théâtres, cafétérias etc. tout ce qu'il y a comme groupes de rap, groupes traditionnels, néo-traditionnels, tout au long de l'année. Par contre, et ça ça participe de la politique de la France, on n'y programme que des films français et je vous avoue que la problématique du cinéma français en Afrique, c'est pas vraiment ça, les gens n'y vont pas, sauf quand il s'agit de films d'action comme *Taxi 1* ou *Taxi 2*. Sinon, au point de vue bibliothèque, au point de vue création artistique, ça fonctionne, par exemple, le seul lieu au Niger où, bon an mal an, on trouve des expositions d'art plastique, c'est au centre culturel franco-nigérien. Voilà ce que je voulais dire. Merci.

**Bernard Gilman**
*France*

>Je ne vais pas dire la même chose, mais ce sont, encore une fois, des interrogations. Je ne suis pas très, très à l'aise pour parler des centres culturels français, je vais vous dire pourquoi tout à l'heure. Le seul centre franco-quelque chose, c'est chez vous …

**Une voix**

>Et rwandais

**Bernard Gilman**
*France*

>Et rwandais c'est tout à fait récent… Alors là quand même, j'ai vu quelque chose qui ne fonctionne pas, pour parler vrai : c'est le directeur français qui mène les affaires, il a les moyens, il a les réseaux. La proposition que nous avions faite, notre petite délégation qui avons tourné dans une quinzaine de pays africains, c'est de faire la proposition de centres franco-du pays et avec un directeur qui peut être tout autant du pays et un co-directeur qui peut être français, peu importe,

à la condition, que le pays participe financièrement, je ne dirai pas à part égale, mais en fonction, pour ne pas entrer dans les détails, du produit national brut. C'est-à-dire que là où la France peut mettre 10 FF, le pays en question, en fonction de son PNB, peut mettre 0,50 F, enfin peu importe, un type de participation à ce niveau-là. Cette proposition n'a pas été retenue dans notre rapport. ça a été censuré. D'une part, par la réaction des directeurs d'alors — ça doit faire même pas une petite dizaine d'années —, dont d'aucun a déclaré : « Le jour où on me mettra un directeur du pays, je pars le soir même, pour ma liberté. » A sa décharge, je dirais que le Niger a aussi connu ça, c'est que les autorités du pays quelquefois veulent kidnapper l'espace de liberté que devraient être ces centres pour un certain nombre de manifestations qui le concerne. La liberté d'action est-elle assurée au départ, quand on connaît la situation politique d'un certain nombre de pays africains ? C'est, je reconnais, un réel problème, mais ça ne suffit pas pour éluder la question.
Je pense quand même, à leur décharge, que les centres culturels ont été un espace de liberté, je pense notamment au niveau des bibliothèques et journaux. C'était peut-être le seul endroit où on pouvait lire certains journaux, dans certains pays. Et également, pour une manifestation d'expressions du pays. Mais, encore une fois, c'était une implantation française dans un pays étranger, et je disais tout à l'heure, aucune ville en France n'accepterait un organisme national — il y en a quelques uns, il y a la Comédie Française, etc.— mais en France, dans nos villes, en général ce sont des associations, avec des représentants de la collectivité, mais aussi des habitants et de la population. C'est peut-être ce qu'il faudrait essayer d'inventer. Encore une fois, je ne leur jette pas la pierre. Il y a beaucoup à dire et peut-être heureusement pour un certain nombre de choses que les centres culturels étaient là, mais il y a beaucoup à changer.
Et je voudrais faire une autre petite intervention, sans qu'on en discute : il est en train de se créer, vous le savez tous, en France, c'est le lobby de chaque Président, un grand musée, qui s'appelle le *Musée des arts et des civilisations*, où seront exposées toutes les oeuvres majeures de l'Afrique, pour ne parler que de ce pays, dans certaines conditions de présentation, sur

lesquelles il y a beaucoup à dire. Il y a eu de grands débats en France, en disant : est-ce que ce sont simplement des œuvres esthétiques ou bien les productions d'un pays avec toute la civilisation qu'il porte ? Je dirai simplement que, dans les commissions que j'ai pu voir, il y avait un seul Africain, le directeur du musée de Bamako, qui a dit : « Moi je suis là comme un alibi, je n'ai rien à dire. L'Afrique sera présentée sans Africains. » Et sans se poser le problème, de comment ces oeuvres peuvent-elles être présentes là d'où elles viennent ?

**Olivier Barlet**
*modérateur*

>Merci. Dans le sens du micro, Alioune Ifra Ndiaye, puis Ousseynou Gueye.

**Alioune Ifra Ndiaye**
*Mali*

>Je voudrais préciser aussi, dans mes fonctions au Mali, que je suis consultant permanent au centre culturel français de Bamako. Il ne faut pas qu'on se voile la face : les centres culturels français sont le résultat de ce qu'on appelle la diplomatie culturelle et ils ont une fonction très claire : c'est de faire rayonner la culture française, là où ils sont, c'est leur cahier des charges. Le directeur du centre culturel français n'a pas obligation à soutenir les créations locales, c'est selon sa sensibilité, dans le pays où il réside, pour quatre ans, maximum. Donc chacun essaie de venir avec sa propre politique, mais en ayant un projet d'établissement qui va dans le sens de la diplomatie culturelle, ça c'est très clair dans leur tête.

Mais dans tout ça, je pense que c'est à nous Africains de faire plus que les centres culturels français, de créer nos propres lieux. Et nous on travaille pour ça et je dis que c'est pas facile. Moi, j'en suis là, excusez-moi de donner mon exemple personnel, par rapport au manque de lieux de consommation artistique dans mon pays. Parce que mon ambition, quand j'étais jeune, c'était de devenir cinéaste, c'est-à-dire de réaliser des films et que ces films puissent contribuer à l'élévation du niveau culturel de la grande majorité de la population. A la fin de mes études, qu'est-ce que je constate, qu'il n'y a pas de lieux de projection dans mon pays. On met des milliards dans des productions cinématographiques qui ne sont distribuées que dans les festivals — excusez-moi — de ghettos, en occident. Et je me suis posé la question : je veux produire pour qui ? Pour les populations de mon pays, en tous cas pas. Donc j'ai décidé de ne pas faire de cinéma à la fin de mes études, parce qu'il y a ce problème. Et j'ai décidé de prendre à bras-le-corps ce problème, en criant partout où je vais : « Utilisez les subventions, une partie de vos subventions, non seulement dans la création, mais à investir dans le pays, à créer un lieu, à trouver des moyens de productions, des moyens de création. »

Et malheureusement, dans tout le débat, personne n'en parle. On cherche comment trouver les subventions, comment mettre les réseaux en place. Moi, la question que je me poserais, je voulais poser cette question à la fin du séminaire : comment nous, Africains, par exemple, nous allons — à moyen terme, peut-être à long terme, peut-être à court terme — nous passer des subventions ? Créer pour notre pays, je dirais participer à l'élévation du niveau culturel de notre pays, participer à la démultiplication de la réflexion au niveau de notre pays, parce que nos populations en ont besoin. Et je crois que ça, ça doit être le travail primordial de tout créateur en Afrique, surtout dans nos pays où on parle de démocratisation, où il y a vraiment cette transmutation sociale. J'en ai parlé tout au long de notre formation à la Formation internationale culture et j'espère pouvoir partager cette préoccupation avec mes collègues africains. Et le fait que Monsieur ait parlé de la présence des centres culturels français me donne l'occasion d'en parler : comment créer nous-mêmes les structures à nos niveaux, nous mettre en réseau et être autonomes par rapport aux subventions. Et ça je crois que nous devrons y penser, véritablement.

**Olivier Barlet**
*modérateur*

>C'est la question de l'émergence des structures privées en Afrique qu'on avait déjà abordée ce matin est effectivement fondamentale. Monsieur Gueye.

**Ousseynou Gueye**
*Sénégal*

>Merci Olivier, merci Alioune. Je parle donc à titre privé, tout le moins appartenant à une structure privée. Mais tout d'abord, avant d'ajouter mon écot à ce qui se dit sur les centres culturels, j'aimerais réagir à ce par quoi tu viens de terminer, Alioune, quand tu parles de tous les moyens par lesquels nous, on devrait arriver à se passer des subventions. Ça me fait tiquer un

peu, parce la subvention quand même, qui est de l'argent public par définition, est notre argent à nous. Dans mon pays, moi, en ce qui me concerne, je paie des impôts. Quand une subvention est affectée à quelque activité que ce soit, je considère que c'est un peu mon argent qui y va. Et je pense aussi que les citoyens, à partir du moment où ils paient des impôts, doivent pouvoir légitimement s'attendre à ce que la puissance publique prenne également en charge des préoccupations qui ne sont pas que d'alimentation, de vêtements ou de nécessité première. Et la culture en est une. Effectivement, il faut faire la part des choses entre des dépenses affectées à la culture sans résultat tangible si cela existe, ou des subventions publiques affectées à un secteur qui, à un moment ou un autre, devrait pouvoir s'en passer, parce que la subvention ce n'est pas non plus un acharnement thérapeutique à vie qu'il faut faire sur quelque secteur que ce soit. Mais disqualifier la subvention, je suis d'autant plus à l'aise pour en parler que moi j'évolue dans un secteur privé.

En ce qui concerne la question des centres culturels français est-ce que tout le monde reconnaît plus ou moins, ici dans notre espace, en Afrique noire francophone, comme un mal nécessaire, comme une institution, un cadre : on sait que finalement, ils se substituent à la puissance publique habilitée ou plus, qui a le devoir de faire ce travail de diffusion, de circulation, de mise en évidence des cultures nationales. Je reviens sur ce qui a été dit par rapport au statut un peu particulier, et jusque là assez singulier, du centre culturel franco-nigérien de Niamey.

Il me semble qu'on est parti là sur une logique qui, à un moment ou à un autre, s'est arrêtée : une logique qui aurait consisté je pense, au bout d'un moment, à l'appropriation par le pays, de cette structure-là ou en tous cas de sa programmation, de sa direction, de son personnel et qu'on s'est arrêté en chemin. Mais je crois que c'est assez singulier que le Niger participe au conseil d'administration du centre culturel français qui est dans son pays... Bon, c'est une démarche qui n'a pas abouti. Il faut peut-être réfléchir sur les obstacles qui ont empêché qu'on atteigne une vraie réciprocité. Sur les centres culturels français, le schéma de programmation qui a été évoqué à l'instant par Mai

Moustapha, a, je crois, un peu changé. Il m'a été donné de constater que depuis deux ou trois ans, ou un peu plus même, il y avait eu un changement qui consistait à ce que la programmation, qui se faisait auparavant au festival d'Avignon au cours de la réunion des directeurs de centres culturels français du monde entier se pratique maintenant un peu différemment. Je crois que la tendance de ces dernières années a été de faire de ces rencontres d'été des rencontres de réseaux — réseaux et échanges dans le sens où, Brigitte, tu l'entends — et non pas vraiment de programmation artistique. Il y a de vraies réunions régionales où les propositions artistiques et culturelles peuvent se faire. Par exemple, sur l'Afrique de l'Ouest, il me semble que le poste directeur c'est Abidjan, mais ça se passe dans des capitales tournantes.
C'est un point que je voulais souligner, pour dire que ce n'est pas une secte qui s'enferme quelque part, loin des artistes et du terrain, mais pour les acteurs culturels qui veulent aller faire des propositions auprès de ces directeurs-là, je crois que ça leur est accessible, à la condition quand même que, souvent c'est à un directeur particulier d'un centre, de défendre ça. C'est le directeur qui défend le projet, ça c'est une chose.
La deuxième chose, pour le cas particulier du Sénégal : pendant longtemps on a été dans une situation où les premiers à défendre la légitimité des centres culturels comme diffuseurs artistiques et culturels, c'étaient les artistes eux-mêmes. Et je pense qu'il n'y avait pas de caution plus légitime que celle-là, qu'un artiste dise : dans ce cadre-là je suis respecté, on respecte mon œuvre, je trouve des spectateurs, je trouve des interlocuteurs, je trouve des auditeurs et je peux travailler malgré la carence des centres culturels nationaux et des ministères de la culture. Et la question que je me pose aussi, c'est : est-ce que c'est parce que les centres culturels français existent, que rien d'autre après ne vient, parce qu'ils ont tellement comblé l'espace ? C'est un questionnement que j'ai.
Au Sénégal, et c'est une particularité aussi dans l'espace africain, on est le seul pays, sinon l'un des rares, à avoir deux centres culturels dans le même espace national. Au Burkina également, tu me dis ? Bon je retire ce que j'ai dit. Au Cameroun ? Au Bénin ? Ah d'accord ! Mon propos, en tous cas était de dire que,

dans certaines villes en Afrique, il y a des motivations qui permettent que, en dehors de la capitale, existe un centre culturel français, sans doute davantage lié à des considérations sentimentales et historiques qu'à une vraie nécessité de terrain. Ça, je voulais le pointer du doigt.

Avant de parler de festival, la transition serait de dire que l'acronyme des centres culturels français de Dakar et de Saint-Louis dans le milieu culturel mal-pensant au Sénégal, pour Dakar c'est : *CQFD* et pour Saint-Louis c'est : *CQFS*... Soit dit en passant...

En ce qui me concerne, je suis là également sous la casquette de directeur de festival : un festival de musique qui existe sur Dakar, qui s'appelle *DK24* pour *Dakar 24 heures*, parce que le principe de ce festival c'est de présenter pendant 24 heures des musiciens sur un plateau. C'est une programmation nationale et internationale. On en est à trois éditions. Après avoir eu deux années de suite d'une édition qui se passait en novembre, en 2000, la troisième a été reportée en février 2001, pour raison de Ramadan. On ne peut rien programmer à l'époque du Ramadan. On saute cette année et pour 2002, il sera programmé à nouveau en février, sous toutes réserves car on a des élections à l'horizon. Donc on y travaille, mais il n'est pas très certain qu'on le fasse, ça c'est pour l'anecdote.

Mais pour expliquer pourquoi une compagnie de disques, une société de productions musicales en arrive à mettre sur place un festival, la première considération c'est de travailler sur l'image que le label de musique avait pendant longtemps, comme maison de production, c'est-à-dire par essence : véreuse, capitaliste et exploiteuse, face à des artistes qui seraient de même par essence les agneaux du sacrifice. Donc notre travail consistait vraiment à faire de la diffusion musicale et artistique qui soit accessible aux gens.

La deuxième chose, c'était aussi de considérer qu'on était dans un espace, la ville où, à côté des pouvoirs publics, il était important que les acteurs de terrain, à un moment ou à un autre, participent aussi à la mise en valeur et à la mise en convivialité de cet espace-là, c'est ce qu'on a essayé de faire. Ce festival a d'abord été présenté par le propriétaire de la maison de productions, Youssou Ndour, puis la seconde année par le label de musique de cette maison de production. On a

créé maintenant une association inter-communale, parce que notre objectif est de faire en sorte que ce festival soit vraiment associatif, qu'il soit soutenu par la ville et non pas associé systématiquement à notre label.
Voilà. J'en termine là. C'est avec plaisir que j'en discuterai, de manière plus informelle avec les uns et les autres, en ce qui concerne la programmation. Merci. Excusez-moi d'avoir été long.

**Olivier Barlet**
*modérateur*

>Merci. Oui. Monsieur, ça fait un moment que vous aviez demandé la parole.

**Christian Randrianampizapy**
*Madagascar*

>Merci. Je voudrais intervenir et rebondir sur ce qu'avait dit Alioune. Je ne vais pas revenir sur la vocation et le rôle d'un centre culturel français, mais je voudrais juste rappeler le rôle des Alliances françaises, associations de droit local, et qui ont une grande latitude sur la politique qu'elles veulent mener.
Il y a dix ans, j'avais aussi comme ambition de créer des plates-formes d'expression de la culture locale, mais vu le contexte économique, ça n'a pas été possible. Donc, dix ans après, je me suis dit, utilisons les structures existantes et, dans le milieu où je suis, il n'y avait que l'Alliance française qui, depuis un an, est d'ailleurs devenue Alliance franco-malgache. Je voulais juste intervenir pour dire que l'Alliance peut jouer un rôle primordial dans la promotion de la culture locale.

**Olivier Barlet**
*modérateur*

>Merci. Monsieur et puis ensuite…

**Yahya Ndoye**
*Sénégal*

>C'est aussi au sujet des centres culturels. Je pense qu'au Sénégal aussi, il y a une évolution. Autant les centres culturels étaient et sont encore, un lieu de diffusion de la culture française, autant les différents directeurs depuis quelques années, ont fait l'effort de produire les artistes locaux, de les présenter aux Français qui vivent au Sénégal, pour découvrir la culture africaine plus particulièrement la culture sénégalaise, en plus de leur objectif premier qui font d'eux des lieux de diffusion de la culture française.
Une autre réalité, comme l'a dit Ousseynou : il y a eu un faux débat qui s'était instauré il y a quelques années pour dire qu'en fait les centres culturels fran-

çais dépassaient un peu les bornes parce qu'ils étaient en train de s'accaparer des compétences ou des prétentions qu'auraient disons certains agents de la culture, certains fonctionnaires et autres. Ils n'avaient qu'à s'en prendre qu'à eux parce que c'était un vide et la nature a horreur du vide et le centre culturel a occupé, en son temps, cet espace. Mais je crois qu'actuellement c'est un peu dépassé en ce sens que, il y a une plus grande intégration des politiques, disons une meilleure concertation entre les autorités publiques et les autorités du centre culturel français.

Depuis quelque trois ans, ce n'est pas pour contrebalancer l'influence du centre culturel français à Dakar, mais il y a eu l'ouverture de la Maison de la culture, devenue un lieu incontournable dans la programmation des spectacles à Dakar. Le centre culturel collabore parfois et utilise cet espace, ce qui a été le cas lorsqu'il a été en réfection. Ils font des programmations communes. L'année dernière, pour la troisième édition de mon festival, pratiquement, c'est le centre culturel qui a invité trois troupes, trois groupes français, a pris en charge les frais de voyage et quelquefois même a fait des efforts pour des prêts d'argent, de transport et autre. Il y a quand même, de ce point de vue-là, une évolution qui tend à intégrer les différentes politiques ou, en tous cas, la politique du centre culturel à épouser un peu les préoccupations, disons à la fois de la puissance publique que des personnes privées, des porteurs de projets et autres. C'est cela que je voulais dire, pour montrer que, dans le cas de Dakar, il y a une nette évolution, dans un sens positif.

**Mohamed Traore**
*Mali*

>Pour ce qui concerne le centre culturel français, j'ai une expérience personnelle en tant que dirigeant d'une institution culturelle au Mali. Moi je trouve que les rapports avec les centres culturels français dépendent également de ce qu'on en attend et aussi de nos propres initiatives. Depuis un ou deux ans, nous avons expérimenté un nouveau type de rapport avec le centre culturel français du Mali et ça porte ses fruits, Alioune Ifra Ndiaye est là pour en témoigner. Nous avons tous des associations distinctes, chacun a ses programmes, nous ne venons pas au centre culturel français en tant que demandeurs, mais nous venons au centre culturel français comme le centre vient à nous

en tant que partenaires. C'est-à-dire que nous élaborons ensemble des projets culturels et nous partageons la dépense de ces projets. Et si l'argent manque, nous faisons une demande commune de subvention pour ce projet qu'on peut soumettre, par exemple, à la coopération française ou à d'autres, c'est comme ça que nous fonctionnons. Grâce à ça, nous avons réalisé un bon nombre de projets chaque année, des projets au niveau national, au niveau sous-régional et même au niveau international. C'est une démarche qui porte ses fruits et qui marche très bien. Chacun voit en l'autre un partenaire et non pas un subventionneur. Voilà ce que moi, j'avais à dire.

**Olivier Barlet**
*modérateur*

>Ce qui me frappe dans ce que vous venez de dire, sur la question des relations avec les centres culturels, c'est un peu la définition ce que demandait le Rapport parlementaire qui a été réalisé il y a quelques mois en France sur la question de la politique des centres culturels. Il soulignait justement cette ambiguïté entre l'action ou la mission de diffusion de la pensée française d'une part et, d'autre part, la création de partenariats avec les cultures locales et de faire exister de véritables synergies culturelles. Mais il y a aussi le facteur humain qui joue. Vous avez à Bamako quelqu'un de très bien au Centre culturel français, ce n'est pas toujours le cas partout, je veux dire, les hommes sont ce qu'ils sont, et donc il y a des lieux où ça bloque beaucoup plus qu'en d'autres.

**Jean-Louis**
**Sagot-Duvauroux**
*France*

>Je voudrais parler de deux aspects : la question du privé, ce qu'on a appelé jusqu'à présent le privé et la question des subventions que vous avez abordée, là tout de suite.
En ce qui concerne le privé, je crois que le mot n'est pas bon, parce que les structures culturelles dites privées assurent souvent, par défaut, des fonctions de service public. Nous, par exemple au niveau du théâtre, c'est privé, parce que ce n'est pas l'Etat, mais c'est quelque chose qui ne rapporte pas d'argent, qui ne permet pas de s'enrichir, etc. Et moi je préférerais qu'on prenne le terme de : indépendant. Il y a des structures culturelles d'Etat et des structures culturelles indépendantes. Il y a peut-être des domaines qui sont plus directement dans des lieux de commerciali-

sation, parce que le mot privé souvent crée des confusions : par exemple quand on va voir l'Etat, au Mali on peut dire non vous êtes privé, il n'y a pas de connexions possibles, puisque nous on représente l'intérêt public et vous, vous représentez des intérêts privés. La réalité est quand même assez différente et je crois que tous les intervenants culturels qui ne dépendent pas de l'Etat savent que ce n'est pas privé au sens d'une industrie. Et l'Etat est vraiment quelque chose à travailler, qui ne demande pas forcément beaucoup d'argent. Vous parliez des subventions. Je crois qu'il faut distinguer la légitimité évidente de soutien de l'Etat malien, sénégalais, centrafricain, etc. à la création artistique, dans chacun de ces pays, et le caractère beaucoup plus compliqué des subventions d'un Etat étranger, en l'occurrence souvent la France, à la création. Autant il faut se battre, effectivement, pour une intervention de l'Etat sur l'ensemble du champ de la création artistique des Etats concernés, autant je crois que tout ce qu'on peut faire pour se passer à terme des subventions étrangères est quand même important, c'est quelque chose à construire.

Le niveau d'intervention publique des Etats africains est extrêmement faible, l'ensemble des budgets de la culture de tous les pays d'Afrique, depuis l'Algérie jusqu'à l'Afrique du Sud, correspond à la moitié de la subvention de l'Opéra de Paris. Donc on est vraiment dans des disproportions absolument phénoménales. Néanmoins je crois qu'il y a des tas de choses qui peuvent être faites tout de suite, par exemple, et là ça revient un peu à ce que disait Chab pour créer des synergies à l'intérieur même des pays : si l'Etat labellise des structures artistiques, indépendantes ou d'Etat et qu'on sait que l'Etat apporte une considération symbolique à ces structures, c'est une chose très importante, parce qu'elle peut déjà aider, par exemple, le *Festival Théâtre des Réalités* serait reconnu par un label officiel qui lui donnerait une reconnaissance de l'Etat et aussi une sorte de légitimité dans ses liens aux structures d'Etat comme le Théâtre national, le Palais de la culture, etc., et qui donnerait accès à un certain nombre de services de l'Etat. C'est-à-dire qu'à partir du moment où un de ces organismes serait labellisé par l'Etat, il ne dépend plus du bon vouloir de tel ou tel, mais il y aurait un certain automatisme : par exemple ils auraient des droits, si c'est une troupe de théâtre, pour être logés dans le campement de tel ou tel endroit ou des avantages que l'Etat peut apporter, sans être obligé de débourser d'argent. Je crois que là, il y a des choses relativement simples à imaginer, il faudrait se mettre ensemble autour d'une table — entre les structures qui dépendent de l'Etat, les structures indépendantes et les représentants, le ministre, etc. — pour analyser le possible et à ce moment-là, je crois que les Etats eux-mêmes, y compris par rapport aux centres culturels français, pourraient apparaître comme ayant une politique publique.

Il me semble que les structures indépendantes — en tous cas, c'est notre cas - seraient très disposées à ça, parce que c'est très gênant d'apparaître comme privé — « Ce sont des privés, ils font ce qu'ils veulent, etc. » — alors qu'en fait tous les gens qui s'investissent là-dedans, tous les artistes que vous connaissez, que les Maliens connaissent, qui travaillent sur ce qu'on fait, ce sont des gens qui travaillent évidemment pour eux-mêmes, mais qui travaillent aussi avec l'esprit du pays, un esprit, je dirais, patriotique. Donc il y a quelque chose qui, sur le plan symbolique et sur le plan pratique, pourrait je crois, donner à l'Etat d'abord des idées, des convergences, y compris avec les structures de l'Etat qui existent, et lui donner une force. Bon, tout ce qui a été dit sur les centres culturels français, je trouve que c'est bien. Effectivement, faute de mieux ils permettent souvent pas mal de choses, mais il faut qu'en face il y ait quelque chose de solide ; et ce genre de synergie à mon avis, peut permettre à l'Etat de jouer son rôle symbolique tellement important et d'avoir enfin une politique culturelle, qui rayonne, qui passe par tous ceux qui sont prêts à s'impliquer.

**Olivier Barlet**
*modérateur*

>Oui, Amadou Chab Toure et puis ensuite…

**Amadou Chab Toure**
*Mali*

>Tout de suite, pour continuer sur ce que dit Jean-Louis, c'est vrai qu'on est dans des situations très différentes. Olivier disait que ça dépendait souvent des directeurs de centres et moi je me dis que justement c'est dommage que la réalité culturelle ou la réalité de la relation des CCF et des opérateurs locaux, dépendent absolument et totalement d'un directeur de

centre. C'est dommage, mais bon, ce n'est pas très important, parce je pense qu'on a la possibilité de faire autrement. Ce qui est essentiel et qu'on peut essayer de travailler, c'est cette possibilité, aussi bien au Mali que dans d'autres pays, nous savons ce que nous sommes, c'est-à-dire des professionnels issus d'un travail de terrain, d'un travail de formation, d'un travail de réseau clandestin, comme disait Brigitte ce matin.

Ce que nous représentons est une force, je sais de quoi je vous parle. Moi, j'ai été conseiller du Ministre de la Culture en 1993, quand j'ai quitté la Formation internationale culture. Je suis rentré au Mali en novembre, et j'ai été directement conseiller culturel du Ministre de la Culture. Au bout de huit mois j'ai quitté et en partant, j'étais une brebis galeuse. Mais je savais pourquoi les brebis étaient galeuses, comme toujours. La force, c'est qu'à un moment donné l'action culturelle, c'est-à-dire le travail sur le terrain soit reconnu et il l'est forcément, lorsqu'il est porteur. Et aujourd'hui, je ne demande pas au Ministre d'être son conseiller : il reconnaît ce que je fais sur le terrain, il voit sur le terrain ce qui se passe.

Et c'est valable pour chacun d'entre nous, c'est-à-dire que ce soit ceux qui travaillent dans le secteur public ou dans le secteur privé - le privé pour moi, c'est vrai que ce n'est pas une question d'argent, c'est une question de liberté d'action, c'est-à-dire de comment on décide de mettre en place quelque chose. - Et cette force-là, que ce soit aux centres culturels, que ce soit au niveau des ministères de la culture. Il y a des opérateurs locaux qui ont réussi à s'imposer, comme des forces incontournables avec lesquelles on est obligé de faire, sinon on ne fait pas. A partir de ce moment, tout est gagné, parce que la remise en cause des fonctionnements des uns et des autres n'est possible que par ça. Au ministère de la culture au Mali, c'est vrai que les choses ont changé : que le ministre de la culture dise, personnellement, à ses structures qu'elles n'ont plus le monopole de la culture parce que, dans le secteur dit indépendant il y a des forces d'action et de proposition importantes, c'est une chose. C'est vrai que les réticences existent au niveau public. Il y a des gens qui ne sont pas prêts à accepter de n'être plus les maîtres sur le terrain culturel. Mais lorsqu'un ministre ose le reconnaître, on se dit qu'il y a des choses possibles. Et c'est pourquoi je vous disais ce matin que c'est important que localement... Chez nous, par exemple, au Mali, les pouvoirs se sont multipliés très vite, il n'y a pas très longtemps d'ailleurs. Il y a dix ans, le ministère de la culture était le seul opérateur culturel, dans tous les domaines.

Les premiers à se libérer, et sans d'ailleurs demander l'avis de qui que ce soit, ni des subventions à qui que ce soit, ce sont les opérateurs du domaine de la musique. Les commerçants les plus riches, ceux qui ont de l'argent, se sont rendus compte que la musique, la production phonographique, était le moyen de s'enrichir, tout en aidant des musiciens, parce qu'ils étaient liés à ces musiciens et qu'ils appréciaient ce qu'ils faisaient. Très vite, le domaine de la musique s'est complètement libéré de l'emprise du ministère de la culture. On dit que la musique au Mali marche très bien, mais elle marche parce qu'il y a simplement des opérateurs indépendants qui ont mis de l'argent, qui ont mis des idées dans la musique. Ça s'est passé aussi pour le théâtre. Et aujourd'hui ça se passe dans d'autres domaines. Et ce qui est important, c'est que le ministère de la culture arrive même... Vous le savez tous, quand ça marche, la récupération est très facile... On est même d'accord pour être récupérés, mais au moins l'essentiel est qu'on existe et qu'on fasse des choses bien, c'est tout. L'essentiel, c'est que ce qui est fait soit reconnu comme étant quelque chose qui fait avancer. C'est tout. Il n'y a pas de conflit. Même si on n'a pas l'argent au début, la force fait qu'à un moment donné, on est obligé d'avoir l'argent, ils ne peuvent pas... c'est une question de logique et de bonne foi, c'est tout. Si le théâtre marche, de par le fait d'une association malienne qui oeuvre pour le théâtre, le ministre de la culture va mettre de l'argent dans cette association, à un moment ou à un autre, parce qu'il ne peut pas faire autrement.

C'est pourquoi moi je pense qu'il faut faire en sorte que nos réseaux locaux puissent travailler justement pour que la prise de pouvoir, le niveau de pouvoir, — sans pour autant discuter avec qui que ce soit le pouvoir de faire quoi que ce soit — que le pouvoir d'action sur le terrain soit réel. C'est tout.

**Olivier Barlet**  
*modérateur*  

>On reste peut-être sur le terrain malien. Allez-y.

**Mohamed Traore**  
*Mali*  

>Je voudrais appuyer ce que Chab dit, parce moi je crois — et c'est ma ferme conviction — qu'en matière culturelle, ce serait une erreur de la part des opérateurs culturels que d'attendre tout du Gouvernement ou de l'aide extérieure. Et je crois que le cas du Mali en est un exemple précis, parce qu'en fait tout ce chamboulement du paysage culturel malien n'est pas venu du sommet. C'est la base qui l'a imposé au sommet. Et je donne comme exemple qu'actuellement...
Bon, il y a tout juste quelques jours, on m'a fait parvenir un projet de loi concernant les associations culturelles au Mali : il y en a actuellement plus de trois cents associations culturelles et le gouvernement malien n'est à la base d'aucune de ces associations. Ce sont les acteurs culturels qui ont vu que, justement, s'il fallait attendre tout de l'Etat, ils vont mourir tous petit à petit, comme certains l'ont fait déjà, sans que les choses ne bougent. Donc, spontanément, à partir des années 92, se sont créées spontanément des associations. Elles sont appuyées par des opérateurs économiques qui voient justement que, dans la culture, il y a à gagner et qui investissent. Ils investissent dans la production des spectacles, qui investissent dans la production des disques et cassettes, qui investissent partout dans le secteur culturel.
Ce qu'il est intéressant de savoir également c'est que ce ne sont pas seulement les opérateurs économiques actuellement, même les collectivités locales. Moi, dans mon centre culturel, il y a des manifestations qui s'organisent avec le soutien des collectivités locales. Tout dernièrement, quand le gouvernement a lancé l'idée de Biennale ou quelque chose comme ça, il faut voir comment les régions se sont mobilisées. Autrefois, c'est l'Etat qui prenait tout en charge, en ce qui concerne la dépense. Mais, lors de la dernière manifestation, ce sont les collectivités régionales qui se sont battues pour subventionner et pour prendre en charge leurs troupes, ça c'est nouveau. Donc vous voyez que déjà, il y a une conversion des mentalités qui s'opère, pas seulement au niveau des artistes, mais qui va par vagues et qui touche les opérateurs, les élus. Et moi je crois que ça c'est quelque chose de spontané, c'est une prise de conscience spontanée

mais qui est en train d'infléchir la politique même du gouvernement. Parce que si le gouvernement change de politique, ce n'est pas parce qu'un beau matin ils se sont dits : « Ecoutez, on va changer pour aider les artistes ». Non, ce sont les artistes qui les ont poussés à changer. Actuellement il y a une re-fondation du ministère de la culture. Les directions nationales changent, les structures changent. Et tout ça c'est pour adapter la réalité gouvernementale au nouveau paysage culturel en train de se dessiner actuellement au Mali. Et le mérite ne revient pas au gouvernement, il revient avant tout aux opérateurs culturels.

**Olivier Barlet**
*modérateur*

>Merci. Monsieur, oui, peut-être restons sur la problématique festivals, parce qu'on est en parallèle au problème des centres culturels français, des missions de coopération, etc. C'est toute la problématique de la possibilité pour les festivals de pouvoir exister dans leurs pays, et internationalement.

**Yahya Ndoye**
*Sénégal*

>Je peux aborder ce problème, et j'y entre par la notion, le concept de labellisation. Je pense que c'est essentiel dans le cadre de l'action culturelle, surtout quand on veut pérenniser un événement. L'exemple de chez moi, c'est que, depuis quelques années, on commence à parler d'agenda culturel du Ministère de la Culture et du Tourisme en général. Mais le problème qui est posé là c'est que le fait d'accepter une troupe, une organisation dans l'agenda culturel ne donne pas ipso facto droit à une assistance substantielle du point de vue subvention ou autre, à cet organisme reconnu. Et ça, je crois que c'est un problème. Il faut que les gens peut-être se battent ou bien qu'on amène les autorités du ministère de la culture à comprendre que dès l'instant qu'il y a cette labellisation qui est acceptée dans l'agenda culturel du pays, il y a quelque part aussi des obligations, certainement, par rapport au soutien conséquent à apporter au niveau de cette structure-là. Je crois que là c'est un problème, mais, comme disait quelqu'un ce matin, c'est un combat qu'il faut mener ensemble pour que cela soit reconnu. Le problème de la labellisation ne va pas toujours avec cette notion de partenariat. A l'heure actuelle, je ne vois pas comment une structure, que ce soit le *Festival de Jazz de Saint-Louis*, le Festival que j'or-

ganise, ou le *DK24*, pourrait s'en sortir sans un réseau de partenariat, à la fois au plan public et au plan privé. Je crois que cette direction-là, il faut qu'on la prenne au sérieux, qu'on essaie de fidéliser nos partenaires, qu'on essaie également de les convaincre à mettre de l'argent dans ce que nous, nous organisons. Mais évidemment, il faut une pertinence, c'est-à-dire qu'il ne s'agit pas de se lever un beau jour en disant : « Voilà, j'ai organisé un festival. Je veux que vous nous souteniez sous tel ou tel aspect. » Il faut que le concept soit bien accepté, il faut également que, dans l'élaboration, il y ait une pertinence, que chacun essaie de trouver et de justifier son financement dans cette organisation-là. Mais si on se réveille un beau jour pour dire entre copains : « Voilà, on va organiser un festival », c'est un problème. Et à l'heure actuelle, ce que je crains, pour moi et pour peut-être même le *DK24*, pour les autres organisations, c'est qu'à terme on n'arrive pas à fidéliser ses partenariats avec les institutions publiques et privées. Et ça c'est un très grand problème. Je connais un peu *DK24*, Youssou N'Dour est derrière, quelque chose de tout à fait contradictoire, d'ailleurs. Quand on fait le *DK24* à Dakar, le public qui, pendant pratiquement 24 heures répond à l'invitation, ne représente pas le dixième du public de Youssou N'Dour lors d'un concert. Ça, c'est un élément que j'ai constaté. Je ne sais pas si j'ai raison ou pas mais, en tous cas, le public, pendant 24 heures, parce que Youssou N'Dour ne se produit pas, parce qu'il veut un peu se mettre à l'écart de cela pour promouvoir la musique, pour promouvoir les artistes africains, pour promouvoir des artistes sénégalais, pour promouvoir des artistes au niveau international et créer un espace d'animation, disons un rendez-vous annuel, mais je constate qu'il y a quelque part ce problème-là. Si le public de Youssou N'Dour répondait au rendez-vous de *DK24*, eh bien mon vieux, ce serait des dégâts ; la dernière fois vous l'aviez organisé au centre culturel n'est-ce-pas, je ne me trompe pas ? Alors donc, ça c'est un problème. Je crois qu'il faut qu'à ce niveau-là, on mène la réflexion, pour toujours poser la question du partenariat, la question des ressources pour les festivals...

**Olivier Barlet**
*modérateur*

>Sur la question de la fidélisation des partenaires, quelles sont les solutions à ce niveau-là ? Qu'est-ce qu'on peut apporter comme solutions ?

**Amadou Chab Toure**
*Mali*

>Il y a deux niveaux de partenariat qu'il ne faut pas oublier, parce que c'est vrai, que par exemple, ce que dit Yahya. Au Sénégal, il y a deux festivals. Il y a son Festival, il y a le *DK24*, quelles sont les relations qu'il y a entre vos deux festivals même si vous n'êtes pas dans les mêmes préoccupations, quelles sont les possibilités, quels sont les liens de conseil ou les liens d'échange que vous avez avec d'autres festivals au Sénégal ? Je disais à Gueye : Moi je vais à *Saint-Louis Jazz*, je vais à *Dakar Art*, je vais aux *Nuits de Koudougou* et je cherche toujours quelles sont les possibilités pour que ce qui se passe au Burkina ou au Sénégal puisse avoir un lien avec ce qui se passe au Mali, que ce soit par exemple... Il y a un festival de musique au Mali, depuis trois ou quatre ans, où on ne parle pas de ce qui se passe au Sénégal, de ce qui se passe au Burkina. Je sais qu'en tant que personne ressource, par exemple au Mali, je peux trouver pour Yahya, son prochain *Festival sur les Peuples de l'Eau*, une troupe de l'eau qui aille à son Festival. Je peux localement décider qu'une association malienne ou un festival malien qui existe va prendre en charge le voyage de cette troupe. Mais il faut qu'on s'informe et qu'on décide et qu'on sache. Est-ce que c'est possible partout ? Est-ce que pour *DK24* il est possible qu'une troupe malienne parte du Mali et puisse participer à son Festival avec une partie de prise en charge, au niveau malien, qui permette un partenariat, ce sont des partenariats de cette sorte qui vont nous permettre de nous connaître et de faire des choses ensemble.

Le deuxième niveau de partenariat qui est le partenariat avec des institutions il va de soi aussitôt, parce que nos partenaires sont les mêmes. Qu'on soit au Sénégal, au Mali, au Burkina ou au Congo, nos partenaires du Nord sont les mêmes. Et donc c'est forcément notre propre partenariat entre nous qui va déterminer la force du partenariat avec les autres, Olivier. Je pense que c'est là où il faut qu'on travaille. Qu'est-ce qui va être possible entre nous ?

**Yahya Ndoye**
*Sénégal*

>On nous a juste posé une question, là, est-ce que je peux répondre ?

**Olivier Barlet**
*modérateur*

>Allez-y, oui.

**Yahya Ndoye**
*Sénégal*

>En réalité, vous avez encore raison. Il n'y a aucune relation entre nos deux festivals, sinon que j'ai eu à traiter un dossier, parce que c'est dans le cadre d'un partenariat entre, disons le *Festival DK24* et la ville de Dakar. Et le dossier m'est tombé entre les mains pour étudier et apprécier. Donc, par rapport à cette question c'est très clair.

**Théophile Mbouma Bissa**
*Cameroun*

>Je voudrais juste rapidement dire que c'est frappant de voir la justesse des analyses qui sont faites par rapport à des problèmes qui existent sur le terrain, notamment si nous restons sur le plan du partenariat. Et essayer d'apporter une contribution dans cette réflexion-là à partir de l'exemple que.. moi aussi je vis sur le terrain. Nous venons de connaître la deuxième édition du *Festival Massao*. Ce Festival n'a aucune subvention, sauf cette année, pour la première fois une petite subvention de l'Agence de la Francophonie qui nous l'a d'ailleurs accordée à deux jours avant le début du festival, c'est vous dire l'usage que nous pouvions en faire. Pour le reste, localement il ne faut pas y penser, c'est hors de question. On ne peut même pas avoir toutes les facilités administratives nécessaires pour que les choses se fassent. Et pourtant, il faut, comme le dit notre ami du Mali, se battre pour exister, pour faire des choses crédibles pour que les autres, pour qu'on devienne incontournable.

Donc, je me répète, je suis frappé par la pertinence des analyses, mais la question reste : pourquoi c'est pas bien fait ? Modestement je tente de répondre : il me semble que nous sommes tous conscients qu'il y a un sacrifice, un prix à payer et que nous ne sommes pas toujours disposés à supporter, ce prix-là. C'est-à-dire que nous avons créé, chacun de nous, des structures, chacun dans son coin, sans vouloir toujours, peut-être parce qu'on n'a pas eu les moyens de se concerter pour harmoniser ça. Mais maintenant, petit à petit, nous savons que tel existe, tel autre aussi, tel fait telle chose. Parfois on se rend compte qu'il y a des croisements dans des choses que nous avons installées les uns les autres. Mais au lieu de faire un effort commun pour essayer d'arrondir les angles et de corriger pour harmoniser, pour que certaines choses soient facilitées, chacun se referme parce qu'on se craint quelque part. On ne veut pas le dire, mais c'est dans le coin de la tête.

Par exemple, moi cette année, si Souleymane Coly n'avait pas accepté de quitter Abidjan sans se poser de questions sur son cachet, on n'aurait pas présenté son spectacle à Douala, ce qui aurait décrédibilisé mon Festival. Mais il est parti, la veille seulement, parce qu'il a eu le billet d'avion. A une heure il se posait des questions, mais ensuite il s'est contenté de venir. Il est arrivé à Douala, nous lui avons dit : « Voilà les problèmes que nous avons, il y a juste les garanties, nous pensons avoir l'argent. Nous allons faire ci, nous allons faire ça » Il a donné un spectacle, il a pris ses artistes dans l'avion, ils sont repartis. Je venais de régler la dernière partie de son cachet il y a seulement deux semaines. Si les artistes comme Princesse Erika et autres n'avaient pas décidé, aider ce Festival en se disant : « Voilà une idée que nous devons essayer d'accompagner », il y a un certain nombre de choses qui ne se seraient pas faites. Mais c'est exceptionnel. Je veux dire que, si au niveau local, nous pouvions justement développer ces partenariats dans le sens, premièrement, d'harmoniser déjà nos calendriers pour relativiser le coût que nous avons à supporter. Quand vous, vous invitez des artistes et que vous voulez les introduire dans les réseaux centres culturels français, ils ne les acceptent pas, pas forcément de mauvaise foi, mais parce qu'ils ont fait leurs programmes, ils ont leurs objectifs. Pour que nous, nous puissions constituer une force, pour qu'il y ait des réseaux parallèles qui se complètent, on ne fait pas cet effort-là. Quand vous tenez le langage de la vérité, vous dites : « Nous n'avons pas de moyens, mais nous avons un combat à mener. » Nous devons mettre quelque chose en place, pour que nous soyons respectés, pour qu'un certain nombre de partenaires viennent nous aider. Il y a un effort à la base que nous ne sommes pas prêts à payer. Je crois que nous savons ce que nous avons à faire, mais nous ne le faisons pas.

| Olivier Barlet<br>*modérateur* | >Alors on pose à nouveau la question qu'on a posée ce matin, celle des réseaux et de l'information. Ousseynou Gueye, allez-y. |
|---|---|
| **Ousseynou Gueye**<br>*Sénégal* | >Merci. Oui, sur cette question des festivals j'aimerais y arriver, par les centres culturels français à nouveau, sans que cela ne tourne à l'obsession, simplement parce que, à côté de ces centres, il y a eu cette mise en place, depuis une dizaine, une quinzaine d'années, de rencontres à périodicité annuelle ou biennale, un peu partout dans l'Afrique, avec aussi une sorte de dispatching qui ne répond pas nécessairement à une logique. Mais ce qu'on a dit par rapport à la nécessité d'avoir, face aux centres culturels, une volonté politique affirmée, plutôt que de l'attendre de l'Etat ou de ses démembrements, dont on constate tous pour beaucoup de raisons, souvent la carence, peut-être qu'il vaudrait mieux l'attendre des acteurs culturels. Moi j'ai été frappé de constater que, alors que dans tous nos pays, à côté des centres culturels français, existent des lieux de diffusion qui représentent la diplomatie culturelle d'autres pays occidentaux, les Goethe institut, les British council, personne ne les a pointés du doigt. Mais peut-être que, et c'est là où je veux en venir, il y a dans ce rapport qu'on a, et qui est finalement assez masochiste même, à ces centres culturels français, un peu de notre part, de nous tourner systématiquement vers ces interlocuteurs-là. Et je crois que chaque fois que dans nos pays, les artistes ont dépassé ce que j'appelle ce face à face qui finit par un baiser de la mort, ont pu le dépasser en se diffusant eux-mêmes dans des aires géographiques et linguistiques différentes, ils n'en sont ressortis que plus forts. C'est comme dans une relation marchande, d'avoir un seul fournisseur ou un seul client. Autant en 1992, c'est dans son arrière-cour que Jean-François Bellorget alors directeur du centre culturel français de Dakar, a découvert les sculptures d'Ousmane Sow et il est devenu le grand artiste qu'on sait aujourd'hui, reconnu aussi bien au Japon qu'en Amérique latine ou en Grande Bretagne. Donc je pense qu'un des moyens d'atteindre au moins au respect de se poser en tant que partenaire, c'est aussi de privilégier des échanges qui ne soient pas systématiquement tournés vers un partenariat francophone ou de francophonie. |

Pour en arriver aux festivals, j'ai pointé effectivement du doigt le fait que, à un moment donné, la diplomatie culturelle française a décidé qu'il devait y avoir des *Rencontres de la photo* à Bamako, un *Marché des arts et du spectacle* à Abidjan, une *Biennale de l'art contemporain* à Dakar ; ça s'est fait. La greffe a pris dans certaines de ces capitales africaines et d'autres fois pas. Quand je vois qu'il n'y a pas eu de résistance quand les *Rencontres chorégraphiques de Luanda* ont dû partir — pour raison effectivement de catastrophe naturelle majeure, la guerre en Angola —, pour aller se poser à Tananarive, ça veut dire quelque part qu'il n'y avait pas tant de légitimité à ce qu'elles existent là-bas. Ça a été décrété comme ça.
Sur la question également de la subvention de ces événements-là, il faut dire que ça ne se fait pas systématiquement au titre des crédits culturels. Ça se fait beaucoup au titre du Fonds européen de développement, le FED, c'est une aide apportée à l'Etat, qui considère que d'avoir cet événement-là, a une influence et constitue une attraction pour le tourisme, pour des investissements et donc, ça se fait à ce titre-là, mais qu'est-ce qu'on constate et là je vais me recentrer sur le cas du Sénégal : à côté de nos festivals, qui finalement sont de petits festivals indépendants, on a ces festivals institutionnels. Je pense à la Biennale de Dakar — si vous m'autorisez à la considérer comme un festival — la Biennale de l'art contemporain ; je pense à *Saint-Louis Jazz*. Je m'appesantirai sur ces deux cas-là, parce que ça va faire dix ans qu'ils existent, l'un et l'autre.
*Saint-Louis Jazz* a commencé parce qu'il y avait des amoureux du jazz à Saint-Louis et parce que le centre culturel français là-bas avait un animateur féru de jazz dans ses murs. Ça s'est fait. Et puis il y a eu une transition et une passation de la gestion de ce festival à une association locale qui s'appelle également *Saint-Louis Jazz* et qui gère ce festival sous une forme associative. Ils ont recruté un directeur il y a deux ans, ils ont une comptabilité, un siège mis à la disposition par la gouvernance, c'est-à-dire l'Etat du Sénégal, à Saint-Louis. Mais on constate, il y a par exemple eu deux éditions, où tout le monde s'est récrié en disant : « Voilà, c'est inédit, c'est la première édition de Saint-Louis Jazz où il n'y a aucun jazzman améri-

cain. », pour qui sait ce qu'est le jazz, ce qui constituait un peu une hérésie. C'est dire que ce n'est pas qu'une question de moyens, mais aussi les réseaux et la crédibilité qu'avaient ceux qui dirigeaient ça, qui appartenaient au réseau des centres culturels français, ce n'était pas naturel que en passant les rênes, ils aient passé également ces réseaux-là aux gens qui leur succédaient, parce que ce que Théo arrive à faire faire à Souleymane Coly, je ne suis pas sûr qu'il y ait beaucoup de gens qui puissent le faire. C'est une capitalisation que les gens ont avec eux-mêmes, et qu'on ne peut pas passer comme ça.

Là où je veux en venir sur *Saint-Louis Jazz,* à force de subventions du Fonds européens de développement à coups de 20 millions, sachant que sur 200 millions la portion de l'Etat Sénégalais est congrue, ça va être 20 millions direct du Tourisme, 10 millions de la culture, à un moment, le Fonds européen du développement se demande en quoi est-ce que cela contribue au développement et met plus ou moins en demeure l'association et le festival de trouver les moyens de sa viabilisation, les moyens de son autonomie et de son auto prise en charge, parce que ce n'est pas nécessairement un public local qui le fréquente vous vous en doutez bien, encore que, sur le, jazz on peut se dire qu'il y a une tradition du jazz qui a existé à Saint-Louis, qui est historique, qui est avérée. Mais quelle est la légitimité d'une Biennale de l'art contemporain en Afrique ? Après dix ans, elle s'est imposée d'elle-même. Mais au début, quand on commençait, il y avait un vrai questionnement autour de ça. Là également c'est un budget qui est de 600 à 700 millions F CFA, c'est à dire 7 millions FF, mais n'empêche que le statut juridique, c'est un secrétariat général, c'est à dire un démembrement du ministère de la culture, qui gère cette Biennale, ce qui explique qu'elle n'a pas capitalisé, en termes de collection d'œuvres. Et autant l'Union Européenne met des fonds quand il s'agit d'avoir les manifestations, autant entre deux manifestations ils sont habilités à mettre zéro franc. Donc, pour tout ce qui serait action de structuration ou de viabilisation de cette manifestation, ils ne le peuvent pas.

Pour en terminer, j'en viens à *DK24*, pour dire qu'il me semble qu'en termes de festivals, en tout cas nous c'est notre souci, nous essayons d'éviter la tentation de l'exhaustivité ou de l'unicité, de se dire qu'on est là, qu'on peut faire une proposition globale qui satisfasse tout le monde. De ce point de vue, les partenariats qu'on peut nouer ne sont pas nécessairement des partenariats avec d'autres festivals, donc des partenariats qui seraient dans la similarité, mais plus des partenariats qui sont dans la complémentarité. Et ces partenariats-là, on les noue. Il y a eu, par exemple, l'année dernière, un problème avec le lieu qui hébergeait le festival depuis deux éditions sur trois, en l'occurrence la maison de la culture affiliée au ministère de la culture. Il y a deux ans ils ont considéré qu'on était un usager privé et il convenait qu'ils devaient nous faire payer. Donc, cela a créé un petit scandale, répercuté partout jusque dans la presse, n'empêche que, pour l'année suivante, c'est-à-dire cette édition 2001, on a signé une convention de partenariat, avec la maison de la culture qui fait qu'elle est partenaire sur l'événement, intéressée aux résultats qu'on fait, si tant est qu'on en fasse, et ils sont bien placés pour constater qu'on n'en fait pas. Donc ça c'est une chose, avec le lieu d'accueil de la manifestation.

Au-delà de ça, c'est une programmation, là c'est pour répondre à ce que tu disais Yahya, par rapport au fait qu'on n'a pas des foules qui se déplacent, c'est justement une manifestation qui veut proposer au public une programmation qui ne soit pas populaire, c'est-à-dire qui ne soit pas celle qui soit diffusée à longueur de journée sur la bande FM Dakar. Ce peut être des gens très connus chez eux, mais le marché étant ce qu'il est, on ne les entend pas. Donc avoir vraiment une fonction aussi de découverte et une fonction de rencontre entre les artistes.

Ce qui intéresse Youssou N'Dour, c'est de faire de l'acoustique, c'est de faire du folk. Il a joué pendant trois éditions et, quand il clôturait, en tant que président de l'association cette édition, il a annoncé qu'en aucun cas il ne jouerait pour la prochaine édition. Donc c'est un peu une évolution pour en arriver là. Donc, après l'avoir fait dans un lieu qui avait une capacité d'accueil de 40 000 personnes, on s'est rabattu sur un lieu où on compte rester, qui est quelque part confidentiel, parce que ça ne peut jamais accueillir que 2000 à 2500 personnes, on compte rester là, en se disant qu'on se met dans une période où ce qu'on souhaite, c'est participer à innerver le tissu culturel artistique, mais certainement pas être là pour dire qu'on va satisfaire tout le monde. Donc, on a des partenaires avec des ambassades, comme celle d'Allemagne pour la communication, avec des médias, avec l'Agence de la francophonie. Voilà. Sinon, je retiens ta proposition pour l'harmonisation des calendriers. Je crois que ça peut être quelque chose de très intéressant.

Et pour en terminer, *DK24* est jumelé au festival *Afroproject* de Würzburg en Allemagne et on est en voie de finalisation d'un partenariat d'un jumelage aussi avec les *Francofolies* de Montréal. Et on est ouverts pour faire d'autres partenariats comme ça avec des festivals similaires. Ça consiste à s'échanger, dans la programmation, des artistes. Ça consiste à faire de la publicité conjointe pour nos festivals parce que c'est pas tellement évident, sur les médias du Nord, de le faire à partir de l'Afrique.

**Olivier Barlet**
*modérateur*

>Merci. Jean-Louis Sagot-Duvauroux, vous vouliez dire quelque chose tout à l'heure ? Il nous reste trois quarts d'heure...

**Jean-Louis Sagot-Duvauroux**
*France*

>Un tout petit mot sur la question des partenariats. Chab, tu disais, tous les partenaires du Nord sont les mêmes. Non. Il y a énormément de partenaires au Nord, justement, c'est à dire que... Nous, en théâtre, en France, il y a un réseau absolument phénoménal. de théâtres. Vous parliez tout de suite de la capitalisation en connaissance, etc. Il y a un réseau de festivals de jazz en France et dans le monde formidable. Nous c'est comme ça qu'on a fonctionné. On a fonctionné en établissant des partenariats un peu durables, en convainquant, il fallait les convaincre d'abord, parce que les gens qui programment ont des exigences. Et on a eu des partenaires qui sont des diffuseurs, ils ne nous aident pas, ils achètent des spectacles au même prix qu'ils achètent des spectacles français, allemands, anglais etc. Et là, je crois, si on veut tirer des conclusions en tous cas des chantiers pratiques de cette discussion, il y en a deux peut-être qu'on pourrait retenir :

Le premier, moi j'ai parlé de labellisation, toi tu parlais de convergences dans les pays, etc. Peut-être faudrait-il essayer de se réunir, entre structures indépendantes et même d'ailleurs avec les structures d'Etat, il n'y a pas de raison, pour créer, peut-être, une autolabellisation entre nous et faire circuler l'information. Et deuxièmement, faire circuler l'information sur la multitude de... Tout à l'heure, sans qu'on en parle avant, je te parlais de l'*Exposition Universelle 2004* qui va avoir lieu dans le nord de la région parisienne, qui est consacrée à l'image. Et je sais, ça c'est la capitalisation personnelle, je le sais, parce je me suis trouvé dans ce réseau, qui me permet de le savoir, qu'ils réfléchissent à ce qu'on peut faire sur l'Afrique. Donc c'est évident que moi, je peux tout simplement partager cette information avec toi, le réseau, etc. Ça ne m'enlève rien, ça peut t'apporter quelque chose, puisque tu travailles dans le domaine de l'image et ça nous apporte à nous tous. Donc il y a peut-être... C'est un peu le sujet qu'on va aborder vendredi puisqu'on a travaillé avec Alioune spécialement sur ces questions-là... Mais il y a sûrement une mise en commun possible de cette multitude de partenariats, qui ne sont pas des partenariats avec des Etats, mais qui sont des partenariats avec nos pairs en fait, les gens qui font le même travail que nous au Nord et avec lesquels les partenariats, une fois qu'ils sont engagés, sont vraiment formidables, parce qu'ils sont simples, ils ne sont pas administratifs et ils sont surtout suivis, quand il y a une confiance qui s'est établie sur la qualité du travail.

Vous parliez tout de suite des partenariats que vous avez avec deux autres festivals, ça ce sont des choses qu'on peut vraiment multiplier et on peut peut-être se lancer comme chantier concret, de voir comment on peut partager cette information sur cette multitude de partenariats. Un centre dramatique national français peut avoir un budget de dix, vingt, trente millions de francs, par an. C'est évidemment infiniment plus que le budget du ministère de la culture du Mali, etc. et ce sont des gens dont la mission est de promouvoir la création en art dramatique. Une fois qu'ils sont convaincus de l'honnêteté, de la fiabilité artistique et de la qualité artistique, après ça les rapports sont faciles et très profitables, parce que ce n'est pas seulement un rapport d'argent. D'abord c'est de la diffusion, et ensuite c'est un rapport où on s'apporte beaucoup de choses. Par exemple, je sais que le travail qu'on fait, il commence à intriguer beaucoup certains hommes de théâtre en France et au Luxembourg, ce sont les deux pays où on travaille en Europe, pour ce qu'il apporte au niveau du rapport au public et du rapport aux urgences sociales, qui sont deux questions posées de façon très importante à l'art dramatique ici en Europe. Ils commencent à s'y intéresser pour des raisons théâtrales. Ça veut dire que les liens, à ce moment-là, deviennent très intenses, très intéressants, qu'on dépasse le rapport colonial, disons. On arrive sur un autre terrain et là vraiment je crois que ce sont des choses qu'on peut échanger parce qu'on a tous tout à y gagner et le territoire est absolument immense. C'est pas comme la petite subvention ou le champ de subvention d'un subventionneur public où là, effectivement on va peut-être beaucoup, autour de la subvention, se regarder de travers en se disant qu'on est en train de chercher le même pâturage. Tandis que là, il y a vraiment un champ immense et des disponibilités, je crois, très fortes.

**Mustapha Mai**
*Niger*

>Moi je reviens à la question posée, à la problématique des festivals : connexions, circulation et visibilité. Quand on parle de problématique des festivals, notre ami de *DK24* avait commencé à cerner le problème tel que je le voyais. Je ne sais pas par quelle volonté, en tous cas on a voulu quadriller l'Afrique, Le *Marché des Arts et du Spectacle* à Abidjan, la danse transférée à Madagascar, la photo à Bamako... Ça, j'appelle ça de l'institutionnel multilatéral. Moi quand j'y assiste, si je suis avec mon ministre ou celui qui m'invite, c'est une corvée pour moi d'aller voir les productions *in*, parce que tout se passe dans le *off*. Le in, c'est un réseau, le off c'est là que vous sentez le terreau de la créativité populaire. Donc, ça c'est un premier genre de festival avec financement multilatéral, croisé, tout ce que vous voulez.

Deuxième genre de festival, le *Festival de théâtre au Bénin* et autre. Dernièrement, des troupes nigériennes qui s'y étaient rendues, étaient rentrées émerveillées. Une famille a décidé de donner je ne sais pas combien d'hectares, pour fixer ce festival, parce que le besoin se faisait sentir. C'est pas l'Etat, c'est une famille qui a dit : Je donne tant d'hectares pour faire un espace

pour ce festival. Ce genre de festival, c'est ça qui doit nous intéresser, qui répond à une expression populaire.
Troisième genre de festival, qui n'intéresse pas les acheteurs. Je vais prendre l'exemple du Burkina et un peu de mon pays. Et je parle sous le contrôle de Jean-Claude Dioma : actuellement au Burkina, ils sont en train de créer, dans chaque ville ou village, je dirais une mise en valeur des traditions populaires. Il y a le *Festival des chasseurs*, le festival de ci, le festival de ça. Et la vivacité de chaque festival, fait que cette tradition émerge, qu'elle sort du local et vient à la région. Elle a une reconnaissance nationale et maintenant l'Etat s'y intéresse.
Au Niger, on a aussi ce qu'on appelle le *Festival national de la jeunesse*. On s'intéresse aux expressions des minorités, comme celles des éleveurs, les Peuls, les Touaregs. Eux ont des fêtes traditionnelles propres à leur mode de vie, et maintenant dans chaque région, ils ont créé des fêtes, qu'on appelle festivals, typiques à leurs zones. Moi c'est ça qui m'intéresse. Parce qu'avoir un festival mastoque où vous avez une programmation, où vous ne savez même pas où aller, en quoi ça peut nous intéresser. Par contre le *Festival de l'Eau*, moi j'estime que notre ami Yahya a commis une faute grave, on va le pénaliser dehors, parce que le *Festival de l'Eau*, quand on prend l'aire culturelle du fleuve, ça va jusque là où le fleuve Niger se jette dans la mer. Comment tu peux avoir oublié tout ce parcours pour faire ton festival ? Prenons Chab, il s'occupe de photo, il nous a écrit à tous, je crois savoir que très peu lui ont répondu. Il est là, j'ai répondu parce que j'estime que le Niger, le Burkina, le Mali, le Bénin, le Togo, bref l'Afrique de l'Ouest, on peut déjà faire des choses ensemble. Tu prends ta voiture tu es au Mali, tu n'as pas besoin d'avion... Si c'est à Dakar ça va me poser un problème, si c'est en Côte d'Ivoire ça va me poser un problème... c'est pour dire que dans la problématique des festivals, il y a les institutionnels, au niveau multilatéral, je ne dis pas qu'ils ne sont pas bons, le *Masa*, qu'on le veuille ou pas est une nécessité, moi il y a deux ans ils m'ont écrit pour me demander d'apporter une expertise et de faire une sélection pour les troupes artistiques qui y participeront. Mais aujourd'hui, si les opérateurs indépendants

ne prennent pas en charge la sélection des troupes africaines qui vont y aller, il y a des Etats qui n'en ont cure et encore une fois on retombera dans le réseau des centres culturels français qui eux vont dégager les crédits nécessaires et préparer des troupes qui vont aller représenter ces pays-là.

Il y a maintenant tout ce qu'on fait comme festivals dans les pays africains. Le Cameroun, l'Afrique centrale nous a chipé une idée à nous qui était intitulée *Nous Niger*, la nature a horreur du vide, ce sont les *Rencontres musicales de Yaoundé*. Je plaisante mais, en tous cas, au moment où l'argent sort, c'est la fin de l'année budgétaire et il n'est jamais encaissé. Donc pour tous ces festivals-là qui se déroulent, on doit créer des liens et vraiment j'épouse votre point de vue, en Afrique de l'Ouest a priori, on peut se rencontrer même à nos propres frais ou à une occasion, et puis parler de tout ça...

Mais les festivals maintenant — quelqu'un a parlé de festival ghetto ici —, nous avons beaucoup de troupes culturelles qui participent à des festivals en France ou en Europe, que nous ne connaissons pas. Ils sont très fiers, ils viennent en France, ils ont des cachets misérables. Là aussi c'est un problème des indépendants qui doivent veiller à ce qu'une production de qualité ne se retrouve pas dans le problème de diffusion restreinte. Voilà ce que je voulais dire.

**Alioune Ifra N'Diaye**
*Mali*

>Concernant votre festival, je vais vous poser une série de questions, concernant le financement. Vous existez depuis combien de temps ?

**Mustapha Mai**
*Niger*

>Trois ans

**Alioune Ifra N'Diaye**
*Mali*

>Est-ce que vous avez développé un marketing vis-vis des industries qui fonctionnent à partir des produits venant de l'eau ? Par exemple, les gens qui fabriquent des filets, ceux qui font de la conserve de poisson, etc. ?

**Mustapha Mai**
*Niger*

>On continuera après...

**Maïmouna Coubaly**
*Côte d'Ivoire*

>Je ne sais pas s'il faut le dire je me sens un peu seule ici, parce que je vois que toutes les personnes dans la salle — je parle des promoteurs culturels — viennent

d'Afrique. Et moi je prends la parole au nom de l'association *Arts et Medias d'Afrique* qui existe depuis 1992 à Lille et qui organise le festival *Fest'Africa*, dont les premières bases ont été jetées en 1993. C'est un festival africain, initié par deux Africains : le directeur qui est tchadien et moi-même, ivoirienne. C'est peut-être intéressant de dire un petit peu d'où est partie cette idée :

Nous nous sommes rencontrés à l'Ecole supérieure de journalisme de Lille et on était vraiment estomaqués par le fait que nos collègues, nos futurs collègues de l'Afrique ne savaient rien. Je crois qu'il faut dire les choses de façon aussi crue. C'est peut-être dur à accepter mais c'était le cas. Quand on parlait de musique, à part Youssou N'Dour et Alpha Blondy, ils ne connaissaient vraiment pas grand chose.

L'autre raison en fait est un peu née par frustration. Venant directement de la Côte d'Ivoire, j'avoue que j'avais soif de musique africaine, d'entendre des écrivains africains, du cinéma africain, etc. Quand on se rendait dans les librairies de la place — la *FNAC* et *Le Furet du Nord* —, vous n'avez pas plus de trente bouquins concernant la littérature africaine et afro-caribéenne on va dire... Donc il y a eu ce besoin-là et on a annoncé ce festival qui, en 1993, s'appelait *Lettres d'Afrique*. On a reçu quatre écrivains en 1994 et nous sommes passés directement à la phase pluridisciplinaire. En 1993 on avait déjà cette idée de pluridisciplinaire, mais quand on a envoyé le projet aux différentes institutions, la Mairie a tout de suite réagi, a convoqué une réunion. On nous a dit : « On ne vous connaît pas, votre projet est lourd, ambitieux, il présente une image positive de l'Afrique, on pourrait commencer un peu doucement ». On a décidé de commencer par la littérature par exemple, pas par la musique, c'est vrai qu'on écoute ici la musique africaine mais c'est un peu trop facile Donc on a lancé ce festival pluridisciplinaire avec, une fois de plus, la littérature au centre.

Nous cherchons donc à promouvoir une autre image de l'Afrique que celle misérabiliste que les Européens ont souvent. L'association a aujourd'hui neuf ans. Je pense, de façon modeste, qu'on arrive à montrer que la littérature, les arts africains, la diaspora d'une manière générale, sont d'une étonnante vitalité et

*Fest'Africa* en neuf ans fait aujourd'hui partie du paysage culturel de la région Nord-Pas de Calais. C'est, pendant une semaine, des rencontres et débats, un concert d'ouverture et de clôture quand on peut, sinon ce n'est qu'un concert de clôture comme cette année, on l'a fait avec Ismaël Lô. On invite beaucoup d'écrivains, vivant en France, en Afrique, dans les Caraïbes, en Amérique. On a un public fidèle, de plus en plus diversifié, sincère dans sa soif de connaître et de découvrir l'Afrique et sa diaspora.

A côté de ce festival annuel qu'on organise depuis neuf ans, nous avons monté un projet intitulé *Rwanda, écrits par devoir de mémoire*, lancé en 98. Après le génocide en effet, tout le monde ici avait vu ces images dramatiques et insoutenables et se sentait très impuissants. En tant qu'Africains nous nous sommes posés la question de quoi faire face à ce drame qui se passait sur notre continent. Le projet a vu le jour avec l'aide d'une institution privée, la Fondation de France, qui a soutenu en 2000 une action d'écriture en résidence pour dix écrivains africains au Rwanda. Ils y ont séjourné deux mois et cela a prêté ensuite à la publication de livres dont l'un *L'année des orphelins* a obtenu le prix Tropique cette année.

*Fest'Africa* existe en France et cherche à donner une image juste d'une Afrique qui gagne et non pas l'Afrique habituelle des maladies, des catastrophes etc. Nous sommes en France mais nous avons aussi un souci, c'est d'être plus présent en Afrique, de façon un peu plus directe, un peu plus physique et nous préparons pour 2003 une édition *Fest'Africa* sur l'Afrique centrale de façon générale, qui se déroulera au Tchad

**Olivier Barlet**
*modérateur*

>J'aurais une question par rapport à ça : est-ce qu'il y a des correspondances, des partenariats, avec des festivals en Afrique de même type, ou qui s'occupent de littérature ?

**Maïmouna Coubaly**
*Côte d'Ivoire*

>A ma connaissance, il n'y a pas de festival de ce type en Afrique, pluridisciplinaires, avec une identité.... Que ce soit musique ou... il y a des salons du livre mais il n'y a pas de partenariat avec d'autres structures... Il n'y a pas de jumelage ou de partenariat vraiment ficelé avec d'autres structures... J'ai été à Bamako pour *Etonnants Voyageurs*. C'est vrai qu'on

a parlé un petit peu l'année dernière de ça avec Moussa Konaté mais ça n'a rien donné de concret.
Pour parler toujours de *Fest'Africa*, au-delà de la littérature et de la musique, il y a aussi des expositions, des lectures théâtrales. Selon les années, les disciplines varient. On a reçu des troupes de théâtre comme celle de Souleymane Coly. On cherche à faire connaître, il y a l'idée de découverte. Les grosses pointures côtoient les gens moins connus. Nous avons coédité *Rwanda, écrits par devoir de mémoire*, avec Moussa Konaté justement, *Le Figuier* trois livres, en dehors de ceux publiés par des maisons d'édition avec lesquelles les auteurs avaient signé des contrats.
Ce que j'ai oublié de dire c'est que le festival en fait est thématique. Cette année on a travaillé sur le thème : Amour de villes, villes africaines. On a passé des commandes de textes à des auteurs vivant sur le continent. Malheureusement, certains textes n'ont pas été retenus, et d'autres n'ont pu être traduits à temps, les textes des anglophones notamment. C'est ainsi que Mongo Betti, invité à deux reprises à *Fest'Africa* et qui nous a quittés dans la nuit du 7 au 8 octobre dernier avait écrit un texte sur Yaoundé. Nous avons continué dans l'édition en publiant avec les éditions Dapper *Amour de villes, villes africaines*.
Tout ça pour dire que ça me fait vraiment plaisir d'être ici et de rencontrer toutes ces personnes engagées dans la culture ; c'est Brigitte Rémer qui nous a invités, je lui dis merci au passage, ce sont pour nous des partenaires potentiels. On a le souci d'établir des partenariats, de travailler directement sur le terrain en Afrique. Mais je pense que, dans un premier temps, il fallait exister. Je croise les doigts, peut-être qu'on existe, ou qu'on n'existe pas, je ne sais pas, en tous cas, ça fait neuf ans. Et, à partir de là, penser maintenant à ce retour en Afrique, qui donnerait aussi un réel sens à notre action, voilà en gros, ce que je peux dire.

**Olivier Barlet**
*modérateur*

>C'est pour ça que je posais cette question-là. Vous avez accumulé, capitalisé une notoriété en France et en Europe assez considérable et qui peut profiter à un certain nombre de partenaires en Afrique qui, eux, ont ce problème de notoriété de leurs propres festivals.

**Maïmouna Coubaly**
*Côte d'Ivoire*

>On reçoit pas mal de demandes de troupes de théâtre en Afrique qui nous écrivent, ou des musiciens, mais on ne peut pas faire face à toutes les demandes.
Je voudrais dire un petit mot pour conclure, en ce qui me concerne, sur nos institutions-partenaires, les partenaires du nord : la ville de Lille, le Conseil Régional Nord Pas-de-Calais, la Direction régionale des affaires culturelles etc. On n'a pas beaucoup de partenaires privés et c'est une chose à laquelle on s'attelle depuis quelques années, mais c'est difficile. Vendre l'Afrique est difficile. On a la chance d'avoir Air France, Renault, on a eu des appuis de certains pays africains, on cherche l'appui de l'Union européenne, c'est une reconnaissance aussi de ce travail qui est fait. Mais depuis deux ans, il y a des problèmes avec l'Union européenne pour la ligne *Appui aux manifestations culturelles*. Beaucoup de festivals en ont sûrement souffert, comme nous, le Festival *Musiques Métisses*, Limoges et tout ça, ils n'ont pas eu le soutien de l'Union européenne pendant deux ans, il y avait des problèmes. Ce n'est pas non plus facile tout le temps avec les institutions étatiques. Je prends le cas du Rwanda, sujet sensible qui fait peur. Nous, on n'a pas sollicité la France. On a eu la Fondation de France, c'est privé, et ça a été dur. La coopération française à Kigali ne voulait pas entendre parler de ce projet mais je souligne l'action, l'appui du ministère de la culture du Rwanda qui finalement a pris conscience du projet et a apporté sa contribution. Et je terminerai tout juste, par rapport à ce que disait Ousseynou, pour ne pas rester exclusivement dans la francophonie. Sur le projet Rwanda, nous avons eu une lettre des Suisses, nous avions une lettre de l'ambassade des Pays-Bas et, en tous cas, on est ouverts à toute proposition.

**Olivier Barlet**
*modérateur*

>Merci. On a juste dix minutes encore. Il y a deux personnes dans la salle qui n'ont pas eu la parole encore. Il y a Sophie Hoffelt, qui a travaillé sur le cinéma et aurait certainement quelque chose à nous dire. Et puis, il y a Philippe Lavorel, chargé de mission Afrique à la Direction des Affaires Internationales au Ministère de la Culture. Peut-être monsieur Lavorel d'abord est-ce que vous voulez réagir par rapport à ce que vous avez entendu cet après-midi ?

**Philippe Lavorel**
*France*

>Je vous remercie de me donner la parole, mais je suis là plutôt en observateur. Il se trouve qu'au Ministère de la Culture, je suis chargé des relations avec l'Afrique, sans avoir jamais été en Afrique. Et donc l'idée que j'en ai est uniquement basée sur ce que je peux en percevoir ici.

Ce qui m'a particulièrement plu dans le débat, c'est surtout ce qu'en a dit mon voisin, Chab je crois : c'est qu'en fait la culture est affaire de pouvoir, de prise de pouvoir, disons que ça l'a toujours été, dans tous les continents. Et je voulais ajouter que c'est aussi, avant tout, une prise de liberté. Avant le pouvoir, c'est aussi prendre sa propre liberté, en fait.

Pour ce qui concerne les aides de la France, je pense que ce qui doit être privilégié actuellement, ce sont les rapports avec les collectivités locales et territoriales françaises, parce que, du côté des ministères, les budgets ne sont pas en augmentation et ne le seront vraisemblablement pas dans les années à venir. Pour répondre aux projets culturels internationaux soutenus par les collectivités territoriales, s'est créé un département, au Ministère des Affaires Etrangères, ou plutôt un bureau de la coopération décentralisée, qui apporte un soutien à partir du moment où les projets sont soutenus par une collectivité française. Et je pense que chaque cas doit être traité de façon particulière, mais dans ce domaine-là, il y a sans doute pas mal de choses à exploiter.

Par ailleurs il y a d'autres projets aussi qui sont menés, mais du côté du Ministère de la Culture, c'est un peu difficile parce que, comme vous le savez peut-être, nous n'avons pas compétence à intervenir dans le domaine culturel sur le plan international, c'est le ministère des affaires étrangères. C'est de la compétence du Ministère des affaires étrangères. Dans l'action internationale, le ministère de la culture est intervenu surtout, et dès le départ, dans la promotion de ses propres industries culturelles : le cinéma, le livre, la musique, maintenant le disque, mais je crois que, malheureusement, l'Afrique n'est guère prise en compte sur ce plan-là des industries culturelles.

Pour ce qui concerne le cinéma, je pense que vous connaissez les associations françaises dont l'une *Ecrans Nord-Sud* est dirigée par un ancien de mes directeurs, M. Dominique Wallon qui apporte une aide pour la diffusion du cinéma africain en Afrique. Une étude a été réalisée par ses services qui a révélé qu'un certain nombre de salles existaient en Afrique, mais qu'elles étaient colonisées par le cinéma américain. Le cinéma américain a là-bas comme d'ailleurs en Europe, une forte audience.

Ce qui m'a frappé aussi, à propos des dernières *Rencontres chorégraphiques de Tananarive*, c'est d'avoir lu dans la presse que le problème principal était, comme vous l'avez évoqué, celui des lieux, pas seulement des lieux de spectacle, mais aussi des lieux de répétitions. Le journaliste de *Libération* disait que dans toute l'Afrique, il y avait moins d'ateliers de danse que dans une ville comme Paris. Le problème aussi de ces grands festivals attribués à certains pays, je crois que ça relève bien du domaine du travail diplomatique de chaque Etat, mais c'est un enjeu extraordinaire. Il ne faut pas dire que ça arrive comme ça tout simplement. Ça veut dire que les milieux diplomatiques maliens ont fait en sorte que les *Rencontres photographiques* soient créées. De même pour tous les festivals. Je crois que ce sont des enjeux extrêmement importants. C'est la foire d'empoigne entre tous les milieux diplomatiques africains pour avoir un festival. Donc ce n'est pas quand même tout à fait arbitraire, loin de là. Voilà. C'est tout ce que je voulais dire.

**Olivier Barlet**
*modérateur*

>Merci. Sophie Hoffelt, c'est sûr qu'on a un petit peu fait l'impasse sur le cinéma, qui était prévu au programme, dernier sujet qui arrive comme ça. Peut-être que tu peux nous dire en quelques mots comment tu réagis par rapport à tout ce que tu as entendu par rapport à l'étude que tu as faite sur le cinéma africain ? Vous avez signalé l'action de l'association *Ecrans Nord-Sud*. Effectivement, il y a toute une action avec des partenaires africains, qui se passe au niveau du cinéma. Toi, tu as spécialement travaillé sur le cinéma d'auteur, donc la problématique qu'on avait vue aussi dans l'après-midi, que l'on soulignait d'ailleurs particulièrement, qui était de savoir si on faisait des produits culturels pour l'ailleurs ou si on travaillait pour son propre public ? En quelques mots seulement, parce qu'on a cinq minutes à peu près.

**Sophie Hoffelt**
*France*

>Moi j'ai travaillé durant cinq ans sur le thème : *Le cinéma d'auteur en Afrique subsaharienne*, pour le doctorat que je préparais, plus particulièrement sur la Côte d'Ivoire, le Mali et le Burkina Faso. J'ai soutenu ma thèse au mois de septembre et j'avoue qu'en fait, au bout de ces cinq ans, je suis assez pessimiste. Quand j'ai commencé mon travail, j'avais l'impression qu'il y avait vraiment une émergence, des choses qui se passaient, des films, avec Souleymane Cissé, avec Idrissa Ouadreogo, avec Cheik Omar Sissoko, des structures qui existaient. Au fur et à mesure que j'avançais, les structures qui existaient en Afrique ont pratiquement disparu, sauf au Burkina Faso. En Côte d'Ivoire, les salles de cinéma ont pratiquement toutes été vendues et sont maintenant dans les mains de sectes ou de centres commerciaux. Au niveau production, il n'y a pratiquement rien, car aucun budget. Je suis allée au Mali et malheureusement, là c'est pareil, l'Ocinam n'existe plus, les salles sont dans un état catastrophique, les programmations n'en parlons pas, films pornos, films Kung Fu, pratiquement pas de films africains. Par contre effectivement, c'est au Burkina Faso qu'on trouve une grande vivacité, ça il faut le reconnaître. Donc, constat assez pessimiste pour les structures qui existent en Afrique. Et constat pessimiste aussi pour les structures qui existaient dans les pays européens, avec des financements qui se sont raréfiés et un état de la distribution, de la diffusion... Les quelques personnes qui essaient de diffuser les films ici, pour ce que je connais en France ont les pires difficultés. Donc c'est vrai, là aujourd'hui, j'en suis à cette interrogation : comment continuer aujourd'hui à essayer de montrer ces films qui au demeurant ont pour moi une grande qualité en termes de regard d'auteurs. Voilà l'état des choses.
Comment les diffuser ? Eh bien, justement j'en suis là, à essayer peut-être d'avoir une action en Afrique, en essayant de travailler avec les centres culturels français. Ils ont été un peu critiqués mais j'essaie de voir comment eux-mêmes luttent pour ça, quoi.... Je sais qu'au Cameroun c'est assez vivant et que ça marche très bien. Moi, je travaillais surtout la région d'Afrique de l'Ouest... Justement, essayer de réfléchir peut-être à un partenariat avec le Mali, le Burkina Faso, la Côte d'Ivoire, le Niger aussi...

**Mustapha Mai**
*Niger*

>Au Niger, les salles n'appartiennent pas à l'Etat.

**Sophie Hoffelt**
*France*

>Je ne connais pas le Niger, malheureusement...

**Olivier Barlet**
*modérateur*

>Très bien. Ce sera intéressant : on prépare un numéro d'*Africultures* sur le sujet. Donc il faudra que tu participes à ça aussi. Il y a toute la question de la vidéo, avec les expériences nigériennes et ghanéennes qui sont importantes aussi.
On va conclure là. Je voulais d'abord vous inviter, tous autant que vous êtes, à nous communiquer, à *Africultures* les informations dont vous disposez, notamment sur les festivals que vous organisez, parce que je crois que cette histoire d'information qui réapparaît sans arrêt au fur et à mesure des conversations de la journée, est fondamentale et il faut profiter de ces relais d'information qui ne demandent que cela : relayer cette information. Il y a des sites internet qui sont quand même très visités. Nous on a deux mille visites par jour. C'est quand même pas rien, par rapport à la circulation que ça représente et à l'information que ça représente. Voilà. Je laisse maintenant la parole à Brigitte Rémer pour terminer cette journée. En tout cas, tant que j'ai la parole, moi, je voudrais la remercier pour avoir organisé ce passionnant échange.

**Brigitte Rémer**
*France*

>Merci beaucoup. Des remerciements aussi à vous, Olivier Barlet. Vous avez accepté de prendre sur votre temps et d'animer ces débats, vous qui êtes fin connaisseur de l'Afrique par la revue que vous élaborez et que vous diffusez, *Africultures*. Merci, j'en suis très touchée.
J'ai envie de dire simplement aux collègues du continent africain : n'oubliez pas qu'il y a les représentants des quatre autres continents qui travaillaient aussi sur leurs secteurs, leurs identités, leurs représentations. Ne perdez de vue que c'est superbe d'ouvrir aussi les portes avec les autres d'autres expériences, d'autres horizons, ces Rencontres en sont les prémisses. Merci à tous, de tous côtés, ici, de l'assemblée participante. Merci aussi au Studio-théâtre de la Comédie Française de nous avoir accueillis.
Petit point logistique : nous avons rendez-vous à dix huit heures très précises au Ministère de la Culture.

Vous êtes les invités de la Ministre Catherine Tasca qui a peut-être un grand message international à nous délivrer. Demain matin, vous savez que la semaine est rude, notre rendez-vous est à huit heures trente à la Cité des Sciences et de l'Industrie, métro Porte de La Villette. Merci de vous présenter à l'heure, parce qu'il y a ensuite des problèmes d'enchaînements de salles et d'activités. Nous poursuivrons notre route, l'après-midi, au ministère de l'Education Nationale, chez Jack Lang qui fut l'instigateur de la *Formation Internationale Culture*, disons-le.
Voilà. Pour le moment, ce sera ça. Nous aurons le compte rendu des groupes de travail, vendredi matin, pour une première partie de la journée et nous reparlerons de l'idée du réseau et de comment essayer de travailler en réseau. Réfléchissons sereinement sur les étapes, le pourquoi, le comment, le comment faire. J'espère que nous prolongerons par écrit la réflexion engagée dans ces Rencontres, nous essaierons de retranscrire un certain nombre d'idées, de propositions dans des actes, quelques traces qu'on aimerait avoir écrites. Merci à tous.<

• L'Atelier Afrique sera prolongé par une rencontre au Théâtre de l'Epée de Bois, à la Cartoucherie de Vincennes, le vendredi 7 décembre à 18 heures, autour d'un débat :
*L'Afrique propose, deux nouveaux dispositifs de partenariats artistiques pour favoriser l'autonomie des créateurs du Sud, BlomBa structure malienne de création et d'action culturelle et Publics sans frontière.*
Le débat sera suivi d'un spectacle : *Le retour de Bougougnéré*, mis en scène par Georges Bigot, avec l'Atelier de Bamako et l'Etoile peinte.

• Les Rencontres *Cultures au Faubourg* s'achèveront autour d'un verre de l'Amitié, après le spectacle.

*Synthèse*

# *Amérique Latine - Caraïbes*
## Ateliers par régions géographiques
*Théâtre de la Colline*
mercredi 5 décembre 2001
9h30 / 17h30

*Amérique Latine - Caraïbes* / 5 décembre 2001

## *Participants*

### >Modérateur

- **Claude Namer**, journaliste Agence France-Presse, Service Latino-Américain. Président de l'Association FAMA, dédiée aux échanges artistiques avec l'Amérique Latine.

### >Intervenants

- **Claude Demarigny**, président de l'Association Iberal
- **Maria Inès Rodriguez**, commissaire d'expositions
- **Jean Solito**, chef du Département Europe, Centre National des Œuvres Universitaires et Scolaires CNOUS, ex Directeur d'une Alliance française au Pérou
- **Yolanda Wood**, attachée culturelle près l'Ambassade de Cuba à Paris
- **Claire Durieux**, attachée culturelle près l'Ambassade de France au Chili
- **Jorge Volpi**, conseiller culturel près l'Ambassade du Mexique à Paris, Directeur du Centre culturel mexicain à Paris, écrivain

### >Rapporteurs

- **Colette Perodin Armenta**, *Haïti*
- **Silvia Antibas**, *Brésil*
- **Jonathan Lopez Perdomo**, *Venezuela*
- **Dominique Hughes**, *Chili*

*Amérique Latine - Caraïbes* / 5 décembre 2001

« Il faut peut-être bannir le mot «élitiste».
C'est un groupe qui apprécie certaines formes d'art,
comme il y a des groupes qui aiment le rugby »

**Gerardo Bugarin**, *Uruguay*

## Introduction

>L'Atelier Amérique Latine Caraïbe s'est réuni sous la houlette de Claude Namer, Président de l'Association *Fama*, chargée des échanges artistiques entre cette région du monde et la France. Les représentants de différentes institutions et associations l'entouraient. Le débat avec les opérateurs culturels de nombreux pays de la région présents dans la salle fut des plus dynamiques.
Après la présentation d'une structure singulière, l'Observatoire culturel de Buenos-Aires, la réflexion a surtout porté sur les modes de financement de la culture, privés et publics à travers l'exemple de pays comme le Mexique, le Brésil, Cuba ou Haïti. Enfin un échange de vues sur les réseaux d'échanges culturels nationaux et internationaux a permis de faire le point de l'existant et des priorités à tracer.

## Les observatoires culturels en Amérique Latine, le cas de l'Observatoire de Buenos-Aires

>Créée en 1997, l'Observatoire Culturel est une institution émanant de la Faculté des sciences économiques et de gestion de l'Université de Buenos Aires. Il s'agissait pour les concepteurs de ce projet de créer, au sein de la Faculté, une chaire en *Gestion des affaires culturelles* qui permettrait tant aux responsables culturels de l'Etat que de ceux des villes, de passer de

l'amateurisme au professionnalisme. L'objectif principal étant en effet de contribuer à la professionnalisation de la gestion dans le secteur culturel. L'État argentin n'ayant pas de politique culturelle précise dans ce cadre, l'Observatoire est vite devenu un outil essentiel. Les activités qu'il propose sont concentrées autour de trois axes principaux :

- *La recherche*

Partant de l'hypothèse que la connaissance de la problématique des différentes branches du secteur culturel est indispensable pour l'élaboration de plans et de stratégies de développement, l'Observatoire vise, par cette action, à étudier les relations établies entre les différents acteurs culturels tels que les créateurs, les entreprises, les syndicats, l'administration publique, dans le cadre de la production de biens et de services culturels. Ce premier axe permet donc, à partir d'une série d'inventaires, de fournir une information fiable à des responsables politiques, entrepreneurs, analystes et étudiants.

- *La formation*

L'hypothèse de départ étant que les postes de travail, dans le secteur culturel, exigent des ressources humaines solidement formées et en perpétuelle actualisation, il était donc important pour l'Observatoire de mettre en place des programmes de formation pouvant contribuer au développement personnel et professionnel de ceux qui travaillent dans le secteur culturel aux niveaux opérationnels et stratégiques. Les thèmes abordés vont de l'administration culturelle à la gestion de ressources humaines et financières en passant par différents aspects de renforcement institutionnel.

- *La diffusion*

Pour pouvoir attirer l'attention des pouvoirs publics, des associations d'entreprises et corporations syndicales, de la société en général sur l'importance du secteur culturel, l'Observatoire met en relief le potentiel de la culture comme facteur d'intégration sociale et de développement économique et l'insère dans l'ensemble des secteurs de production.

D'autres services sont rendus aux institutions tant publiques que privées sous forme d'assistance technique, de cabinet conseil, de bibliothèque, de banques de données, d'organisation de manifestations culturelles. L'Observatoire est actuellement membre d'Ubiquité-Culture(s) et du réseau international d'observatoires Culturels de l'Unesco.

- *Le constat*

Il existe d'autres structures de formation très compétentes dans la région telles que le Clacdec au Venezuela, Le Centre Cariforum en République Dominicaine et le Cycle de formation en gestion culturelle mis en place au Chili. Un manque de communication entre les pays de la région est mis en exergue.

• *Les propositions*
Cet observatoire tel qu'il est conçu peut servir de modèle à d'autres pays de la Caraïbe et de l'Amérique Latine. Il faut tenir compte des potentialités et chercher dans la région ses propres modèles. La formation étant un facteur essentiel dans le développement culturel de nos pays il serait intéressant de pouvoir concevoir des projets de formation en gestion et administration culturelles en partenariat avec les institutions de la région qualifiées en la matière tel que l'Observatoire culturel de Buenos Aires, le Clacdec du Venezuela et le Centre Cariforum de la République Dominicaine, qui ont déjà un programme de formation bien établi et une expérience en la matière.
Hector Schargorodsky, Directeur de l'Observatoire de Buenos Aires est ouvert à tous projets de formation venant d'autres pays de la région, l'intérêt étant de faire circuler les informations pour recenser les institutions existant dans chaque pays, leur programme et leur domaine de compétence.

**Les mécanismes de financement de la culture en Amérique Latine et dans la Caraïbe.**

• *Le constat*
Les ministères de la Culture existant dans certains pays de la Caraïbe (Haïti, Cuba entre autres) et de l'Amérique Latine (Brésil, ...) sont des structures récentes qui le plus souvent n'ont pas encore une politique culturelle bien définie ni structurée. Très souvent ces ministères fonctionnent à partir d'un budget très limité qui ne leur permet pas de programmer un plan d'action culturelle adéquat.
Dans d'autres pays tel que le Venezuela et le Chili il n'existe pas de ministère de la Culture, cependant, les affaires culturelles sont gérées par d'autres instances publiques. Citons l'exemple du Chili où cette gestion est faite par le Département des Affaires Culturelles émanant du Ministère de l'Education Nationale, la Commission présidentielle et les municipalités.

• *Le cas du Brésil*
Depuis sa création en 1985, le Ministère de la Culture brésilien applique une politique culturelle décentralisée. Chaque Département décide de sa propre politique culturelle et de son budget. Ainsi le Secrétariat d'Etat de Sao Paolo a fondé le *Mémorial de l'Amérique Latine*, centre polyvalent. Ayant sous sa tutelle quelques grands équipements nationaux tels que musées, bibliothèques, le ministère s'occupe aussi de la sauvegarde du patrimoine, fait appliquer les lois fiscales imposables à tous projets culturels. Le retrait de l'Etat face à la chose culturelle a donné lieu à un engagement beaucoup plus fort du côté du secteur privé. Les banques, comme les entreprises pétrolières et entreprises d'automobiles sont aujourd'hui les

grands sponsors et certaines sont à la tête de leurs propres institutions culturelles. Le Brésil, dans sa politique, est plus proche du modèle américain qui prône l'investissement privé de la culture. Suite à une convention signée avec la Banque Interaméricaine de Développement, l'Etat brésilien a lancé le projet *Monumenta*, qui a pour objectif la reconstitution de sites à caractère patrimonial et la sauvegarde du patrimoine brésilien.

• *Le cas du Mexique*
Le Mexique possède un Conseil national pour les Affaires culturelles émanant du Ministère de l'Éducation Nationale. Actuellement, se précise de plus en plus une volonté d'extraire cette structure du Ministère de l'Education nationale pour le transformer en un véritable Ministère de la culture. Les grands équipements culturels sont centralisés à Mexico la capitale, au détriment des autres états mexicains. Les affaires culturelles sont aussi gérées par le Ministère des affaires étrangères à l'échelle internationale. Chaque état possède une institution culturelle dont la gestion revient à ses gouvernants. Même si l'Etat mexicain pratique une politique culturelle décentralisée, celle-ci n'est pas forcément soutenue économiquement par les états eux-mêmes. Il a été créé au Mexique un Fonds national de la Culture et des Arts (Funart) qui joue un rôle important dans le développement culturel. Ses actions sont axées sur l'aide à la création, le soutien aux institutions culturelles, l'appui aux projets culturels, les résidences d'artistes hors du Mexique, un système de bourses pour jeunes artistes. Par ailleurs un système national d'aide aux créateurs a été mis en place et consiste à attribuer des bourses aux artistes mexicains les plus connus, toutes disciplines confondues. Les universités participent, dans une large mesure, à la diffusion de la culture ainsi que les institutions privées.

• *Un cas particulier, Cuba*
Le Ministère cubain de la Culture, créé en 1975, est la structure centrale qui établit le lien entre les différentes institutions culturelles. Le ministère, bien qu'ayant une structure pyramidale, est décentralisé. Cette décentralisation se traduit à travers les institutions nationales telles que les Maisons de la culture implantées dans les municipalités et financées par l'état et par la ville. Pour pallier à l'insuffisance budgétaire (1/5 de son budget global), l'état cubain compte avec l'autofinancement de ses institutions culturelles. Des institutions telles la Fondation Alejo Carpentier sont subventionnées en partie par le privé, et par l'état. Aussi celles-ci développent-elles une pratique dynamique de coproduction artistique avec d'autres pays, tel est le cas pour le cinéma. Elles sont aussi financées par certaines ONG et des organismes internationaux. Le ministère prend en charge toute la formation culturelle et l'éducation artistique.

• *Haïti et le financement privé*
Prenons le cas d'Haïti, par exemple. Le financement des institutions culturelles privées dépend en grande partie du *sponsoring* d'institutions commerciales et financières nationales et des subventions du secteur public et d'organismes internationaux. Aujourd'hui, face à l'aggravation de la situation socioéconomique du pays, ces institutions se trouvent confrontées d'une part à l'essoufflement du secteur privé haïtien saturé par une demande de plus en plus élevée de financement en raison de l'incapacité de l'état à subventionner les projets que lui présente ce secteur ; d'autre part, au mutisme des organismes internationaux qui la boudent pour des raisons politiques. Pour ces institutions culturelles, travailler dans la culture s'apparente presque au défi et vouloir continuer relève d'un engagement profond à la chose culturelle.

• *Les mécanismes de financement*
La plupart des gouvernements des pays de la région allouent annuellement à la culture un budget propre. Cependant d'autres mécanismes de financement sont utilisés telles les conventions bilatérales, signées conjointement avec la Communauté européenne et certains pays d'Europe comme la France, l'Allemagne, ou l'Espagne ; avec le Japon et les organismes internationaux comme la Banque Interaméricaine de Développement ; avec la Banque Mondiale. Ce mécanisme permet aux ministères de la culture ou structures similaires d'être en possession de fonds alloués à des projets inscrits dans des programmes spécifiques. Le risque d'un tel mécanisme de dépendance repose, dans certains pays, sur de constantes révisions, conditionnées par la politique appliquée aux pays demandeurs, ce qui les fragilise énormément.
En ce qui concerne les institutions culturelles privées, leur budget d'investissement provient le plus souvent de subventions obtenues en partie de l'Etat — Ministère de la Culture, Ministère de l'Education nationale — ainsi que d'organismes internationaux tels la Banque intergouvernementale de Développement, l'Unesco, les services culturels de certaines ambassades pour des projets conjoints, des réseaux interrégionaux tel *Caribnet, Cariforum...*, du *sponsoring* du secteur privé — maison de commerce, banques —. Le mécénat est très peu développé dans la région, et, s'il existe, va vers les valeurs sûres.

• *Conclusion*
La culture en tant que facteur de développement est une notion à faire accepter par nos dirigeants. Pour cela, il faut fédérer les efforts pour la sauvegarde des institutions culturelles en essayant, dans la mesure du possible, de créer une synergie entre les différents pays de la région, à travers des échanges culturels et la réalisation de projets communs. Il faut porter les jeunes de la région à mieux se connaître tout en leur donnant, à travers les actions engagées, une envie de culture.

Les professionnels ayant suivi la Formation internationale Culture représentent, dans les quatre coins du globe, un potentiel que la France semble ignorer dans le cadre de ses projets bilatéraux avec les pays concernés. Il serait donc opportun qu'elle tienne compte de cette potentialité et l'utilise.

**Les réseaux d'échanges culturels nationaux et internationaux**

>Concernant ce dernier point les débats se sont concentrés sur le devenir du réseau issu de la Formation Internationale Culture, *Ubiquité-Culture(s)*.

• *Discussions*
Certains participants considèrent qu'il ne faut pas donner au réseau une structure trop bureaucratique et qu'il faut laisser la liberté à chacun de s'engager ou non, compte tenu des multiples activités dans les pays respectifs. D'autres à-contrario pensent que le réseau ne pourra pas survivre sans un minimum d'engagement de la part des participants. Des exemples de réseaux structurés ont été cités en la circonstance :
*Iberal*, présenté par Claude Demarigny est un réseau qui a pour objectif de promouvoir le théâtre latino-américain en Europe en organisant des salons et en publiant des ouvrages faits par des auteurs latino-américains.
*Caribnet*, est un réseau caribéen mis en place par des acteurs culturels de la Caraïbe et de l'Amérique Latine. C'est une structure associative constituée d'un conseil d'administration ayant son siège au Venezuela. Ce réseau a mis en place le Fonds Caribéen pour les Arts et la Culture alimenté par la Fondation Ford. Ce fonds subventionne des projets présentés par des institutions culturelles, des créateurs membres du réseau toute discipline confondue. Chaque année un pays est à l'honneur et tout projet conjoint avec ce pays s'avérant de qualité, bénéficie d'une subvention allant jusqu'à 20000 Dollars US par projet. Ceci crée une synergie entre les autres pays de la Caraïbe et le pays sélectionné. Ce réseau a un site alimenté par ses membres et une publication distribuée gratuitement à travers le net.

• *Propositions*
- Savoir exactement ce que chacun peut offrir dans son domaine respectif.
- S'engager à envoyer des informations à la Formation Internationale Culture, pour traitement et redistribution.
- Compter sur le soutien de la France pour le maintien du réseau *Ubiquité-Culture(s)*.
- Miguel Issa, *chorégraphe, Venezuela, Fic 2000/2001*, fait une série de propositions qui recueille l'assentiment de tous :
- Créer des mécanismes pouvant permettre d'accéder aux informations relatives aux différentes conventions et réseaux existants tels les réseaux de producteurs latino américains indépendants et de producteurs de la Caraïbe, la convention Andrès Bello.
- Elaborer un espace d'offres à travers une liste d'activités de formation

telle qu'ateliers, séminaires, cours conférences et autres.
- Présenter des spectacles de danse.
- Animer des ateliers de gestion pour artistes.

- Claude Namer propose au groupe de monter conjointement un projet itinérant.<

*Synthèse*

# Asie - Pacifique
## Ateliers par régions géographiques
*Hôtel de Sully / Monum*
mercredi 5 décembre 2001
9h30 / 17h30

## Participants

### >Modérateur

- **Aimé Marcel Faucher**, président du club Mandarin et de l'Association AGAPE, professeur à l'Ecole supérieure de commerce de Reims

### >Intervenants

- **Bruno Favel**, chargé de mission pour l'Asie, Direction de l'architecture et du patrimoine, Ministère de la Culture et de la Communication
- **Han Myung Ok**, plasticienne

### >Rapporteurs

- **Ki sook Eom**, *Corée du Sud*
- **Tang Ruimin**, *Chine*

*« Est-ce que la culture est importante
dans un pays où l'agriculture l'est encore plus ? »*

**Rahul Vohra**, *Inde*

## Introduction

>A l'occasion des Rencontres *Cultures au faubourg*, dix sept participants et ex participants de la Formation Internationale Culture, se sont réunis dans le cadre de l'Atelier *Asie-Pacifique*, le 5 décembre 2001, venant de Chine, Corée du Sud, Inde, Indonésie, Japon, Sri Lanka, Thaïlande et Vietnam.
L'Asie, continent où la diversité culturelle est très riche a peu cultivé, d'un pays à l'autre, la connaissance des autres cultures asiatiques, malgré leur proximité géographique et les étroites relations tissées au travers de l'histoire. Aujourd'hui, si une certaine prise de conscience se fait jour, au-delà du constat d'un manque de communication certain, un aveu d'indifférence est exprimé. Ces Rencontres sont d'autant plus précieuses car elles permettent d'entrer en connaissance et de susciter le désir de travailler ensemble, de créer entre les pays une synergie par le développement d'échanges culturels. L'Asie a toujours été ouverte à toutes les expressions artistique, d'où qu'elles viennent, pourquoi ne pas profiter de cette ouverture à nos niveaux en nous désenclavant et en développant des solidarités et des réciprocités professionnelles.
En Asie, il n'existe pas encore de réseau qui regroupe les acteurs culturels et leur permette de débattre autour des politiques culturelles existantes ; d'en analyser les contenus et de considérer les actions à mener conjointement. Cette réunion contribue d'une meilleure connaissance des uns avec les autres en termes d'activités professionnelles et de contexte de travail qui contribuera au développement d'actions communes.

## Rôles des *FICaires*

>Les nombreux ex participants de la Formation internationale culture (appelons-les *FICaires*) pourraient jouer plusieurs rôles, étant engagés dans le champ culturel et artistique comme producteurs, gestionnaires, administrateurs et aussi artistes.

Ces rôles peuvent être multiples en tant que passeurs d'informations, initiateurs ou porteurs de projets culturels, médiateurs et facilitateurs au niveau régional. Chacun est à même de coordonner des projets.

Par ailleurs s'investir au niveau associatif et travailler en réseau, en tenant compte des capacités respectives et en partageant différents rôles dans les disciplines et spécificités de chacun semble vital. La mise en place d'une structure inter asiatique serait nécessaire, réseau non gouvernemental capable de dépasser ou de contourner les problèmes politiques en Asie. Ce réseau garantirait un fonctionnement indépendant, tout en utilisant les institutions existantes. Cette structure devra avoir un statut légal qui conférera à ses actions un caractère beaucoup plus formel.

## Points positifs et faisabilité

>Le fait que nous tous soyons conscients de l'intérêt d'un tel projet peut être considéré comme un premier point positif. Nous avons en commun une formation qui nous a été donnée par la *Formation Internationale Culture*, en France. Chacun, par ailleurs, a, au cours de son parcours, fait des expériences diverses. Il y a beaucoup de pistes à explorer en terme de réseau collectif régional et international, avec des sous sections locales qui seraient très actives. Lorsque la *Formation Internationale Culture* a été créée, juste après le chute du mur de Berlin, le contexte était très différent de celui d'aujourd'hui. Il y avait des inquiétudes et l'émergence de pays en développement. Dix ans après, nous nous retrouvons dans un autre contexte culturel mondial. Une nouvelle notion, celle de mondialisation des échanges a émergé, obligeant les pays à réviser leur mode de fonctionnement afin de mieux s'organiser.

## Echanges culturels selon les proximités.

>Pour établir un réseau au niveau régional Asie-Pacifique, et développer une politique de réciprocité à travers des coopérations internationales et/ou régionales, préalablement à tout échange culturel avec d'autres pays plus éloignés, il s'agit de commencer sur son propre terrain, avec ses voisins les plus proches. Les projets devront être développés dans les différentes disciplines artistiques et culturelles.

Pour établir un réseau au niveau régional, qui couvrirait toute l'Asie, dans

le sud, le sud-est et l'extrême orient pourraient se constituer des réseaux pilotes entre pays voisins, qui seraient des lieux de partage en termes de ressources et d'idées. Ces réseaux satellites serviraient par la suite de tremplin à la mise en place d'une structure internationale.
Créer un réseau d'échange d'information sur des infra-structures culturelles plus ouvertes à la création artistique, avec prioritairement une forte dominante patrimoniale, tels ont été les souhaits exprimés au cours de l'atelier. La préoccupation est de savoir comment conjuguer la tradition et la modernité, comment mêler la première à la seconde

## La diversification du marché

>La question du marché semble à développer. Bruno Favel disait les européens très protectionnistes. L'Union Européenne l'est, semble-t-il, tout autant. Les quinze pays de l'Union se protègent par des réglementations ou par des règlements fiscaux d'une législation adaptée : « Le regroupement francophone dans l'avenir va se réduire. Nous sommes de moins en moins nombreux à parler la langue française. Dans le futur, il est important de rassembler les pays francophones, de transmettre cette langue à de nouvelles générations, de leur donner le goût d'apprendre cette langue. L'application des nouvelles technologies de communication peut être utile dans la question de la transmission, dans ce cas précis et la France pourra y contribuer. » L'une des difficultés semble, pour les français, l'accès au marché asiatique, un marché en ce moment dynamique, avec, pour pays initiateur de ce vaste mouvement, le Japon.
La Corée, puis Taiwan ont aussi développé une politique artistique intéressante et très moderne. Il y a maintenant des villes de Chine comme Pékin et Shangaï, pour ne citer que ces deux-là, qui se sont lancées et développent une véritable politique au présent. Dans tous les cas, la coopération régionale reste semble-t-il, fragile.

## Type d'opérations, fonctionnement des projets

>Travailler en terme de *regards croisés* sur l'art, offre de nombreuses perspectives. C'est la piste à approfondir, dans tous les pays. Il est intéressant de voir comment se recoupent les pratiques artistiques et d'essayer de les diffuser dans le pays d'accueil ainsi que dans le pays de référence.
Comment les pays de référence peuvent-ils participer, au niveau régional, à ce genre d'opération ? En organisant des festivals, des manifestations culturelles itinérantes, en Asie. D'où l'intérêt de bien définir des objectifs, de déterminer les acteurs locaux comme médiateurs culturels (satellite/network), et de trouver un point commun à travers la mise en œuvre d'une manifestation ou la participation à des festivals.

On peut organiser par exemple tous les 3 ans un *Festival FIC Asie Pacifique*, en choisissant des artistes de chaque pays pour monter une pièce de théâtre qui donnerait à voir un aspect de l'histoire de l'Asie. Cette pièce tournerait ensuite en France, ce qui permettrait à la fois de rester en connexion directe avec la France, en même temps que développer nos propres thèmes artistiques, qu'il s'agit de déterminer. Pour ces activités, il nous faut constituer un comité mixte qui pourrait se réunir tous les 3 ans dans un pays différent de l'Asie pacifique. La réunion 2004 en Inde a été proposée par Tapas.

### Recherche d'un statut, de partenaires

>Une association de type coopérative nous semblerait le mieux adapté pour faire face aux problèmes d'organisation collective. Dans tous les cas, il s'agit de réfléchir au type de statut, son originalité, sa spécificité souhaitée pour une ouverture internationale légalisée, facilitant le développement des actions. Pour obtenir une reconnaissance légale dans un pays, il faudrait que cette structure puisse être enregistrée immédiatement et créer un siège dans un lieu possible, les lieux culturels communs n'étant pas légion en Asie, sauf dans certains villes comme Hong Kong ou Singapour.
Cela pose aussi la question des rapport aux pouvoirs publics et de nos attentes envers eux, en matière culturelle. La pérennisation d'un projet passe par une formalisation de la ligne de travail et des objectifs, par la constitution d'un fond de création et par la constitution d'un comité de gestion, en partenariat.
Le lien avec des organismes, français entre autres, soit déjà locuteurs français en Asie ou interlocuteurs communs, ne retirerait rien à notre autonomie. Les alliances françaises, institutions de droit local, peuvent aussi être des interlocuteurs ; les centres culturels français, médiathèques, services culturels des ambassades de France pourraient nous garantir un soutien moral.
Une organisation intergouvernementale telle que l'Unesco, institution de référence en ce qui concerne les arts et partenaire direct de la formation pourrait être notre base, voire notre tutelle. L'Union Européenne pourrait être sollicitée en termes de soutien financier, dans le cadre des pays tiers. Se présenter comme un acteur de la société civile pourrait être notre point force. D'autres organismes intergouvernementaux comme l'*Asean* pourraient aussi être sollicités, l'idée étant d'utiliser les structures existantes.

### Structures existantes

>Le repérage des structures existantes est un préalable, par exemple, la Fondation Europe-Asie *Asef* à Singapour, est en train de se développer et a

des moyens assez importants, l'*Asem*, fondation gouvernementale est dotée de moyens financiers. Il est donc important de chercher les bons interlocuteurs et de tenir compte des grandes rencontres des organisations intergouvernementales.
De plus, il est nécessaire de créer un nouveau réseau culturel international, pour mieux repérer les professionnels asiatiques impliqués dans le domaine des politiques culturelles. *Ubiquité Culture(s)* l'association des ex participants à la Formation internationale culture peut donner lieu à l'émergence de quelque chose de nouveau.

## La création d'un Site Internet, d'un logo

>Le site *FIC-Ubiquité-Culture(s)* pourrait être le lien entre tous, il donne déjà une possibilité illimitée de liaison, charge à nous de l'actualiser et de le rendre fonctionnel. Nous pouvons aussi créer notre propre site avec un logo identifiable pour la branche Asie Pacifique. Dans tous les cas, les objectifs et actions conjointes seraient :
- Evaluation : s'informer des événements culturels et les diffuser sur le site Recensement des équipements culturels existants.
- Partage des ressources et des idées - connaître l'autre - créer une relation plus étroite.
- Développement d'une base de données : activités de chacun, actions communes, logo, photo, information sur chaque pays, sur les projets nationaux (central) en provenance des collectivités territoriales.
- Rubrique table de discussion, les contacts directs par e-mail, lien avec Ubiquité.
- Fournir les coordonnées de chacun et des photos.
- Mettre en terme de volonté d'action.
- Rédaction et évaluation de projets.
- Réalisation virtuel du projet dans un premier temps et ensuite le réaliser concrètement.
- Maintien des liens avec la France.

Il serait intéressant de mettre en place des forums de discussions sur des thématiques artistiques et culturelles et sur des problématiques culturelles liées à nos pays ; d'utiliser les compétences de chacun, sous forme de consultation, dans le cadre de l'organisation de séminaires ou de festivals ; de trouver des clés d'accès permettant de recenser dans nos pays respectifs un certain nombre d'équipements culturels, ce qui pourrait favoriser l'application de nos projets communs.
Des pages avec les activités de chacun dans différents domaines artistiques ; la diffusion des tournées des troupes françaises dans nos pays et vice versa ; la connaissance de la programmation des alliances françaises, permettraient la circulation de l'information, qui souvent fait défaut. La

publication des actes des Rencontres *Cultures au Faubourg*, œuvrerait dans ce même sens de la connaissance réciproque.

Par ailleurs, il faudrait créer des liens avec d'autres sites qui développent des activités similaires, même s'ils parlent d'autres langues et être fédérateur pour les acteurs culturels du monde en garantissant à l'Asie une place dans le réseau francophone auquel elle n'appartient pas de fait.

**Problèmes et contraintes**

• L'autorisation, visa, difficultés pour le contrôle, financement de ce réseau sont autant de problèmes qui se posent à nous et qu'il faut résoudre.
• Dans le domaine de l'éducation, au regard de ce qui se passe en France, il faudrait, dans les différents pays d'Asie, doter la classe, dès la maternelle, de moyens permettant d'initier les enfants aux disciplines artistiques et à l'art contemporaine, les porter à comprendre la relation art/culture.
• Au Sri Lanka, bien que le ministère des affaires culturelles ait élaboré une politique culturelle, il y a, et ceci pour des raisons diverses, un manque de structures formelles bien précises dans certains domaines. Certaines structures informelles font office de conseils d'art, elles fonctionnent au travers de sous-comités traitant de disciplines différentes, sous la direction du ministère de la culture.
• Des conventions d'échange et de collaboration peuvent s'établir avec des pays comme la France dans le cadre de certains projets. Il se développe donc une réciprocité qui conduit à la mise en commun des ressources financières. Cependant, pour d'autres projets artistiques il existe des contraintes financières à laquelle tous les pays en développement sont confrontés.
• Le développement de projets dans des universités, parfois réalisés en collaboration avec l'ambassade de France, est toujours encadré par des activités connexes qui comprennent soit des conférences ou tables rondes, des séminaires, ateliers etc . Cela amène des résultats assez positifs, notamment lorsqu'il y a traduction directe dans la langue d'origine. Le partenariat européen est un lieu privilégié pour tout projet de création dans le domaine de l'art.

**Conclusion**

>Nous devons être identifiés comme un réseau novateur dans sa forme et dans son contenu. Ce réseau permettrait à ses membres de prendre conscience du phénomène culturel dans sa phase constructive, de travailler sur des programmes précis à la fois dans leur pays respectif et aussi en terme de coopération régionale et/ou internationale. Travailler à l'émergence de quelque chose de nouveau par rapport aux structures préexis-

tantes. S'il ne faut pas négliger les échanges bilatéraux, des échanges à une échelle beaucoup plus vaste doivent être envisagés. La communication par Internet et via les sites permet d'établir une véritable communication et de rompre l'isolement

La vraie réussite de ces Rencontres *Cultures au faubourg* est d'être fédératrice de nos énergies. Gageons qu'elles permettront, par cette meilleure connaissance réciproque, l'échange de projets culturels et artistiques à l'échelle de notre région, comme un premier palier vers les autres continents.<

*Synthèse*

# *Europe orientale et centrale*
## Ateliers par régions géographiques
*Maison Européenne de la Photographie*
mercredi 5 décembre 2001
9h30 / 17h30

## Participants

### >Modérateur

- **André Rouillé,** maître de conférence à Paris VIII, éditeur, expert dans le domaine des arts plastiques

### >Intervenants

- **Jean-Yves Bainier**, conseiller pour les relations internationales, Direction générale des affaires culturelles en Alsace
- **Bernard Carreau**, chargé de mission pour la coopération dans les pays de l'Union européenne, les pays candidats, les Balkans et la CEI, Bureau de la politique culturelle et artistique, DGCID, Ministère des Affaires Etrangères
- **Eric Naulleau**, éditeur, directeur des éditions L'Esprit des Péninsules, critique littéraire, traducteur
- **Elena Tsankov**, journaliste
- **Claude Véron**, directeur de Relais Culture Europe

### >Rapporteurs

- **Silvia Tinca**, *Roumanie*
- **Silvia Cazacu**, *Roumanie*
- **Antoniy Galabov**, *Bulgarie*

*« Les paradoxes de la réalité bulgare
font partie des paradoxes
qui ont toujours accompagné
la vie en Europe ex-communiste.
Pour les gens qui les vivent,
c'est un résultat logique des circonstances,
ils en ont l'explication, la raison, mais pour l'étranger,
cette vie semble anormale et lointaine »*

**Irina Kanoucheva**, *Bulgarie*

## Introduction

>Créée immédiatement après les changements politiques dans l'Europe centrale et orientale, la Formation Internationale Culture a pour objectif premier d'écourter la distance entre l'Europe occidentale et les pays en transition dans le cadre de la politique et de la pratique culturelles. Cela explique que les participants des pays d'Europe de l'Est et d'Europe centrale soient mieux représentés que les professionnels des autres pays du monde : 38 participants de 13 pays d'Europe centrale et orientale, séparés et réunis par leur profession et certaines valeurs culturelles et politiques sont invités à discuter sur leur propre problématique régionale et locale. Les distances se raccourcissent du point de vue de certaines questions, mais demeurent, malgré le voisinage territorial. L'Europe centrale et orientale n'existe que du point de vue de l'Europe occidentale, et vice versa l'Europe occidentale n'existe que du point de vue de l'Europe centrale et orientale. L'existence de l'euphémisme et des images géo-politiques de l'Europe orientale et centrale par exemple, reste un des problèmes de l'Europe unie. L'Union Européenne reste en dehors des questions de la culture selon la volonté politique des ses pays-membres. Le budget du seul programme européen culturel, *Culture 2000*, ne représente que 0,03% de son budget global. Le contrat européen reste fondé sur la logique économique et politique. Quel peut être le rôle de la culture pour la création d'une Europe unie ? Comment la culture peut-elle nous réunir si elle n'existe pas dans le contrat européen ? Et enfin, est-il possible de construire une Europe unie quand certains pays restent inconnus les uns aux autres ?

## La connaissance, les stéréotypes et les préjudices

>Les images réciproques, souvent négatives, sont un défi pour tous. La diversité culturelle européenne reste mal connue un peu partout en Europe. Tous s'accordent pour reconnaître la nécessité de lutter contre l'uniformisation, sauvegarder et revaloriser les identités culturelles spécifiques, mais constatent le déficit réciproque de connaissance réelle.

Le débat s'est focalisé sur la question du manque d'information et du manque d'évaluation dans les pays. Dans ce contexte, les préjudices nationaux et ethnoculturels peuvent radicalement changer la perspective. On ne peut laisser la question de la connaissance dans le champ exclusif de l'économie et du tourisme, comme moyens d'échange commerciaux et socioculturels. Malgré leur pouvoir, les médias se désintéressent de la dynamique et de la spécificité de la création et de la production culturelle européenne.

Dans le contexte de la mondialisation des techniques de l'information et les échanges économiques, on ne peut imaginer la démocratie culturelle et la sauvegarde de la diversité culturelle sans une connaissance étendue des pays européens voisins. Les attitudes controversées envers les Autres sont aussi un des produits de la culture d'une société fermée. La bonne volonté des intellectuels en Europe n'est pas une base suffisante pour la construction d'un avenir commun européen. Le constat est unanime, mais dans quelle mesure et comment réagir ?

## Centre et / ou périphérie

>A quel niveau d'intégration européenne, national, régional ou local peut-on placer la culture ? Dans un contexte d'Etat totalitaire comme celui des pays d'Europe centrale et orientale, il n'existe, avant 1989, qu'une « culture, produite par l'Etat ». Elle est fortement dépendante de la volonté politique des élites. C'est une culture « officielle » présentée comme la vraie culture nationale contre tous les autres événements culturels et artistiques « sous-culturels ». Comme chaque produit artificiel, cette « culture officielle » est présentée comme une culture monolithe, sans contradiction ni problèmes, mais sans aucune capacité de développement. Après le début des changements politiques, la « culture officielle » a connu une crise profonde suite à laquelle elle n'existe plus. Dans le champ culturel sont venues d'autres figures, souvent motivées par l'idée de préservation du patrimoine culturel. A la place d'une culture « officielle », au demeurant toujours subventionnée par l'Etat et dépendant de la volonté politique d'un élite politique, la diversité des cultures émerge, représentant toute la richesse des pays.

L'image de la culture « officielle » est toujours liée au centralisme étatique. Elle a toujours créé au « centre » ou avec l'accord et la protection du centre. Sur l'axe « centre-périphérie », avec tous les effets de la « distribution » de la production culturelle, elle a entraîné, pendant des années, une certaine incapacité culturelle de la périphérie. L'absence de reconnaissance des artistes de province et la politique de monopole d'Etat sur la culture créent, à l'époque totalitaire, un public, fondamentalement désintéressé des phénomènes nouveaux et de l'expérimentation culturelle.

Actuellement et dans le droit fil d'une telle politique, on ne peut se contenter de passer par les structures d'Etat. La question de la revalorisation de la diversité réelle dans la culture auprès de publics nouveaux, reste un point important. Le besoin de développer des structures et de construire des relations beaucoup plus complexes permettant de présenter les cultures des pays dans toute leur richesse, diversité et spécificité est une priorité. La capacité des pouvoirs locaux pour soutenir la création et la diffusion des cultures locales est limitée. Par ailleurs, la « périphérie » n'a pas encore évalué son potentiel comme source de spécificité pour la création culturelle, inhérente à la vie quotidienne des gens dans ses différentes expressions et communautés ethno-religieuses et linguistiques.

La question financière devient un problème crucial, les ressources publiques réparties par l'Etat étant largement insuffisantes. Le secteur privé reste mal développé et ne voit aucun intérêt à investir dans le champ culturel. Du point de vue financier l'intégration culturelle en Europe reste problématique, parce que la connaissance et la représentation des cultures spécifiques des pays concernés restent dépendantes des moyens, dont financiers.

Malheureusement, dans ce contexte, la distance entre « centre » et « périphérie » est en train de se reproduire dans des rapports inégalement développés : nous, des pays d'Europe centrale et orientale, restons dans le rôle de la « périphérie » culturelle par rapport au « centre » européen, malgré l'Histoire qui est preuve de notre patrimoine culturel commun.

### Quel rôle peut jouer la Francophonie ?

>La majorité des pays « d'Europe orientale et centrale » sont membres de la communauté de la Francophonie. Dans ce cadre, ils échappent à l'axe « Nord - Sud ». Nos débats ont confirmé la nécessité d'une politique francophone et francophile européenne par laquelle on peut reconnaître et réévaluer la spécificité culturelle de nos pays. Une conférence de la communauté de la Francophonie sur cette question est déjà programmée, nous souhaitons présenter les problèmes de la communication artistique et culturelle devant les autres pays francophones. Mais la communauté francophone doit élargir sa propre compréhension à l'égard du sens de la Francophonie : depuis des années ce n'est pas seulement la langue française qui nous réunit, c'est aussi la culture et la communication artistique et leurs siècles d'histoire.

## La figure du réseau et la nécessité de résultats concrets

>S'il n'existe pas sur les axes principaux de la communication et de la décision, nos pays n'ont aucune chance dans la « géométrie » pour échapper au sens « centre-périphérique » y compris des réseaux. 250 réseaux internationaux environ existent en Europe. La figure principale des réseaux culturels et artistiques est bien présente dans le secteur non-gouvernemental avec des organisations et des groupes d'artistes associées. L'exemple concret d'un réseau culturel européen comme celui de *Banlieues d'Europe* dédié à « l'art dans la lutte contre l'exclusion », montre qu'ils y a des moyens d'agir. Pour être bien vivant, un tel réseau doit réunir des organisation et des participants qui ont déjà une certaine expérience et une base réelle d'activités et de contacts, le réseau est une décision en second lieu par lequel on peut pas résoudre les problèmes d'existence. La logique pratique du développement des réseaux internationaux montre qu'un réseau est beaucoup plus vivant s'il est créé sur la base de contrats, sous réserve que les sujets culturels et sociaux aient déjà leur propre réalisation au plan national et régional. Il est donc nécessaire de trouver les partenaires qui ont le même degré de développement et la même capacité d'action, avec les compétences cadrant dans les exigences européennes.

Comment peut-on définir des résultats concrets et quels peuvent-ils être dans le domaine culturel ? Comment peut-on atteindre le rythme des échanges et du développement souhaitables ? Sur ces questions notre débat s'est orienté vers des initiatives pratiques, capables de compenser les déficits de la communication et le manque d'information sur la vie culturelle et artistique entre nos pays et les autres pays européens.

## Conclusion

>Tous les participants à l'atelier ont une certaine expérience pratique dans le domaine des relations culturelles internationales dont ils ont témoigné. Les exemples de la Hongrie, de la Roumanie, de la Bulgarie et de la République Tchèque montrent certains résultats concrets de la coopération européenne dans le domaine de la culture, au niveau de manifestations et rencontres entre artistes de différents pays; de l'organisation de festivals et d'expositions, du montage et de la réalisation de projets. Le grand problème est, comme toujours et partout, d'inscrire les actions dans la durée. Après les premiers résultats, de nouvelles initiatives parfois manquent et freinent le développement de nouvelles collaborations.

La création d'un site Internet évoquée ne nous semble cependant pas la bonne réponse à nos besoins car il y déjà trop d'initiatives parallèles et souvent aucune garantie d'efficacité. La proposition est faite de créer un ouvrage annuel en deux langues, en langue française et en langue anglaise, dans lequel pourraient être présentés chaque année les artistes et leurs dernières œuvres les plus investies pour le développement culturel des pays concernés. L'accent sera mis sur la nouveauté et l'originalité des approches artistiques. Nous avons abouti au constat commun que, dans l'espace des innovations artistiques, il n'y a ni « centre » ni « périphérie », que dans le processus de création, tous les artistes sont égaux et il n'y a qu'un moyen de compenser les distances historiquement et politiquement créées pendant des années, c'est par la diffusion des œuvres et la circulation d'information concernant le développement artistique et culturel dans une Europe qui draine de profonds changements.

Ce difficile débat « euro-européen » auquel nous avons participé, a mis l'accent sur la nécessité d'une redéfinition des rapports culturels dans ce nouvel espace d'une nouvelle Europe, unie. L'inégalité des chances dans le domaine culturel, pour ceux issus des pays d'Europe centrale et orientale, a souvent « galvanisé » les sentiments et les passions, dénonçant une certaine injustice dans le fait d'être « en périphérie » culturelle européenne. Néanmoins les choses avancent, le résultat devient réel et accessible. Sur la base d'une bonne connaissance et du respect réciproque nous pouvons compenser « le temps perdu » dans notre dialogue culturel dans un espace européen beaucoup plus vaste.<

« *L'économie dirige,
la politique divise,
la culture réunit.* »

**Dorina Bodea**, *Roumanie*

## *Quelques traces...*

### Un point de vue sur Cultures au Faubourg

de **Monique Dairon-Vallières**
*Chargée de l'Action Culturelle
Office Franco-Québécois pour la Jeunesse
Section de Montréal*

>Ce compte rendu est ma perception des Rencontres *Cultures au Faubourg* avec quelques idées, commentaires ou réalités qu'il m'a paru important de souligner ; elles sont donc à remettre en perspective avec l'ensemble du contexte de l'événement.
Je tiens à dire tout l'intérêt que j'ai eu à participer à cette semaine de Rencontres, véritable forum international qui réunissait des anciens participants de la *Formation Internationale Culture* dont une majorité détiennent maintenant des postes clé aux commandes des politiques culturelles dans leurs pays respectifs. Retrouver une grande partie des participants des six promotions successives que nous avons accueillies au Québec a été un plaisir d'autant plus grand que tous, sans exception, gardent un souvenir marquant de leur séjour tant pour la chaleur de l'accueil qu'ils ont reçu que pour l'intérêt professionnel des rencontres.
Les Rencontres *Cultures au Faubourg*, qui soulignaient le dixième anniversaire de la Formation internationale culture, réunissaient plus de cent vingt professionnels de la culture en provenance de soixante pays différents. Autour d'un thème fédérateur sur la sédimentation des expériences, ces Rencontres ont été un grand rassemblement professionnel, à l'image d'une coopération culturelle multilatérale dynamique, en plus d'être un événement de retrouvailles émouvantes et fructueuses. Elles ont également été la preuve vivante que la langue française est un véritable outil de communication et de compréhension dans le domaine des arts et de la culture. Quelle que soit la langue maternelle des participants — Espagnol, Portugais, diverses langues arabes, asiatiques, d'Europe de l'Est, etc.— le Français était la langue commune dans toutes les discussions et dans les

échanges informels entre les participants. Les activités, parfaitement organisées par la petite équipe de la FIC aidée des participants de la promotion en cours, se tenaient dans différents lieux symboliques de la culture française : Bibliothèque nationale de France, Cinémathèque de Paris, Studio théâtre de la Comédie française, Théâtre national de La Colline, Maison européenne de la photographie, etc. J'ai un peu regretté la tenue simultanée de tous les ateliers par disciplines et champs d'expertise (en sous-groupes) ce qui empêchait la possibilité d'assister à plusieurs ateliers aussi intéressants les uns que les autres. Par contre, le fait de consacrer une journée entière à chaque thème a permis des discussions en profondeur.

L'événement a été officialisé par une réception présidée par madame Catherine Tasca dans les salons d'honneur du ministère de la Culture et de la Communication et une autre au ministère de l'Éducation Nationale sous l'égide de Jack Lang. Pour clore les Rencontres, la Formation Internationale Culture a offert un buffet convivial dans ses nouveaux locaux.

>Les différents ateliers, tables rondes et séances étaient animés par des professionnels de haut niveau, français et étrangers. Largement suivis par les participants, les activités ont donné lieu à de véritables échanges d'idées, d'expertises et de savoir-faire. Certains thèmes sensibles ont provoqué des discussions assez confrontantes. C'est le cas de la première table ronde qui touchait au problème de l'identité culturelle dont on ne pouvait pas exclure l'aspect politique ni les événements actuels. Le sujet ne pouvait qu'opposer des groupes géographiques directement concernés par ces problèmes identitaires ou politiques — les pays des Balkans et de l'ex-URSS vis-à-vis de la Russie actuelle, certains pays arabes ou africains musulmans par rapport à l'Islam, le cas de la Palestine et d'Israël au lendemain d'une série d'attentats —. Les discussions sont restées courtoises et ont conclu qu'une identité culturelle peut se transmettre, se consolider ou se construire.

Le problème de la langue a été souvent abordé : comment communiquer, se comprendre et établir des politiques culturelles dans des pays ou des territoires géographiques multilingues ? L'exemple indien a été plusieurs fois cité (dix sept langues officielles) comme réussite d'une politique plurilinguiste mais les nombreux participants des pays des Balkans ont déploré l'abandon de plusieurs de leurs langues suite à des réunifications politiques.

Le politique a donc été au cœur de plusieurs débats. Des changements majeurs, comme l'éclatement du système communiste de l'ex-URSS, ont eu une influence importante sur les stratégies et la gestion culturelles. Souvent utilisée comme une vitrine du politique, la culture était totalement financée par le système communiste ; ce n'est plus le cas et les gestionnaires culturels doivent changer d'approche et trouver d'autres sources de financement. Ils ont peut-être gagné en liberté dans leurs choix artistiques puisqu'ils n'ont plus l'obligation de présenter une culture officielle — d'état — et peuvent oser des projets plus novateurs. Ils ont, par contre, perdu un public habitué à la gratuité des spectacles et qu'il faut, de plus, sensibiliser à de nouvelles formes d'expression artistique. C'est un défi pour les gestionnaires et les programmateurs.

Les modèles et les mises en œuvre des politiques culturelles sont multiples et difficilement comparables d'un territoire à un autre en raison de la trop grande diversité des facteurs économiques, historiques, sociologiques et politiques. Il n'y a donc pas un modèle à suivre mais des modèles à construire et à adapter. Certains pays politiquement instables ne peuvent pas, ou difficilement, mettre en place les stratégies culturelles qu'ils - les fonctionnaires ou gestionnaires culturels — tentent de se donner à cause des changements rapides et fréquents des dirigeants — et du ministre de la Culture, quand il y en a un —.
Encore faut-il que les pays aient un ministère de la Culture autonome ! On voit encore de nombreux espaces géographiques où la Culture n'a pas de ministère et où elle est plus ou moins chapeautée par une structure publique multisectorielle ou privée — fondation ou autre —. Malgré ces réalités et les difficultés incroyables qu'elles entraînent, la Culture continue à être vivante, vivace et les arts ne cessent pas pour autant de circuler grâce à la volonté et à la détermination de professionnels dynamiques et imaginatifs. Le constat a d'ailleurs été fait que de nombreux projets naissent, se développent en partenariat et s'échangent grâce aux liens et aux contacts personnels de ses initiateurs.
Puisque les deux mots sont généralement associés, la différence entre Art et Culture a été rediscutée et proposée comme suit : la culture s'articule autour d'un axe socio-historique qui comprend la langue, la tradition, la diffusion et les publics en tant qu'individus consommateurs. L'art touche directement l'esprit et son expression créative, la production du spectacle, de l'œuvre ou du produit.

>La culture scientifique a également été le sujet d'une demi-journée à la Cité des sciences et de l'industrie de La Villette. Elle a permis d'aborder quelques-unes des stratégies, des actions et quelques projets internationaux à caractère scientifique ou technologique de la Cité. Pour la FIC et la plupart des participants aux Rencontres il s'agissait d'un premier contact avec la culture scientifique. Plusieurs sujets ont toutefois préoccupé les intervenants autant que les participants. Les questionnements portaient notamment sur la recherche de nouvelles formes de médiation, les difficultés à rejoindre le public des adolescents, la situation d'un superbe lieu dans un quartier économiquement défavorisé et les actions à mener pour son intégration dans cet environnement, les craintes d'un élargissement du fossé

entre riches et démunis avec l'augmentation de la fracture numérique,

>Le thème *Éducation et culture*, proposé par le ministère de l'Éducation nationale, a été riche en information. Chaque responsable de division a présenté son champ d'action et les politiques mises en place par le ministère de l'Éducation nationale en faveur de l'éducation artistique et plus largement des échanges internationaux. Un important « Plan pour les arts et la culture à l'École » a été lancé en juillet 2001, l'École étant pensée comme un lieu élargi à la ville. Ce plan est le fruit d'une collaboration entre les ministères de l'Éducation nationale, de la Culture, de la Ville et de Jeunesse et sports et il est signé par les quatre ministres responsables. Il prévoit notamment une augmentation des heures de cours artistiques aux niveaux primaire et secondaire. Par ailleurs, des crédits relativement importants ont été dégagés pour soutenir l'action culturelle et artistique dans les universités.

>En ce qui concerne les universités, il faut noter une véritable explosion de la demande dans les différentes formations artistiques ; en France, 39 d'entre elles offrent des cursus complets de formation artistique. Cette augmentation de la demande touche aussi les formations en gestion des arts et médiation culturelle. Les formations artistiques gérées par le ministère de la Culture, plus anciennes et souvent plus spécialisées, ont été évoquées et notamment les problèmes d'équivalence de diplômes qu'elles posent avec le réseau universitaire. C'est le cas de la danse, de la musique et de l'art dramatique avec le réseau des conservatoires.
Pour les étudiants étrangers, la France représente des avantages financiers non négligeables, notamment par rapport aux universités nord-américaine : la gratuité de l'enseignement et la possibilité de bénéficier de soutiens annexes comme l'allocation logement et les bourses du gouvernement français.

>Le Québec peut avoir une place de choix dans ce vaste réseau international de la culture. En écoutant les exemples de réussites ou d'échecs, l'énoncé des difficultés de certains pays à se bâtir un modèle de politique culturelle, de consolidation d'une identité, ou les désirs de s'inspirer d'autres façons de faire, j'ai pu constater à nouveau l'originalité de l'exemple québécois : géographique, linguistique, structurel. Le Québec a su créer son propre modèle de gestion culturelle, adapté à ses besoins et à son identité, en s'inspirant judicieusement des modèles français, avec un ministère de la Culture et des Communications central ; britannique, avec un Conseil des arts et différentes sociétés d'état ; et américain, avec des partenariats privés. Autre privilège : il a su écouter ses artistes et leur donner la parole, en les invitant à siéger dans des comités ministériels ou à constituer des jurys — au CALQ conseil des arts et lettres du Québec notamment —. Il a également compris le poids économique que peut repré-

senter la culture — la SODEC, société de développement des entreprises culturelles, reste un exemple à exporter —. Le Québec peut également s'enrichir d'autres façons de faire étrangères ; la force d'un modèle est de savoir en reconnaître aussi les limites.

>La vitalité du réseau formé par les quelque 200 anciens participants de la *Formation Internationale Culture* tous membres de la nouvelle association *Ubiquité Culture(s)* ne demande qu'à s'exprimer. Le Québec peut en être un des maillons importants. Il pourrait en être l'ancrage en Amérique du Nord puisque ni le Canada ni les États-Unis ne sont présents dans ce vaste réseau. Plusieurs demandes m'ont été adressées par des représentants de l'Espace méditerranéen, de la Caraïbe, d'Amérique Latine et d'Europe de l'Est. Quelques exemples : recherche d'information sur des formations (le Venezuela cherche à mettre sur pied une école de cirque), sur la diffusion et la co-production en danse contemporaine (Venezuela), sur l'action culturelle en milieu universitaire (Maroc), sur les réseaux de bibliothèques publiques (Tunisie), sur la gestion des industries culturelles (Ukraine), sur le problème de la diffusion du livre (Bulgarie), etc. Comment répondre à ces demandes, comment informer des possibilités qu'offre le Québec, qui peut coordonner la circulation de l'information, comment ne pas perdre le contact avec le réseau, comment s'inscrire dans la synergie des partenariats multilatéraux ? Tout est à imaginer. Pour conclure, je voudrais reprendre sous forme de devise une très belle phrase qui a fait l'unanimité et qui est le reflet de ce que j'ai constaté pendant cette semaine de rencontres professionnelles : « L'économie dirige, la politique divise, la culture réunit »<

*Ubiquité Culture(s)*

Un réseau dans le monde, des postes clés

## >AFRIQUE

### Angola
- Antonio ANTUNES FONSECA, session 1994/1995
  Chargé de mission, Entreprise nationale pour le disque et les publications, Ministère de la Culture, Luanda
- Arlindo JOAO CARLOS ISABEL, session 1998/1999
  Directeur de Cabinet, Secrétariat Général du Conseil des Ministres, Luanda

### Bénin
- Cohovi OLLO, session 1999/2000
  Chef du service de la prospective, des études, de l'analyse et de l'élaboration des projets, Cabinet du Ministre de la Culture et de la Communication, Cotonou.

### Burkina Faso
- Désiré-Clément CONOMBO, session 1992/1993
  Conseiller Technique du Ministre des Arts et de la Culture, Ouagadougou
- Catherine TIENDREBEOGO, session 1995/1996
  Responsable de projets, Semaine Nationale de la Culture, Bobo Dioulasso
- Abel SANOU, session 2000/2001
  Chef du service documentation, communication et relations publiques, Secrétariat permanent de la Semaine Nationale de la Culture, Bobo Dioulasso
- Jean-Claude DIOMA, session 2001/2002
  Directeur des arts du spectacle et de la coopération culturelle, Ministère des Arts et de la Culture, Ouagadougou

### Cameroun
- Robert BENDEGUE, session 1998/1999
  Chef de la Cellule Etudes, Division des Etudes et de la Coopération, Ministère de la Culture, Yaoundé
- Alexandre SIEWE LEUPI, session 2000/2001
  Responsable de la coordination des Rencontres Musicales de Yaoundé, Yaoundé
- Blaise ETOA TSANGA, session 2001/2002
  Rédacteur en chef de Culture Infos, Lettre d'information du Ministère de la Culture, Yaoundé

### Cap vert
- Nelida RODRIGUES, session 1996/1997
  Chargée de mission, Institut National de la Culture, Praia

### Centrafrique
- Max Roland WAZOLOMAT, session 2000/2001
  Directeur de la Bibliothèque Nationale, coordinateur du Réseau national de lecture publique, Bangui

## Congo
- Paulin MAPIKA, *session 1992/1993*
  *Chargé de mission pour la Lecture publique, Centre culturel français, Brazzaville*
- Jean Luc AKA-EVY, *session 1993/1994*
  *Commissaire Général, Festival Panafricain de Musique, Brazzaville*
- Franck Sidney BITEMO, *session 2000/2001*
  *Membre fondateur du Centre de Ressources Professionnelles pour les Arts et la Culture, en cours de création, Brazzaville*

## Côte d'Ivoire
- Abdoul Karim THIAM, *session 1994/1995*
  *Conseiller Technique du Ministre de la Culture et de la Francophonie*
- Sie Issa COULIBALY, *session 1995/1996*
  *Administrateur, Compagnie Nationale de Danse de Côte d'Ivoire, Centre National des Arts et de la Culture, Abidjan*

## Madagascar
- Claude-Alain RANDRIHAMIHAINGO, *session 1992/1993*
  *Consultant culturel et en communication, chercheur en Cinéma et Histoire, Département d'Histoire, Université d'Antananarivo, Tananarive*
- Christian RANDRIANAMPIZAPY, *session 1999/2000*
  *Directeur, Alliance Française, Antsirabe*

## Mali
- Amadou Chab TOURE, *session 1992/1993*
  *Commissaire d'expositions photographiques, Directeur de la Galerie de photographies Chab, Bamako*
- Samba THIAM, *session 1998/1999*
  *Chargé de la promotion des arts et de l'artisanat, Centre National pour la promotion de l'Artisanat, Ministère de l'Artisanat et du Tourisme, Bamako*
- Alioune Ifra NDIAYE, *session 2000/2001*
  *Directeur d'une agence malienne d'ingénierie culturelle spécialisée dans le domaine du cinéma, des études et du montage de manifestations culturelles, et directeur de l'Atelier de Bamako, BlonBa*
- Mohamed TRAORE, *session 2001/2002*
  *Directeur adjoint, Palais de la Culture, Bamako*

## Mozambique
- Pompilio HILARIO, *session 2000/2001*
  *Plasticien, Professeur en communication visuelle, dessin et peinture, Ecole nationale des Beaux-Arts, Maputo*

*Niger*
- Boubacar MARIKO, *session1993/1994*
  *Directeur de la Communication, Présidence de la République du Niger et Consultant, Niamey*
- Ousmane Ilbo MAHAMANE, *session 1994/1995*
  *Chargé de mission pour le cinéma, association Niger Culture et communication, Niamey*
- Moustapha MAI, *session 1995/1996*
  *Directeur des Lettres et Bibliothèques, Ministère des Sports et de la Culture, Niamey*
- Maïmouna HAROUNA, *session 1997/1998*
  *Chargée de mission, Ministère du Développement Social, Niamey*

*Sénégal*
- Yahya NDOYE, *session 1993/1994*
  *Conseiller Culturel, Mairie de Dakar*
- Ousseynou GUEYE, *session 1998/1999*
  *Directeur du Festival International de Musique DK24 et directeur de publication au quotidien Tract, Agence Youssou N'Dour, Dakar*

## >AMERIQUE LATINE - CARAIBES

*Argentine*
- Hector SCHARGORODSKY, *session 1993/1994*
  *Directeur de l'Observatoire Culturel, Buenos-Aires*

*Brésil*
- Isaura BOTELHO-GUIMARAES, *session 1991/1992*
  *Directrice, Centre Brésilien d'Etudes pour l'Amérique Latine, Fondation Mémorial de l'Amérique Latine, Sao Paulo*
- Angela MENEZES DE ANDRADE, *session 1992/1993*
  *Co-Directrice, Théâtre Noir, Salvador de Bahia*
- Cassia NAVAS ALVES DE CASTRO, *session 1994/95*
  *Critique Danse, Directrice du réseau des centres de danse Rede Stagium, Sao Paulo*
- Marcos BOFFA, *session 1995/1996*
  *Chargé de projets dans le domaine des musiques actuelles, Belo Horizonte*
- Joao Carlos FERREIRA, *session 1996/1997*
  *Directeur du service muséologie, Musée National Quinta, Rio de Janeiro*
- Andrea PEREIRA-DRUCK, *session 1996/1997*
  *Chorégraphe, Directrice du Centre de Formation chorégraphique, Porto Alegre*
- Daniela CARNEIRO FUENTES, *session 1997/1998*
  *Directrice d'une Agence de production spécialisée dans le domaine de la musique, Rio de Janeiro*

- Paulo SIMOES DE ALMEIDA PINA, session 1998/1999
Conservateur, Bibliothèque du Musée Lasar Segall spécialisée dans les arts plastiques et les arts du spectacle, Sao Paulo
- Luis A. da Silva MATOS FILHO, session 1999/2000
Chercheur, Fondation Getulio Vargas, Sao Paulo
- Fernanda VERISSIMO, session 1999/2000
Chargée de l'Unité Documentaire, French Connection Multimedia, Paris, Porto Alegre
- Carla GAMA, session 2000/2001
Secrétaire Adjointe pour la Culture, Etat de Pernambouc, Recife
- Ligia Antonela PETRUCCI, session 2000/2001
Programmatrice et coordonnatrice pour la programmation culturelle, Département de diffusion culturelle, Université Fédérale de Rio Grande do Sul, Porto Alegre.
- Silvia Alice ANTIBAS, session 2001/2002
Directrice du Département Art et Sciences Humaines, Secrétariat à la Culture, Gouvernement de l'Etat de Sao Paulo

## *Chili*
- Luisa ULIBARRI, session 1992/1993
Directrice de l'Action culturelle internationale, Ministère des Affaires Etrangères, Santiago
- Isabel SANTELICES, session 1999/2000
Chargée de mission au Secrétariat Exécutif, Commission Présidentielle pour l'infrastructure culturelle, Présidence de la République, Santiago
- Dominique HUGHES, session 2001/2002
Fondatrice d'un espace culturel pour la promotion des jeunes artistes, directrice éditrice de la revue culturelle Laboratorio Publico, Santiago

## *Colombie*
- Maria del Pilar ORDONEZ, *session 1993/1994*
  *Secrétaire Générale, Ministère de la Planification Nationale, Santa Fé de Bogota*
- Juan Camilo SIERRA RESTREPO, session 1994/1995
  *Commissaire d'expositions et critique d'art, conseiller éditorial pour la maison d'éditions mexicaine Fondo de Cultura Economica, Santa Fé de Bogota*
- Tatiana Romero REY, *session 1995/1996*
  *Consultante dans le domaine de l'éducation, Banque Mondiale, Washington*
- Giovani BARANDICA LOPEZ, *session 1996/1997, décédé en décembre 2000*
  *Chargé des projets culturels, Gobernacion del Valle del Cauca, Cali*
- Maria Lucia CASTRILLON TRUJILLO, *session 1997/1998*
  *Journaliste, réalisatrice de documentaires, Paris*
- Clemencia LOPEZ ISAZA, *session 1997/1998*
  *Editrice, en disponibilité, Paris*
- Adriana MOLANO, *session 1999/2000*
  *Chargée de mission, Ambassade de Colombie en Espagne, Barcelone*

## Cuba
- Alejandro CANOVAS-PEREZ, session 1993/1994
  Chargé de Mission, Fondation Alejo Carpentier, La Havane
- Ileana BLANCO, session 1994/1995
  Chargée de mission, Direction des Relations Internationales, Ministère de la Culture, La Havane et correspondante à Paris de son Ministère, dans le domaine du Livre
- Odette CASAMAYOR, session 1995/1996
  Préparation d'un doctorat en anthropologie, Ecole des Hautes Etudes en Sciences Sociales

## Haiti
- Ronald PAUL, session 1995/1996
  Directeur du Développement Culturel, Ministère de la Culture, Port-au-Prince
- Pradel HENRIQUEZ, session 1997/1998
  Directeur, Département de la Création artistique et littéraire, Ministère de la Culture, Port-au-Prince
- Willems EDOUARD, session 1998/1999
  Chef du Bureau des Auteurs, Ministère de la Culture, Port-au-Prince
- Colette PERODIN, session 2001/2002
  Directeur exécutif, Fondation Culture-Création, Port-au-Prince

## Mexique
- Sylvia MACIAS-ORDONEZ, session 1994/1995
  Metteur en scène, professeur en théâtre, Université de Jalapa, Vera Cruz
- Maria Concepcion LANDA-GARCIA-TELLEZ, session 1995/1996
  Secrétaire Général, ONG Femmes pour le Mexique, Chihuahua
- Ana-Cecilia HORNEDO, session 1996/1997
  Montage de manifestations artistiques entre la France et le Mexique, Paris, Mexico
- Sara VALDES BOLANO, session 1997/1998
  Premier Secrétaire, Ambassade du Mexique en Belgique, Bruxelles
- Maria del Mar HAGERMAN ARNUS, session 1999/2000
  Chargée de mission, Institut National des Beaux-Arts, Mexico
- Alma Rosa VACA VILLALOBOS, session 2000/2001
  Chargée de mission arts plastiques, Secrétariat de la Culture de Jalisco, Guadalajara.

## Pérou
- Adriana CAVANI, session 2000/2001
  Directrice-Adjointe, Centre pour les Arts de la Scène, Lima

## Uruguay
- Gerardo Mario BUGARIN ALVAREZ, session 1997/1998
  Secrétaire Général, Ecole Municipale d'Art Dramatique Margarita Xirgu, Montevideo

## Vénézuela
- Laura PEREZ, session 1991/1992
  Expert dans le domaine de l'édition, professeur et chercheur, Université de New-York
- Luisa RANGEL, session 1992/1993
  Expert, domaine de la gestion, Caracas
- Monica SOCORRO, session 1992/1993
  Plasticienne, montage de projets culturels en France et au Venezuela, Paris, Maracaïbo
- Briceis Teresa ALCALA, session 1993/1994
  Consultante culturelle, Paris Caracas
- Irene URDANETA CASTILLO, session 1995/1996
  Responsable de production à la chaîne de télévision HBO, Caracas
- Antonio MACHADO, session 1996/1997
  Muséographe, architecte au Musée des enfants, conseiller au Musée des Sciences, Caracas
- Anafrank CAUFMAN, session 1997/1998
  Consultante culturelle en musique et arts plastiques, Caracas
- Maria Carolina PINA, session 1998/1999
  Chargée de la promotion des musiciens vénézueliens en France, dans le cadre des Journées de la percussion et responsable de la communication dans un cabinet d'architecture, Paris
- Maria Elena VILLASMIL, session 1999/2000
  Chargée des relations internationales, Conseil Régional de Zulia, Maracaibo
- Miguel ISSA, session 2000/2001
  Chorégraphe et metteur en scène d'opéra, professeur pour les chaires en expression musicale et jeu dramatique, membre du conseil académique, Institut Universitaire de Danse, Caracas.
- Jonathan LOPEZ PERDOMO, session 2001/2002
  Coordinateur d'événements culturels, Théâtre Teresa Carreño, Caracas

## >ASIE PACIFIQUE

## Chine
- Qiaoyan LI, session 1993/1994
  Directrice adjointe, Alliance Française, Pékin
- Nan CHEN, session 1995/1996
  Chargé de Communication, Consulat Général de France, Shanghaï
- Kaijan DONG, session 1996/1997
  Chargée des échanges culturels, Département des affaires européennes, Association du peuple chinois pour l'amitié avec l'étranger, Pékin
- ZhongWei HAO, session 1997/1998
  Responsable des échanges culturels avec la France, Département des affaires européennes, Association du peuple chinois pour l'amitié avec l'étranger, Pékin
- Xiu Ying FAN, session 1998/1999
  Assistante, Centre culturel français, Pékin.

- Qing WANG, *session 1999/2000*
  *Chargée de mission pour les affaires francophones, Association du Peuple Chinois pour l'Amitié avec l'Etranger, Pékin*
- Mei WANG, *session 2000/2001*
  *Chargée des affaires culturelles, Service des affaires internationales, Ministère de la Culture, Pékin*
- Tang RUIMIN, *session 2001/2002*
  *Directeur adjoint pour la circulation des objets d'art chinois dans les pays francophones, Association du Peuple Chinois pour l'amitié avec l'étranger, Pékin*

*Corée du Sud*
- Sung-Woo CHOI, *session 1991/1992*
  *Directeur, Agence de communication Plus In, Séoul*
- Hae-Oung JOHN, *session 1992/1993*
  *Directeur du Département Gestion des Théâtres, Seoul Arts Center, Séoul*
- Sung-Yeop LEE, *sesison 1994/1995*
  *Directeur d'une salle de spectacle, Seoul Arts Center, Séoul*
- Seung-Hyeon KIM, *session 1998/1999*
  *Journaliste spécialisé dans le domaine culturel, Shinyoung Journalism Fund of Kwanhun Club, Séoul*
- Ki-Jeong YI, *session 1999/2000*
  *Directeur des programmes culturels, Ministère de la Culture et du Tourisme, Séoul*
- Jeong-Hyun KANG, *session 2000/2001*
  *Chargée des échanges culturels internationaux et du montage de manifestations culturelles, Mairie de Séoul.*
- Soo Yun CHUNG, *session 2001/2002*
  *Chargée de projets, Ecole de danse, Université Nationale des Arts, Séoul*
- Kisook EOM, *session 2001/2002*
  *Commissaire d'expositions, Responsable des échanges culturels au sein de l'association Paris Séoul*

*Inde*
- Tapas BHATT, *session 1991/1992*
  *Directrice du Pavillon indien, Auroville*
- Rahul VOHRA, *session 1992/1993*
  *Directeur, responsable des échanges artistiques, Association Apostrophe 99, New-Delhi*
- R.S. RANGARAJAN, *session 1994/1995*
  *Directeur du Centre culturel d'Etat, Parisar, New-Delhi*
- Alakh Narayan ROY, *session 1997/1998*
  *Administrateur de l'Ecole Nationale de Théâtre, New-Delhi*
- Rajesh SHARMA, *session 1997/1998*
  *Enseignant à l'Institut d'Etudes Politiques de Paris, chercheur dans le domaine des politiques culturelles, Paris*

## Indonésie
- SARASWATI WARDHANY, *session 2000/2001*
  *Chargée de mission, Centre Culturel Français, Bandung*

## Japon
- Mariko HARA, *session 2000/2001*
  *Adjointe pour le livre et les échanges artistiques, Service Culturel, Ambassade de France, Tokyo.*
- Tomoko YOTSUMOTO, *session 2001/2002*
  *Chargée des relations publiques, de la promotion des événements et de l'animation du site internet Spiral-Wacool art Center, Tokyo*

## Sri Lanka
- Sarath AMUNUGAMA, *session 1997/1998*
  *Directeur du Centre des études européennes, Département de langues modernes Université de Kelaniya, Doyen de la Faculté Lettres Humanités de la même université, Colombo*

## Thaïlande
- Jirasri BOONYAKIET, *session 1999/2000*
  *Montage de projets culturels et de sites culturels internet, Bangkok*

## Vietnam
- Minh Nguyet DO THI, *session 1997/1998*
  *Chargée de mission pour le Livre, Ambassade de France en République socialiste du Vietnam, Hanoï*

## >EUROPE ORIENTALE ET CENTRALE

## Albanie
- Viktor SHARRA, *session 1992/1993*
  *Chef des Relations Internationales, Institut National du patrimoine, Tirana*

## Bosnie-Herzégovine
- Azra PITA, *session 2000/2001*
  *Chargée de mission pour les projets culturels, Centre Culturel André Malraux, Sarajevo*

## Bulgarie
- Ivan TCHOUBRIKOV, session 1991/1992
  *Chargé d'accueil, Musée d'Orsay, Société Sycomore, Paris*
- Milen NATCHEV, *session 1992/1993*
  *Directeur, Orchestre de la Radio Nationale Bulgare, Sofia*

- Nadia NIKOLOVA, *session 1993/1994*
  *Architecte, Atelier d'architecture, Sofia*
- Iveta DIMOVA, *session 1994/1995*
  *Expert en chef, Direction de la Politique Culturelle Internationale, Ministère de la Culture, Sofia*
- Boris DANAILOV, *session 1995/1996*
  *Directeur, Centre National Musées, Galeries, Arts Plastiques, Ministère de la Culture, Sofia*
- Diana MARTCHEVA, *session 1996/1997*
  *Chargée de projets en free lance, Montréal*
- Daniela KANEVA, *session 1997/1998*
  *Expert en chef, Direction de la Politique Culturelle Internationale, Ministère de la Culture, Sofia*
- Latchezar KOUNTCHEV, *session 1998/1999*
  *Chercheur en free lance, Paris et Sofia*
- Krassimir KAVALDJIEV, *session 1999/2000*
  *Traducteur littéraire en free lance dans les milieux de l'édition, Paris et Sofia*
- Antonyi GALABOV, *session 2001/2002*
  *Sociologue chercheur, Chef du Département Relations Publiques et Presse, Ministère de la Culture, Sofia*
- Irina KANOUCHEVA, *session 2001/2002*
  *Responsable des relations internationales, Centre National du Cinéma Bulgare, Sofia*

## Chypre
- Menelaos VANELLI, *session 1998/1999*
  *Directeur, Association Culturelle Epilogi, Limassol*

## Croatie
- Gordana VNUK, *session 1993/1994*
  *Directrice du Kampnagel à Hambourg, du Festival Eurokaz à Zagreb*
- Sanja IVIC, *session 1996/1997*
  *Conseiller littéraire et dramaturge, responsable du marketing et des relations publiques, Théâtre National de Zagreb*
- Suzana KUBIK, *session 2000/2001*
  *Productrice à la radio nationale croate et critique musicale dans différentes revues spécialisées, Zagreb*

## Estonie
- Marge LIISKE, *session 1994/1995*
  *Chargée de mission à la Télévision Estonienne, département des relations extérieures, Tallinn*

## Géorgie
- Ioseb MTCHEDLISHVILI, *session 1996/1997*
  *Scénariste, Centre de télévision éducative, Tbilissi*

## Grèce
- Georgette MARINOPOULOU, *session 1992/1993*
  *Chargée de mission, Direction des Relations Culturelles, Ministère de la Culture, Athènes*

## Hongrie
- Katalin TIMAR, *session 1991/1992*
  *Critique d'art et commissaire d'expositions, Budapest*
- Maria URBAN, *session 1992/1993*
  *Critique de cinéma et co-responsable de la revue Filmkultura, Budapest*
- Andréa MARKUS, *session 1993/1994*
  *Traductrice, Centre Inter Universitaire d'Etudes Françaises, Budapest*
- Reka CSEDJY, *session 1994/1995*
  *Programmatrice en Théâtre et Danse, Petöfi Csarnoh, lieu pluridisciplinaire, Budapest*
- Orsolya BANKI, *session 1996/1997*
  *Assistante pour la production cinématographique, Budapest*
- Katalin DATNER, *session 1997/1998*
  *Fondatrice de Radio Civil, radio associative. Chercheur, domaine des politiques culturelles, Budapest.*
- Judith DAVID, *session 1998/1999*
  *Directrice adjointe au Cabinet du Maire de Budapest, chargée de l'Education, du Tourisme et de la Culture, Budapest*
- Réka GYORFY, *session 1999/2000*
  *Chargée de mission pour les arts plastiques et la photographie, Institut français de Budapest.*
- Judit LEDERER, *session 2000/2001*
  *Responsable du projet Euroconnections-Budapest, dont l'objectif vise à la circulation des jeunes artistes, domaine des musiques actuelles, Budapest*
- Beata GERZSENYI, *session 2001/2002*
  *Coordinatrice et responsable de communication pour la manifestation Jeux d'Eté de Keszthely, assistante à la mise en scène, Théâtre Jozsef Katona, Budapest*

## Lituanie
- Alfredas JOMANTAS, *session 1993/1994*
  *Chargé de mission, Service des relations internationales, Département du Patrimoine, Ministère de la Culture, Vilnius*
- Virginija JURKAITE, *session 2000/2001*
  *Directrice adjointe, Centre de restauration des œuvres d'art, Centre Gudynas, Vilnius*

## Moldova
- Lorina BALTEANU, *session 1997/1998*
  *Directrice, Medialog, maison de production, Chisinau*

## Mongolie
- Tsolmon UKHNAA, *session 2000/2001*
  *Consultant en gestion de projets culturels et productrice déléguée pour les manifestations culturelles*

## Pologne
- Aleksandra WACLAWCZYK, *session 1991/1992*
  *Secrétaire Général Adjoint, Commission polonaise pour l'Unesco, Varsovie*
- Hanna KANIASTA, *session 1999/2000*
  *Coordinatrice de projets, Institut Adam Mickiewicz, Varsovie*

## République Tchèque
- Josef BROZ, *session 1996/1997*
  *Journaliste, Agence Internationale de Presse, Prague*
- Dana MACHACKOVA, *session 1997/1998*
  *Responsable de communication et chargée de projets, Château de Prague*
- Jana HNILICKOVA, *session 1998/1999*
  *Directrice Exécutive, Mouvement Européen en République Tchèque, Prague*
- Marketa JERABKOVA, *session 1999/2000*
  *Coordinatrice de projets culturels, Agence Transparency International, Brno*

## Roumanie
- Mariana VASILIU, *session 1991/1992*
  *Chercheur dans le domaine des musées et des arts plastiques, Bucarest*
- Marcela Iustina STOICA, *session 1993/1994*
  *Conseiller pour la musique, Ministère de la Culture, Bucarest*
- Georgiana STANCIU, *session 1994/1995*
  *Chercheur dans le domaine du Patrimoine, au Canada*
- Violeta DIMA, *session 1995/1996*
  *Metteur en scène Assistante d'Andréi Serban, Paris, Bucarest*
- Dorina-Elena BODEA, *session 1997/1998*
  *Administrateur pour les projets Stage et Evaluation des politiques culturelles au Conseil de l'Europe, Strasbourg*
- Raluca FOCSAN, *session 1998/1999*
  *Expert en ingénierie culturelle actuellement au Mexique*
- Liviu Florian STEFAN, *session 2000/2001*
  *Chargé de mission, Association Lutact chargée de la promotion des arts plastiques, au plan international, Cluj*
- Daniela URSU, *session 2000/2001*
  *Coordinatrice du Festival International de Théâtre Piatra Neamt, chargée de la programmation, des relations extérieures et de la communication, Piatra Neamt*
- Silvia CAZACU, *session 2001/2002*
  *Chef du Département Relations Publiques, Direction de la Communication, Musée du Paysan Roumain, Bucarest*

- Silvia TINCA, *session 2001/2002*
  *Responsable des relations internationales, Archives Nationales du Film, Bucarest*

## *Russie*
- Ilya OSKOLKOV, *session 1992/1993*
  *Rédacteur en chef Revue L'affiche bimensuel. Moscou*
- Ekaterina SELEZNEVA-NIKITCH, *session 1993/1994*
  *Chargée des relations internationales, Galerie Tretiakov, Moscou*
- Tatiana MOGUILEVSKAIA, *session 1998/1999*
  *Assistante de production pour TF1 Moscou, journaliste spécialisée dans le domaine de la culture, collaboratrice permanente pour "Liberation", Moscou*
- Olga GOLOVANOVA, *session 1999/2000*
  *Conseiller du Ministère de la Culture de la Fédération de Russie, Moscou*
- Alexandra LEYBOVITCH, *session 2000/2001*
  *Directrice adjointe, Festival International de films documentaire, de courts métrages et d'animation Message à l'Homme, St. Pétersbourg*

## *Slovaquie*
- Elena FOGELOVA, *session 1991/1992*
  *Traductrice en free lance, Bratislava*

## *Slovénie*
- Jana PAVLIC, *session 1995/1996*
  *Codirectrice du Théâtre Mladinsko, Ljubiana*

## *Turquie*
- Sevil DOGRUGUVEN, *session 1999/2000*
  *Journaliste et assistante du Président du Directoire, Journal Cumhuriyet, Istanbul.*

## *Ukraine*
- Tarass MAROUSSYK, *session 1993/1994*
  *Consultant principal, Commission de la Culture d'Ukraine Verhovna Rada, Kiev*
- Oxana MELNITCHOUK, *session 1996/1997*
  *Chargée de projets entre la France et l'Ukraine, chargée de mission au Département Conseil aux entreprises culturelles du Cabinet Andersen, Paris, Kiev*
- Ludmila GARBUZ, *session 1998/1999*
  *Coordinatrice des projets culturels Suisses, Fondation Pro Helvetia, Kiev*

## *Yougoslavie*
- Aleksandra ILIC, *session 1991/1992*
  *Chargée de production, correspondante de La Sept ARTE, Belgrade*

## >MAGHREB

### Algerie
- Othmane DAHMANE, *session 1994/1995*
  *Chargé de mission pour l'enseignement du théâtre au lycée français de Stockholm*

### Maroc
- Aboukacem CHEBRI, *session 1995/1996*
  *Directeur du Centre d'Etudes et de Recherches Alaouites, Ministère de la Culture et de la Communication, Rissani*
- Ahmed TICHITI, *session 1996/1997*
  *Comédien et musicien, directeur d'un groupe de musiciens en Hongrie, Budapest*
- Bahija EL HACHAMI ALI, *session 1997/1998*
  *Responsable de l'animation culturelle et de la programmation des activités culturelles, Délégation du Ministère de la Culture, Tanger*
- Youssef LAHLALI, *session 1997/1998*
  *Journaliste, correspondant pour le Maroc de l'Association Volontariat de Jeunes en France, Paris*
- El Kaoutar SIDI HIDA, *session 1999/2000*
  *Chargée de l'élaboration des projets autour du livre dans les prisons, Marrakech*
- Yamina BENABBOU, *session 2000/2001*
  *Metteur en scène, responsable du service Animation culturelle au Rectorat de la Faculté des lettres, Université de Kénitra.*
- Jamal BOUDOUMA, *session 2000/2001*
  *Directeur de production au Théâtre Chamates, Meknès.*
- Tahar EL QUOUR, *session 2001/2002*
  *Responsable de l'action culturelle, Ecole Nationale de Commerce et de gestion, Université Abdelmalek Essaâdi, Tanger*

### Tunisie
- Afifa MESSAADI, *session 1991/1992*
  *Chef de service, Unité de promotion des sources de la Mémoire et de l'Identité nationale - Ministère de la Culture, Tunis*
- Sondos BELHASSEN, *session 1996/1997*
  *Chorégraphe et responsable de formation en danse, Tunis*
- Adel ABDELLAOUI, *session 1999/2000*
  *Bibliothécaire, Responsable de la gestion administrative de la Bibliothèque publique de Kram.*
- Fathi BABAY, *session 2000/2001*
  *Chef de service, Direction de l'animation culturelle, Ministère de la Culture, Tunis*
- Khaled AZEK, *session 2001/2002*
  *Chargé de mission pour les activités culturelles des maisons de jeunes et de la culture, Ministère de la Culture, Tunis*

## >MOYEN ORIENT

### Egypte
. Ahmed EL ATTAR, *session 2000/2001*
*Metteur en scène, directeur de formation dans les métiers techniques du théâtre, Association du Théâtre du Temps, Paris, Le Caire*

### Israël
• Shifra SHALIT-INTRATOR, *session 1993/1994*
*Directeur Général, Galerie Dvir et maison d'édition Haneorer, Tel Aviv*

### Jordanie
• Mahdi ABDELAZIZ, *session 1998/1999*
*Responsable du Département Tourisme, sous tutelle du Ministère du Tourisme, Ramtha*

### Palestine
• Arab AL BATRAN, *session 1995/1996*
*Directeur de la Planification, Ministère de la Culture, Ramallah*
• Lubna GHANAYEM, *session 1995/1996*
*Directrice des Relations Publiques, Agence Al Nasher Advertising, Ramallah*

### Syrie
• Noureddin LUBBAD, *session 1999/2000*
*Diplomate, Ministère syrien des Affaires Etrangères, en poste en Irak, Bagdad.*

**>Remerciements**

*Aux institutions*

>Ministère de la Culture et de la Communication
  • Département des Affaires Internationales
  • Délégation au Développement et à l'Action Territoriale
>Ministère des Affaires Etrangères
  • Direction Générale de la Coopération Internationale et du Développement
  • Services culturels des ambassades de France à l'étranger
>Ministère de l'Education Nationale
  • Cabinet du Ministre
>Ville de Paris
  • Direction des Affaires Culturelles
  • Mission des relations internationales
>Office Franco-Québécois pour la Jeunesse
  • Bureaux des échanges culturels, Montréal et Paris
>Université d'Avignon et des Pays du Vaucluse
  • Département Sciences de l'Information et de la Communication

*Aux partenaires*

>Les responsables des établissements culturels qui ont ouvert leurs portes avec une grande gentillesse, permettant la réalisation d'une manifestation de haut niveau :

• Bibliothèque Nationale de France François Mitterand
• Cartoucherie de Vincennes, Théâtre de l'Epée de Bois
• Cinémathèque Française, Grands Boulevards
• Cité des Sciences et de l'Industrie
• Maison Européenne de la Photographie
• Monum'- Hôtel de Sully
• Musée du Louvre
• Olympic Entrepôt, cinéma
• Studio-Théâtre de la Comédie Française
• Théâtre national de la Colline

*Aux participants*

- Professionnels et institutionnels, intervenants, modérateurs, experts, qui ont partagé leurs savoir et savoir-faire
- Ex-participants de la Formation Internationale Culture, qui ont fait le voyage pour confronter, questionner, provoquer, commenter
- Ex-participants de la Formation Internationale Culture, qui n'ont pu faire le voyage mais étaient présents à nos côtés
- Participants de la session Formation Internationale Culture en cours, 2000-2001, qui ont accompagné la mise en œuvre des Rencontres et aidé à leur réalisation

*Aux complices*

- Maguy Albet, directrice de collection chez L'Harmattan, pour sa confiance
- Isabel Colado, assistante de la Formation Internationale Culture
- Franck Courtel, pour les crédits photographiques
- Monique Dairon-Vallières, Jany de Chambrun, pour leur fidélité et leur complicité
- Emmanuel Ethis, Jean Davallon, Daniel Jacobi, pour leur soutien moral
- Loïc Loeiz Hamon, compagnon de la Formation Internationale Culture depuis son origine
- Jack Ralite, pour la Préface des Actes et sa culture de la diversité culturelle

Les Actes des Rencontres *Cultures au Faubourg*
ont été coordonnés
par Brigitte Rémer et Loïc Loeiz Hamon,
en août 2004.

Achevé d'imprimer par Corlet Numérique - 14110 Condé-sur-Noireau
N° d'Imprimeur : 869113 - Février 2019 - Imprimé en France